EVANGELHO DO FUTURO

CB063094

EVANGELHO DO FUTURO

Copyright © 2009 by
FEDERAÇÃO ESPÍRITA BRASILEIRA – FEB

1ª edição – Impressão pequenas tiragens – 3/2025

ISBN 978-85-7328-638-0

Todos os direitos reservados. Nenhuma parte desta publicação pode ser reproduzida, armazenada ou transmitida, total ou parcialmente, por quaisquer métodos ou processos, sem autorização do detentor do *copyright*.

FEDERAÇÃO ESPÍRITA BRASILEIRA – FEB
SGAN 603 – Conjunto F – Avenida L2 Norte
70830-106 – Brasília (DF) – Brasil
www.febeditora.com.br
editorial@febnet.org.br
+55 61 2101 6161

Pedidos de livros à FEB
Comercial
Tel.: (61) 2101 6161 – comercial@febnet.org.br

Adquirindo esta obra, você está colaborando com as ações de assistência e promoção social da FEB e com o Movimento Espírita na divulgação do Evangelho de Jesus à luz do Espiritismo.

Dados Internacionais de Catalogação na Publicação (CIP)
(Federação Espírita Brasileira – Biblioteca de Obras Raras)

M541e   Menezes, Adolfo Bezerra de, 1831–1900

        Evangelho do futuro / Bezerra de Menezes sob o pseudônimo Max; [organizado por Geraldo Campetti Sobrinho]. – 1. ed. – Impressão pequenas tiragens – Brasília: FEB, 2025.

        486 p.; 21 cm – (Coleção Bezerra de Menezes; 1)

        ISBN 978-85-7328-638-0

        1. Romance. 2. Espiritismo I. Campetti Sobrinho, Geraldo, 1966–. II. Federação Espírita Brasileira. III. Título. IV. Coleção.

                                                          CDD 133.9
                                                           CDU 133.7
                                                           CDE 80.02.00

Coleção Bezerra de Menezes

1. *Evangelho do futuro* • ROMANCE
2. *A casa assombrada* • ROMANCE
3. *Lázaro, o leproso* • ROMANCE
4. *A pérola negra* • ROMANCE
5. *História de um sonho* • ROMANCE
6. *Casamento e mortalha* • ROMANCE INACABADO
7. *Os carneiros de Panúrgio* • ROMANCE
8. *Uma carta de Bezerra de Menezes* • ESTUDO
9. *A loucura sob novo prisma* • ESTUDO
10. *Espiritismo: estudos filosóficos*, 3 volumes • ESTUDO[1]

SUPERVISÃO: Geraldo Campetti
COORDENAÇÃO EDITORIAL: Jorge Brito
NOTAS E CORREÇÕES: Renato Cunha

COLABORADORES
Ariane Emílio Kloth
Beatriz Lopes de Andrade
Délio Nunes dos Santos
Luciana Araújo Reis
Marta Dolabela de Lima
Odélia França Noleto
Raphael Spode
Rubem Amaral Júnior
Wilde Batista Valério

---

[1] Esta edição terá 168 novos estudos não incluídos na edição da FEB de 1907. O material dos três volumes, localizado por meio de pesquisa na Biblioteca da FEB e em jornais da época, totaliza 484 estudos.

SUMÁRIO

Apresentação 9
Primeira parte — Perdição 11
    Capítulo I 11
    Capítulo II 22
    Capítulo III 30
    Capítulo IV 37
    Capítulo V 43
    Capítulo VI 51
    Capítulo VII 59
    Capítulo VIII 66
    Capítulo IX 75
    Capítulo X 82
    Capítulo XI 90
    Capítulo XII 98
    Capítulo XIII 105
    Capítulo XIV 113
    Capítulo XV 120
Segunda parte — Conversão 129
    Capítulo I 129
    Capítulo II 138
    Capítulo III 146
    Capítulo IV 155
    Capítulo V 163
    Capítulo VI 172
    Capítulo VII 180
    Capítulo VIII 188

  Capítulo IX 197
  Capítulo X..206
  Capítulo XI 215
  Capítulo XII 223
  Capítulo XIII 231
  Capítulo XIV 239
  Capítulo XV 247
  Capítulo XVI 256
  Capítulo XVII 264
  Capítulo XVIII.. 273
  Capítulo XIX 281
  Capítulo XX 289
  Capítulo XXI 297
Terceira parte — Reparação 305
  Capítulo I... 305
  Capítulo II 313
  Capítulo III 321
  Capítulo IV...331
  Capítulo V.. 339
  Capítulo VI 347
  Capítulo VII 355
  Capítulo VIII..364
  Capítulo IX 373
  Capítulo X..382
  Capítulo XI 391
  Capítulo XII... 401
  Capítulo XIII 410
  Capítulo XIV..419
  Capítulo XV 426
  Capítulo XVI... 436
  Capítulo XVII 444
  Capítulo XVIII.. 453
Epílogo..463
Apontamentos biobliográficos — Adolfo Bezerra de Menezes 469
Bibliografia — Ordem cronológica crescente.....................................477

APRESENTAÇÃO

É com satisfação que a Federação Espírita Brasileira apresenta o primeiro livro da Coleção Bezerra de Menezes, que reúne os escritos de temática espírita do autor, quando encarnado, com alguns deles assinados sob o pseudônimo Max.

Esta obra — que agora o leitor tem nas mãos — somente havia sido editada como folhetim no periódico *Reformador*, de 1905 a 1911, sendo, portanto, inédita na forma de livro. Vale destacar que *Evangelho do futuro* é narrativa literária que traz marcadas características do Romantismo e do Naturalismo brasileiros, porém completamente fundamentado na Doutrina Espírita, com abordagens substanciais do pensamento exposto por Allan Kardec.

Para que o público tivesse acesso direto ao texto, foi realizado um trabalho de atualização linguística, visto que a grafia do original difere em certos aspectos daquela que atualmente utilizamos. Tomou-se, então, por base, o Acordo Ortográfico da Língua Portuguesa de 1990, que entrou em vigor a partir de 1º de janeiro de 2009.

Por ser este um texto autoral, houve o cuidado em se preservar o estilo do escritor e a essência da linguagem da época. Fez-se, contudo, um estudo quanto à tendência de pontuação empregada pelo autor, a fim de tornar possível a identificação e correção, principalmente, de vírgulas invertidas ou ausentes. Assim, a revisão buscou eliminar os erros tipográficos, que, em tempos remotos, eram bem mais comuns por ser a composição de caracteres fruto de tarefa manual. Em pequena escala, alterações estilísticas dessa natureza foram imprescindíveis para que o entendimento do leitor moderno não fosse prejudicado.

Foi necessário também o procedimento de padronização textual, em razão da publicação em folhetim, fragmentada, que se deu no decorrer de sete anos. É de se compreender que, naquele extenso processo editorial, discordâncias em relação ao uso de maiúsculas, itálicos, aspas, travessões, abreviações etc. fizeram-se mais que comuns.

Por fim, foram acrescidos esclarecimentos, em notas de rodapé, sobre expressões estrangeiras, questões da língua portuguesa, fatos histórico-culturais e indicações de passagens bíblicas, contextualizando temas suscitados pelo autor.

Procurou-se, com isso, sem perdas significativas, transportar para a atualidade as nuanças impressas na narrativa de Max, ou, como queiram, do doutor Bezerra de Menezes.

No mais, só podemos desejar a todos uma boa leitura e que *Evangelho do futuro* possa contribuir para a divulgação dos ensinamentos do Pai, tão bem manifestos no Espiritismo.

Brasília, abril de 2009.

PRIMEIRA PARTE

PERDIÇÃO

I

Na vasta planície que se estende do rio S. Francisco à grande cordilheira da Ibiapaba, erguem-se, de longe em longe — como gigantes de variada corpulência, presos ao solo, de luxuriosa verdura no tempo das águas, e de loura plumagem no do sol abrasador — serras e montanhas, que interrompem a solene monotonia dos vastos campos, de horizontes sem limites.

Estes se prestam à criação, que é a grande indústria de seus habitantes; aquelas produzem quase exclusivamente os cereais, de vantajosa permuta com os produtos das fazendas.

Nos limites da província do Rio Grande do Norte com a do Ceará, destaca-se, entre as demais, a serra chamada do Martins, em cuja chapada, plana de meia légua em quadra, foi situada a Vila da Maioridade, hoje cidade da Imperatriz.

No cimo da alta montanha, em que a linda princesa dos sertões firma orgulhosamente os pés, goza-se de uma temperatura amena, mesmo no verão, quando nos campos que a cercam os raios do sol canicular abrasam e requeimam até as árvores, que perdem as folhas, até as águas, que se afundam pelo seio da terra, transformando--se os rios em longas e mais ou menos largas cintas de alvíssima areia.

No Martins, por obra da pujante fertilidade do solo e do seu doce clima, há sempre abundante variedade de frutos e de tudo o que concorre para um agradável passadio.

Um constante e bem importante comércio, tanto com os criadores em torno, como com os negociantes do Açu, do Mossoró e do Aracati, que procuravam sua rica messe de algodão, fazia da vila um centro de movimento e um mercado tão nutrido como o da maior parte das capitais das províncias do Norte.

Era uma espécie de oásis, ao mesmo tempo que uma semelhança do paraíso; porque seu clima era doce em meio de ardências insuportáveis, e seus habitantes eram de índole branda e sociável, como não se encontra igual por todo o sertão.

Fenomenal era por certo encontrar-se, num recanto perdido em meio de povos ignorantes e cheios de prejuízos,[1] uma sociedade polida, de pouco desmerecer na comparação com as mais adiantadas do país.

Na Maioridade, a convivência das famílias era como a de qualquer capital, em que a parte feminina da sociedade não se isola, como é uso geral por toda a vasta extensão do interior de nossas províncias.

Durante as horas do trabalho, desde o quebrar das barras, que é a de levantarem-se todos, até o pôr do sol, que é a de entrarem no descanso, homens e mulheres levavam o tempo ocupados em suas obrigações; desde, porém, que soava no sino da matriz o toque de Ave-Maria, parava a lida, como cessava aqui no Rio todo o movimento ao toque do famoso Aragão,[2] tangido no sino grande de S. Francisco de Paula.

---

[1] Preconceitos.

[2] No Rio de Janeiro, em 3 de janeiro de 1835, o chefe de polícia Teixeira de Aragão instituiu um toque de recolher, o chamado Toque do Aragão, que não isentava quem estivesse nas ruas, após as 22 horas, de ser revistado pelas patrulhas.

Somente, enquanto da torre desta igreja transmitia-se a toda a população da cidade a ordem de recolher, lá, ao som que despertava em todos os corações o sentimento puríssimo de amor à Mãe dos pecadores, começava o movimento expansivo pela reunião das famílias em alegres e inocentes entretenimentos.

Em noites de luar, todos desertavam de casa e espalhavam-se prazenteiros pela vila, de largas ruas, limpas e asseadas.

Os grupos de damas e cavalheiros encontravam-se aqui e ali, e fundiam-se como as águas de vários ribeiros que alimentam fundo caudal.

Unidos, faziam alegres passeatas, fazendo estação ora numa, ora noutra casa de pessoas da mais elevada posição, onde levavam, em palestras e folgares, até ser hora de recolherem-se.

Quem tivesse percorrido os sertões das províncias do Norte, onde a sociabilidade é quase desconhecida, e a pouca que existe não é partilhada pela mulher, que só aparece quando sai para os ofícios divinos, ficaria surpreendido ao ver tão longe dos grandes focos da civilização os usos e costumes das mais adiantadas sociedades.

Quando as noites não davam para as inocentes folias das ruas, faziam-se as reuniões nas casas e encontravam-se aí os gozos e passatempos, que se fruem nas nossas *soirées*.[3]

Não havia, entretanto, memória de um escândalo que pudesse acusar a ampla liberdade que desfrutavam os felizes habitantes da Maioridade.

É que, em todas as relações da vida social, o sistema das restrições e das meticulosas precauções, em vez de fechar, abre a porta aos mais lamentáveis abusos.

---

[3] Termo francês que designa "festa, reunião social, sessão de cinema, teatro etc. que acontecem à noite".

O coração humano é caprichoso, e, quando se o tolhe como um, reage com a força de dez.

A plena liberdade dá a consciência da suma responsabilidade, que é a única eficaz repressão ao natural arrastamento da nossa pervertida natureza para o mal.

Em relação a esta ordem de considerações, que nos afastou um poucochinho do assunto, cabe-nos oferecer um exemplo, de fazer calar os díscolos.

Enquanto na Maioridade não se conhecia um fato escandaloso, resultante da mais livre convivência das famílias, pelos sertões, onde elas vivem clausuradas, só lhes faltando a vigilância de eunucos, os raptos são quase que o meio geral das ligações conjugais.

Haja esmerado cuidado na educação moral da mulher, e não se temam de deixá-la livre; mesmo porque só há para ela uma poderosa contenção: o próprio decoro, que a liberdade avigora, ao passo que a desconfiada vigilância entorpece e amesquinha.

No Martins, está patente a verdade daquele conceito — da suma vantagem de uma educação moral combinada com a liberdade concedida à mulher.

Nos dias santos, toda aquela gente reunia-se na igreja matriz para assistir aos ofícios divinos, que cultivava muito da alma.

Diz-se-ia que iam todos agradecer ao Senhor a felicidade que gozavam, fazendo a prece depois das folias da semana.

Um povo que tem fé cria-se numa atmosfera moral em que bebe a força para o cumprimento de todos os deveres, a mais expansiva força das alegrias da alma, desde a vida terrena.

Desgraça àquele que se embebe com as fulgurações de uma falsa civilização; porque este inspira pelos pulmões e absorve por todos os poros a peçonha dos vícios mais sutis.

A polícia era, na Maioridade, o que é hoje no país a guarda nacional: uma instituição inútil e aparatosa, que só faz regalo às almas vãs.

Naquela boa vila, ricos e pobres, patrões e trabalhadores, todas as classes esmeravam-se por não desmerecer a estima da seleta sociedade, que era uma glória possuir.

Se se pudesse modelar por aquela norma o sentir de toda a sociedade brasileira!

E não é impossível, desde que a parte dirigente dê o exemplo da mais perfeita correção pessoal e social.

O bem tem grande força de expansão!

Qual era o povo maiorense; que teria a autoridade que prevenir ou reprimir?

Talvez fosse princípio original de tão raro e maravilhoso adiantamento a afluência de famílias e de cavalheiros, que do Recife e de outros pontos adiantados procuravam o excelente clima da serra, uns para alívio de suas enfermidades, outros para darem expedição a suas mercadorias, em um centro de tão grande movimento comercial.

Ou então seria resultado do fato de haver na vila uma cadeira de latim, regida pelo emérito professor Francisco Emiliano Pereira, que primava por sua finíssima educação.

Era aquela aula uma escola de rígida educação moral, como de largo preparo intelectual; e, pois, por que não se lhe atribuir, pelo menos, grande parte na elevação do caráter daquela pequena sociedade?

Um dos mais aprazíveis passeios do Martins era a alameda do Jacu, longa e larga rua de mais de três quilômetros, que começava no largo da matriz e terminava na quebrada da serra, donde se avistava a vasta planície do sertão, pontilhada de casas ou fazendas de criação.

A bela rua era orlada de árvores frutíferas, que lhe davam fresca sombra durante o dia e um cunho de melancólica poesia durante as noites.

No fim da alameda, ou do agradável passeio público, excelente modelo para a nossa capital, que não possui uma rua arborizada, havia naquele tempo uma chácara muito em mato e desprezada de seu proprietário.

Aí, cerca de cem passos da rua, via-se uma casa de gosto antigo, abarracada e de limitado pé-direito, tendo como apêndice, de um lado, vasto telheiro com bolandeira e mais misteres de fabricar farinha de mandioca, que não faltam em nenhum sítio da serra, e do outro lado uma velha coberta com estrebaria e curral de ovelhas.

Habitava aquele casarão um homem, com quem precisamos fazer conhecimento: o major Peixoto, pobre, porém de bom caráter, quer como pai de família, quer como cidadão.

Seu pai, que deixou de si tristíssima fama, casara com D. Genoveva, moça, rica, mas de fraca educação, por ter perdido a mãe muito em criança e ter sido criada em meio de escravos.

Apesar, porém, de tão fatais condições, D. Genoveva procurou manter-se ilesa de seus naturais arrastamentos, por ser boa de natureza e por ter a intuição de não poder viver em sociedade sem merecer a estima da boa gente.

É bem verdade que o meio em que vivemos rebaixa ou eleva nossa alma, conforme é vil ou nobre, mau ou bom.

As crianças, ao despontarem na vida, antes de terem consciência do bem e do mal, oferecem ao observador opostas disposições.

Umas as apresentam acentuadamente boas, outras acentuadamente más.

Conhecemo-las tão meigas, tão dóceis, tão sensíveis, que são o mais completo contraste com outras, ásperas, irascíveis e perversas.

Essas disposições e a infinita escala intermediária são inatas, vêm da natureza com que foram criadas, tanto que se manifestam no período da inconsciência infantil.

Pois bem: a índole nativa de um espírito pode modificar-se, parcial ou completamente, pela influência do meio doméstico e social.

Dona Genoveva seria uma mulher perdida se não tivesse vindo no meio de uma sociedade que sufocava o gérmen de todo mau sentimento.

Trazia porventura boas disposições originais, mas a criação num foco de tudo o que há de mais corrompido tê-la-ia arrastado se não fora a superior pressão da sociedade seleta, em cujo seio impossível ser-lhe-ia viver, se dera ouvidos à tentação.

E quantos, apesar de possuírem bom coração, não se deixaram levar pela corrente do mal?

Evitar as más companhias e procurar a convivência dos bons é conselho de suma sabedoria e dever restrito de consciência.

O exemplo, quer para o bem, quer para o mal, é tão contagioso que só por exceção pode-se escapar a sua oculta e poderosa influência.

O que seria a sociedade brasileira se os seus altos diretores só repartissem as graças pelos bons e afastassem de si os maus?

O poder, em uma sociedade que ainda está em princípio, que ainda não tem normas assentadas para a vida social, é apenas como o pai de família para seus filhos: suas palavras, suas obras são modelos que procuram seguir, confiados e quase cegamente.

Ah! grande país, o que tiver severa direção!

Dona Genoveva, talvez por sua índole, como foi dito, e seguramente pela influência do meio social, fez-se digna da estima da sociedade maiorense e partilhava o bem-estar geral, a inefável alegria, a sentida felicidade da população da vila.

Seu marido, que não a desejou por amor, senão por cobiça, por amor da fortuna que herdara de seus pais, esbanjou em pouco tempo, nas pândegas e jogatinas, em Mossoró, onde estabeleceu casa de negócio, todos os bens do casal, abandonando a desgraçada moça a seu próprio destino, desde que se rompeu o laço que o prendia.

Deixou-a sem recursos e com um filhinho, que apenas contava cinco anos.

Apesar, porém, de tão vil procedimento, a moça chorou sinceramente a morte daquele mau homem, sucedida pouco tempo depois de tê-la abandonado; e isso lhe conquistou maior estima da parte da população do Martins.

Aos 32 anos viu-se a mísera criatura sem recursos e sem apoio natural, tendo sobre si o peso da educação do filhinho, que a ocupava mais que a própria vida.

Sua alma, porém, era dotada de varonil energia, e por isso não se abateu à perspectiva de um futuro que era para fazer desanimar o mais forte.

A boa mulher recebera pelo exemplo da gente com quem convivia — e guardara, como preciosa essência, no fino cristal de seu coração — o mais sublime filtro que Deus destilou para sua criatura predileta: a fé.

A fé, não a que não passa dos lábios, mas a que vem da alma, é o bálsamo miraculoso para nossas dores e o específico infalível para nossos desfalecimentos.

Da própria fraqueza tirava D. Genoveva, por obra de sua fé, a força para vencer as dificuldades que a assoberbavam como ondas de oceano revolto.

Entregou-se ao trabalho, penoso a princípio, por ter sempre vivido sem dele precisar, mas que, por fim, tornou-se-lhe a mais grata distração, por fazê-la esquecer as cruéis mágoas e dar-lhe, ao mesmo tempo, os meios, embora escassíssimos, de manter ileso das maiores necessidades o filho do seu coração, em quem concentrara todo o amor de que é capaz uma mãe.

Trabalhar é condição de vida, em um mundo de expiação, a que só vêm os que precisam eliminar os miasmas pestilentos que lhe envenenaram a alma.

Deus, porém, cuja justiça é inseparável de sua misericórdia, dispôs de modo que a pena purificadora seja também o meio mais agradável de passar-se o tempo das dores.

O que vive na ociosidade sente invencível aborrecimento que o arrasta para sentimentos condenáveis.

O que vive do trabalho sente inefável satisfação na hora do descanso e tem compaixão dos desgraçados, sentimento de caridade, que é o alvo sagrado com que se ungem as almas contra as setas envenenadas de suas próprias paixões.

Almas benfazejas, que não faltavam naquele abençoado torrão, animaram D. Genoveva em sua santa missão de encaminhar o pobre órfão pelas sendas únicas que o poderiam levar às águas do novo Jordão,[4] onde lhe seria dado purificar-se do vício paterno: a falta de educação moral e religiosa.

À sombra de seus cuidados e dos seus bons exemplos, viu a boa gente crescer o fruto de uma aliança infeliz, e quase se orgulhava de lhe haver formado o coração tão digno, como o que mais fosse, de conviver com ela, de ser um membro da sociedade maiorense.

---

[4] Rio da Terra Santa citado inúmeras vezes na *Bíblia* e no qual Jesus Cristo foi batizado por João Batista. A expressão "novo Jordão" é usada aqui, metaforicamente, em oposição ao pecado.

O menino, dócil aos ensinamentos maternos, cresceu em anos e em bons sentimentos, conquistando por seus modos simples e respeitosos a estima de todos.

"Fruto bom de árvore ruim!" dizia-se a seu respeito; mas, refletindo-se bem, emendava-se o conceito, dizendo-se: "saiu somente à mãe".

Quando foi chegado à idade de poder trabalhar, Peixoto não precisou que lhe lembrassem seu dever e declarou à mãe que era tempo de dar-lhe descanso.

— Agora, cumpre-me restituir-lhe o que me tem adiantado — disse ele —, trabalhar eu para a senhora, como a senhora tem trabalhado para mim.

Empregou-se como caixeiro em casa de um velho negociante, cuja fama de probidade lhe era mais uma garantia na vida prática que iniciava.

Infelizmente nem sempre bastam os melhores desejos e a mais decidida resolução para levar-se a cabo um plano, por mais bem inspirado.

Quando o moço Peixoto começou a ganhar, por seu trabalho, os recursos para poupar à querida mãe o insano labor em que vivera, súbita e indômita paixão cativou-lhe o coração.

Quem pode saber o que fará amanhã?!

Suscitou aquela paixão uma boa e bela moça, filha de um dos mais caridosos protetores de sua mãe.

Quis lutar e muito resistiu por apagar a chama que ameaçava devorar o edifício levantado sobre os fundamentos dos seus puros afetos filiais, mas aquele fogo era inextinguível: acendia-se tanto mais quanto mais ele se esforçava por apagá-lo.

A pobre velha, que já o era D. Genoveva antes de tempo, menos comovida por ter de voltar à lida antiga, que por largar de si o filho de suas entranhas, criado em seus braços, achou, entretanto, em seu profundo amor a precisa coragem para abafar os dolorosos sentimentos que se chocavam em sua alma.

Consentiu no casamento do amado filho, cuja consorte lhe trouxe a chácara do Jacu, de que acima falamos, e um casal de escravos para servi-los.

Foi um dia de luto para D. Genoveva o de maior ventura para o coração de seu filho!

É que ela via-o transferir a outra o amor que era toda a sua felicidade, e por isso mesmo amou-o mais, se possível era.

Separada do único conforto que lhe fora permitido gozar em sua triste vida, recomeçou o trabalho pelo pão, quando já lhe escasseavam as forças.

Peixoto quase nada podia ajudá-la, porque a lavoura, que tentara, não lhe dava para manter a família, em poucos anos aumentada com os filhos; assim mesmo, porém, quando podia, roubava a si mesmo umas migalhas para ela. Por esse motivo e por ser pontual em seus tratos, foi a pouco e pouco firmando a estima que conquistara em criança, e chegou a ser o homem mais considerado do Martins, onde foi sempre[5] eleito 1º juiz de paz, e ultimamente nomeado major da guarda nacional.

Depois do vigário, santo homem, que fazia de suas ordens verdadeiro sacerdócio, era o major Peixoto o árbitro de qualquer dúvida ou questão, que, todavia, quase nunca aparecia entre os habitantes da vila — e, nesse ofício, foi sempre bem-sucedido, porque todos o amavam e recebiam seus conselhos com religioso respeito.

O filho de D. Genoveva era apontado como o modelo dos maridos, dos pais, dos filhos, dos amigos e dos cidadãos.

---

[5] Afinal.

Tudo lhe sorria na vida externa, que corria cercada da estima e do respeito do público.

Entretanto faltava-lhe uma coisa, que lhe parecia indispensável: a fortuna, que negava-lhe seus favores, obrigando-o a privações, tanto mais dolorosas quanto mais eminente se tornava sua posição na seleta sociedade.

E aquele espinho doía-lhe tanto que as manifestações de afeto dos seus e do povo faziam-no arrepelar-se.

Só o dominava a ideia de ser rico, de poder ostentar!

O infeliz, porém, guardava-a, calcada no fundo da alma, aparentando a maior conformidade com suas precárias condições.

II

Em 18..., a Vila da Maioridade apresentava um aspecto novo e repugnante ao caráter de seus habitantes.

Procedia-se a uma eleição primária, para deputados, pelo execrando sistema dos dois graus.[6]

No Martins, uma eleição nunca trouxe a menor perturbação; era uma reunião familiar.

Ajuntava-se o povo, na matriz, como em dia de festa; conversava-se, ria-se, falava-se de tudo, menos de votação, e, chegada a hora da chamada, cada um destacava-se do grupo em que se achava, depositava sua cédula na urna, sem querer saber como votava o vizinho, por saberem todos que nenhum deixaria de fazer a melhor escolha.

---

[6] No Império, a partir de 1822, estabeleceram-se as eleições em dois graus. No primeiro grau, exercido pelos eleitores de paróquia, votavam os cidadãos com, no mínimo, 25 anos e 100 mil-réis de renda anual, para escolher os eleitores de segundo grau, conhecidos como eleitores de província e que elegiam os deputados e senadores.

E o resultado jamais deixou de corresponder àquela confiança, saindo sempre laureados os cidadãos que melhores títulos possuíam à estima pública.

Por essa razão, não havia chapas, nem cabalas, nem pretensões desencontradas. Os que tinham merecimento não precisavam pedir, porque sabiam que não seriam olvidados, e os que o não tinham não ousavam apresentar-se, porque melhor ainda sabiam que nada conseguiriam.

Acabada a festa eleitoral, saía toda a gente como viera, alegre e rindo dos episódios que nunca faltam em todo ajuntamento popular.

Era assim — sempre foi assim — uma eleição na Vila da Maioridade.

Entretanto, no ano a que nos referimos, o povo apinhado na praça da matriz não tinha a placidez de sempre, e, muito pelo contrário, tinha a sanha de combatentes.

Em pouco, e à medida que a cena se esclarecia, era de ver ali, em meio daquela gente privilegiada, o mesmo que em todo o país: verdadeira luta por discordância de ideias!

O que, então, teve o poder infernal de quebrar a doce paz daquele seio de Abraão,[7] de romper a harmonia daquela família de bem-aventurados?

Diante do inaudito quadro, houve na vila uma como[8] revolução, correndo toda a gente a ver o que jamais alguém pensou que se visse naquele abençoado torrão.

---

[7] Referência à parábola bíblica do mendigo Lázaro e do rico avarento: "Aconteceu morrer o mendigo e ser levado pelos anjos para o seio de Abraão; morreu também o rico e foi sepultado. No inferno, estando em tormentos, levantou os olhos e viu ao longe Abraão e Lázaro no seu seio". (Lucas, 16:22 e 23.)

[8] Antigamente, para indicar semelhança ou proximidade, era usual que a palavra "como" viesse antecedida de artigo indefinido.

Qual a causa ou motivo de tão inaudito sucesso? A dúvida não durou muito tempo.

Entre os contendores, improvisados representantes dos partidos políticos, que nunca ali se aclimataram, destacavam-se, de uma parte, o capitão Antônio Pombo, delegado de polícia e homem muito apreciado por suas excelentes qualidades — e, da outra, o major Peixoto, já conhecido do leitor e inimigo pessoal de Pombo.

Foi essa inimizade que deu origem à luta que, para disfarçar o feio móvel,[9] tomou as cores de política. Pelo menos assim julgaram todos.

Debalde a melhor gente da vila empenhou-se por acalmar a sanha dos dois inimigos, pugnando pelo restabelecimento da antiga ordem.

Nenhum cedeu de seus caprichos, invocando cada um a necessidade de esmagar o outro, como condição única de restabelecer-se a paz.

Apesar do geral constrangimento por aqueles dois estimados homens causado, a opinião era por Antônio Pombo, não só por ter sido ele o provocado, como porque Peixoto fora procurar apoio em gente estranha ao lugar e de ruim catadura.

No correr do processo eleitoral, mil questões se levantaram como pretexto para conflitos, e em todos a gente do Peixoto, sempre o provocador, foi rebatida pelo povo, francamente solidário com o Pombo.

Veio a noite pôr termo às cenas que a todos desolavam; mas fatos se deram, após o encerramento dos trabalhos, que produziram no ânimo da população a mais dolorosa impressão.

Várias casas foram assaltadas por homens desconhecidos, que eram certamente da gente que Peixoto trouxera em seu apoio!

---

[9] Motivo.

Que escândalo e que receios!

Obra das constantes interrupções, a eleição durou três dias — três séculos de indescritíveis agonias para a boa gente do Martins.

Apesar, porém, de todas as violências e intimidações, o triunfo coube a Antônio Pombo, que se conservou sempre na defensiva.

O homem mais popular da Maioridade, que nunca deixara de ser espontaneamente sufragado em primeiro lugar, o estimado, venerado major Peixoto, perdeu num momento o que tanto lhe custara a ganhar: a confiança da seleta população de sua terra, que ora responsabilizava-o pelos escândalos nunca vistos no ditoso povoado!

É sempre assim. O homem que se coloca na mais elevada posição assume tal grau de responsabilidade, que, por um erro de chocar o coração das gentes, apaga o brilho de suas passadas glórias.

Entretanto ninguém, no Martins, sequer presumia que o falido de hoje tivesse sido arrastado à grande falta por outro móvel que não o capricho de esmagar seu inimigo.

Em todos os grupos, que se formavam e se dissolviam, durante aqueles lúgubres dias, em todas as palestras familiares, que outro assunto não tinham, onde quer que se ajuntavam duas ou mais pessoas, o desgraçado era alvo de amargas recriminações.

A consternação era, porventura, mais geral que a indignação!

Ninguém pensou, naqueles dias tempestuosos, nos doces entretenimentos dos alegres tempos.

Todos se preocupavam com os perigos do dia e com a horrorosa possibilidade de sua duração para o futuro, que sempre lhes parecera de rosas.

Pela primeira vez, em razão de se haverem reproduzido nas seguintes as cenas vandálicas da primeira noite, pensaram os moradores do Martins em se prover de armas para defenderem a fortuna e a vida!

Que estupenda transformação!

Que doloroso desencantamento!

Era como o caso de uma invasão estrangeira a perturbar a santa paz em que vivem as laboriosas populações do campo, para quem não há sombras do horizonte do futuro.

Somente, uma invasão é coisa que ameaça, acomete e passa, como onda, deixando largo futuro à reparação dos sustos e das perdas, ao passo que, no nosso caso, o que mais incomodava era o vago receio da continuação do mal, cujo termo ninguém podia determinar.

De um dia para outro, o quadro risonho de um viver excepcionalmente venturoso foi substituído pelo que representava, com as mais negras cores, uma população oprimida pelo constante terror de uma desgraça iminente!

As famílias, por medo e por prudência, trancaram-se em suas casas, não se vendo mais, desde que caía a noite, senão um deserto tumular onde haviam sido precisamente aquelas horas as de maior expansão do regozijo público!

Dir-se-ia que medonha tempestade pairava por sobre o povoado, pondo em sustos os corações de seus habitantes.

Quem tivesse, quinze dias antes, deixado o alegre torrão, e voltasse despercebido, não o reconheceria certamente, tão completa foi a transformação por que passou naqueles poucos momentos.

A autoridade policial, antes nominal e inútil, como foi dito, começou a ser, por necessidade imperiosa, uma reclamação do espírito público, para defesa da sociedade, que por fim somente nela punha suas esperanças.

O delegado, à falta de força pública, nunca precisa ali, organizou uma milícia cívica, com a melhor gente da terra, e com essa força, por ele próprio capitaneada, rondava e policiava, todas as noites, as ruas e arredores do povoado.

Esse aparato bélico, acompanhado das preces, que em todas as casas se faziam pelo restabelecimento da antiga tranquilidade, causava no ânimo de todos, máxime no das mulheres, uma perturbação e tanta dor de produzirem lágrimas.

As senhoras, cujo pai, ou marido, ou irmão era designado para a ronda do dia, ficavam aterradas, como se lhes fosse certeza a perda de tão amadas criaturas.

Era como se tivessem eles sido sorteados para guerra de extermínio!

A descuidosa existência, a que estavam habituadas desde criança, não era de pouca monta para que exagerassem os perigos da ocasião.

Não eram eles quais os imaginava a sobre-excitada mente feminina, mas eram de justificar as cautelosas providências tomadas pelo delegado; porquanto, apesar de haverem os facínoras desaparecido da vila, desde que terminou a eleição, nem por isso deixou de chegar, todos os dias, ao conhecimento do público, a notícia de ter sido atacado um ou outro indivíduo, que se atrevera a sair fora de horas, ou de ter sido assaltada alguma casa situada fora do povoado.

Uma coisa surpreendia a todos:

O major Peixoto deixou de frequentar certos pontos, em que era constante, não aparecendo na vila senão de relance e raríssimas vezes.

Em sua boa-fé e sinceridade, o povo atribuía aquela mudança nos usos do velho amigo a constrangimento, a vergonha de ter sido o causador da desgraça de sua gente.

E se todos o acusavam de tal, grande número, imputando sua culpa antes a erro que a perversão, comiserava-se dele e sentia reviver a mal extinta afeição.

Um dia, quando já se supunha serenada a tempestade, pela ausência de fatos perturbadores da ordem pública, levantou-se angustioso clamor por ter sido encontrado, ao amanhecer, no largo da matriz, o cadáver de um moço, que viera de Pernambuco, por moléstia, e que gozava de geral estima.

Examinado o cadáver, deixado ao tempo como para dar testemunho de provocação da parte dos bandidos, reconheceu-se que tinha aberta a carótida.

A ideia de suicídio era banida pela posição da ferida e ainda porque se encontrou a casa da vítima arrombada e saqueada.

Ninguém mais se julgou garantido, mesmo no centro policiado; e, desde aquele dia, as famílias que possuíam fazenda no sertão cuidaram ativamente de fugir para lá.

A emigração, que se tornou geral, deu à vila o caráter de uma cidade quase abandonada, o que concorria grandemente para que se tornasse lúgubre e pavoroso o viver daqueles que eram obrigados a permanecer nela.

O delegado, tendo reconhecido a impossibilidade de prover a segurança pública com a força que improvisara, reclamou do governo milícia arregimentada, muito temida nos sertões e povoados do interior.

Quanto tempo, porém, para chegar lá a reclamação e vir de lá a salvação!

Todos os homens válidos acercaram-se da autoridade, no intuito de opor-se barreira à ação dos malfeitores, quando não fosse possível apanhá-los.

Apesar, porém, de tão boa vontade, a luta já durava havia muito tempo e a fadiga começava, principalmente causada pelo desânimo de ver repetirem-se as cenas vandálicas, a despeito de toda a vigilância.

Nem se conseguia descobrir seus autores nem o ponto onde eles se refugiavam! Tudo mistério!

Se a coragem indômita, se a energia inquebrantável e se a atividade incansável fossem bastantes para erguer os ânimos abatidos de uns e fazer recuar a onda devastadora dos outros, Antônio Pombo só teria livrado a sociedade que a pusera à sua frente.

Um só homem, porém, se podia infundir coragem, não era força para conter o inimigo invisível.

Os fatos delituosos davam-se em menor escala do que permitiria uma autoridade que não aquela; não cessavam, porém, repetindo-se aqui ou ali — num dia ou noutro.

Ora era uma mulher arrebatada a uma família, para ser levada não se sabia aonde, visto que, por mais que se diligenciasse, nunca se logrou descobrir o asilo dos bandidos.

Muitas vezes, eram tropas ou carros, carregados de mercadorias, que assaltavam no rancho.

E, por isso mesmo, o comércio tão florescente caiu em estagnação.

Os produtos da lavoura, principal indústria do lugar, começavam a não ter saída, receando os sertanejos, seus mais constantes consumidores, expor-se aos perigos de serem roubados, quando não assassinados, vindo fazer as costumeiras provisões.

Os próprios fazendeiros de criar, que forneciam a carne verde[10] para o consumo, já o faziam muito escassamente; de modo que, a par do desassossego do espírito, a mísera gente sofria também penúria do principal gênero de alimentação.

---

[10] Carne fresca, não salgada.

O paraíso transformara-se em habitação de torturas, tanto mais sensíveis, quanto menos habituados lhes eram seus habitantes!

III

Havia já três meses que durava aquele estado de coisas, verdadeiro constrangimento moral e material para as boas almas dos maiorenses, quando ao romper do dia augusto, que tão venerado é pela cristandade — a Sexta-feira da Paixão — foi toda a gente da vila ferida profundamente em seu amante coração pela notícia, que tomou asas, do maior atentado de quantos praticaram seus incógnitos inimigos.

Tinha vindo fixar residência na bela e feliz povoação, onde exercia por simples devoção seu nobre ministério, o doutor Capper, médico pela Universidade de Cambridge, nos Estados Unidos.

Sua família constava de sua mulher, a senhora Capper, e de seus dois filhos: Alice e Alberto; a primeira, galante e sedutora menina de 18 anos, e o segundo, um bonito e robusto rapaz de 15 anos.

Era o doutor Capper um homem de 40 anos, alto, robusto, de olhos azuis, rasgados e flamejantes, de cor clara como o leite, sombreada por um belo róseo, que indicava imperturbável saúde.

Sua fisionomia franca e alegre atraía a simpatia de quantos se lhe aproximavam.

A cabeça redonda e achatada, verdadeiro tipo de braquicéfalo, era coberta de vastos e sedosos cabelos louros que lhe emolduravam alta e larga fronte, em que se divisavam, bem salientes, as duas bossas da inteligência.

Apesar, porém, desse físico, que denunciava uma natureza expansiva, e da sua fisionomia alegre, o doutor era homem de poucas palavras, e só se lhe viam manifestações de francas alegrias, ou quando se aplicava ao bem do próximo, ou quando se encerrava com a família, de que a sua Alice era a alma e o encanto.

A esposa e o filho lhe eram extremamente caros, mas Alice era o ídolo de suas predileções, desde que a recebera de Deus, sendo a única pessoa, em casa, que possuía o condão de arrancá-lo às suas profundas cogitações e de fazê-lo brincar como criança.

Alice era tão linda quanto meiga e tinha por Capper tão profunda afeição que só a ideia de separar-se dele fazia-a dolorosamente sofrer, sendo a única perturbação que jamais sentira na constante alegria de sua plácida existência.

O doutor, por não afastá-la nem um dia de si, encarregou-se da educação do seu anjinho e ministrou-lhe, rindo e brincando, uma instrução sólida e variada, em línguas, em literatura e mesmo em ciências naturais.

E, para completar a ornamentação do amado espírito, dócil ao cunho que desveladamente procurava imprimir-lhe, ensinou-lhe a moral de Jesus Cristo, fazendo acompanhar a lição do exemplo, pois que era fervoroso apóstolo da caridade, virtude que praticava no mais elevado grau.

Também a moça não perdia palavra ou ato de seu pai e, na companhia de seu irmão, saía todos os dias a visitar pobres enfermos, levando-lhes o consolo e os auxílios de que precisassem.

Havia apenas três anos que os Capper residiam no Martins, onde Alberto estudava o latim com o professor Emiliano, e já não era dado a quem quer que fosse dali deixar de conhecer e amar o anjo da caridade, como era por todos designada a menina Alice.

Seu pai, que sabia fazer da Medicina um verdadeiro sacerdócio, que não tinha horas para o descanso, enquanto alguém precisasse de seus cuidados; que alta noite, em meio da tempestade, saía para onde lhe pediam socorro; que nunca disse a alguém, rico que fosse, "paga-me o trabalho"; seu pai, que ria ou chorava quando salvava ou perdia um doente, começava sempre seu trabalho diário visitando com ela os seus doentes, dos quais um era o médico, e a outra a providência.

Depois de terem desempenhado seu dever junto a esses desgraçados, separavam-se; o doutor por correr o resto de sua clínica, e os rapazes por visitarem os seus pobres que não eram doentes.

Enquanto pai e filhos desempenhavam a mais santa das missões do homem, a senhora Capper não perdia seu tempo por ter ficado em casa.

Arranjava tudo com o cuidado e a ordem que caracterizavam a verdadeira dona de casa, e adubava o trabalho, que fazia por gosto, com obras de beneficência.

Além dos seus pobres, fregueses do pão e do vestido, deixava ela o que estivesse fazendo por acudir a nova freguesia que lhe batesse à porta.

Todos, naquela casa, trabalhavam pelo bem do próximo, e, quando era hora de se reunirem no remanso da íntima convivência, suas almas contentes desfaziam-se em ternas manifestações de puro amor.

Que delicioso viver!

Alberto era um rapaz bem disposto fisicamente e de alma repassada dos nobres sentimentos que constituíam a atmosfera moral da nobre família.

Sua inteligência era um vivo reflexo da elevação moral do seu espírito.

Pode-se dizer que era em tudo um espelho em que se refletiam as nobres qualidades do pai, com a simples diferença de não possuir nem a prática, nem a prudência, nem o saber daquele, por serem estas qualidades que cada um por si, e só por si, colhe no percurso da vida.

A gente da Maioridade não sabia o que mais admirar: se aquele médico desprendido de todo o interesse, se aquela senhora, toda agasalho e bondade, se o anjo encarnado em corpo tão belo, tão belo, de ninguém poder vê-lo sem amá-lo, ou se aquele rapaz, que a todos cativava por seus modos.

E todos diziam: é uma família patriarcal que Deus nos enviou para ensinar-nos o caminho do Céu e para fazer que mais ninguém chore nesta terra.

Capper e os seus ufanavam-se da estima daquele povo, cujo caráter ninguém podia melhor aquilatar.

Não se sabia, nem se procurava inquirir, quem eram e donde vieram aqueles estrangeiros, cujos dispêndios com obras de beneficência denunciavam uma grande fortuna.

Seus passaportes eram suas obras, eram seus sentimentos, tão edificantes quanto elas.

E isto, que todos conheciam, era mais que suficiente para saciar a curiosidade, que é o vício inato de todo o povo do mundo.

No dia natalício de qualquer daquelas grandes almas, agitava-se toda a população do Martins, como acontece nas grandes cortes no dia de anos dalgum dos raros monarcas que têm a ventura de ser as delícias de seu povo.

Todos corriam a cumprimentar a privilegiada família: os ricos com preciosos presentes, os pobres de um modo mais grato a seus corações, trazendo, velhos, moços e crianças, sinceros sinais de seu reconhecimento.

Como exultavam aquelas boas almas, vendo-se rodeadas de todos os que formavam a grande família dos desprotegidos da fortuna!

Era esta para os Capper a mais alegre festa de sua vida — a festa augusta, em que recebiam o maior prêmio da vida: as manifestações de amor dos pobres!

Foi *naquele engano da alma*, que lhes dava a sorver o néctar do Céu, que a fortuna, vária e inconstante para todos, desfechou sobre eles o seu mais duro golpe.

O doutor Capper, chamado às onze horas da noite para fazer um parto, saiu com o coração cheio de amor ao próximo, tendo deixado, já agasalhados, mulher e filhos.

Por ínvios caminhos e nas trevas de uma noite borrascosa, lá vai ele, apressando o passo, porque[11] não chegasse tarde à casa que ansiosamente o esperavam.

Difícil e perigoso foi o parto que teve de fazer, mas sua perícia e vasto saber, se não somente sua fé em Deus, venceram na luta, que terminou por um esplêndido triunfo.

Pelas seis horas da manhã, voltava o sábio médico, fruindo, com o ar embalsamado pelos aromas das flores silvestres, a doce satisfação de haver salvado duas vidas quase perdidas.

Todo embebido no contentamento que sente o verdadeiro médico, em casos tais, mal percebera já ter chegado ao povoado; mas eis que longínquo burburinho chamou-o à vida real.

Lembrando-se das desgraças que pesavam sobre a boa gente, acreditou que mais alguma lhe sucedera; e, pois, quase foi a correr, por ver se poderia prestar-lhe qualquer serviço.

---

[11] Conjunção usada antigamente também para expressar finalidade, com o sentido de "para que".

Não tardou em divisar um grande ajuntamento popular que aumentava, a cada instante, pelos subsídios que lhe vinham de todas as casas.

Sem cogitar de leve que pudesse aquilo interessá-lo pessoalmente, e somente que alguém fora ferido de desgraça, o filantropo atirou-se ofegante para a multidão, de cujo seio saiu, a ferir-lhe os ouvidos, o nome da sua Alice.

Quem poderá dizer o que sentiu!

Ouvindo pronunciar o nome de Alice, parou entontecido, e como ébrio procurava decifrar o mistério de falar-se, na praça pública, da sua adorada filha, quando mais claro lhe chegaram estas vozes:

— Desgraçado doutor Capper! Que será dele quando souber que lhe roubaram a filha?!

— Mentem! — bradou em fúria de louco. — Mentem! que eu deixei a minha Alice acomodada, e não há quem ouse tocar naquele anjo!

À voz do respeitado homem, que supunham longe, todos se descobriram e regaram o chão com lágrimas de sentida compaixão.

Por momentos, reinou o mais profundo silêncio, que ninguém tinha coragem de quebrar e que seria eterno se o santo vigário o não interrompesse, acercando-se do infeliz, cujo aspecto era o de um louco.

— Meu caro amigo — disse com voz trêmula pela comoção —, nossa felicidade não se enraíza na terra, mundo de dores e sofrimentos. Nossa felicidade aspira às regiões celestiais, que não alcançamos senão pela via dolorosa.

"Deus o colocou hoje nessa vida; marche por ela corajosamente, de olhos fechados, com o coração cheio de resignação, e só assim chegará à pátria das inefáveis alegrias. Não sucumba, pois que não há mal sem remédio para quem confia em Deus. Chame em seu auxílio todas as energias de sua alma e tenha fé e esperança."

Eram ungidas as palavras do santo homem, porém o cérebro do desgraçado pai estava paralisado — não podia recebê-las.

O vigário tomou o autômato pela mão e encaminhou-o para a casa, seguindo-os o povo como uma procissão.

Era difícil avaliar quem mais sofria: se a vítima da horrível catástrofe, se aquelas almas que o amavam e amavam estremecidamente a bela e pura moça.

Chegado que foi a casa, Capper instintivamente atirou-se para o quarto da filha, onde encontrou, caída em desmaio, sua amada esposa.

A dor é muita vez o remédio para a dor, e aquele espetáculo, talvez de uma maior que a sua, foi poderoso revulsivo para a natureza superior daquele varonil espírito.

Correu para a terna esposa, tomou-a nos braços, lavou-lhe as faces com as lágrimas, que lhe corriam dos olhos como de fontes inexauríveis, e, tendo-a deposto na cama da filha, seguiu rápido para sua pequena botica, a preparar o cordial que a ciência aconselhava para o caso.

De volta, aplicou o remédio, sem pronunciar palavra; mas os circunstantes notaram que as lágrimas tinham-lhe descongestionado as faces, agora pálidas como a cera.

Deu-se então um fenômeno extraordinário, que assombrou a todos os presentes.

A senhora Capper, minutos depois de haver tomado a poção, abriu os olhos, fixou-os num ponto do quarto e, com a maior placidez, pronunciou estas palavras:

— Minha querida Alice! Vejo-a, daqui, deitada em uma cama bem preparada, em profundo antro, onde é vigiada por guardas, que tomam todas as entradas, e é assistida pelo infame autor de todas as desgraças desta boa gente, que ainda o tem na conta de homem de bem! Minha querida filha! vai ser sacrificada aos brutais instintos do miserável... Mas não, não. Junto à cama, em que jaz sem sentidos minha pura filha, velando por ela em seu desmaio, está um lindo moço, de cuja face irradia-se brilhante luz, e de cuja destra pende fulgurante espada, na qual leio esta legenda, em caracteres de fogo: "Não perecerá o que é votado à caridade".

IV

A incompreensível visão da senhora Capper, sem que se pudesse dizer pelo quê, trouxe à alma das pessoas presentes uma como consolação.

Consolação, pelo que dizia respeito ao ídolo de suas adorações — às desgraças da angélica Alice; por outro lado, porém, pela revelação de que o raptor da moça era o autor das desgraças públicas, e este um homem que todos ainda julgavam de bem, e que não podia ser senão o major Peixoto, o sentimento que a visão despertou em todos os corações foi de ódio e de vingança.

Evidentemente, as palavras da nobre senhora referiam-se a Peixoto; foram, pois, a luz para seus espíritos, envoltos em trevas por três longos meses.

— Está claro, é mais que patente! — bradaram todos.

— Morte! morte ao miserável que por tanto tempo nos iludiu e que, como paga de nossa estima, nos condena ao mais doloroso viver!

A estas vozes, que rompiam, como lavas incandescentes, daqueles peitos inflamados pela cólera, respondeu um gemido, longo, profundo e doído como estertor de agonizante.

Todos espontaneamente voltaram-se para onde irrompera aquele som que indicava uma alma a despedaçar-se, e, aos olhos de todos, como se fosse massa inerte que perdera o equilíbrio e foi por terra, ofereceu-se o corpo inanimado da pobre velha D. Genoveva.

A degradação do filho, que já suspeitava no íntimo de sua alma, em razão de generosidades que tinha com ela, muito superiores às suas circunstâncias, foi-lhe naquele instante evidente.

Por grande que era sua energia, toda ela lhe fugiu, naquela hora aziaga, diante da condenação moral, lavrada contra o filho de suas entranhas pelo povo que tanto o distinguira e elevara.

— Meu filho, que tantas dores me tem custado, desonrado para os homens, perdido para Deus!

Foram estas as únicas palavras que lhe brotaram da alma, como o gemido de desespero, arrancado pela maior de suas dores sobre a Terra.

O povo, ainda mesmo um povo como o do Martins, deixa-se mais arrastar pelo interesse, pelas paixões, pelo egoísmo que pelo dever, pelas grandezas da alma, pelo altruísmo.

O que enchia a casa do doutor Capper, todo interessado por suas mágoas, assim que teve a ciência de quem era o inimigo de sua felicidade, não cuidou de mais, esqueceu aquelas mágoas, desprezou as cruéis dores da pobre velha e partiu em massa para o Jacu, à procura do perverso, que o trazia em constante alarma.

Não se pode, em rigor, qualificar de egoística aquela resolução; pois que não teve pequena parte, no ânimo de toda a gente, o desejo de vingar a afronta da família Capper.

Saiu, pois, dali, sedento de vingança e disposto a tomá-la na altura da ofensa.

No quarto, que fora o teatro de tão estranhos quão dolorosos acontecimentos, só ficaram o doutor e o vigário, pálidos, quase catalépticos, fitando as duas mulheres desfalecidas, uma por ver desonrada a filha de sua alma — a outra por ver perdido o filho, que era o único laço que a prendia à vida.

Uma rajada de ar fresco, batendo contra as faces do doutor, chamou-o à realidade da vida, que, para ele, para a sua grande alma, agora combalida pelo maior sofrimento, era o cumprimento de todos os deveres.

Estremeceu, como quem desperta de tétrico pesadelo — e, antes de pensar no que lhe acicatava a alma, antes de prestar a devida atenção ao fato extraordinário que se produzia em sua presença, seguiu o constante impulso de seu coração, prontificou-se a socorrer as duas mães entorpecidas pela dor.

Dificilmente conseguiu reanimar a pobre velha, D. Genoveva, tão profundo foi o golpe que feriu aquele organismo, amofinado pelas longas e constantes vigílias, no doloroso trabalho de que tirava a subsistência.

Capper colocou-a em um quarto confortável, e confiou-a aos cuidados do vigário para levantar-lhe o espírito pelo bálsamo divino, que só a religião pode ministrar aos infelizes.

Dali volveu aonde deixara a cara esposa, que, uma vez restituída aos sentidos, desafogou suas dores em torrentes de lágrimas, que se confundiram com as daquele homem forte, mas que fraqueou ante a dureza do golpe, o mais pungente de quantos sofrera e imaginara.

Para as grandes tempestades da alma, as lágrimas são as válvulas de salvação, e foi por elas que Capper escapou à morte ou à loucura.

O que é certo é que, depois de ter copiosamente chorado, abraçado com sua terna companheira, foi que sentiu a consciência de si e, superando as fraquezas que o dominavam por momentos, encarou com calma relativa sua posição real.

— Eu e Alberto... mas, é verdade! Onde está Alberto, que não o tenho visto?

"Alberto? Alberto?"

"Meu Deus! Será possível que ele também tenha sido vítima; que, no mesmo dia, fiquemos privados dos dois únicos entes que amamos, que deviam ser o consolo de nossa velhice, que encerravam todas as nossas esperanças?

"Alberto? Alberto?"

— O senhor Alberto — disse o criado, que, ouvindo o amo chamar pelo moço, permitiu-se entrar no quarto —, o senhor Alberto, quando a casa foi invadida pelos malvados, achava-se no banho. Os malvados, tendo-me surpreendido quando abri a porta, derrubaram-me, amarraram-me e amordaçaram-me, num relance, e penetraram neste quarto, de que saíram carregando a senhora Alice, cujos gritos abafaram. Eu só vi que eles meteram-se com ela numa liteira e partiram pela estrada das Trincheiras.

— E Alberto que fez, Jacques?

— O senhor Alberto, chegando ao interior da casa, e vendo tudo em silêncio, parece que se tranquilizou; mas, dirigindo-se para a porta, junto da qual estava eu estendido, desprendeu-me, aterrado, e perguntou-me o que fora aquilo. Sabido o caso, correu a tomar suas pistolas e, como uma seta, partiu, dizendo já de longe: "Meu pai que não desespere, porque ou eu morro ou lhe restituirei o nosso anjo".

— Grande Deus! — exclamou o aflito pai, em desespero que tocava o delírio — a filha desonrada, o filho sacrificado! Ambos perdidos! Sim, meu Alberto, serás infalivelmente sacrificado; porque és nobre e tens de te haver com perversos, sempre traiçoeiros.

"Mas... eu estou perdendo tempo, enquanto meus adorados filhos correm tão grandes perigos!"

Dizendo estas palavras, o doutor atirou-se precipitadamente para fora do quarto; mas, ao transpor o limiar, tolheu-lhe o passo a voz da senhora Capper, naquele tom suave que a caracterizava, havia pouco.

— Para, Capper; a precipitação é má conselheira. Escuta.

O doutor involuntariamente parou e, voltando-se para a mulher, reconheceu que se achava ela no mesmo estado de quando fizera suas revelações sobre o sítio em que se encontrava sua filha.

Dirigiu-se, pois, a ela, e, pondo-lhe a mão sobre o ombro, perguntou o que lhe queria dizer.

— Não eu, mas aquele moço radiante de luz, que vela à cabeceira da nossa Alice, é quem te quer falar. Ele diz-te que nada temas, porque o anjo do Senhor defende aos que vivem na prática do bem. E acrescenta: tua filha triunfará dos perigos que a envolvem; e teu filho será o seu salvador. Ninguém se lava das impurezas da alma senão por essas e outras provações; mas aquele que nutre sua alma com os suavíssimos aromas da caridade está preparado para vencer a própria morte.

Disse, e acordou a boa senhora, sem ter consciência do que dissera ou sequer de ter caído em delíquio, como chamou o doutor aquele estado.

Delíquio! É um nome para se designar o fenômeno; mas a natureza do fenômeno?

O espírito do sábio doutor foi profundamente comovido pelo duplo fato, de que nunca ouvira falar, e que lhe parecera coisa miraculosa.

Homem grandemente instruído em quase todos os ramos de conhecimentos humanos, só encontrou relação com o que testemunhara na história das sibilas; mas, tão profundo em saber como em fé, não podia aceitar o que condenava a Santa Igreja Romana.

Inspiração profética? Era mais conforme com seus sentimentos religiosos; mas o tempo dos profetas já vai longe, como o dos milagres.

Estava a cismar nessas coisas que lhe cativaram a alma, quando o libertou da concentração o ruído de vozes do povo que voltava do Jacu.

A grande multidão parou à porta, e todos vieram dizer ao amigo e à sua desolada esposa palavras de consolação e de encorajamento.

Satisfeito o sagrado dever do coração, o quase fúnebre cortejo debandou, seguindo cada um para sua casa, levando a alma em luto.

Do grupo só ficou o delegado, extenuado pela luta que sustentou por evitar que o povo, em delírio, vitimasse a mulher e filhos do bandido, que não fora encontrado em casa.

É, pois, bem verdade que o desespero faz de um povo manso fera mais cruel que as das florestas!

Antônio Pombo, tendo descansado um pouco, pediu ao doutor e ao vigário conselhos para o caso que ali se lhe revelara.

— Não podemos permitir que corram livremente os sucessos; e, pois, aproveitemos a luz que tivemos hoje.

Capper referiu o que lhe revelara, pela segunda vez, a mulher, e concluiu dizendo:

— Não sei o que pensar do que vi e ouvi hoje!

— É realmente estupendo; mas vamos ao que vi no Jacu. O major Peixoto ausenta-se frequentemente de sua casa, contra todos os seus velhos hábitos. Sai sempre acompanhado de seu filho Pedro, moço de bons costumes, mas que ultimamente tem se tornado um sedutor das moças da vizinhança. Pai e filho, antes necessitados, ao ponto de deverem às vendas, arrotam agora tal abundância de dinheiro que possuem cavalos de alto custo. A vizinhança é admirada da mudança de usos e costumes que lhes nota.

"À vista de tudo isto — ajuntou o delegado, dirigindo-se ao doutor Capper —, não há dúvida de que o *sonho* de sua mulher é uma verdade quase provada, quanto a ser Peixoto chefe de uma quadrilha, dessa que põe em alarma toda a vila e acaba de roubar sua filha. Só me falta verificar a exatidão da outra parte daquele *sonho*: se, com efeito, a quadrilha tem sua sede em uma gruta e onde está situada."

— Esta é a questão — disse o vigário.

— Certamente — respondeu o delegado —, e eu vou já proceder a esse exame, por descobrir a tal gruta. Quer acompanhar-me na pesquisa, doutor Capper?

— É meu dever e meu maior empenho, pois que dessa descoberta depende a salvação de minha filha.

— Pois, então, partamos já.

Nesse momento soou um toque de corneta.

V

Quem sobe a Serra do Martins, pela estrada das Trincheiras, não pode deixar de prestar atenção a uma grande excrescência róchea, de cerca de um quilômetro de comprimento, sobre coisa de trezentos metros de largo e uns sessenta a oitenta de alto.

Essa rocha está colocada ao sopé da grande serra, de que parece ser um contraforte, à esquerda de quem sobe para a vila.

Parece um gigantesco cetáceo, deitado sobre a barriga, tendo a cabeça para o lado da estrada e o lombo ou dorso achatado e meio côncavo, como se algum espadarte, de suas proporções, lhe houvesse sacado, por golpe de diante para trás, uma larga porção da parte superior do corpo.

Ou então, em vez de um cetáceo petrificado, poderá ser aquilo a petrificação de um dos antigos castelos, construídos nas penedias, que os séculos transformaram no que ali se vê.

Nesta hipótese, o enorme edifício só tinha uma ala, e era de soteia ou coberto de madeira, como se usa nalguns países.

Como quer que seja, os campônios da redondeza olham de soslaio para ali, quando passam pela estrada, por dizerem que nas noites de luar vê-se, no alto, sentado em tosco banco, um frade capuchinho, tendo diante de si, aberto, um volumoso livro, que parece ler eternamente.

Esta circunstância, efeito de pura ilusão ótica, faz vogar a lenda de ser aquilo um enorme convento petrificado com o frade seu guardião, por castigo do Céu, como aconteceu à mulher de Loth.[12]

Talvez porque aquela figura de frade despertou nas almas simples e ignorantes ideias supersticiosas de almas do outro mundo, ou porque a rocha ficava em sítio muito frequentado por onças, o certo é que nunca entrou no pensamento das gentes da vizinhança visitar aquela raridade.

Pois valia bem a pena; porque é uma das mais curiosas de quantas são conhecidas.

Vista de longe, como só o podia ser, pelas razões expendidas, a rocha parece ser maciça; entretanto realmente não o é, e o que se vê é a casca ou paredes de uma vasta gruta verdadeiramente digna de minuciosa descrição.

---

[12] Também grafado Ló. Aqui há uma referência à passagem bíblica do Velho Testamento que versa sobre a destruição de Sodoma e Gomorra: "E a mulher de Ló olhou para trás e converteu-se numa estátua de sal". (Gênesis, 19:26.) Citada ainda no Novo Testamento: "Lembrai-vos da mulher de Ló". (Lucas, 17:32.)

A entrada da imensa cavidade, que vai de uma a outra extremidade da pedra, tem a forma de uma elipse, cujo grande eixo, de cerca de vinte metros, é disposto no sentido transversal, e o pequeno, de uns dez metros, no sentido vertical.

A perspectiva é inteiramente semelhante à da boca de um teatro.

Por aquela abertura, vasta e bem esclarecida pela luz solar, que penetra até o fundo de um vasto salão, em cujo centro há uma coluna constituída por três bem torneados cilindros de pedra ligados entre si, como o indicado nesta figura ∴, penetra-se no interior da gruta.

Não é difícil explicar como foi pela natureza formada ali a linda coluna, que mede cinco metros de altura e termina irregularmente, como se tivesse sido partida à força.

Do fundo do salão, prolonga-se para frente uma laje que, à semelhança do coro de uma igreja, divide o espaço até um terço do salão.

Essa laje, devido à inclinação do solo, eleva-se acima do térreo cerca de três metros na frente, e nivela-se com ele, no fundo, na parede que separa o salão dos compartimentos interiores, dando a ideia de um alçapão aberto.

Sobe-se a essa espécie de coro por um montão de pedras soltas, encostadas à parede de que falamos. Quem as colocou ali?

No centro da tal parede, que faz o fundo do salão, há uma abertura, alta e larga porta que dá entrada para os aposentos interiores.

Segue-se-lhe um longo corredor, que vai dali à abertura posterior da rocha, a qual não tem forma geométrica como a anterior.

O corredor não recebe quase luz alguma, porém é bem arejado, prestando-se satisfatoriamente à respiração.

Para ele, e com tal ou qual simetria, abrem-se, de um e de outro lado, fendas em forma de portas irregulares, que dão acesso para outros tantos quartos, tão úmidos e escuros quanto mal arejados.

Desses quartos, cujas formas são irregulares, partem, como se fossem alçapões abertos no soalho térreo, comunicações para subterrâneos, que não podem ser descritos, porque ninguém ousou ainda descer a eles, e nem se poderá tentar semelhante empresa, visto que falta completamente aí ar respirável.

Ficam esses aposentos em nível muito inferior ao do solo que ladeia a rocha, e tudo quanto se pode saber deles é que os enche o ruído de águas correntes, que se ouvem distintamente, desde que se chega ao alçapão que para cada um deles dá passagem.

Não se pode compreender semelhante fenômeno, pois que o ruído é constante, tem-se ouvido em todas as estações, e, no entanto, não há naquelas paragens rio ou ribeiro de corrente perene. Os que há secam pelo verão.

Serão correntes aéreas que ressoam, por serem aquelas cavidades muito profundas e terem especiais disposições acústicas?

Ninguém sabe o que é aquilo.

Daquela ordem de repartimentos, que constituem o primeiro pavimento, sobe-se ao segundo, por uma escada semelhante à do coro, porém colocada do lado oposto da parede que divide o salão de entrada.

Na segunda ordem, ou pavimento superior, não se encontra a simetria que reina na primeira; ao contrário, completa é a desordem na distribuição dos cômodos: salões, que comunicam uns com os outros em todos os sentidos.

Destes, os que correspondem ao centro da rocha ou a sua parte côncava, oferecem ao visitante esplêndida vista, sendo perfeitamente arejados por espécies de claraboias superiores, por onde penetra igualmente muita claridade.

Veem-se ali, presas às paredes, pendentes do teto e como espetadas no solo, belíssimas velas de estalactites — obra da filtração lenta das águas pluviais, colhidas e guardadas na cavidade ou lago ou bacia do teto da gruta.

Uma peça destaca-se dentre as estalactites: é um pilão daquela massa, fincado no centro de um salão.

As duas estações em que se divide o ano no norte do Brasil, uma chuvosa e outra de absoluta seca, é o que pode dar a razão do alargamento das extremidades e da cintura do centro daquela notável peça.

Do segundo pavimento chega-se facilmente ao alto da rocha, que é o teto da gruta, no qual está situada a grande bacia, mais ou menos cheia d'água, conforme as estações.

Deliciosa é a vista que se goza daquele sítio — belezas simples e naturais, que se podem sem receio contrapor às mais portentosas produções da arte.

Um horizonte se descortina que abrange léguas de campinas, dando a miragem do firmamento, mudadas apenas as cores, que aqui são esmeraldinas, e lá no alto opalinas — rios, riachos, córregos e ribeiras, formando uma rede semelhante a do sistema sanguíneo ou nervoso do corpo humano — montículos, espalhados pela vasta planície, cobertos de árvores, formando bosques, que de longe parecem ilhas de verdura, espalhadas pela superfície de um lago — as casas das fazendas, rústicas, porém aprazíveis, trazendo à mente guaritas colocadas a distâncias, donde parte a força inteligente, que domina e coordena toda aquela Natureza louçã, porém inconsciente — rebanhos disseminados pelos campos, a darem vida e animação a todo aquele conjunto de variedades, qual mais simples e, por isso mesmo, mais encantadora.

E o frade capuchinho, que tem visto passarem por sobre sua cabeça os anos e os séculos, sem que lhe tenham tirado nem posto um único cabelo branco? Estamos no seu eterno asilo, que tem por assento a encantada rocha, e por teto o céu estrelado.

A gente, apesar de saber que tudo aquilo não passa de uma criação da imaginação popular, não pode forrar-se a certa emoção quando dá o primeiro passo em busca do temeroso fantasma.

Vício de educação, que nem todo o saber do mundo conseguirá arrancar completamente do espírito, uma vez dele inquinado!

Precisaremos dizer o que vale aquela ilusão ótica, avolumada pela fantasia popular, tão sobre-excitada que, muita vez, ao clarão da lua, surpreendia o frade fumando em longo cachimbo, que acendia em vela cuja luz era amarela como a do enxofre?

O frade é uma pedra tosca, a mais saliente de um grupo, reunido naquele ponto da rocha.

De perto perde completamente a forma que oferece a quem olha de longe, parte, como dissemos, por efeito de ótica, parte por efeito de imaginação.

Não se pode até compreender como uma pedra sem relevos tenha podido dar tão extravagante ideia.

O caso, porém, é que muitas vezes as nuvens produzem esses efeitos, parecendo castelos, guerreiros e mil variedades de seres e objetos.

Em uma excursão que fizemos, com outros companheiros, à célebre gruta, já então desencantada, tomamos dela as notas que aí deixamos e de que temos esgotada a edição.

Foi pela estrada das Trincheiras, onde fica a gruta mal-assombrada, que, no dizer de Jacques, os bandidos raptores de Alice a conduziram amordaçada.

Foi também por ela que seguiu o moço Alberto, como referiu o criado de Capper.

Enquanto o aflito rapaz corre, sem saber para onde, confiado somente na providência dos bons, e o delegado em comum com o doutor combinam planos de descobrirem a caverna de que falou a senhora, ocupemo-nos com o major Peixoto.

Nascido e criado na maior pobreza, mas educado nos princípios da mais exemplificada moral, teve ele, mais do que a generalidade dos rapazes que se têm feito homens de bem, os essenciais elementos para tornar-se digno da sociedade maiorense.

E, de fato, ninguém mais que ele mostrou-se digno daquela honra, até o presente momento, ou antes, até o momento em que trocou a glória de ser diretor daquela gente pela infâmia de ser o seu algoz.

É que havia no fundo daquela alma, como brasas acesas por baixo de fria cinza, um gérmen de perdição, que a fraca educação da pobre velha mãe, ignorante, não soube descobrir, para extirpar.

Aquele gérmen era o da ambição, do desejo de possuir riquezas para gozar dos regalos da vida; e foi isto o que D. Genoveva, mal inspirada, chegou mesmo a alimentar.

Muitas vezes, em mocinho, quando seu trabalho não dava para poupar à mãe as penas que se impunha, amaldiçoava, em presença dela, a memória de seu pai, que esbanjara a fortuna de que podia ele ora gozar.

E a boa D. Genoveva, só vendo naquelas palavras uma prova de amor sentido do seu caro filho, enchia-se de satisfação, sem pensar que bem claro revelavam um sentimento condenável, causa de grandes males para o futuro.

Casando-se o moço, recebendo minguado dote, aquele sentimento mais se lhe avigorou, por obra do amor da mulher e dos filhos, acrescentados ao da velha mãe. Tornou-se uma paixão.

Desenganado de saciar, por meios lícitos e honestos, aquela devoradora ambição, o possesso, o louco, que outra coisa não é o homem dominado de uma ideia fixa, esqueceu todos os bons sentimentos que recebera no berço e que lhe deram a honrosa posição que tinha, e fez plano de conquistar fortuna, fosse como fosse, sem lhe importarem as consequências.

Teve necessidade de fazer uma viagem ao Apodi, onde fazia correrias[13] uma quadrilha, cuja sede era no Olho d'Água do Milho, limites do Ceará, e, por desgraça sua, foi aprisionado pelos salteadores, que o supuseram rico à vista de seu trajar.

Arrastado ao covil, e enquanto não era levado à presença do chefe, teve ele ocasião de ouvir as conversas dos bandidos, exaltando as vantagens de sua aventurosa indústria.

Foi o demônio da tentação que se apossou de sua alma!

Ao ser levado à presença do chefe, fez ver que era pobre, e, dominado por sua ideia, descreveu a riqueza do Martins, verdadeiro contraste com a pobreza do Apodi. Tal arte empregou que o chefe ficou arrebatado.

Em poucos minutos firmou-se um pacto entre os dois, ficando Peixoto chefe da brava gente, e o senhor Tapioca rebaixado a seu ajudante.

Imediatamente deu-se conhecimento da combinação aos membros da quadrilha, que exultaram de satisfação, não só porque Peixoto tinha aspecto marcial, ao passo que Tapioca era um fanadinho, como porque todos sabiam,

---

[13] Termo usado com o sentido de "roubo", generalização regional da acepção "assalto repentino a território inimigo".

por um companheiro, o que valia a nova mina que iam explorar.

Selado o pacto, veio Peixoto adiante preparar as coisas, e como o caso coincidia com as eleições, em que queria dar uma lição a Antônio Pombo, mandou que viesse, à formiga,[14] a gente de que precisava para a luta eleitoral.

O leitor já sabe o que sucedeu e os fatos que se seguiram à eleição.

O que não sabe ainda é que os *bravi*[15] eleitorais instalaram-se na mal-assombrada gruta das Trincheiras, donde saíam todas as noites para suas correrias e para onde arrebataram a cândida filha do doutor Capper.

VI

Seria meia-noite.

Os galos das fazendas situadas a várias distâncias da gruta anunciavam, por seu primeiro canto, o principiar do dia venerando, em que se consumou a tragédia sempre viva do Gólgota[16] — o sacrifício do Justo — o deicídio.

Naquela hora, em que toda a boa gente do sertão frui tranquilamente as delícias do sono, soou pelas abóbadas da gruta infernal um estriduloso piado, como o da coruja, parecendo surgir das entranhas da terra.

Em poucos minutos, vinte e tantos homens de caras patibulares, vestindo calça e jaqueta de algodão riscado,

---

[14] Variante da expressão "como formiga", que significa "em grande número".

[15] Bando de criminosos da Itália medieval.

[16] Colina próxima a Jerusalém onde Jesus Cristo foi crucificado. Também chamada de monte Calvário.

cobertos com chapéu de couro de abas largas e trazendo cada um seu bacamarte e uma faca de ponta, presa à cintura por um lenço de Alcobaça,[17] dobrado em forma de cinto, acudiram ao misterioso chamado, surgindo, como fantasmas, de vários pontos do imenso corredor.

Cada vulto daqueles trazia espetada à boca de sua arma uma vela de cera da terra,[18] para alumiar-lhe o caminho.

Dir-se-ia uma procissão de mortos, levantados de seus túmulos e percorrendo a grande alameda de algum cemitério, por entre os negrumes de uma noite tempestuosa.

Se alguém, de fora, pudesse lobrigar aquele espetáculo de fantasmas ambulantes, caminhando no meio das trevas, alumiados por círios ou fogos-fátuos, que de[19] histórias horrendas contaria à crédula gente que, por sua vez, acrescentaria mil pontos ao conto!

Os espectros, pois, foram seguindo pelo corredor até chegarem a um ponto deste, em que penetraram em um subterrâneo salão, frouxamente iluminado por algumas velas, como as que lhe serviam de lanternas.

— Pronto! — disseram a uma voz, dirigindo-se a um homem que se achava sentado a uma tosca mesa de cedro, sobre a qual, na mais completa desordem, viam-se objetos de variadíssimos usos.

Pelo modo respeitoso como lhe falaram, e pelo ar de indiferença com que os recebeu, via-se logo que era o chefe e que toda aquela gente obedecia às suas ordens.

— Quantos estão presentes? — perguntou com voz seca e breve o personagem.

---

[17] Vila portuguesa de onde se importavam lenços grandes de algodão, geralmente vermelhos.

[18] Cera de abelhas.

[19] *Que de*, neste caso, é expressão equivalente ao pronome "quantas".

— Estão todos, menos Relâmpago e Quixabeira, que saíram ontem em diligência com o senhor Tapioca e ainda não voltaram — respondeu um moço, que se destacava dos outros pelos modos livres, que indicavam condição superior.

O leitor não precisará, certamente, que eu lhe diga quem era aquele chefe e que gente era aquela, que se reunia a tais desoras em tão escuso lugar.

— Tu, Pedro — falou para o moço o chefe —, vais incumbir-te da mais importante e arriscada empresa de quantas temos, até hoje, cometido.

— Não sei recuar ante perigos quando se trata de cumprir ordem de meu pai e chefe.

— Assim é que gosto de ouvir falar; tanto mais que sei muito bem que tuas ações não destoam de tuas falas.

Pedro abaixou a cabeça, em sinal de reconhecimento por tão formal elogio, de que não era muito pródigo o taciturno chefe.

— Escolhe — continuou este — dois homens de tua plena confiança e manda os outros para seus quartéis, pois bem precisam descansar das labutações desta semana.

— A escolha não é fácil — respondeu o moço —, pois que dos nossos bravos companheiros não há um que desmereça nossa confiança.

— Escolhe, pois, dois quaisquer, e que voltem os demais a descansar.

— Estão escolhidos, senhor: são Cabriúva e Caninana os meus auxiliares nessa arriscada empresa que me confiais.

— Pronto para arriscar a pele e a cabeça! — bradou Cabriúva.

E no mesmo tom falou o Caninana, ambos orgulhosos da preferência que lhes dera o moço, filho do chefe.

— Fiquem, pois, estes dois — disse Peixoto —, e tu vais receber, em sua presença, as minhas instruções.

Sem detença, a sala esvaziou-se, ficando somente, além do chefe e de seu filho, um cabra acaboclado, baixo mas de corpo reforçado, e de cara chata, com dois pontos negros na raiz do nariz, que se presumia serem os olhos.

Aquele monstrengo acudia por Cabriúva.

O outro era um mulato, de cara estúpida, de braços mais curtos que o natural, mas servidos por músculos de aço como os animais carniceiros.

Cumprimentemos o senhor Caninana.

— Conheces o doutor Capper? — perguntou ao chefe da expedição o chefe da quadrilha.

— Quem não o conhece por estes lugares, que estão cheios de seus benefícios, e principalmente o senhor e eu, que lhe devemos a vida dos entes que mais prezamos na Terra?

— Que tem tudo isto com a minha pergunta? — bradou, enfurecido, o chefe dos bandidos.

— Nada tem, senhor, mas não supus contrariá-lo com aquelas palavras. Conheço perfeitamente esse doutor Capper.

— Pois é a casa dele que tens de atacar hoje, ficando à tua perspicácia combinar os meios de levar a efeito essa delicadíssima diligência.

— Pai — retrucou o moço empalidecendo —, lembre-se de que o doutor Capper salvou a vida de minha mãe e de meu irmão. Temos tanto onde colher à farta; por que havemos de atacar uma casa que nos deve ser sagrada?

— Quem te deu a liberdade de me fazeres observações? Quando ordeno, não admito reflexões. Cumpres, portanto, a ordem que te dei, ou faço saltarem-te os miolos, para exemplo dos que se julgarem com o direito de me opor contraditas.

Falando assim, abrasado em fúria, o terrível chefe ergue-se precipitadamente e, engatilhando uma pistola, aponta-a à cabeça do filho.

Este, sem pestanejar, baixou os olhos, e, em tom de submissão, respondeu:

— Nunca serei desobediente a meu pai e meu chefe.

— E muito bem fazes — redarguiu o bandido contente com o filho —, porque é preciso acabarmos de uma vez com esses tolos preconceitos de dever e de religião, que só servem para afeminar os homens. A verdadeira moral é chegarmos aos nossos fins por quaisquer meios. O dever é procurarmos nosso maior interesse. A religião é gozarmos a vida, como os animais, que não nos são superiores.

— E o bem paga-se com o mal! — atreveu-se a dizer o moço, vencido, mas não convencido quanto a Capper.

— O bem! Sabes o que é? É o gozo da vida, é a riqueza que o faculta. O mal é o contrário disso, é a pobreza que nos priva do que desejamos para nossa ventura. Porque um homem salvou da morte minha mulher e meu filho, hei de ficar privado do bem de que preciso gozar? Seria isto uma doutrina singular: vivermos escravos daqueles que nos fizessem benefícios! Não. O homem é livre, livre em seus pensamentos, tanto como em suas ações. Se a moral nos tolhe esta ilimitada liberdade, põe-se em luta aberta com a nossa natureza. Moral é lei social, e liberdade é lei natural. Como, pois, há de a natureza ceder à convenção? Nossa lei suprema, a lei da liberdade natural, é esta: tudo é permitido ao homem, na medida de suas forças. Esse limite é a única restrição posta pela natureza à nossa liberdade de ação.

Pedro fora criado nos princípios da religião cristã, que seus pais lhe ensinaram desde os verdes anos.

Arrastado pela obediência, acompanhou seu pai, renegado dos santos princípios, à vida aventurosa a que o arrastara a ambição de ser rico; mas esforçava-se, quando lho permitia o devido respeito, por convencê-lo de que ia no caminho errado — de que, dado mesmo o caso de fazer fortuna por aqueles meios, jamais dela gozaria, repudiado de toda a sociedade, qual outro Caim.[20]

O desvairado achava modos de iludir aquelas sensatas considerações, e o rapaz, à força de ouvir-lhes as palavras de perdição e de ver suas danadas práticas, foi-se contaminando, pouco a pouco, até só de longe em longe passar-lhe pela consciência a sombra de um remorso.

Apesar disso, e de já conhecer as negruras da alma do pai, e de seguir-lhe a pista, aquela hedionda lição sobre a moral, a religião, o dever e o bem irritou-lhe o sistema nervoso.

Era preciso ser perdido mais que Satanás para receber sem um assomo de repulsão, embora transitório, a nefanda lei, e Pedro Peixoto era ainda muito novo na vida para ser insensível a toda impressão do bem.

Talvez por esta causa, ou porque o amor que dedicava a sua cara mãe refletia-se um pouco sobre aquele que a tinha salvado da morte, o que é verdade é que o moço, pervertido pelo próprio pai, sentiu revoltar-se toda a sua natureza, ouvindo a ordem que seu pai lhe dera de atacar a casa do doutor, ordem que justificara com a horrível doutrina, que explodia do centro de suas negras paixões.

E, pois, ao instintivo assomo do bom sentimento, recalcado nos fundos seios de sua alma, atreveu-se a impugnar a torpe ordem, que lhe pareceu tão desnaturada como se lhe fosse mandado atacar a própria mãe.

---

[20] Personagem bíblico, primogênito de Adão e Eva, que matou Abel, seu irmão, por ter o Senhor se agradado da oferta dele e não da sua.

O velho bandido, mais impregnado do mal, resistiu impávido à poderosa razão, e leu ao moço, ainda não de todo calejado, o código de suas leis de perdição, e o demônio do mal abafou a insinuação benéfica do anjo da guarda do infeliz.

A pobre alma, recolhida às trevas que lhe criara o próprio pai, rendeu-se à danação, sem mais resistências opor.

Desde aquele momento, seria difícil decidir quem era mais cínico e mais desabusado: se o pai, se o filho.

Erguendo-se, pois, com a face acendida pelo espírito das trevas, a que se entregara de corpo e alma, disse com voz sinistra:

— Ordene sem reservas, que será obedecido sem restrições.

O chefe sentiu orgulho de ver como suas palavras cavaram leito na alma do filho, criado em oposta lei.

Foi, pois, com a mais expansiva satisfação, que volveu ao assunto da diligência.

— Todos, aqui, têm tomado a pais e a maridos belas mulheres, que lhes suavizam as agruras desta vida que levamos. Esses, portanto, nada mais precisam para que possam alegremente trabalhar. Somente nós dois, Pedro, somos os deserdados dessa suprema felicidade, princípio e fim da criação do homem. Faz-se, pois, mister que saiamos deste estado, que nos torna ridículos aos olhos dos nossos companheiros. De ti cuidarás como e quando melhor te parecer. Eu quero cuidar já de mim. A filha do doutor Capper é a mais bela moça desta vila e seus contornos; tem mais saber e inteligência que toda a gente reunida do povoado; está, portanto, talhada para ser a companheira do chefe, a conselheira da nossa associação. Concebi por essa rapariga uma paixão que me calcina a fogo lento. Se não puder possuí-la, não sei se poderei subsistir. Meu destino e o da nossa associação estão pendentes da posse da adorável criatura. Cabe-te, pois, salvar-me e salvar-nos, roubando-a à família, trazendo-a ao nosso seio antes de amanhecer o dia. Deixo-te a liberdade de escolheres os meios; mas não voltes sem ela, que não respondo pela explosão dos meus furores. Agora que tens as minhas disposições, segue teu caminho e prepara teu futuro, que será invejável, se souberes servir-me com zelo, inteligência e prontidão.

Pedro partiu incontinente, levando consigo Cabriúva e Caninana.

Pelo caminho, construía e destruía planos, sem imaginar um que lhe inspirasse confiança.

Já era chegado à casa do doutor, e remoía na mente como, sem ser visto, nela penetraria — e eis que o acaso, que é muita vez a providência dos maus, veio em seu socorro.

A casa era retirada do centro da vila, sendo situada em uma chácara, arborizada de modo que, apesar de já ser mais de cinco horas da manhã, tinham os assaltantes a certeza de não serem descobertos, mesmo porque o terror de suas façanhas obrigava toda a gente a não abrir as portas senão com o dia claro.

O criado do doutor costumava sair cedo para regar o jardim, antes da hora de entrar no exercício de suas funções domésticas.

Veio, pois, como de costume, abrir a porta, ainda escuro, e destarte deu entrada aos malfeitores, como já sabemos.

Apanhada a incauta moça, e bem amordaçada, levaram-na para a liteira, cujas cortinas correram, e partiram para o lugar do seu destino, acelerando a corrida, quanto era possível, para chegarem antes de amanhecer completamente o dia.

Felizmente para eles, ninguém saía ao trabalho, por ser o dia que era, e, pois, não encontraram sequer um cargueiro na estrada.

E assim, sem o mais leve embaraço, chegaram aonde Peixoto, louco de satânico prazer, correu a receber a preciosa presa.

VII

O avarento, que vê amontoado, ao alcance de suas mãos, ouro, mais ouro, muito ouro, que é todo o fim e toda a felicidade de sua vida; o guloso, que tem diante dos olhos, a lhe atiçarem o insaciável apetite, que é a suma expressão da sua personalidade, manjares sobre manjares, qual mais saboroso; o cobiçoso, que consegue a posse de alheia prenda, sem a qual lhe parecia impossível gozar prazer na vida — todos esses pecaminosos, escravos das mais degradantes paixões, filhas de sua natureza animal, invejariam ao major Peixoto a suprema felicidade, que lhe porejava do corpo e da alma, quando viu e tomou nos braços a linda moça, que lhe assanhara todas as fúrias da bestial luxúria.

Quem sentiria cruciantes torturas, àquela vista, seriam as almas espirituais, que se alimentam dos eflúvios do bem, como o colibri do suco das flores.

Para estas, ver a cândida e virtuosa menina colhida como inocente pomba por voraz gavião, e condenada à degradação por toda a vida, em paga de sua pureza, de sua abnegação, de sua caridade, era coisa de descrer e de desesperar.

Se a virtude não está resguardada dos botes da maldade; se Alice pode ser sacrificada à brutal concupiscência de um homem; que vale ser bom de coração e exercitar religiosamente as virtudes cristãs?

Não é nos estreitos limites de um ensaio romântico que o filósofo pode discutir a altíssima tese que suscita o fato de que nos ocupamos.

Talvez, no fim deste episódio, o leitor venha a firmar sua crença nesta excelsa verdade: o mal nunca poderá vencer o bem.

Entretanto, força é confessar que, na vida prática, dão-se os casos de ser o bom vitimado, o que parece invalidar aquela lei.

Mesmo que Alice não seja conspurcada pelo bandido, sedento de fazer dela combustível para o fogo de seus bestiais apetites; mesmo que a moça possa sair incólume das garras da fera humana, como, em seu *sonho* ou *delíquio*, como profetizou a senhora Capper, outras em suas condições não têm sido tão felizes; e, pois, aí estão fatos para plantarem nas almas o veneno da incredulidade.

A cosmogonia romana não pôde conciliar esses fatos com a suprema lei da invulnerabilidade do bem, com os altos princípios da justiça indefectível.

Se a virtude pode ser esmagada pelo homem, onde a Justiça do Senhor? Onde o galardão dos que seguem seus caminhos?

Há, pois, evidentemente, deficiências no ensino daquela cosmogonia, a não se admitirem eclipses na Justiça do Eterno.

O Evangelho do Futuro revelará novas verdades, que preencherão a lacuna palpável e que darão a mais nítida solução a esta e todas as teses que chocam a razão e a consciência.

Ele nos ensinará que a virgem pura, sacrificada a um miserável, foi um miserável que sacrificou à sua concupiscência a pureza de uma ou mais virgens.

Ele ensinará que à Terra só vêm os Espíritos que precisam expiar passadas faltas, sofrendo o que fizeram sofrer.

Ele ensinará que a criatura é espírito, e que a violação do seu corpo, quando nela não tomar parte a alma, degrada aos olhos dos homens, mas não a contamina, não lhe queima as asas para o sublime voo, antes concorrerá para avigorá-las, se a humilhação for levada com humildade e resignação.

Ele ensinará, finalmente, a grande lei da pluralidade de existências da alma, que conciliará todos os fatos, que levantam dúvidas, com a razão do homem e com a Justiça de Deus.

Deixemos, porém, estas cogitações superiores ao nosso rasteiro assunto e voltemos a ele.

Tão depressa se conheceu só e senhor da bela moça, Peixoto dirigiu-se, com ela nos braços, para um ponto da parede, onde bateu com o pé e fez girar sobre si um tampo de pedra, que ninguém diria poder destacar-se da perfeita continuidade de todo o lanço da rocha.

Enfiou-se, com sua leve carga, pela misteriosa porta e, a favor de uma escada aberta na rocha viva, foi ter a um esplêndido salão do segundo pavimento da gruta, onde a luz e o ar coavam por frestas abertas num dos lados da parede externa, sem que de fora pudessem ser vistas.

Aquele salão não tinha outra saída além daquela, que comunicava, pela escada, com a sala privada do bandido, situada no primeiro pavimento.

Era um cômodo adornado com tudo o que pudesse tornar luxuosa a mais rica habitação do lugar.

Numa excelente cama, ali armada, depositou Peixoto a cobiçada presa, seguro de seu isolamento, porque nem seu filho Pedro conhecia o segredo daquele retiro.

Nenhum perigo havia, pois, em retirar a mordaça, visto como ali todo grito era abafado pelas próprias paredes do salão.

"Nem Deus", pensava o malvado, desembaraçando a moça dos seus laços, "podê-la-á socorrer, arrancando-a de meus braços".

Quando, porém, trêmulo de libidinagem, desatou o lenço que servira de mordaça e descobriu a cara da moça, recuou aterrado, parecendo-lhe que tinha à vista um cadáver!

Alice, estendida no alvo leito com um dos braços pendente, com as faces pálidas cor de cera, com os olhos meio cerrados e vítreos, com os lábios entreabertos e com a pele úmida de frio suor, tinha efetivamente o aspecto de um corpo sem alma e sem vida!

O bandido ficou horrorizado, como se aquele corpo, com o qual se achava a sós, fosse o de um fantasma ou de um anjo adormecido!

Três vezes tentou mover-se para suspender o braço pendente; outras tantas, porém, sentiu-se pregado ao chão e hirto como se fosse uma haste metálica.

É que os princípios plantados na tenra idade, embora espanejados pela razão da idade adulta, deixam sempre mal extinta impressão nos recônditos seios da alma, e o bruto fora criado no temor dos mortos — das almas do outro mundo!

Envergonhado de sua fraqueza, tentou supremo esforço — e, com a mão trêmula, como a teria quem ousasse profanar o túmulo de uma santa, apanhou o braço e pô-lo ao lado do corpo.

Como que sentiu uma ligeira contração — e isto lhe sugeriu o pensamento de ser efeito de uma síncope, e não da morte, aquele estado.

Tomou um copo d'água e, vazando um pouco na mão, borrifou o rosto da inanimada.

Satânico prazer! As pálpebras do suposto cadáver contraíram-se.

Correu a um vidro de água-de-colônia, derramou algumas gotas num lenço e chegou-o ao nariz da moça, cujas fontes e pulsos friccionou com o precioso líquido.

O efeito não se fez esperar muito.

A estátua de mármore deu sinais de vida — soltou do peito um largo suspiro, apertou as pálpebras e voltou a face, por evitar o cheiro ativo.

Depois começou a ressonar, com respiração estertorosa.

"Não está morta", pensou o bandido; "mas qualquer abalo, nas condições em que se acha, pode cortar-lhe o fio da existência".

Julgou, pois, da mais rudimentar prudência adiar a execução de seu infernal plano, seguro de que nem Deus lho embaraçaria.

Neste pensamento, entregou a prisioneira a uma criada, que pusera ali para servi-la, e desceu cautelosamente para sua sala de trabalho.

Mal tinha ali chegado, retiniu aos seus ouvidos um longo piado de coruja, sinal de que algum membro da associação precisava urgentemente falar-lhe.

Correu à porta que dava para o corredor e respondeu por outro piado, que dizia: "pode vir quem é".

Não tardou em aparecer um vulto, que reconheceu de longe ser seu filho Pedro, com quem se encerrou na sala.

— Que novidades há? — perguntou assustado, como raro lhe acontecia, pois que seu mais distinto predicado era o imperturbável sangue-frio, ainda nos maiores perigos.

— Muita coisa há, pai; e urge que tomeis prontas providências ou seremos perdidos.

— Fala, fala depressa.

— Acaba de chegar da vila o Raimundo, trazendo a notícia de que o povo em massa invadiu nossa casa para estrangular o senhor, por haver descoberto sua autoria em tudo o que se tem dado e no rapto da filha do doutor Capper, que é o que mais o tem exasperado. E, como não o encontrasse, teria arrasado tudo se não lho tivesse impedido o safado do Antônio Pombo, que já fez, em sua vida, uma coisa boa.

— Ora! ora! — disse o bandido, tomando respiração. — Pensei que me trazias coisa de assustar! Que me importa que saibam que eu sou quem sou? Quando rompi em guerra contra a sociedade, compreendi perfeitamente que ela não me abraçaria por isso. Que saiba o que já devera saber há muito: que Peixoto é seu irreconciliável inimigo, e, quanto a quererem arrasar tudo, ai daquele que tocar num fio de cabelo de minha mulher ou de meus filhos.

— Não é somente isto, pai. Raimundo diz que acaba de chegar da capital um destacamento de cinquenta praças e que após virá o chefe de polícia, com grande reforço.

O bandido tremeu por dentro, porque nada mete mais respeito à gente do sertão do que o soldado de linha, que chamam "coringa"; mas dominou-se prontamente e replicou com aparente calma:

— Que importa isso? Nesta fortaleza, nem um exército penetrará, e, se o tentarem, morrerão todos. Descansa, filho, que Peixoto só acabará quando *três* raios lhe caírem em casa.

Que lembrança era aquela de *três* raios? Donde lhe veio semelhante ideia?

— Ainda há coisa pior, pai. Quixabeira chegou ferido e contando Que a diligência de Tapioca foi malsucedida, achando-se ele e Relâmpago cercados, num capão do mato, por gente da fazenda.

— O quê?! Será possível que Tapioca mentisse a minha confiança! Que se deixasse apanhar como uma criança! Que vá entregar a chave do nosso incógnito asilo! Fúrias do inferno!

E o homem, sempre calmo e frio ainda mesmo nas mais difíceis conjunturas, ficou desnorteado, como possesso, ao ponto de cair na cadeira quase exangue.

Mais transtornado que ele, Pedro procurou levantar-lhe o ânimo, até vê-lo mais calmo, até que recebeu ordem de trazer ali Quixabeira.

— Que houve? — perguntou o chefe ao tunante.

— Ah! comandante, parece que a roda começa a desandar e que Deus nos quer abandonar.

— Qual nada! Qual Deus! Responde ao que te pergunto e dá ao diabo teus conceitos.

— Sim, senhor. É o que vou fazer. Imagine, comandante, que saímos daqui cheios de esperanças no nosso bom anjo da guarda...

— Mil raios te partam, falador infernal! Responde ao que te pergunto e deixa tuas tolas reflexões que me apuram a paciência.

— Sim, senhor. É o que vou fazer. Chegamos à casa da fazenda do velho capitão Rosa, pelas sete horas da manhã de ontem, exatamente quando estava ele sozinho, diante da burra aberta, contando pilhas de moedas de ouro, para sepultá-las no feliz depósito que parecia rir-se para elas. O homem parecia estar mesmo a nossa espera, preparando-nos uma brilhante recepção. Não parece comandante?

"Pelo sim, pelo não, visto ser dia claro, botamos nossas máscaras e, como gato que caça rato, fomos tomando chegada cuidadosamente, até chegarmos ao alcance da presa, de nos atirarmos a ela, como cães a bofes. O senhor, comandante, não acredita se eu lhe disser. O maldito velho, apesar de ser tão fraco como uma criança, assim que viu ameaçada a sua fortuna, seu ouro, que lhe era mais caro do que a vida, lançou mão de um bacamarte que tinha ao lado não sei mesmo para quê.

"Tapioca abaixou-se, lesto como um gato, e prendeu o velho por baixo dos braços, enquanto eu e Relâmpago ajuntávamos as louras. Oh! como eram belas! O velhinho sempre[21] chegou a disparar o bacamarte e feriu-me neste ombro. Isso, porém, nada foi; o pior foi que nosso chefe perdeu a calma e quis sufocá-lo, esquecendo-se de si. A velha, mulher do capitão, correu pelo tiro, e, vendo o marido em perigo, veio por detrás de Tapioca e correu-lhe na garganta um trinchete que lhe foi ao vão.

"Vendo-se ferido, Tapioca largou o velho e arrombou-lhe o ventre com um tiro de seu trabuco. Aqueles dois tiros despertaram a gente da fazenda, que correu em defesa do patrão. Em tal conjuntura, só tratamos de salvar a pele; mas o corpo do capitão caiu de bruços, e Tapioca, mal entrou no capão, começou a dizer que não tinha pernas para fugir! Eu não acreditava nessas histórias! A matilha perseguia-nos; era urgente correr, mas o homem nada, só queria deitar-se! Vendo aquilo, disse eu: enquanto corro, meu pai tem filho, e disparei para aqui."

Peixoto, calculando o mal que resultaria da prisão do seu imediato, resolveu afrontar tudo por salvá-lo. E, sem mais reflexões, disse a Pedro:

— Toca a reunir. Metade da força fica guardando o quartel, e a outra seguirá comigo para a fazenda do capitão, devendo sair a um por um, pelo mais espesso da mata. Tu me acompanhas.

Dadas as ordens, o bandido partiu, com o filho, pelo fundo da gruta.

VIII

Raimundo, a quem Pedro chamava S. Raimundo, por ter uma natureza votada às coisas da Igreja, era um

---

[21] Usado aqui com o sentido de "contudo".

rapazinho de 16 anos, de bela presença, e prometendo vir a ser um homem esbelto e robusto.

Boa era sua natureza, ou, como geralmente se diz, Deus o tinha dotado de sentimentos elevados, que são as asas em que se firma o espírito para ascender às glórias dos bem-aventurados.

Seu pai, no entanto, e Pedro, seu irmão, empenhavam-se seriamente por arrastá-lo ao seu modo de viver, obrigando-o a passar em sua companhia dias e semanas, para familiarizar-se com as práticas de perdição, que exaltavam entusiasticamente em sua presença, mas de modo que não parecesse proposital.

É incompreensível o fato de ter um pai coração para arrastar a um abismo o filho, que, por Lei Natural, os pais se sacrificam para salvar!

É que homens há que são puros animais, dos quais há uns tantos que devoram os próprios filhos.

E também pode bem ser que seja aquilo obra de espíritos atrasados, que arrastam os homens para o mal, como os adiantados os atraem para o bem!

O Evangelho do Futuro, o código das verdades reveladas por Jesus, acrescentado daquelas que Ele prometeu, explicará a razão dos arrastamentos que sentimos para o bem ou para o mal.

O Evangelho do Futuro explicará a razão dessa luta natural, que presenciamos na Terra e que continua além do túmulo, porque o homem é essencialmente espírito, e suas boas ou más qualidades, seus sentimentos bons ou maus são coisas do espírito, que não do corpo, e, portanto, acompanham o Espírito além da vida corpórea.

O Evangelho do Futuro, finalmente, explicará como os Espíritos ainda atrasados e, por conseguinte, maus procuram fazer no Espaço o mal que fizeram na Terra, ou simplesmente por dar pasto a sua natureza, ou por sede de vingança, caindo sobre seus inimigos, como harpias invisíveis que influem fluidicamente.

O major Peixoto era um Espírito atrasado na evolução que fazem todos, da ignorância e inocência em que são criados, à suma sabedoria e virtude a que são destinados.

Por essa razão, o homem, completamente acessível à ação de seus iguais do Espaço, sopitava os sentimentos do pai.

Raimundo, que já tinha progredido mais, embora não tivesse ainda a visão clara das excelências da vida espiritual, resistia às seduções da serpente paterna, e, conquanto, por obediência e por temor, partilhasse a vida desregrada e corrompida do miserável, sua alma repelia princípios e práticas do desgraçado.

Mais longe que seu irmão Pedro levou a resistência, em parte pela razão que foi dita, em parte pelo contraveneno dos conselhos de sua boa mãe, cujo coração estalava de dor e estorcia-se em mortais agonias, vendo perdido o marido, que adorava, e, ainda mais, não podendo embaraçar que atirasse ele à voragem, um por um, todos os amados filhos, estremecidos frutos de seu desgraçado amor.

A desditosa senhora ficou inconsolável quando o marido, que sempre a visitava fora de horas, lhe comunicou a resolução de empregar Pedro na vida de desatinos que seguia.

— Antes o mates, meu amigo, do que o leves à perdição diante dos homens e à condenação diante de Deus — foram as preces ou o brado de desespero da desgraçada mãe; preces e brados que se perderam no vazio do coração do desnaturado pai.

— Isto são histórias — redarguiu cinicamente Peixoto. — Nosso filho está homem, sem fortuna e sem meio de vida. O que lhe tem dado teu Deus e tuas rezas?

— Peixoto de minha alma, não blasfemes. Teme que se esgote a fonte da misericórdia de Deus e que partam de sua justiça os raios que fulminam os ímpios. Meu bem-amado, não chames sobre nossas cabeças maiores desgraças.

— Respeito tuas superstições — disse quase meigamente o bandido —, mas sempre te direi que com tua religião não alcançaste da Misericórdia Divina com que teu filho comprasse um par de botinas. Eu, no entanto, que não sou nenhum Deus, vou dar-lhe o que o teu não lhe tem dado — vou fazê-lo rico, e portanto feliz; porque fica sabendo: a vida é esta, e só vive realmente quem goza, e só pode gozar quem tem dinheiro.

A mísera mãe que remédio tinha senão conformar-se? E lá se foi, a caminho da morte moral, o primeiro e mais querido fruto de um amor que nem mesmo assim podia renegar.

Em sua dor, que só uma mãe, amante e religiosa como ela, poderá aquilatar, só pedia a Deus que lhe abreviasse os dias de tão ingrata vida; lembrava-se, porém, de que ainda tinha outros filhos, almas inocentes que eram ameaçadas de serem arrebatadas como o primeiro, e, chorando lágrimas de sangue, pedia ao Senhor que lhe prolongasse a existência, por mais dura e cruel que ela lhe fosse.

E dia e noite chorava à Senhora das Dores, para que ungisse de óleo sagrado o coração de seu segundo filho que, por sua idade, era o que mais próximo estava do horrendo abismo.

Talvez fosse a missão daquela excelente alma sofrer, na Terra, torturas e dores morais mais agudas que todas as dores físicas.

Talvez, dizemos; porque suas preces, apesar de ungidas pela fé e pela humildade de seu coração, não foram atendidas pelo Pai de Amor, que ouve sempre os gemidos de seus filhos.

Como então dizer o salmo sagrado: *cor contrictum et humiliatum Deus non despiciet?*[22] Como explicar essa flagrante contradição entre a divina palavra e o fato palpável?

Ainda aqui, não encontramos luz no Evangelho interpretado pela Igreja Romana, o Evangelho do Presente, e temos de apelar para o *Evangelho do Futuro*.

Quando conhecermos a lei da expiação, que é o bálsamo para as chagas da alma — quando soubermos que esse bálsamo divino, que lava a alma de suas culpas, é colhido na árvore bendita da dor, que Deus, em sua misericórdia, plantou neste mundo abençoado, compreenderemos a razão por que o ignorante foge ao sofrimento reparador e o Onisciente não atende às lágrimas do filho amado.

O sofrimento é veículo da regeneração!

Aquela santa mãe não sabia nada disto, e, pois, orava, confiava e esperava.

Ainda não se tinha bem resignado com a perda moral do seu primogênito, e novo golpe veio ferir-lhe o já tão lacerado coração.

Peixoto comunicou-lhe que Pedro, vencidas as relutâncias contra os princípios da nova fé que lhe ensinava, tornara-se um perfeito executor do ofício, e, pois, que era chegada a vez de iniciar o pequeno Raimundo, que estava aí a crescer na ociosidade.

Lágrimas, súplicas, tudo o que pode empregar uma mãe por salvar o filho querido, empregou a pobre senhora para demover o perverso marido.

---

[22] Parte de salmo bíblico, em latim, sobre confissão e arrependimento: "Sacrifícios agradáveis a Deus são o espírito quebrantado; *coração compungido e contrito, não o desprezarás, ó Deus*". (SALMOS, 51:17.)

Tudo debalde; que o maldito era surdo à voz do próprio coração!

O mais que concedeu foi que o filho passasse tempos com ele e tempos com ela.

Era nesses momentos de convivência com o filho que a aflita senhora procurava, com desespero impossível, inocular no coração do rapaz os princípios da religião do Crucificado, como o único antídoto contra o veneno que lhe dava a beber, pela palavra e pelo exemplo, o maldito pai.

Raimundo vivia, pois, arrastado e combatido por duas forças opostas: a que o atraía para a perdição, pela perspectiva dos gozos e prazeres de uma vida sem escrúpulos, que seu pai lhe apresentava em quadros arrebatadores; e a que o chamava para a salvação, pela fiel observância das leis da honra e do dever, pelo sacrifício da natureza animal à natureza moral, que sua mãe lhe ensinava com a eloquência sublime das lágrimas.

E digamo-lo à puridade: pesavam mais no espírito do mocinho as palavras da boa senhora que as seduções do paterno Satanás.

Entretanto, excelente advogado deste era a quadra em que se achava Raimundo, do desabrochar das paixões carnais em uma organização vigorosa.

No ponto em que nos achamos da nossa narrativa, era o moço vacilante entre o bem e o mal, ou entre a mãe e o pai, e tanto que um grão de areia atirado a qualquer das conchas da balança faria pender o fiel para aquele lado.

Quando passava dias com o pai, esquecia um pouco a mãe; quando era com esta, esquecia aquele.

Sua principal função na quadrilha era observar o que se passasse na vila, para o vir comunicar ao pai, na gruta, cujos recessos já lhe eram todos conhecidos, inclusive a entrada para o salão, onde fora depositada Alice, que surpreendera o bandido a prepará-la.

Foi, pois, no exercício de suas funções que foi à gruta infernal, na Sexta-feira Santa, para referir o que se dera em casa e na vila.

Satisfeitas as obrigações, cumpria-lhe voltar; mas, tendo visto o pai e o irmão partirem precipitadamente, veio-lhe a curiosidade de saber se já estavam concluídos os trabalhos da porta falsa, e para o que seria aquilo.

Tendo franco acesso em todos os escaninhos da gruta, chegou-se à sentinela, postada à porta da sala do chefe, e disse-lhe que tinha ordem de tirar dali uns objetos.

Nenhuma dúvida; e, pois, achando-se sozinho, e tendo fechado por dentro a porta da sala, foi direito ao ponto e descobriu a escada misteriosa.

Subir por ela foi obra de um momento; mas, surpresa! no salão aonde foi ter, uma moça deitada e uma mulher acocorada a um canto; ambas dormindo!

Quis voltar sobre os pés; mas, com a bulha que fizera, a moça despertou e, soerguendo-se, fitou-o com olhos tão espantados e visos de tanta consternação, que se sentiu preso ao solo.

De relance reconheceu a moça: era o amparo da pobreza — a consolação dos sofrimentos —, era a mesma que tanto se desvelara por sua mãe.

Um sentimento de horror e de piedade dominou todo o seu ser, e no coração sentiu vibrar desconhecida corda.

Teve sempre veneração pelo "anjo da caridade"; mas agora, e repentinamente, sentiu que seu destino estava encerrado naquele cofre.

Alice, vendo-o, e lendo em seus olhos sentimentos benévolos, sentiu borbulhar-lhe na alma um raio de esperança e dissiparem-se umas nuvens pesadas que lhe comprimiam o cérebro e lhe tiravam a consciência de si desde que fora arrebatada do seu quarto.

— Onde estou? — perguntou no tom da mais cruel angústia.

Raimundo, automaticamente, apontou para a mulher, que felizmente dormia, e fez sinal para vir falar-lhe.

De manso, ela levantou-se e veio a ele.

— Não lhe posso dizer onde está, mas posso assegurar que não está abandonada, desde que a Providência me fez descobrir seu retiro.

— Seja Deus louvado! — exclamou a moça, oferecendo a mão, que Raimundo tomou entre as suas com ardor.

— O que é preciso fazer para sair daqui, para voltar já a meus caros pais?

— Confiar em mim e obedecer-me cegamente. Amanhã ou depois eu voltarei a livrá-la; e, durante esse tempo, é preciso que a senhora finja-se doente, de não poder levantar-se.

— Oh! por piedade! Tanto tempo fora de minha casa, exposta a todos os perigos! Impossível!

— Impossível é ser como deseja; mas não receie, que mal nenhum lhe acontecerá. Afirmo-o.

— Obrigada. Submeto-me à fatalidade, e farei como diz — respondeu a moça, que nem por momento duvidou da lealdade do rapaz.

Foi talvez isso devido a uma insinuação daquele Espírito luminoso que a senhora Capper viu à sua cabeceira; em suas condições, o natural era desconfiar de todos e de tudo.

E é provável que tudo o que concorreu para que Raimundo a descobrisse, em vez de simples casualidades, fossem providenciais disposições. Nós vemos os fatos, mas não lhes conhecemos a causa e a razão.

— Até breve — disse Raimundo.

E saiu por onde tinha entrado, levando o que não trouxera: um sentimento de sublime afeto, mas que não era somente afeto.

Alice voltou à primitiva posição, de que a criada não conseguiu fazê-la sair, senão por momentos, para obrigá-la a tomar algum alimento.

Em vez de seguir para a casa, o moço, ferido no coração, parou debaixo de uma frondosa árvore do caminho e caiu numa espécie de pesadelo.

Quem era o raptor da bela Alice, por quem sentia algo, que lhe fazia entrever róseo o futuro, que sempre lhe fora indiferente? Seria Pedro? Seria o imediato do pai?

Quem quer que fosse, não conseguiria seu fim enquanto lhe restasse um sopro de vida!

Mas seu irmão e o imediato, refletiu, não a guardariam no salão preparado por seu pai.

Fatalidade! Seria seu rival o autor de seus dias?

Que o seja, pouco importa. Não ensina ele que o dever é o gozo — é a felicidade, cuja conquista nenhum meio repele? Façamos, pois, como ele próprio nos ensina. Minha felicidade é a posse daquela moça, e essa será impossível se outro a tiver. Seja, pois, quem for este, é inimigo de minha felicidade e, portanto, um obstáculo, que tenho o direito de remover. Minha vida, pois, ou a de meu pai, se tanto for preciso; eis os termos da questão!

Estava todo engolfado nestas cogitações quando sentiu ao pé de si, pálido, desgrenhado, no mais completo desalinho, o moço Alberto, que bem conhecido lhe era e que vinha batendo mato, sem rumo, em busca da irmã, que jurara salvar.

Tão de manso viera, ou tão absorto estava Raimundo, que só se descobriram quando se acharam a dois passos um do outro.

Foi surpresa para ambos.

Raimundo, sem perguntar a Alberto por que se achava ali, estendeu-lhe a mão afetuosamente, dizendo:

— Mais feliz que o senhor, descobri o que em vão procuraria toda a vida. Sente-se e conversemos.

IX

Alberto teve o coração varado por pungente dor quando Jacques, o fiel criado, lhe referiu o fatal acontecimento, que, mais do que a morte, esmagava a sensível e pura alma da família Capper.

Àquele golpe, que lhe parecia um sonho, fugiu-lhe a vista dos olhos, a terra fugiu-lhe dos pés, e a consciência da vida como que se desfez em fumo.

Acudiu-lhe, porém, ao revolto pensamento a lembrança da dor que traspassaria a alma de seus adorados pais e das angústias impossíveis de sua pura e casta irmã, condenada à maior degradação, e uma violenta reação se operou em todo o seu ser.

Viu transformar-se o futuro radiante de puros gozos, para onde caminhava jubilosa sua nobre família, em escuro abismo de cruciantes desesperos, para os quais só a morte pode oferecer o necessário bálsamo.

E, ao peso de tão dura aflição, ia novamente vergar, quando força estranha, uma como centelha singularmente luminosa, rasgou-lhe o cérebro e mostrou-lhe, aos olhos da alma, um caminho, e como que lhe disse: "segue a procurar tua irmã".

Há muito quem duvide destes fenômenos, que não vão com as leis da matéria, únicas que alguns *sábios* admitem.

Não nos ocuparemos, aqui, de provar que a matéria, por si só, não explica o infinito turbilhão de fenômenos que constituem a vida universal e as leis que regem, de modo eterno e invariável, as inúmeras classes daqueles fenômenos.

Tampouco nos ocuparemos de provar como o homem, além do corpo material, que a Ciência demonstra ser mutável, encerra um princípio oposto, que é imutável.

Por ora, e neste ligeiro trabalho, limitar-nos-emos a afirmar que a comunicação dos Espíritos é uma verdade de que só poderá hoje duvidar quem quiser cerrar propositalmente os olhos à evidência, que se colhe da prova experimental, e que será esta uma das que serão explanadas pelo *Evangelho do Futuro*.

Pelo fato da clara intuição de Alberto, que se reproduz constantemente em nosso tempo e que não sabemos por que os católicos atribuem a Satanás, por esse fato, que, em breves anos, será corrente como o sistema de Galileu,[23] condenado por herético, explicam-se as visões e as intuições e os sonhos, que a matéria, por si, nem de longe pode explicar.

É um Espírito dedicado ao bem, que desce a comunicar-se com o da senhora Capper para lhe revelar o que é mister para salvar-se a virtude e robustecer-se a fé.

É um Espírito amigo, sempre no mesmo intuito, que dá a Alberto a intuição, que será o meio do resgate de Alice.

Que vai o pobre moço fazer só, contra tantos que podem esmagá-lo como a uma formiga?

O mundo vê o fato e as consequências, que já vão se desenhando, e diz: foi bem-sucedido por obra do acaso, deu-se a coincidência de encontrar Raimundo.

A verdade, porém, é que "acaso" nada exprime; porque tudo, no Universo, tem sua razão de ser; e, se assim não

---

[23] Galileu Galilei (1564-1642), físico, matemático e astrônomo italiano defensor das ideias de Nicolau Copérnico (1473-1543). O sistema a que se refere o texto é o heliocêntrico, que divulgava que a Terra e os outros planetas giravam em torno do Sol, o centro do Universo.

fora, em vez de ordem inalterável, reinaria o caos por toda a parte e em todas as relações.

Os bons Espíritos insinuam boas resoluções, de que resultam efeitos benéficos; os maus insinuam resoluções más, que produzem efeitos nocivos.

Ninguém é passivo ante umas e outras insinuações; porque o espírito é livre, de plena liberdade, sem o que não seria responsável, não faria mérito ou demérito; e, pois, só as aceitaremos como e quando quisermos, segundo os ditames da nossa razão e da nossa consciência.

Deixemos, porém, estas divagações, que o mundo ainda considera imaginativas e que só passarão à ordem de artigos de fé quando for o dia do *Evangelho do Futuro* — e volvamos a nossa história.

Alberto, seguindo a intuição que teve, disse a Jacques o que este repetiu a Capper e partiu pela estrada das Trincheiras, sem plano assentado, sem rumo certo, e sem encontrar alguém que lhe dissesse: "por aqui passaram eles".

Sem saber mesmo pelo quê, embrenhou-se pela mata, ao deus-dará, e, sem parar um momento, andou — andou — andou, até que foi de encontro a Raimundo, cujas palavras o estontearam.

— Sabe onde está a minha Alice?! Por tudo o que há de mais sagrado, por tudo quanto ama na Terra, diga-me onde está ela, e eu dar-lhe-ei o prêmio devido ao salvador da honra de uma família que se acha em desespero indescritível.

Raimundo, que possuía nobreza da alma, sobrelevada pelo amor que lhe acendera Alice, ofendeu-se com a promessa de paga ou prêmio.

— Não fale assim, senhor Alberto, porque o prêmio de uma boa ação é a satisfação íntima de havê-la praticado. Devo — devemos todos os de minha família — a seu pai e a sua irmã favores que não se pagam. Quero resgatar uma mínima parte dessa dívida sagrada que cresce com a amortização.

— Pois sim, diga-me onde está Alice.

O moço Raimundo teve dó daquela perturbação e, sem preâmbulos, disse que descobrira Alice em um esconderijo, no centro da gruta, que dali se via; mas ocultou a circunstância de ser seu pai o raptor.

— Cogitava eu aqui — acrescentou — no modo de libertá-la, quando felizmente me apareceu o senhor.

Alberto, abrasado de impaciência por salvar a irmã do perigo que mais lhe acicatava a alma, ergueu-se, como um louco, decidido a correr à gruta.

— Uma hora, um minuto, expõe aquela pureza angélica à fúria dos bandidos, que a têm!

— Não receie tal perigo, senhor Alberto, que eu já o preveni; e, quanto a irmos já em socorro de sua irmã, é rematada loucura, visto achar-se ela bem guardada por homens que nos repelirão. Precisamos mais de astúcia que de força, e não há força que rompa aquela fortaleza.

— Qual é então seu plano, meu amigo?

— Não lho posso revelar, por motivos que me são pessoais; preciso, porém, dizer-lhe que domingo — depois de amanhã, eu libertarei a prisioneira. Para isso, faz-se preciso que o senhor coloque, desde o romper do dia, um carro com boa parelha no ponto da estrada onde há uma grande jaqueira, defronte da gruta, e que me espere aí, para receber sua irmã ou para vir a mim, na gruta, se ouvir piar três vezes uma coruja.

Alberto, embora malcontente por ter de esperar tanto, abraçou o moço, que lhe dera esperanças.

— Exprimo-lhe o meu reconhecimento dando-lhe este abraço fraternal. O senhor será meu irmão pelo coração, pois que me salva a única irmã que Deus me deu.

Raimundo empalideceu àquelas palavras que ecoaram, como hinos sagrados, em seu coração.

Quem ama descobre fáceis relações entre tudo o que o cerca e o objeto de seu amor.

Nas palavras de Alberto viu por isso Raimundo um como horóscopo feliz para sua união com Alice.

— Não percamos tempo precioso — disse, afastando com pesar tão agradável pensamento. — Eu deixo de ir para a casa, a fim de velar por sua irmã, e o senhor vá tranquilizar seus aflitos pais, se alguma coisa, que não seja a presença de sua adorada filha, os pode tranquilizar. Adeus, até domingo de manhã.

— Até domingo de manhã, no ponto ajustado.

Os dois moços tomaram opostas direções, entrando Raimundo novamente na caverna, e dirigindo-se Alberto para a vila, no intuito de levar a seus extremosos pais o bálsamo da esperança.

Enquanto, porém, o primeiro não começa a pôr em execução o plano que traçou, cujo êxito depende da ausência do raptor de Alice, volvamos à casa do doutor Capper, dantes sempre cheia de celestes alegrias, e agora sepultada nas trevas da tristeza e do luto.

Assim que o doutor saiu, acompanhando o delegado, a fim de procederem à verificação da *visão* da senhora Capper relativamente à caverna onde os bandidos recolheram sua filha, aquela senhora sentiu-se aliviada do peso de muitas atmosferas, recuperando a consciência de si e o sentimento da desgraça que a fulminara.

Chorou a mais não poder e depois abriu seu oratório e rezou com o fervor e compunção que brotam dos corações lacerados.

Esgotadas as lágrimas e as orações, sentiu-se mais forte, dizendo-lhe uma voz íntima que não foram perdidas suas preces.

Desafogado o coração, volveu a seu sentimento dominante: a caridade, que era seu mister diário.

Chamou a criada e perguntou pela mulher que saíra amortecida, e da qual ouvira ao[24] vigário dizer que ia melhor.

A criada respondeu que estava a pobre velha no quarto imediato, inconsolável por tudo o que acontecera naquele dia aziago.

A boa senhora dirigiu-se imediatamente para lá, e as duas mães, tão desgraçadas uma como a outra, atiraram-se aos braços uma da outra.

Depois de longo falar, na linguagem muda da dor, prodigalizaram-se as consolações que só sabe dar quem mais delas precisa, e o espírito da senhora Capper, superior ao de D. Genoveva, comunicou-lhe a doce resignação, que é uma meia felicidade nas grandes convulsões da humana natureza.

A criada trouxe-lhe uma canja, depois da qual a velha mãe de Peixoto pediu licença para recolher-se a sua casa, prometendo vir todos os dias para gastarem suas dores, à força de se consolarem mutuamente.

Pelas quatro horas da tarde, entrou, abatido e cadavérico, o filantropo doutor, cujas pesquisas tinham sido infrutíferas.

Mal foi pondo a vista em sua mulher, eis que esta se recosta ao piano e toma o ar cataléptico da manhã.

Não teve tempo de dar um passo, que a senhora recebeu-o com estas palavras:

— Pergunta-me o que precisas saber.

---

[24] Explica Celso Pedro Luft, em seu *Dicionário de regência verbal*, que "a variante *ouvir algo a alguém* é de escritores clássicos e arcaizantes".

Era extraordinário tudo o que se tinha passado naquele memorável dia, e, entretanto, o espírito iluminado do doutor tão preocupado era com o objeto de seus mais caros afetos, que não prestou aos assombrosos fenômenos a atenção que mereciam.

Cada vez mais preso àquele objeto, pois que cada vez era mais desanimado, quase nenhuma importância ligou ainda a esta última cena, não deixando, contudo, de aproveitar-se do oferecimento.

— Não encontrei vestígios da caverna de que falaste hoje de manhã, nem pude descobrir os dos raptores da nossa cara e desgraçada filha.

— Deus permite que sejamos passíveis destas provações — respondeu pausadamente e com certa solenidade a senhora —, para que não esqueçamos que somos vermes da terra, e procuremos, pela humildade com que devemos recebê-las, elevar-nos no amor do Senhor. O ensino, porém, que por este meio nos é dado, jamais será levado ao ponto de triunfar o mal do bem. Nossa filha continua no lugar de que falei, sempre protegida pelo seu anjo da guarda, que suscitará os meios de fazê-la sair incólume. Seu retiro já está descoberto, e em breve saberás onde é.

"Homem de grande coração e de indomável energia, por que desanimas? por que descrês? É nas grandes adversidades que o Senhor experimenta a têmpera da fé de seus filhos e obra com eles segundo se mostram fortes ou fracos. Eis o que te manda dizer um Espírito luminoso que irradia suave claridade de todo o seu ser."

Não tinha acabado de soar a última palavra desta surpreendente comunicação, e eis que batem fortemente à porta.

— Alberto! — exclamaram ao mesmo tempo o doutor e sua esposa. E ao mesmo tempo correram ambos de braços abertos para estreitarem o caro filho.

— Querido filho — disse o doutor —, quis Deus que não perdêssemos, no dia sacrossanto de sua morte, todo o conforto que preparávamos para nossa velhice; que, dos dois entes gerados em nosso amor, um ao menos nos reste!

— Meu caro Alberto — disse a senhora —, quis Deus que fosses o instrumento de sua Misericórdia, na descoberta da nossa angélica Alice.

— Quem lhe disse que eu descobri Alice? Santo amor de mãe, que tem o poder de ver através do espaço! É verdade, descobri o nosso anjo, e tenho a chave da sua libertação!

— É possível?! — exclamou Capper, vacilando e caindo na cadeira. — Tenho olhos, e não vi; tenho ouvidos, e não ouvi; tenho coração, e não tive fé! Deus perdoe ao pai desolado, cuja dor ensombrou-lhe a razão e lhe fez perder a confiança em sua Misericórdia!

"O dia de hoje será o ponto de partida para uma vida nova. A ciência que possuo será o alicerce para a ciência que ignoro, que o mundo ignora, e que prometo perscrutar com os olhos da alma, visto que seus segredos estão fora do alcance dos aparelhos materiais. Filho, hoje, por entre as fráguas de meu espírito, revelou-se-me um mundo de grandezas sem-par!"

X

Não se pode descrever a ansiedade em que viveu a família Capper depois da volta de Alberto e das esperanças, que este lhe trouxe, da próxima libertação de Alice, o mimo de todos.

Só esta poderia compreender o que ia por aqueles corações, medindo-lhes as dores pelas que sentia.

Era um dueto de aflições, cujos sons partiam da gruta e da casa dos Capper.

Ali, a triste era esmagada ao peso da saudade pelos seus — do pesar de saber quanto sofriam — e do terror de se ver exposta ao maior vilipêndio, achando-se, indefesa, no poder de miseráveis que nada respeitam — que a tomaram para pasto de suas torpezas.

Aqui, o pai, a mãe, o irmão sentiam o mesmo aguilhão da saudade, o mesmo pesar de saberem o que sofria a amada menina, e ainda o mesmo terror de vê-la exposta à sanha dos bandidos.

Todos sofriam como se fossem um só.

É verdade que luzia a todos a esperança dada pelo moço Raimundo; mas as garantias de sucesso?

Alice ficou confiada ao rapaz, que lhe apareceu miraculosamente; porém tão arriscada era a sua posição, que tremia ao simples pensamento de falharem os planos do inexperiente mocinho.

Neste caso que seria dela? Que seria dos seus?

A moça fechava os olhos, como quem procura fugir à vista de um fantasma, e o velho, mergulhado num oceano de negros cuidados, dizia aos seus, por prepará-los ao que pudesse acontecer:

— Às vezes é melhor nada esperar que ter uma esperança falaz. Se falharem os planos de Raimundo, o que é bem possível, não teremos um desengano mais cruel que se nunca nos tivesse alentado a promessa do rapaz? Sei que nossos corações não poderiam jamais se conformar com a desgraça que nos feriu, mas, se aquela promessa não fosse, mais facilmente calaria em nosso espírito o sentimento de obediência aos decretos da Providência. Eu tenho fé, mas tremo à ideia de que falhe o plano, por imprevista circunstância. Os pobres não acreditam em hipóteses de lhes chegar o dia de terem fortuna. Os desgraçados julgam impossível que lhes sopre vento fagueiro.

— É assim, em geral — disse Alberto —, mas os fatos inexplicáveis que se deram hoje não são bem eloquentes para nos convencerem de que temos mais que uma promessa humana? Esse Espírito de luz que tem aparecido à minha mãe, e que poderíamos crer que não passasse de ente imaginário, se não falasse ele de fatos que minha mãe não podia sequer suspeitar, não nos deve inspirar a maior confiança quanto à promessa de salvação de Alice? Eu já trazia fé, baseada na palavra de Raimundo, quanto mais depois que os senhores me referiram o que aqui se deu!

— Devemos ter fé nesse espírito angélico que nos tem derramado o bendito rocio de consolação, apesar de não saber, nem poder explicar semelhante aparição — disse Capper ao filho.

— Mas duvida da aparição?

— Isso não, porque não sou dos que pensam como Bayle[25] que *compreender é a medida do crer* — e porque não posso duvidar do que se me disse, e eu verifico ser como me dizem.

— Então, meu caro pai, coragem e confiança é o que nos cumpre ter até o desfecho deste drama horrível, que veio perturbar a paz da nossa vida.

Nestes e em análogos colóquios, levaram os membros da ilustre família até o dia marcado para desfecho do drama, como disse Alberto.

A população da vila, nada sabendo do que alimentava as esperanças da família amada, sentia-se abatida, como se a desgraça a tivesse ferido pessoalmente.

---

[25] Pierre Bayle (1647-1706), filósofo cético francês, considerado um dos precursores do Iluminismo.

O delegado não descansou; mas também não adiantava um passo na descoberta da sede da terrível quadrilha.

Em meio da geral consternação, raiou o dia sempre alegre e auspicioso para a cristandade, que relembra o mais assombroso e glorioso acontecimento que o mundo registra.

Raiou o dia da Páscoa da Ressurreição, que bem o anunciavam os alegres repiques do sino da matriz, convidando os fiéis a virem dar glórias ao Redentor da Humanidade.

Pelas seis horas da manhã, ao raiar do Sol, um carro puxado por dois possantes cavalos atravessava a praça da matriz em direção à Serrinha, cuja estrada ladeava a notável lagoa e passava pela chácara do doutor Capper.

A neblina fria que caía àquela hora, obrigando a população da vila a manter-se recolhida a suas casas, foi causa de poucos verem passar o veículo quase em disparada.

Cinco minutos depois parava o carro à porta do doutor, e saltavam dele, com a agilidade que lhe davam os verdes anos, dois moços, um moreno e o outro louro.

Após estes veio saindo lentamente uma fada vaporosa, que representava ter 14 anos, de cor alva como a neve, olhos azuis da cor do céu, nariz grego e faces pálidas — uma criatura que reunia todas as condições do belo estético.

O leitor já reconheceu nos dois moços Alberto e Raimundo, e na bela mocinha, que trazia a palidez das angústias passadas, a filha do doutor Capper — a angélica Alice.

Não teve esta tempo de pôr os pés no chão, que o extremoso pai, ansiando em esperanças e desesperos, aguardava a volta de Alberto, e, assim que viu o carro, atirou-se para ele.

Louco de alegria, o bom homem tomou a filha nos braços, cobriu-a de beijos e levou-a ao colo, como a uma criança.

No limiar da casa, a senhora Capper recebeu-a em transportes de puros sentimentos, que tocavam ao delírio.

Não há como descrever-se a cena que se passou naquela casa, ainda há pouco sepultada na maior tristeza e agora restabelecida nos alegres encantos de uma vida paradisíaca.

Depois da efusão de prazer a que se entregaram todos aqueles corações, voltaram-se naturalmente para Raimundo, que assistia, de parte, à cena a mais edificante e arrebatadora que jamais imaginara, pálido, trêmulo e com os olhos arrasados de lágrimas.

— Ao nosso salvador, ao salvador da vida e da honra de nossa família, um abraço de reconhecimento sem limites — disse o doutor. — Abracemos, pelo coração, este moço heroico, que rompeu com o próprio sangue, por sagrar-se missionário do bem. Abracem-no. Alice, abraça a quem te livrou, minha filha, de todas as ignomínias que nem podes imaginar, e que eu mesmo tremo só de imaginar.

Raimundo ficou num estado indefinível, semelhante ao do sonho, em que a alma, desprendida temporariamente do corpo, vê e ouve coisas que não conhece da vida material.

Ao contato, porém, do flexível corpo da fada de suas adorações, sentiu um choque que o despertou do letargo e lhe deu a consciência do profundo amor, que lhe era um tormento, porque via o abismo infranqueável entre a divina filha de Capper e o pobre filho de um bandido.

Curvando-se, respeitoso e confuso, beijou a mão da moça e, com um som de voz que mal se podia ouvir, respondeu ao nobre doutor:

— Queira o Senhor, que de mim se serviu para instrumento de sua inefável bondade, fazê-los tão felizes como merecem e eu lhes desejo. Eu, senhores, não tenho merecimento algum pelo que fiz. Cedi a uma força estranha, que me arrastou: eis tudo. Se, porém, tive a felicidade de facilitar-lhes tão justo regozijo, e se isto me dá direito a pedir-lhes alguma coisa, imploro o perdão de meu desgraçado pai.

E o pobre rapaz cobriu o rosto com as mãos, presa da mais profunda dor e da maior vergonha, por ser obrigado a dizer aquelas palavras diante da mulher a quem só queria poder dizer: "sou nobre — sê minha".

Foi Alice quem lhe respondeu, com palavras repassadas de sentido pesar:

— Nunca tiraremos vingança de ninguém, e muito menos daquele que deu o ser ao salvador da vida e da honra de nossa família.

Carmen, a criada, veio anunciar que o almoço estava servido, e os nossos amigos desceram do mundo das concepções espirituais ao das grosseiras realidades materiais.

Alice, somente pela satisfação que lhe enchia a alma, sentia-se forte e vigorosa de corpo, tanto que, tocando apenas, como um beija-flor, nas iguarias que lhe tinham preparado, pediu para que fossem todos à missa da Ressurreição, a darem graças a Deus pela miraculosa salvação que lhe proporcionara.

Da casa até a igreja a marcha foi difícil, tão grande foi a afluência de povo a felicitar a estimada família por sua inesperada felicidade.

Na igreja, foram os Capper recebidos pelo vigário, que chorou de prazer, dizendo e repetindo:

— E não creiam na Providência de Deus!

Tomando capa de asperge,[26] o santo homem convidou suas ovelhas a acompanhá-lo num te-déum[27] em

---

[26] Ou *capa de asperges*, também chamada de *capa pluvial* ou *capa-magna*. Paramento usado pelo sacerdote em certas cerimônias eclesiásticas, no momento da aspersão de água benta.

[27] Aportuguesamento do cântico católico em latim *Te Deum* (a ti louvamos, ó Deus), atribuído a Santo Ambrósio (340-397), bispo de Milão. Por extensão, dá nome ainda à missa de ação de graças, na qual essa música desempenha importante papel.

ação de graças pelo milagre, que nunca fora mais patente.

Tudo era contentamento na vila, cujos habitantes esqueciam, naquele momento, suas mágoas e terrores.

A família Capper reuniu em sua casa seus melhores amigos em alegre sarau que oferecia a Raimundo, a quem prodigalizou as mais expressivas manifestações de seu reconhecimento.

Ao retirar-se o moço, o doutor acompanhou-o até a porta, onde lhe disse:

— Se não nos virmos mais, lembre-se sempre de que no coração da família Capper sua lembrança nunca se apagará.

O moço agradeceu e partiu, sem prestar atenção às palavras "se não nos virmos mais", tão absorto ia em seus amores e desesperos.

Por que havia Deus de ter permitido que lhe rebentasse na alma aquele sentimento impossível?

Quase se arrependia do que havia feito, pensando que tão difícil era sua união com a moça, pura e nobre de sentimentos, quanto seria fácil, sendo ela maculada e degradada por seu pai.

E este? Como evitar-lhe as fúrias, ciente, como já devia estar, de que fora ele que dera evasão à moça?

Entre o prazer da boa ação e o desespero de não poder satisfazer seu louco amor, foi Raimundo marchando inconscientemente, quando se sentiu agarrado por dois homens da quadrilha.

Não lutou, sentindo quase prazer pela previsão de ser próximo o desfecho de sua desgraçada situação.

*
* *

Bem cedo os convidados, receosos das correrias dos bandidos, deixaram a casa do festim, cujo dono chamou de parte o delegado e anunciou-lhe que precisava fugir à desforra do bandido, que seria terrível.

Pombo achou justo o que ponderava o seu amigo, e com ele ajustou fazê-lo acompanhar de numerosa escolta até Pau dos Ferros, fora do município.

A noite foi, em casa dos Capper, de preparativos para a viagem, que aliás a todos entristecia.

Deixaram despedidas saudosas para a boa gente e, com o delegado, as suas últimas beneficências para os pobres.

Às cinco horas da manhã, ouviu-se ruído na porta. Era o delegado, que vinha fazer suas despedidas, acompanhado da escolta que devia proteger os fugitivos.

Foi com profundo sentimento que os membros da distinta família deixaram o abençoado torrão, onde tão felizes viveram, fazendo o bem e recebendo em compensação a estima e o respeito de todos sem exceção.

O que mais lhes pesava era serem obrigados a deixar aquela gente, que estimavam como se fosse parte de sua família, sob a pressão aterradora de uma ameaça constante, que não podiam apartar para longe.

Confiavam, porém, que a próxima chegada do chefe de polícia afugentaria todo o mal, e isso lhes dava ânimo para dizerem o último adeus ao povo hospitaleiro, que partilhara com eles todos os desgostos da execranda situação que surgiu como do inferno.

Ao amanhecer do dia de segunda-feira, primeira oitava de Páscoa, os doentes e pobres da Vila da Maioridade foram fulminados pela triste nova de que já não tinham consigo o anjo da caridade, que sabia descobrir eficazes remédios para os males de seu espírito — nem o médico sábio que corria a curar os males de seu corpo.

Para os seus pobres, Alice entregou ao delegado importante soma.

Eles preferiam tê-la consigo.

XI

Enquanto o doutor Capper e sua família atravessam os aprazíveis sertões, por onde vão em busca da cidade da Fortaleza,[28] e o povo maiorense, oprimido pelo braço invisível e fugaz, que o fere e desaparece, sente-se ainda mais oprimido pela falta dos bons amigos e protetores que tanto lhe suavizavam as penas, volvamos atrás, acompanhemos a Peixoto na expedição que o arrancou de junto de Alice, no momento em que acabava de assegurar-se de que era sua — nem Deus lha podia arrancar.

O bandido e seus sequazes partiram e caminharam, cada um por seu lado, até que, no sábado de manhã, chegaram ao campo da fazenda, ponto marcado para reunião de todos.

Ocultos por um matagal, que crescia à beira de um córrego, um pouco distante da casa, fizeram ali conselho, por saber se os dois prisioneiros ainda não teriam sido levados para a vila ou o que deles era feito.

Peixoto tremia à ideia de que tivesse chegado tarde porque não confiava tão absolutamente no caráter dos seus companheiros, que os julgasse invulneráveis às promessas

---

[28] Em 1823, o imperador D. Pedro I elevou à condição de cidade a antiga Vila da Fortaleza, denominando-a Cidade da Fortaleza de Nova Bragança.

ou às ameaças com que procuraria fazê-los falar a gente da polícia.

E, uma vez que falassem, muito receava pela sorte da empresa que dirigia.

Disse a Pedro que não o incomodava a chegada de força da capital, porque contava com a inviolabilidade de sua caverna, e principalmente porque contava que nunca fosse ela descoberta.

A gruta era, com efeito, inexpugnável; mas tal fosse o número das praças[29] do destacamento e poderiam ficar sitiados.

De que valia não poderem ser apanhados em seu quartel, se daí não pudessem mais sair?

Toda a sua garantia, pois, era o mistério que envolvia a sede da sua empresa.

E esse mistério seria com certeza descoberto se Tapioca e Relâmpago caíssem nas garras de Antônio Pombo.

Peixoto temia que fossem fatídicas as palavras de Quixabeira: "parece que Deus nos quer abandonar".

Sem revelar a seus camaradas os terrores que sentia, antes afetando a maior tranquilidade, expediu espiões incumbidos de reconhecerem o terreno em que tinham de manobrar, isto é, de reconhecerem se estavam ou não na fazenda os dois prisioneiros.

Em menos de uma hora, que ao bandido pareceu uma eternidade, voltaram os espiões com a feliz notícia de que os homens ainda se achavam na fazenda, amarrados pés

---

[29] Na hierarquia militar brasileira, "praça" é todo indivíduo situado abaixo do segundo-tenente. Com esse sentido, o *Novo Dicionário Aurélio da Língua Portuguesa* registra "praça" como substantivo de dois gêneros. Antigamente, era mais comum o uso no feminino; hoje, no masculino.

e mãos e guardados por mais de cinquenta valentões da terra.

Aquela notícia libertou a alma de Peixoto da esmagadora pressão, e fê-lo num brado, que lhe vinha do imo, exclamar: salvo! está tudo salvo!

Calculando que tão grande demora dos presos na fazenda só podia ser devida a esperar-se força da vila, e que esta podia, de um momento para outro, aparecer, resolveu dar sem demora o assalto, que nenhum receio tinha de haver-se com os valentes d'água doce.[30]

Distribuiu sua gente em duas colunas, comandada uma por Pedro, e a outra sob suas imediatas ordens, seguindo aquela pela direita, contornando o campo, sempre encoberta pelo mato, e esta, pela esquerda, com as mesmas precauções. As duas deviam encontrar-se na casa, que era situada no extremo do campo.

Assim que troou nos ares o piado da coruja, ambas as colunas descobriram-se e deram de chofre sobre a gente que guardava os presos, e que estava dispersa, nada receando.

A inesperada aparição dos bandidos aterrou e pôs em debandada a força miliciana muito superior em número. Fugiu toda a gente, sem dar um tiro, e deixaram os prisioneiros a seus libertadores, que os desprenderam e com eles partiram num momento.

Importava apressar a fuga, quer por evitar um choque com os *coringas*, que não podiam tardar, quer por satisfazer o mais depressa possível a brutal paixão do chefe.

Antes, porém, de tudo, a segurança — e era do mais prudente alvitre evitar-se a passagem por pontos povoados. Daí a necessidade de fazer uma longa curva, que triplicava o caminho.

---

[30] *De água doce* é expressão que significa "incompetente".

Por essa razão, e porque continuava o entorpecimento de Tapioca, que, às vezes, era preciso levar às costas, a volta da expedição foi retardada.

Andaram todo o sábado, de dia e de noite, e só no domingo, ao meio-dia, foi que Peixoto fez sua entrada na toca, a cuja porta esperou, por dever do cargo, que entrasse o último dos seus companheiros, vindos como foram, destacadamente.

À uma hora da tarde é que terminou o ímprobo trabalho do chefe, a quem nunca parecera tão lerdo o tempo, ansiando por correr ao paraíso, que o esperava.

Assim que se libertou da obrigação, voou o bandido ao ninho, que tão pacientemente preparara, dando ordem à sentinela de sua sala de não deixar ninguém entrar, fosse quem fosse e pelo que fosse.

Ébrio de desejos que lhe ferviam na alma, assanhados pelas fúrias das mais brutais paixões, chegou aonde guardara a que devia saciar aqueles torpes desejos.

Não mais receava encontrá-la no estado que contivera os primeiros ímpetos de sua ardente natureza. Aquele estado já devia ter passado, que para isso longo tempo decorrera.

Chegado ao salão, não sem sentir um ligeiro assomo de constrangimento, que se poderia chamar o último impulso do bem, lançou a vista para o leito e divisou nele a moça, deitada por cima dos lençóis, com as costas voltadas para a porta.

Era indício certo de que se achava reanimada e, conseguintemente, de que nada mais obstava à realização de seus diabólicos desejos.

Pé ante pé, chegou-se à cama, dominado de infrene ardência, ao mesmo tempo que do tal constrangimento.

Era a natureza brutal, a que o desgraçado tinha rendido a alma, em luta, ainda que frouxa, com os sentimentos, que já foram a lei daquela alma.

Era o protesto do passado, criado por D. Genoveva, e já quase desfeito nas negras cerrações do inferno. Ou era o último esforço do anjo inseparável de nossa alma, em bem do desgraçado, que se atirava, de olhos fechados, nos abismos tenebrosos da perdição.

Naquela luta de um momento, se se pode chamar luta a ligeira passagem da aura do bem pela face do espírito incendido no mal — naquela luta, venceu facilmente a paixão brutal.

Desvairado, todo aceso em fogo bestial, atirou-se para a moça, tomando-a com a sanha com que o tigre salta sobre a presa, e de modo a entorpecer-lhe toda a resistência.

Mas... fúrias do inferno!

Em lugar do mimoso objeto de seus anelos, tinha entre os braços, apertada contra o peito, uma lesma nauseante: a criada!

Atirou-a desesperado, como se atira longe ascorosa lagarta e, sem consciência do que fazia, tomou-a pelo braço, sacudiu-a violentamente e perguntou-lhe, em tom que não era de homem:

— Que é isto? Como te atreves a tomar a cama de tua ama? Onde está ela?

Nenhuma resposta teve e, fora de si, ia esmagar a desgraçada quando descobriu que estava ela amarrada e amordaçada.

Recuou, fulminado!

Um tigre malferido não ofereceria o espetáculo de igual furor!

Pressentiu que lhe escapara a presa! Mas como escapar dali?

Correu todo o salão, a ver se porventura se achava ela oculta nalgum canto. Cansou de correr todos os recantos e, convencido da realidade, ficou realmente possesso, jurou terrível vingança, blasfemou de fazer tremerem céus e terras!

A mísera criada, transida de medo e julgando chegada a sua última hora, acocorou-se no mais escuro da casa, esperando ali a consumação do seu triste destino. Nem respirar ousava!

Passaram-se cinco minutos, que foram cinco séculos para a infeliz.

Por fim, o malvado ergueu-se, de olhos injetados, mas afetando calma.

Procurou a criada, fê-la levantar-se, tirou-lhe a mordaça e repetiu-lhe as perguntas que a princípio fizera.

— Senhor, eu não tenho culpa...

— Que houve aqui? Quem te amordaçou? Que é da moça que te confiei?

— Perdoe-me, pelo amor de Deus. Eu fiz tudo o que o senhor me recomendou; mas que culpa tenho de ser fraca?

— Deixa de lamúrias, marafona do inferno; responde ao que te pergunto.

— Eu vou responder, meu senhor, eu vou responder; mas peço-lhe pela Virgem Santíssima que não me castigue...

— Mil raios te partam, estúpida Megera.[31] Conta-me o que houve ou eu te racho pelo meio.

E, ajuntando a ação à palavra, arrancou do seu terçado e suspendeu-o, como para dar o prometido golpe.

---

[31] Na mitologia grega, Megera era uma das três Fúrias que guardavam o rio de fogo Flegetonte, que circundava o Tártaro, uma das regiões do Hades (Inferno). As duas outras eram Alecto e Tisífone. Por extensão, passou a significar "mulher má".

— Jesus! Santo nome de Jesus! Anjos do Céu! Minhas onze mil virgens![32] Valham-me todos em minha hora suprema.

— Fala! fala, se queres viver!

— Aí vai o que se passou: pá-a-pá-santa-justa.[33] A moça que aqui estava tomou ontem à noite seu chá, e mostrou-se satisfeita e até alegre. Mais tarde, bebeu um cálice de vinho e deitou-se. Estive alerta até vê-la ressonar, e só então me deitei para dormir. Não sei a que horas, mas já começava a clarear o dia, ouvi passos e, levantando a cabeça, vi que eram de um homem, cujas feições não pude reconhecer, à luz quase extinta da lamparina. Não tive maus pensamentos, porque contava que só o patrão podia entrar aqui; e, em consequência, julguei do meu dever ficar no meu canto, até receber ordem em contrário. Estava na minha tranquilidade, quando fui atacada pelo tal homem: um rapaz moreno, de pulso de ferro...

— Sangue do demônio! — interrompeu o bandido. — Será possível?! Dize-me: tinha cabelos compridos e vestia um paletó alvadio?

— Exatamente isso, meu senhor. Porventura conhece o senhor aquele maldito, que só veio ao mundo para minha desgraça?

— Continua, continua — disse o chefe, mal contendo as fúrias desencadeadas em sua alma —, continua.

— Pois, como dizia, o demoninho caiu sobre mim, com os joelhos no estômago, que não sei como não me fez saírem as tripas pela boca. Tomou esta bola e meteu-a

---

[32] Referência ao martírio de Santa Úrsula. Reza a lenda que Úrsula, filha do rei da Bretanha, e onze mil virgens foram barbaramente assassinadas pelos hunos.

[33] Expressão que significa "de forma completa e detalhada", "fielmente".

entre os meus dentes, apertou-a com esta toalha, depois me amarrou pés e mãos e pôs-me na cama. A tudo assistiu a delambida com ar de santidade, dizendo-me: "tem paciência, Catarina, que infelizmente, para o bem de uns, é preciso o mal de outros. Eu peço a Deus que te faça feliz". Bem feliz que ela me fez, a sirigaita, que agora o patrão vai castigar-me, e quem sabe mesmo se não matar-me, sem que eu tenha feito por onde!

— E depois? E depois? — bradou Peixoto.

— Depois saíram por aquela porta afora.

O bandido refletiu por momentos e, sem dizer mais palavra, atirou-se de escada abaixo, para a sala do trabalho, de onde gritou pela sentinela.

— A quem rendeste?

— A Miguel Cobra, que achei estirado no chão com um sono de que não o pude acordar nem a soco; pelo que o carreguei para a tarimba, e lá o deixei.

— Vai já chamá-lo aqui.

Em pouco tempo, apareceu Miguel Cobra, ainda cambaleando.

— Que tens?

— Tenho que o senhor Raimundo, esta manhã, quando eu estava de guarda, deu-me uma xícara de café que, mal me caiu no estômago, tirou-me os sentidos, até ainda há pouco. Ainda me pesa a cabeça.

Lembrando-se de que tinha um vidro de licor anódino, Peixoto correu ao lugar onde o guardara e reconheceu que tinha sido aberto e servido.

Então viu claro tudo o que se passara, de que fora resultado a evasão da prisioneira.

Fez sinal para a reunião de sua gente e, vendo-a presente, disse:

— Raimundo, meu filho degenerado, traiu-me infamemente — é réu de lesa-associação.[34] Quem mo trouxer, grande prêmio terá. Dou a todos licença de saírem hoje.

XII

Ficando só na gruta, o chefe dos bandidos deu largas a seu desespero.

Do prato à boca perdera o bocado, que lhe era quase que o sal da vida, porque, de todas as paixões ruins, a que mais se desenfreara em sua alma era a da libidinagem; e esta fizera da bela moça, por um sentimento como o das bestas, objeto único de suas aspirações na Terra.

Ter apertado ao peito aquele querido objeto e ver-se agora, e de um modo quase ignominioso, dele privado era de fazer desatinar!

O furioso estorcia-se em convulsões e rangia os dentes, de modo a aterrar a própria rocha!

Sua fúria tocava ao delírio quando se lembrava de que fora Raimundo quem o lançara do paraíso, que com tanto esmero preparara, no inferno, em que o sangue inflamado lhe carbonizava o corpo e a alma!

Oh! quanto daria por ter à mão o miserável!

De um golpe, arrancar-lhe-ia o coração, que trincaria, em sua raiva, até saciar a voraz sede de vingança.

---

[34] Crime contra a associação. Essa forma de construção vocabular, adaptada do latim, foi primeiro elaborada no francês, em que a expressão *crimen laesae majestatis* (crime de lesa-majestade) se tornou *lèse-majesté* (lesa-majestade). Posteriormente, generalizou-se também no português para indicar crime contra algo, sendo usada tanto no feminino quanto no masculino (p. ex., leso-patriotismo).

"Ele não há de voar para as nuvens, nem meter-se nas entranhas da terra! Ao fim do mundo que vá, lá mesmo pagar-me-á. E o tal doutor Capper, a quem prestou o relevante serviço, que o salve das minhas iras. Cuide ele de si, que não faz pouco; porque a filha há de ser minha, ainda que seja preciso lançar fogo à casa e reduzir a cinzas a família dos filantropos. Não me chame eu Peixoto se as alegrias que fruem neste momento, rindo e escarnecendo de mim, não se trocarem brevemente nas mais atrozes dores, senão em silêncio eterno! Hei de tê-la — hei de tê-la, ou leva-me de vez o diabo! Ânimo, Peixoto, que esta nuvem apenas por momentos empana o brilho de tua estrela!"

Com esses pensamentos, o malvado conseguia acalmar a sanha de suas paixões, desenfreadas pela decepção que sofrera.

A esperança também afaga os maus!

Peixoto conseguiu descansar do pesado cansaço do corpo e da alma, dormindo, à espera da hora da vingança e da reconquista de suas felicidades.

Eram duas horas da madrugada da segunda oitava da Páscoa, quando a sentinela despertou-o por dizer-lhe que havia novidade na gruta.

Ergueu-se sobressaltado, que tranquilo nunca vive o que deve.

Correu à porta e perguntou, ansioso, o que havia.

— Não é coisa de perigo — respondeu-lhe um dos seus. — É o senhor Pedro, que precisa falar-lhe.

— Que venha. Eu o espero.

O moço entrou de cabeça baixa, como um criminoso.

— Que queres, Pedro, e que tens, que trazes um ar tão pesado e fora do comum? Aconteceu-te alguma desgraça? No seio de teu pai encontrarás sempre amor e consolações.

— Pai — respondeu o moço, parecendo animar-se com as palavras que ouvira —, tenho-o servido lealmente e com a maior dedicação; não é verdade?

— É verdade; e também, por isso, amo-te de todo o coração, tanto quanto odeio o miserável do teu irmão, cujo sangue é único meio de apagar o fogo que me devora e de lavar a maior vergonha que já sofri na vida.

— Pai, se tenho todo o seu amor, tenho o direito de pedir-lhe um favor correspondente.

— Tens, Pedro, tens direito a tudo o que de mim depender, salvo, contudo, o perdão de teu irmão, desse filho infame que lançou seu pai no desespero e no vilipêndio.

— Pai, assim com restrições, que embora não compreendam o meu caso, implicam ou falta de títulos valiosos da minha parte ou que sua estima não é perfeita, assim nada lhe pedirei.

— Nem te falecem títulos do mais alto merecimento, nem minha estima por ti pode ser medida por comum bitola. Mas que caso é esse tão importante que te faz tão solene? Pede e serás servido, sem restrições.

— Assim, sim; e, visto que não põe limites a suas graças, seu filho vai abrir-lhe o coração, bem seguro de que o senhor é incapaz de faltar a sua palavra. O caso é que incorri em suas iras, por uma fatalidade, mais para ser lastimada que para ser castigada.

— Incorreste em minhas iras! Como? Quando? Seja, porém, o que for, digo-te que teus serviços resgatam qualquer falta tua.

— Por maior que seja?

— Por maior que seja.

— Mesmo que eu tenha tentado contra sua vida?

— Isso não é possível; mas, se fosse, ainda nesse caso, o afirmo.

— E se houvesse eu tentado contra seus amores?

O bandido ficou suspenso àquela linguagem, cujo sentido, por mais que desse tratos à imaginação, não podia compreender. Lançou ao filho um olhar perscrutador, como se lhe quisesse ler no íntimo da alma; mas encontrou-lhe a fisionomia impassível, de não permitir que transpirasse qualquer pensamento ou sentimento.

Peixoto deu-se por vencido naquela luta silenciosa entre dois filhos das trevas, qual mais hábil no jogo de artimanhas. Meditou um instante, por saber o que poderia ser aquilo, e respondeu com resolução e firmeza:

— Por maior que seja tua falta, estás perdoado, uma vez que me prometes resgatá-la.

— Perdoado estou então, pai, de ter tresloucadamente dado evasão à filha do doutor Capper.

Peixoto, tão atordoado era ainda com o inesperado sucesso daquela evasão que não refletiu na impossibilidade de ser Pedro o seu autor, achando-se com ele ausente da gruta. Aceitou a confissão do crime, de quem não podia tê-lo praticado, e sentiu a conflagração de suas paixões mal sopitadas.

— Tu! Desgraçado! — bradou fora de si. — Tu, que tinhas toda a minha confiança! Abusaste de tua posição e me atiraste num estado de desespero, que é mil vezes mais horrível que o dos condenados às penas do inferno! E, depois disto, atreves-te a vir fazer confissão de tua infâmia?!

— Se de nada me tivesse que acusar, pai, de nada teria que pedir-lhe perdão.

— Não; essa culpa não tem remissão! — disse, puxando do terçado. — Eu jurei matar o causador de minha vergonha, autor deste desespero que me tortura como ferro em brasa! E um juramento é coisa sagrada! Vais, pois, acabar aqui, e já!

— Pare, senhor — bradou com gesto imperioso o moço, que se fingira humilde, por astúcia. — Pare, que a palavra do major Peixoto vale por quantos juramentos haja.

Peixoto ficou atônito àquela apóstrofe!

— Um juramento — continuou o moço —, vale tudo para aquele que acredita em Deus, em alma, em moralidade, em religião, na vida futura, em todas essas histórias que embasbacam os parvos. Não me tem o senhor mesmo ensinado que tudo isso é abusão, em que só podem crer os tolos? Juramento é coisa sagrada para minha mãe. Para o senhor é coisa tão ridícula que não pode ser anteposta a sua palavra. E sua palavra, eu a tenho, o senhor ma deu, há poucos minutos.

Aturdido com a energia e com a lógica possante do rapaz, que, por tal arte, se mostrava digno de seu orgulho, o bandido cerrou os olhos, deixou cair o braço suspenso sobre a cabeça de Pedro e resmungou, mais que pronunciou, estas palavras:

— O mal está feito; esqueçamos esta ocasião de profundos pesares, mas olha que me hás de restituir a presa. Estás perdoado!

Sem atender à condição de ter que apanhar novamente a moça, o que não mais seria possível, o rapaz beijou a mão do pai, dizendo:

— Agradeço-lhe o perdão, que não é para mim, mas sim para o infeliz Raimundo, que é o criminoso.

— Raimundo! Quem fala aqui em Raimundo?

— Falo eu, porque o condenado foi absolvido e porque me responsabilizo por ele de ora em diante.

Nova tempestade levantou-se, mais furiosa que a primeira; mas, enfim, tendo Pedro, em desespero de causa, invocado a lembrança de sua avó D. Genoveva, madrinha do irmão, fez-se o milagre, e Raimundo obteve graça.

— Que fique por uma vez na gruta; e tu serás, de hoje em diante, seu guarda e seu mestre; sabe, porém, que a primeira que fizer pagar-me-á por esta, que nunca esquecerei — e tu pagarás com ele.

— Amém — respondeu Pedro —, voltando a seus hábitos galhofeiros.

Ao encontro de seu irmão Raimundo foi então Pedro, a comunicar-lhe o resultado de sua entrevista com o pai, e que terminara pela absolvição do culpado na fuga da menina Alice.

Porque o moço Raimundo, que fora agarrado por dois possantes membros da quadrilha, quando ainda entregue ao seu êxtase, à saída do sarau de despedida da família Capper, havia sido internado na gruta e aguardava o momento de ser pasto das iras de seu pai.

Não soube, pois, se agradecer a Deus o conservar-lhe a vida, ou se seria melhor perdê-la de uma vez, na incerteza em que estava de ser um dia correspondido nos seus amores pela adorada moça. Parecia-lhe um impossível.

Foi nesse estado de espírito em que se achava, e ainda em colóquio com seu irmão, que chegou à gruta a notícia da fuga da família Capper.

Um raio que lhe caísse aos pés não o teria mais violentamente fulminado.

Pálido e como louco, caiu nos braços de Pedro, chorando e dizendo:

— Não calculas quanto amo a moça Alice!

Vendo-o sem sentidos, Pedro carregou-o para seu quarto e prodigalizou-lhe todos os cuidados, mas em vão, que violenta febre levou às portas da morte aquele robusto organismo.

Não menor abalo sofreu Peixoto, pelo fato da fuga dos Capper, que sempre contou reaver a bela moça.

Ao sétimo dia, pelas quatro horas da tarde, Pedro ouviu do irmão estas palavras:

— Se a senhora me afirma que é impossível nossa união, força é que eu a esqueça; mas, meu Deus, como isto me há de custar!

— Que é isto, Raimundo? Que dizes, meu irmão?

O moço abriu os olhos amortecidos e, com a maior serenidade, respondeu:

— Não é nada. Acabo de ter a visita da senhora Capper, que veio participar sua chegada à capital do Ceará e assegurou-me que impossível é minha união com a filha.

— E não compreendes que isto é sonho?

— Sonho! Asseguro-te que vi; e não dormia, nem delirava.

Pedro ficou triste com o delirar do irmão, mas notou que ele conversava com senso e que a febre declinava.

Quarenta e oito horas depois, o doente era convalescente e ardia em desejos de ficar bom.

— Por que tens tanto desejo de ficar bom? — perguntou Pedro.

— Olha — respondeu o irmão —, antes de amar Alice, eu vacilava entre minha mãe, que me ensinava um caminho, e meu pai, que me arrastava para o oposto. Amando-a, sentindo pela primeira vez o mais doce arrastamento da alma, ficou decidido que me acolheria aos princípios de minha mãe, repelindo com asco os de meu pai. Hoje, porém, que ela me fugiu, sinto horror por tudo que é fazer bem a essa Humanidade, que só nos dá sofrimentos e que nos inspira amor para nos ludibriar. Ah! quanto daria eu por tornar a ver aquela ingrata na prisão de que a salvei!

E rangeu os dentes com raiva, que lhe vinha do coração, da alma!

Pedro quase enlouqueceu de alegria. Estava satisfeita sua promessa. Tinha o homem reduzido a sua fé.

Efetivamente, Raimundo tornou-se o mais audaz dos membros da quadrilha, conquistando, por seus atos *brilhantes*, a admiração dos sócios e o terror da gente da vila.

Se perversa tornou-se-lhe a natureza, mais o impelia à prática do mal Carlota, linda moça que raptara para afogar na libertinagem o amor puro que ainda sentia.

A desgraçada, cujo coração só aninhava sentimentos ruins, animava-o na senda da perdição, instigando-o a roubos sacrílegos e a bárbaros assassinatos.

Seu prazer era vê-lo mau — tão mau que ninguém lhe fosse igual! E, quando o via carregado dos despojos do crime ou coberto de sangue inocente, abraçava-o em delírio, repetindo-lhe, com indefinível entusiasmo:

— Como és grande, meu Raimundo! Como te amo por ver-te superior a toda esta canalha!

Raimundo viveu assim, como embriagado, sem querer e sem poder entrar em si para julgar-se.

Era o ídolo da mulher que o dominava, e para a qual a medida de seu amor era a mais ousada prevaricação.

A quadrilha achava-se na maior prosperidade, afrontando a força pública, acumulada na vila.

Entre seus membros, o nome mais temido e mais odiado era o de Raimundo.

Peixoto estava orgulhoso de o ter consigo; mas a mãe vertia lágrimas de sangue por sua perdição.

E seu anjo da guarda cobria a face com as níveas asas!

XIII

Havia já três meses que tinha chegado da capital o destacamento em que todos punham sua maior esperança, e, no entanto, não se passava uma noite sem que se desse um roubo, um rapto, um assassinato.

O pânico tinha atingido as maiores proporções!

Foi em tão desesperada conjuntura que se anunciou a chegada do chefe de polícia, doutor Basílio Torreão, moço estimado por seu caráter, e afamado de ativo, inteligente e sagaz.

O fato de precisar vir o próprio chefe de polícia revelava a suma gravidade da situação e o poder do homem, que deixara, num momento, o nome laureado pelo povo, para tomar o do seu verdugo.

A chegada do doutor Basílio, ou doutor Basilinho, como era mais conhecido, trouxe aos espíritos abatidos uma aura de esperança e de coragem.

Aos que sofrem, toda alteração na ordem estabelecida toma o caráter de Íris;[35] além de que o doutor Basilinho era homem que inspirava confiança.

Com efeito, com sua chegada coincidiu uma trégua da parte dos bandidos, a qual durou oito dias.

Não quiseram eles arriscar-se sem primeiro tomarem o pulso ao homem que se fizera preceder da fama de César:[36] vir, ver e vencer.

Recolheram-se, pois, a tempo preciso para observarem seus planos — que ordens dava — que extraordinárias disposições tomava.

O que, porém, poderia ele planejar que tivesse o alcance de sufocar, num momento, a temível quadrilha?

---

[35] Na mitologia grega, a mensageira dos deuses para os homens, sendo a personificação do arco-íris, visto que une Céu e Terra.

[36] Caius Julius Caesar (101-44 a.C.), general e estadista romano. Em 47 a.C., na Ásia, proclamou a célebre frase *"Veni vidi vici"*, ou seja, "Vim, vi e venci".

Por sua vez, precisava ele observar como procediam os bandidos, para agir com segurança.

Enquanto, porém, estudava o terreno em que devia operar, e os bandidos lhe davam tréguas, retraindo-se, entendeu conveniente pôr em sítio a gruta, tendo conferenciado, para tentar essa empresa, com o delegado e com o comandante da força.

Fizeram-se as indispensáveis explorações, e por elas reconheceu-se que insuficiente era a força para a execução do plano; além de que, quanta fosse, seria exposta à morte certa.

A gruta, como se sabe, dominava os arredores, e do alto da rocha os sitiados podiam atirar sobre os sitiantes, sem se exporem nem mesmo a serem vistos.

Do escuro, e muito bem entrincheirados, faziam pontaria segura aos soldados, como a pássaros.

Foi uma decepção para o doutor este resultado da exploração, porque desde a capital formulara o plano de reduzir a quadrilha pelo sítio.

Frustrada, pois, a possibilidade de executar o que acreditava ser de resultado infalível, o chefe tentou outra providência: a de estabelecer fortes rondas, à distância das saídas da gruta, para apanharem os que saíssem ou impedi-los de sair.

Esta medida, mal foi iniciada, teve de ser suspensa, porque os bandidos, aproveitando-se da mata, faziam fogo nas rondas e estropiaram algumas praças.

Burlados os dois expedientes da sua maior confiança, viu-se o chefe na dura contingência de fazer o que já estava em prática: defender a população da vila contra os assaltos, e ver se surpreendiam os assaltantes.

E, pois, a força das circunstâncias obrigou o doutor Basilinho a seguir a marcha de Antônio Pombo.

Assim que Peixoto reconheceu que o novo César não tinha a fortuna do romano, não tentava coisas extraordinárias, cingia-se ao que já estava em prática — voltou também ele às suas habituais operações, cada vez mais seguro de ter bem firmado seu poder.

Os assaltos recomeçaram com a mesma frequência e ousadia, a despeito de toda a vigilância policial.

Parecia coisa do demônio!

Na rua mais pública, rondada toda a noite, dava-se imperceptível invasão dos bandidos, como se tivera estado completamente abandonada!

Com essas proezas, os homens ganhavam força todos os dias, pelo terror que inspiravam, e Raimundo era objeto da geral execração, porque as vítimas não acusavam, senão raramente, outro autor daquelas artes diabólicas.

Por sua parte o chefe de polícia, cuja força moral dia por dia decaía, procurou dominar a situação, reformando o serviço de vigilância, acreditando que as praças o não faziam regularmente.

Naquele intuito, e de acordo com a melhor gente da vila, organizou um corpo, de que faziam parte ele próprio, o delegado e comandante da polícia e muitas pessoas gradas, para dele tirar cabos rondantes de todas as patrulhas.

Assim, cada uma era comandada por um daqueles cabos, cujo maior interesse era evitar os crimes e apreender os criminosos.

Parecia que essa medida deveria dar os melhores resultados; os fatos, porém, ainda esta vez, provaram a instabilidade das conjecturas.

Deu-se principalmente um, que levou ao mais alto grau o desânimo e a consternação de todos.

O chefe de polícia, em pessoa, rondou toda a noite a rua principal, e, quando rompeu o dia, descobriu-se que os quadrilheiros haviam penetrado em uma casa daquela rua e assassinado barbaramente, quebrando um por um os ossos dos braços e pernas, uma moça, cujo único crime fora elogiar o delegado!

Esse fato desconcertou completamente o chefe de polícia, que não sabia mais o que fazer diante da audácia e da sagacidade dos homens de Peixoto.

A vila estava coberta de gente armada, e, entretanto, nada podia conter a fúria daqueles homens, dos quais nenhum caíra nas mãos da autoridade!

Inúmeras buscas se tinham dado em casas suspeitas e na do major Peixoto, sem o mínimo resultado.

Era sobrenatural!

Já o doutor chefe, completamente desanimado e envergonhado, dispunha-se a pedir demissão do cargo, que até ali honrara; quando recebeu, por meio de um expresso, a seguinte carta:

> Grato ao povo maiorense, pelas provas de estima e de consideração que sempre me deu, eu que, com ele, partilhei os perigos da aflitiva situação que atravessamos, sinto o dever de contribuir para o restabelecimento da felicidade, que sempre gozou.
>
> Os mistérios de uma ciência, ainda desconhecida, que procuro devassar com empenho, e de que colhi aí, nos duros transes por que passei, claros indícios, me habilitam a conhecer, daqui, o que se passa nesse torrão, digno de melhor sorte.
>
> É assim que, à luz dessa ciência, sei que Vossa Excelência, depois de empenhar na luta contra os bandidos tudo o que lhe tem sugerido seu espírito iluminado e perspicaz, começa a desanimar, em vista da improficuidade de seus esforços.

Ainda ontem, na própria rua por Vossa Excelência rondada, deu-se o monstruoso fato de assassinarem uma pobre moça, quebrando-lhe, um por um, todos os ossos dos membros superiores e inferiores.

Vossa Excelência medita, em seu espírito, resignar o cargo que ocupa, deixando entregues ao desespero tantos infelizes que só do senhor esperam a salvação.

Pelo amor de Deus, não pratique esse ato condenável de fraqueza, que poderá mesmo ser qualificado de covarde traição.

A Justiça do Eterno, senhor, permite que o mal seja na Terra, para castigo dos maus, porém jamais que seja invencível e triunfante do bem.

Feliz aquele que exerce a nobre missão de salvar os que estão em perigo — de consolar os que estão em aflição — de animar os que vão caminho do desfalecimento.

Vossa Excelência recebeu essa invejável missão. Desertar dela é comprometer sua alma, carregando, perante Deus e perante os homens, com a responsabilidade de todo o mal que sobrevier aos habitantes desse lugar.

Não desanime, senhor. Uma vontade enérgica, quando aplicada ao bem, tem poder sobrenatural, porque é auxiliada pelos Espíritos do Senhor.

Tenha fé e confiança na santidade da causa que lhe está confiada, e resista até cair exangue se tanto for preciso.

E esse seu sacrifício, se chegasse a tal extremo, ser-lhe-ia levado à conta de alto merecimento, para o progresso de seu espírito.

E essa esperança de um povo aflito, acalentada por suas energias, será a nuvem de luz que o receberá e o transportará, na hora, à morada de felicidades que lhe será preparada.

Mantenha-se, pois, no posto que lhe impõem o dever e a honra, embora não consiga debelar o mal, cujo triunfo, embora transitório, será o túmulo das santas crenças de muitas almas.

Dita-me estes conceitos um Espírito superior, que foi na Terra um luminar da Igreja, fervente cultivador da divina caridade.

Ele me autoriza a dizer-lhe que o guiará no caminho que o há de conduzir, mais cedo ou mais tarde, ao infalível sucesso.

Se Vossa Excelência quiser gozar a inefável satisfação de ser um instrumento da Providência, para a salvação de um povo reduzido ao mais lamentável estado de miséria, aceite as insinuações do anjo do Senhor.

Coragem e confiança em Deus.

Estava assinada pelo doutor Capper, e era datada da cidade da Fortaleza.

O chefe de polícia leu com extraordinária surpresa e inqualificável admiração aquela carta do sábio filantropo, cujo nome já lhe era muito conhecido, não só pela história do rapto da filha, como porque não havia, no lugar, quem não exaltasse a vasta ciência e excelsas virtudes do grande homem.

Acabava de ler a carta, e absorvia-se em meditações sobre seu conteúdo, quando lhe entrou em casa o delegado, a quem recebeu com esta pergunta:

— Não me diz sempre, senhor capitão Pombo, que seu amigo doutor Capper é um sábio e homem de juízo reto?

— Não sou eu o único que abona as eminentes qualidades daquele doutor, senhor chefe de polícia. Em toda a população desta vila, que teve a felicidade de possuí-lo por alguns anos, Vossa Excelência não encontrará uma voz discrepante.

— Pois leia esta carta e diga-me se pode ela ser obra de outro que não de um visionário ou monomaníaco.

O delegado leu e releu a carta, e, como era dotado de certo grau de progresso, sentiu-se tomado de certa exaltação, diante da referência do doutor à ciência que o põe em relação com as almas do outro mundo.

— É verdade — disse, entregando a carta. — Eu não sei explicar o que li... mas Vossa Excelência pode dizer como soube ele, na capital do Ceará, do que se passou aqui, na véspera do dia em que escreveu? Olhe que referiu o caso com as mínimas circunstâncias!

O chefe ficou pensativo e profundamente impressionado com aquela reflexão; porém, o que maior abalo produziu-lhe foi o fato extraordinário de falar o doutor da resolução íntima de retirar-se, demitindo-se.

Todo atento ao final da carta, sobre a comunicação dos Espíritos, quase lhe passou despercebida a revelação do seu próprio sentir.

— Só por artes do demônio — monologava —, mas o demônio não havia de insinuar-me o bem.

Guardou a carta e rasgou o ofício de demissão, que já tinha feito; assim procedendo, não por acreditar em conselho de Espíritos, mas por julgar mais procedentes as ponderações do doutor.

Procurou afugentar da mente a impressão que sentira, e à noite, depois de ter escalado o serviço do policiamento da vila, convidou para confabularem o delegado, o juiz de direito, o vigário e um advogado, seu amigo, desde os bancos de Olinda.[37]

Mostrou-lhes a carta, sem ocultar quanto o impressionava, principalmente por falar do que ele tinha no íntimo de sua alma.

---

[37] Referência ao famoso curso jurídico de Olinda/PE, criado por carta de lei do imperador D. Pedro I em 1827.

O juiz, homem de crenças materialistas, exprimiu sua admiração, por ver o doutor chefe de polícia impressionar-se com as vesânias de um louco.

O advogado, católico ultramontano, declarou que aquilo ia de encontro ao que crê e manda crer a Santa Igreja Romana.

O vigário, depois de muito refletir, disse em latim: "espírito que vai não volta".

— Entretanto, senhor, o fato é que de longe se descreve o que se está passando aqui, o que se denuncia, o que nunca saiu do meu pensamento! — disse o chefe.

Nesse ponto, notaram todos que o delegado monologava, como dormindo, e, ficando atentos, ouviram:

— Se tudo fosse matéria, onde o princípio causal da inteligência humana? Se o homem acabasse com a morte, que razão de ser teria a liberdade?

"É da *Bíblia* que Saul conversou com o Espírito de Samuel.[38]

"A Igreja só conhece o que tem sido revelado; mas a revelação é progressiva, na razão do progresso humano."

Todos ficaram atônitos!

XIV

Nos dias que se seguiram à cena que foi descrita no precedente capítulo, seus espectadores não falaram senão no

---

[38] Passagem do Velho Testamento na qual Saul, cercado pelos filisteus e querendo saber dos acontecimentos futuros, pede à médium de Endor para que evoque o Espírito de Samuel. Nela incorporado, Samuel anuncia as mortes de Saul, de seus filhos e do povo judeu, o que de fato veio a ocorrer (I SAMUEL, 28).

assunto, meio convencidos, meio duvidosos da verdade dessa nova ciência anunciada pelo doutor Capper, e cujo fim tem forçosamente de ser a regulamentação das comunicações entre o mundo visível e o invisível, entre os viventes e os que já se foram da Terra.

Dizer que o fim da nova ciência é regular as comunicações dos Espíritos incorporados com os que já deixaram o corpo, é dizer o que pensa o mundo, que só considera a coisa pelo lado que lhe fere os sentidos.

A comunicação dos Espíritos, já indicada nas sagradas letras, não passa de um acidente da nova ciência, cultivada pelo doutor Capper.

O fim essencial, que concentra seus mais elevados princípios, é desenvolver os ensinos de Jesus, na medida do progresso realizado pelo homem, depois da Cruz e por obra dela.

Assim como Deus mandou à Terra, por Moisés, mais luz do que dera por Abraão — assim como mandou, por Jesus, mais do que por Moisés — assim é de razão e de fé crer que terá de mandar ainda mais do que deu por Jesus.

É de razão, porque não pode ser mais patente a relação entre a revelação divina e o progresso da Humanidade.

É de fé, porque se lê no Evangelho que Jesus disse a seus discípulos: muitas outras verdades tinha que vos ensinar, mas ainda não as podeis suportar;[39] isto é, o ensino é dado na razão da capacidade do homem.

---

[39] Referência à passagem bíblica do Novo Testamento que narra a missão do Consolador: "Tenho ainda muito que vos dizer, mas vós não o podeis suportar agora; quando vier, porém, o Espírito da verdade, ele vos guiará a toda a verdade; porque não falará por si mesmo, mas dirá tudo o que tiver ouvido e vos anunciará as coisas que hão de vir". (JOÃO, 16:12 e 13.)

A razão e a fé nos ensinam, pois, com os mais sólidos fundamentos, que devemos esperar mais alto ensino, pois que o homem tem realizado maior progresso ou mais apurada compreensão.

E, pois, a nova ciência, de que falava o doutor Capper, não era senão o prenúncio da revelação prometida pelo divino Jesus.

Como quer que seja, a impressão causada pela carta do doutor, que abalara até o espírito do juiz materialista, já começava a gastar-se, e cada um se ia refugiando a suas antigas crenças, quando novo próprio,[40] com uma segunda carta, anunciou-se ao chefe.

Este, sem abri-la, foi para a casa do vigário, para onde mandou chamar os companheiros da outra vez.

Reunidos todos, o chefe leu a carta, que dizia:

> Eu bem sabia que Vossa Excelência havia de surpreender-se, como a mim aconteceu, com a revelação de maravilhas, que é Deus servido quando estas nos são comunicadas pelos Espíritos.
>
> Aquele que me guia, na missão de divulgá-las, ouviu as considerações de Vossa Excelência e dos seus amigos a respeito da minha primeira carta.
>
> Conquanto, tomando o capitão Pombo, tenha sinteticamente respondido a todas elas, julga necessário fazê-lo mais profusamente.
>
> Em todo o caso, como colhi meu fim, que foi sustar sua resolução de desamparar os desgraçados habitantes da vila, embora o fizesse, não por acreditar em conselhos de Espíritos, mas por julgar procedentes minhas fracas ponderações, estou satisfeito...

---

[40] Mensageiro.

— É estupendo — interrompeu o chefe. — Foi exatamente este o meu pensamento!

"O doutor juiz de direito", continuou o chefe a ler, "não deu de si boa ideia, qualificando de vesânias o que não conhece..."

— Não é possível! — exclamou o juiz. — Isto não pode estar aí, doutor chefe de polícia!

— Leia o senhor mesmo.

— É certo! mas é incompreensível!

— Pois, se é incompreensível — disse o vigário —, como qualificar de vesânia? Senhores — acrescentou —, é preciso estar dominado da maior cegueira para não reconhecer que há em tudo isto, de que trata o doutor Capper, algo de grande valor, que ainda não é bem conhecido. O que importa, pois, a quem preza mais a verdade de Deus do que preconceitos de homens, é estudar essa nova ordem de fenômenos.

O doutor chefe de polícia continuou a leitura:

> Ele não acredita senão no que lhe dão os sentidos — não crê senão na matéria. Faz mal, porque se coloca na exclusiva dependência dos meios os mais grosseiros para a descoberta e compreensão da infinita criação.
> Acima dos sentidos, está a inteligência, está a razão.
> Tenha paciência: ouça o que fala a razão.
> Só, entre todos os seres criados, o homem realiza um constante e progressivo aperfeiçoamento de suas faculdades, aperfeiçoamento que se traduz em saber e virtudes.
> Só ele é, portanto, em todo o Universo, o ser perfectível ou que chega à perfeição.
> Essa potência, que nenhum animal possui, revela no homem um princípio ou natureza inteiramente diferente da natureza de todos os mais[41] seres da criação.

---

[41] Com o sentido de "demais".

E do que valeria a consciência, o senso moral, se o homem desaparecesse pela morte?

E do que valeria a liberdade, em relação ao bem e ao mal, se ele fosse inatingível à sanção da responsabilidade moral, que decorre fatalmente da liberdade?

O simples raciocínio descobre, pois, no ser humano a sua essência imortal — e essa essência, a que chamamos alma ou espírito, se manifesta hoje materialmente, visivelmente, a falar conosco, os viventes, como se ainda fora revestida do corpo material.

Estudem, e conhecerão; procurem, e descobrirão.

Isto vai com vista ao doutor juiz de direito.

Quanto ao advogado, que se firma nos princípios da Igreja, para não aceitar o fato da comunicação dos Espíritos dos mortos com os dos viventes, direi:

Que coisa mais natural e racional do que, assim como o espírito coberto com o véu da carne transmite seus pensamentos aos outros também velados, fazer-lhes o mesmo o que já tirou de si aquele véu?

A transmissão não é do corpo; e, pois, tanto a podem fazer os que estão cobertos com ele, como os que já se acham descobertos. Uns e outros são espíritos — são a mesma essência — são idêntica natureza, com a única diferença de uns estarem vestidos e outros despidos.

Ora, se a razão nos dá, quase posso dizer, nos impõe aquela concepção, que inveterados preconceitos repelem, para o ilustre advogado deve falar com suma autoridade a *Bíblia Sagrada*.

E a *Bíblia*, entre inúmeros fatos de comunicações, destaca a de Saul falar a Samuel.

Mesmo, porém, que assim não fosse — que não haja quase uma família em cujo seio não se tenha dado uma aparição — não é verdade que a Humanidade deve esperar a realização da promessa de Jesus: de mandar, em tempo, revelar novas verdades, que Ele não pôde ensinar, por não poder o homem de seu tempo suportar?

Sendo, pois, matéria de fé, porque é do Evangelho, que Jesus não ensinou tudo o que precisa saber a Humanidade, como repelir-se um fenômeno, um princípio, uma lei, pela simples razão de que a Igreja não ensina, se a Igreja não pode ensinar o que Jesus reservou para o futuro — para futura revelação?

Tratando do fim especial por que lhe escrevo, apraz-me anunciar-lhe que próximo está o dia da redenção desse bom povo.

Cumpre-me, porém, declarar-lhe que não poderei continuar a escrever-lhe, como é meu ardente desejo, por ser forçado a deixar o Brasil nestes poucos dias.

Nada, porém, perderá com isso a causa do bem, porque o Espírito que me guia dar-lhe-á seus conselhos, por intermédio do capitão Antônio Pombo.

Em nome do Deus de paz e de amor.

— É maravilhoso! — exclamou o vigário. — Pena é que o doutor Capper não nos possa dar os princípios dessa nova ciência, que reconheço por divina.

Todos manifestaram o mesmo pensamento, e Antônio Pombo, levantando-se transfigurado, exclamou:

— Quem tem olhos de ver, veja; quem tem ouvidos de ouvir, ouça; quem tem coração de sentir, sinta.

O vigário acercou-se do médium e perguntou-lhe respeitosamente:

— Quem lhe ditou aqueles conceitos?

— Um moço de corpo vaporoso e tão brilhante, pela luz que de si irradia, de não se poder encará-lo.

— Pergunte-lhe o que significam aquelas palavras.

— Diz que são chegados os tempos prometidos, do homem receber a revelação completa do que é — donde veio — para onde vai, e que Deus abençoará os esforços dos que se prepararem para receber e transmitir a nova Revelação complementar da messiânica.

— Meus amigos — exclamou o vigário com desusado calor —, tenhamos olhos de ver, tenhamos ouvidos de ouvir. Convido-os a unirmos nossos esforços para o alto fim, que nos é tão miraculosamente indicado.

Foi unanimemente acolhido aquele pensamento, em virtude do que o vigário, revestindo-se de toda a solenidade, ergueu-se entre os companheiros e pronunciou estas palavras, que alguns dias antes lhe causariam a maior revolta:

— Em nome do Deus de paz e de amor, está instalada a associação... Que nome deve ter a nossa associação? — perguntou ao médium.

— Espírita Redentora — respondeu este imediatamente.

— Está instalada a Associação Espírita Redentora da Maioridade — concluiu o venerando vigário.

"Meu Deus! Como são insondáveis vossos mistérios! Eu, ministro do Altar, filho da Santa Igreja Romana, confesso-me convencido de que, fora do círculo das verdades por Jesus reveladas, outras há que nos têm de ser comunicadas, por graça do mesmo Senhor Jesus!"

O advogado, atordoado com o que vira e ouvira, não quis, entretanto, render-se de todo e levantou uma dúvida.

— As verdades prometidas já foram dadas ao mundo pelo Espírito Santo, que assiste à Igreja. Esta, portanto, possui a completa revelação, e tudo o que não for do acervo do que ela possui não é obra de Deus.

Antônio Pombo, sem mover-se, deixou cair dos lábios estas palavras, que ressoaram com singular harmonia:

— O Espírito Santo não é o revelador prometido das verdades que Jesus não revelou.

"A missão do Espírito Santo foi instruir e fortificar os Apóstolos, para fazerem o ensino e a propagação da divina doutrina.

"O Consolador prometido, Espírito da Verdade, disse-o Jesus, virá quando for tempo, isto é, quando a Humanidade já tiver realizado o preciso progresso para compreender, suportar a luz superior das mais altas verdades.

"Não é absurdo aceitar que viesse a explicar o que Jesus não pôde um Espírito Santo, logo após a subida do Mestre?

"Se este não o pôde, em razão do atraso dos homens de seu tempo, fora preciso admitir que, em alguns dias, esses homens se tivessem habilitado para recolher a luz, trazida por outro.

"Mas o que mostra a toda a evidência, que o Espírito Santo não é o revelador prometido, é que, em todo o desenvolvimento do Cristianismo, em dezenove séculos, Ele não revelou ao mundo nem uma verdade nova e desconhecida do mundo, que pudesse ser considerada uma daquelas que Jesus não ensinou, por não poder ser compreendida pela humanidade de seu tempo."

— Curva a cabeça — disse o advogado.
— Eu já não ponho dúvidas — acrescentou o vigário.
— E eu — ajuntou o juiz —, renego ao materialismo.

XV

Era domingo de Páscoa.

Havia um ano que se dera o maravilhoso salvamento da filha do doutor Capper, e quase ano e meio que vergava, sob o peso da maior pressão, o povo da Maioridade.

O dia era tempestuoso, horrível, como são naquele lugar os do tempo das trovoadas.

Grossas nuvens, carregadas de eletricidade, cobriam, como se fosse uma abóbada, toda a chapada da serra, e ameaçavam uma dessas borrascas que apavoravam a gente.

Soou o toque de ave-maria, que era, de há muito, desde que Peixoto começou suas correrias, o sinal de recolher para os que se temiam de encontros com os impalpáveis inimigos.

Na casa do vigário achavam-se, àquela hora, reunidos os membros da recém-criada associação espírita, que tinham avigorado sua fé diante dos fatos extraordinários que por si mesmos haviam verificado, nas sessões realizadas.

Aquela reunião não tinha por objeto a aquisição de novos conhecimentos sobre a ciência denunciada pelo doutor Capper, mas sim ver se seria possível terem luz que os guiasse na diligência projetada pelo chefe de polícia: de surpreender a Peixoto, que naturalmente se exporia, confiado no mau tempo.

Aberta a sessão, em nome de Deus, o vigário dirigiu-se ao capitão Antônio Pombo e perguntou-lhe se de boa vontade queria prestar-se.

Antes de responder, o interpelado caiu em sono magnético, durante o qual respondeu:

— Estou preparado para responder ao que me for perguntado, sendo no interesse da Humanidade e para glória do Senhor.

— Diga-me — interrogou o vigário —, onde poderemos encontrar o chefe da quadrilha, que tem sido o algoz deste bom povo, e como faremos para apanhá-lo. Parece que isto que lhe pergunto redunda em bem da Humanidade — e em honra do Senhor.

— Nenhum Espírito superior — respondeu Antônio Pombo mediunizado — se presta a satisfazer perguntas, cujo fim é a curiosidade ou outros vãos intuitos humanos.

"No caso, porém, de que se trata, como se tem unicamente em vista remir da opressão a um povo, e punir de suas iniquidades o autor de tal opressão, o que me guia responde: que o chefe da quadrilha, prevalecendo-se da noite borrascosa, virá depois das duas horas visitar a família, que não vê há muito tempo; que a diligência projetada há de ser bem-sucedida, porque foi sugerida ao chefe de polícia por um espírito, ministro da eterna justiça, em razão de ter-se enchido a medida das prevaricações do desgraçado autor de tanto mal; e que o cerco à casa deve ser posto pelas quatro horas da madrugada, que é quando ele deve achar-se nela, descansado de ser perseguido com o tempo que faz.

"Orai por ele, meus irmãos, que prestes está de prestar contas de uma existência que lhe foi concedida para reparar passadas faltas; e ele, em vez de cumprir o pacto feito com o Senhor, empregou-a em mais e muito agravar a tristíssima posição de seu espírito."

Assim falou o delegado, deixando a todos satisfeitos, não só por terem mais uma confirmação da verdade das comunicações entre vivos e mortos, como por ser grata a todos os corações a promessa do alto espírito.

Era-lhes, com efeito, anunciada a terminação da dolorosa provação do bom povo maiorense, e isso sobrepujava o sentimento de condolência pelo desgraçado, cujo tremendo fim estava decretado.

Apesar, porém, de tudo o que já lhes tinha sido dado, para firmar sua fé, aquelas almas ainda alimentavam, em seus mais recônditos seios, um certo sentimento de dúvida, que não tinham razão para explicar, mas que estava ali como um espinho, contra sua própria vontade.

É que não se passa das crenças recebidas com o leite materno, e avigoradas com a educação, a ideias novas, embora assentes nas provas mais irrecusáveis, sem sentir-se um tal ou qual constrangimento, que veda a despedida ao que já teve em nosso ser, com plena adesão da nossa razão e consciência, o direito de cidade.[42]

Sente-se como que um rebaixamento em admitirem-se estranhos no lugar dos filhos enxotados!

— Vamos ver — dizia cada um dentro de si mesmo —, vamos ver se sai certo isto que nos dizem.

Caiu a chuva em bagas de inundar num instante todas as ruas, transformadas em rios.

Os roucos estampidos dos trovões emendavam de um a outro, e o fuzilar dos relâmpagos formava uma chama viva que cobria como uma nuvem de fogo todo o vasto dorso da serra.

Pelas três horas da madrugada, um ronco agudíssimo, e ao mesmo tempo farfalhado, seguido a um fulgurante relâmpago, anunciou aos que conhecem daquelas coisas que, não longe do povoado, caíra uma faísca elétrica.

Todos sabiam que Peixoto, para mostrar que nada temia do poder dos homens e do poder de Deus, dizia de boca cheia que só acabaria quando lhe caíssem em casa três raios.

Os associados, pois, lembraram-se daquelas pretensiosas e blasfemas palavras.

— Quem sabe — disse um — se aquele não é um dos três?

— Qual! Deus não toma nota dessas tolices.

— Não sei; mas diz o adágio que não é bom praguejar, porque pode acontecer que os anjos digam Amém na ocasião, e em casos tais se realiza o que se disser ou se pedir.

— O caso é que se tem visto praga pegar!

---

[42] No direito público romano, o *status civitatis*, isto é, a cidadania. Por extensão, a expressão *direito de cidade* é usada aqui com o sentido de "existência".

— Tem-se visto; mas é por coincidência.

Nestes discursos de passatempo, foram interrompidos por nova centelha elétrica, igualmente caída não longe do povoado.

Ficaram mudos e contemplativos, até que, pouco antes das quatro horas, terceiro raio veio despertá-los, caindo nas condições dos dois primeiros.

— Foi feita a sua vontade! — exclamaram todos a um tempo e espontaneamente.

Àquele sinal, o vigário os convidou a darem graças a Deus, a quem tocaram as lágrimas e preces de um povo aflito, e ao mesmo tempo a orarem pelo desgraçado major Peixoto, para que suas enormes culpas fossem pesadas com clemência e misericórdia na balança da indefectível justiça.

Não se enganaram eles quanto à significação dos três coriscos.

Todos caíram, refere a crônica do tempo, na casa do Jacu, onde morava a família Peixoto e onde casualmente se achava ele.

O primeiro caiu num telheiro lateral, onde se recolhiam ovelhas e um cavalo, produzindo grande estrago.

O segundo rachou a meio, de cima a baixo, um velho e grosso mamoeiro, que crescera pegado à parede do oitão do lado oposto da casa.

O terceiro penetrou no quatro de dormir, onde se achavam Peixoto, sua mulher e dois filhinhos pequenos.

O casal saltou aterrado — e Peixoto, tomando da cama os dois filhos, fez com eles e com a mulher uma mó, em torno da qual a faísca rabeou, sem causar dano a nenhum!

Passados alguns minutos, quando começavam a tranquilizar-se do susto, a mulher do bandido chamou-lhe a atenção para um ruído surdo, que lhe chegava aos ouvidos, partido do lado de fora.

— Parece que é ruído de passos!

— Com este tempo, nem o diabo se atreveria a pôr o nariz de fora — respondeu o homem, com a mais perfeita segurança.

O ruído, porém, tornou-se mais sensível, e os dois reconheceram que efetivamente a casa estava cercada e era iminente o perigo, que julgavam impossível, em vista da horrível conflagração dos elementos.

Peixoto lembrou-se então de suas blasfemas jactâncias, e caiu na mais fulminante prostração, julgando chegada sua última hora.

— Eu mesmo marquei o sinal de meu fim!

Não se sabe se o infeliz arrependeu-se de seus monstruosos crimes. O que se sabe é que abraçou a mulher e os filhinhos, e chorou.

Depois de ter assim feito, ergueu-se corajosamente e marchou para a porta da frente, por cuja fechadura olhou e viu o terreiro coberto de gente armada.

Correu à porta do fundo e teve o mesmo espetáculo.

Desenganado da salvação, podendo dizer como o troiano: *una salus victis nullam sperare salutem*,[43] resolveu vender caro a vida e, tomando sua garrucha, voltou à porta do fundo, exatamente quando, a couces d'armas, pretendiam os sitiantes metê-la adentro.

Resolutamente, meteu mão à chave e abriu-a, apresentando-se envolto num capote escocês, sob o qual trazia oculta a arma, inútil para defendê-lo.

— Quem é o comandante da força? — perguntou com voz firme.

---

[43] "A única salvação dos vencidos é não esperar nenhuma salvação", verso do épico latino *Eneida*, de Virgílio (70-19 a.C.), que narra a história de Eneias, um troiano que se tornou o primeiro ancestral dos romanos.

— Sou eu — respondeu o capitão Moreira, avançando e dando-lhe a voz de preso.

— Preso eu! — bradou enfurecido. — Morto, sim; mas saiba que Peixoto precisa mandar adiante quem lhe abra a porta do inferno!

E, puxando a garrucha, desfechou-a contra o capitão que, por inaudita felicidade, pôde desviar-se e evitar uma morte certa.

Um soldado, que estava ao lado do comandante, sem refletir no que fazia, desfechou no assassino um tiro à queima-roupa, que lhe arrombou o peito e lhe deu morte instantânea.

A diligência fora bem-sucedida!

A população estava salva do seu cruel verdugo!

A estátua da justiça, porém, cobriu-se de crepe, diante de um assassinato praticado, em seu nome, pela própria autoridade, cuja principal missão é prevenir e reprimir crimes!

Muito mais humano, com[44] ser a ofendida, foi a nobre população da Maioridade, que não guardou contra seu opressor, desde que o viu morto, nenhum sentimento de ódio.

Foi edificante vê-la afluir, em massa, à casa há pouco amaldiçoada, por levar consolações à aflita viúva.

Deram-se ali as mais tocantes cenas, qual a de curvar a vítima o joelho ante a imagem do Redentor, para lhe pedir graça para seu algoz, cujo corpo só lhe inspirava piedade!

A divina caridade iluminou aquelas boas almas, ao ponto de acompanharem o enterro do seu cruel inimigo, e de se cotizarem para dar o luto à desolada esposa e inocentes filhinhos!

---

[44] Em tais casos, a preposição *com* antecedendo verbo no infinitivo equivale a "apesar de".

Quanto aos dois mais velhos, tão depressa foi sabido o fim trágico do pai, fugiram com seus companheiros, em busca do primitivo esconderijo da quadrilha de Tapioca, no Olho d'Água do Milho, limites do Ceará.

Na viagem, e quando passavam pelo Apodi, foram agarrados e remetidos ao chefe de polícia, no Martins.

Este quis entregá-los à justiça do lugar para responderem por suas iniquidades; o povo, porém, considerando que aqueles eram os meninos criados em seu seio, intercedeu por eles, para que, em vez de serem arrastados aos tribunais, onde só os poderiam esperar a forca ou as galés, fossem antes mandados para o Exército, onde se lhes abriria uma carreira, pela qual, se quisessem, poderiam lavar as nódoas de seu negro passado e conquistar uma posição tão honrosa para si como útil a seu país.

O chefe acedeu, admirado de tanta magnanimidade — e tudo ficou resolvido a contento daquelas excelentes criaturas, que já nem se lembravam das atribuições de ontem, entregues à miragem das passadas venturas.

Não devia ser, mas é certo que só os felizes sentem prazer em esquecer o mal que se lhes tenha feito.

Um mês depois daqueles sucessos, que acabaram com o mal-estar geral, o chefe de polícia fez suas despedidas ao povo maiorense, que se excedeu em demonstrar-lhe sua estima e seu reconhecimento.

Levava o moço a alma repleta de alegrias, e em meio delas nunca deixava de dirigir o pensamento para aquele vulto que o suspendera no momento em que, desanimado, ia precipitar-se da escada do Capitólio,[45] em que ora se acha,

---

[45] Uma das sete colinas de Roma, onde ficavam o Fórum, o Campo de Marte e o Templo de Júpiter, este, local de consagração dos heróis romanos.

nas negruras da rocha Tarpeia,[46] onde seriam perdidos seu nome e seu futuro.

Oito dias depois, o comandante da força formava-a na praça da matriz, donde devia partir para a capital, e onde foi entusiasticamente saudado pelo povo.

No meio da fila dos soldados, em marcha, lá iam algemados, de cabeça baixa — dizem alguns que chorando a furto — os filhos do major Peixoto, que deixavam a terra de seu nascimento e sua adorada mãe, talvez para sempre — para sempre!

O mais feroz dos dois, cuja vida deve encher as páginas deste livro, Raimundo, talvez chorasse de raiva, tal fora a transformação que se operara naquela alma, encaminhada para o bem e arrastada ao abismo da *perdição* pelo que explorava suas paixões, para açulá-las, quando era seu maior dever explorá-las, para reprimi-las.

A gente do Martins, aglomerada nas ruas por onde devia passar a força, saudava os seus defensores, ao mesmo tempo que vertia lágrimas pelos dois infelizes que foram nascidos e criados em seu seio, que eram quase filhos seus.

E, quando o préstito desapareceu nas quebradas da serra, toda ela correu à igreja para dar graças a Deus de sua libertação, e pedir misericórdia para os dois moços desgraçados.

A nuvem passou — a atmosfera voltou a sua doce pureza e serena claridade — a vila voltou ao que sempre fora: oásis onde se fruíam os vivos reflexos das delícias do Paraíso!

---

[46] Lugar de onde eram jogados os criminosos, principalmente os traidores. Sua proximidade com o Capitólio deu origem ao provérbio "do Capitólio à rocha Tarpeia não vai mais que um passo".

SEGUNDA PARTE

Conversão

I

Como por um choque elétrico, o sentimento patriótico, que se julgava extinto no coração dos brasileiros, rompeu de seu torpor, qual chama soprada pelo vento.

Movimentou-o, inopinadamente, a declaração de guerra que, desleal e traiçoeiramente, nos fez o arrogante presidente do Paraguai.[47]

No coração do homem não há sentimento natural que se extinga — o que pode é ficar latente e mudo em suas manifestações, como o fogo debaixo da cinza.

Os brasileiros, que manifestaram civismo como quem mais, sacrificando à pátria sua fortuna e o próprio sangue, caíram no indiferentismo, por obra da centralização, que foi a alquimia política da Circe[48] do segundo

---

[47] Solano López (1827-1870), que declarou guerra ao Brasil em dezembro de 1864, ordenando a invasão da então província do Mato Grosso.

[48] Feiticeira da mitologia grega, a quem o poeta Homero atribuiu importante papel na *Odisseia*. Circe, tomada por uma paixão, transformou os companheiros de Ulisses em porcos para obrigá-lo a ficar junto de si.

reinado, que transformou o povo enérgico e entusiasta em rebanho de Panúrgio.[49]

Causou por isso suma admiração ver o Lázaro reerguer-se valente e exaltado, como fora desde a Independência até seu último arranco, em 1848.

O Brasil, aceitando aquela guerra, a mais formidável e devastadora que registra a história da América do Sul, empenhou-se nela como em partida de honra.

Não o governo, porém a nação levantou um exército, que foi sua glória e que lhe desagravou heroicamente a honra ofendida pelo orgulhoso cacique.

Os voluntários da pátria escreveram a mais brilhante página no livro da nossa história, quer revelando a pujança dos brios nacionais, quer mostrando-se, nos campos de batalha, tão valorosos e disciplinados como os melhores soldados do mundo.

De triunfo em triunfo foram as hostes brasileiras, desde a maravilhosa Passagem do Paraná, levando o terror e a morte ao coração do inimigo, que é de justiça declarar: bravo, de impor o maior respeito.

E, a não ser assim, aquela guerra teria sido para nós um passeio militar, que não e nunca uma luta titânica de cinco anos.

Nesse sempre glorioso tempo de vitórias, não deixou, contudo, de haver para o Brasil um ponto negro, que foi o borrão do brilhante quadro de toda a campanha.

---

[49] Personagem criado por François Rabelais (1494-1553) em seu romance *Pantagruel*. Para se vingar de um comerciante de carneiros, Panúrgio lança um deles ao mar do alto de um precipício. Diante da cena, os outros animais, num ataque suicida, também se atiram. Note-se que Bezerra de Menezes escreveu um romance filosófico-político intitulado *Os carneiros de Panúrgio*.

Refiro-me a Curupaiti, cujas muralhas, enquanto a terrível Humaitá não pôde embargar o passo a nossa esquadra, enchendo de espanto o mundo inteiro, elas, aquelas muralhas, lograram fazer recuar o nosso exército, em sua marcha triunfal!

Ali se feriu a mais tremenda batalha de quantas se pelejaram no longo período daquela guerra.

Digo "tremenda" atendendo às suas desastrosas consequências, que não quanto a sua importância; pois que muitas outras tivemos, em que se jogaram superiores elementos.

Os constantes favores da sorte animaram os nossos a arriscarem os perigos de um assalto, para o qual nos faltavam os precisos recursos, segundo os preceitos da ciência da guerra.

Em conferência de generais, a que concorreram Mitre, Polidoro, Tamandaré, Flores, Porto Alegre e o nosso ministro na República Argentina, conselheiro Otaviano, assentou-se:

Que o ataque teria lugar no dia 22 de setembro de 1866;

Que, a um tiro de canhão, disparado pelos navios de guerra brasileiros, fundeados defronte da fortaleza, Polidoro, comandante do 1º corpo do exército, marcharia sobre o centro do exército inimigo, e Flores, comandante do contingente oriental, avançaria sobre Souce, a fim de impedirem que a guarnição da fortaleza atacada pelo 2º corpo, ao mando de Porto Alegre, recebesse reforço;

Que, em seguida àquele sinal, Tamandaré faria bombardear a fortaleza, a desmontar-lhe a artilharia;

Que, finalmente, após o bombardeamento, teria lugar o assalto pelas forças de Porto Alegre e por uma divisão de forças argentinas, sendo a ação dirigida por D. Bartolomeu Mitre, general em chefe das forças aliadas.

Na manhã do dia aprazado, o encouraçado *Brasil* deu o sinal da luta; mas, rompendo o fogo da esquadra, conheceu o bravo Tamandaré que o efeito do bombardeamento era nulo, em razão de se acharem os vasos[50] de guerra ao pé da barranca que impossibilitava os tiros contra as baterias inimigas.

Na margem oposta do rio, donde o alvo era tangível, não havia fundo para o calado dos nossos navios.

A manhã estava chuvosa, de modo que o campo por onde tinham as tropas de marchar, até chegarem às trincheiras, estava completamente alagado.

Apesar disso e de ter o almirante comunicado por seu ajudante, Artur Silveira da Mota, que era impossível o concurso da esquadra, sem dúvida o mais poderoso elemento com que se tinha contado, o general em chefe deu ordem de se atacar.

Era o batismo de sangue do 2º exército, que se abrasava em desejos de conquistar louros iguais aos que ornavam a fronte gloriosa dos guerreiros do 1º corpo.

Ao sinal de avançar, um grito de satisfação rompeu de todos os peitos — grito perdido nas solidões dos campos inimigos, mas que veio ecoar dolorosamente no coração da pátria.

Tão depressa as colunas brasileiras atravessaram a cortina de mato, que encobria o acampamento de Curuzu, foram recebidas por uma chuva de metralha que varria filas inteiras, enfiando pela clareira, por onde desfilavam.

Nada, porém, podia conter o indômito ardor de nossas tropas, que, no meio do fumo, da cerração e da chuva, e por entre as abatises e a saraiva de balas, marchavam impávidas contra as trincheiras que tinham jurado escalar.

---

[50] Navios.

Os paraguaios, por sua parte, resguardados pelas obras d'arte[51] — e reforçados por valiosos contingentes, que López destacava do centro de seu exército, não acometido por Polidoro, como fora combinado, cuidavam menos de se defender, julgando impossível a escalada, do que de destruir completamente o exército assaltante.

Nessa faina, que lhes absorvia toda a atenção, escolhendo os pontos mais cerrados do inimigo para mandarem aí suas granadas, foram surpreendidos por um grito de horror, que rompeu de seu centro.

Num dos ângulos da muralha, tremulava a bandeira auriverde, hasteada por uma dúzia de bravos do 26º de Voluntários, a cuja frente se mostrava um moço, cuja farda de oficial de 1ª linha trazia os distintivos de capitão.

Poder-se-ia dar-lhe 25 anos de idade, tão fresca e vivaz era sua carnação.

Alto, bem proporcionado, de cor morena e olhos e cabelo pretos, tal era, em ligeiros traços, o guerreiro que, como um raio, lançou a perturbação e o terror no meio dos tranquilos defensores de Curupaiti.

A aparição daquele grupo inimigo causou, com efeito, na massa paraguaia um verdadeiro pânico.

Muitos artilheiros sentiram cair-lhes das mãos os morrões — infantes deixaram escapar as espingardas — soldados e oficiais ficaram estáticos, já em razão da decepção que sofreram, vendo escalada a trincheira que acreditavam inexpugnável, já por causa de terror que lhes causava o ataque dos brasileiros a arma branca.

---

[51] *Obras de arte*, neste caso, se referem a estruturas tais como bueiros, pontes, viadutos, túneis, muros de arrimo, necessárias à construção de estradas.

Os mais fracos já começavam a debandar, procurando a salvação na fuga, quando os fortes, sacudindo o momentâneo torpor, bradaram como furiosos:

— A eles, paraguaios!

Por sua vez, o moço brasileiro, erguendo o braço armado com luzente espada, para os seus bradou:

— Viva o Brasil!

Travou-se então uma luta a mais encarniçada que se possa imaginar.

Em torno dos invasores, a massa compacta dos paraguaios avançou como ondas levantando-se umas sobre outras.

Arma branca por arma branca, mas os brasileiros eram um para mil.

Entretanto, eles tinham uma pequena vantagem, mesmo por serem poucos a se baterem contra muitos em estreito circuito: seus movimentos eram livres, ao passo que os paraguaios se embaraçavam uns aos outros.

De cada arranco que dava o pequeno grupo, ficava uma praça vazia diante dele, que os mais fortes recuavam diante da ponta de suas baionetas, e os que não recuavam eram traspassados.

Já os cadáveres inimigos lhes formavam como uma trincheira; mas também já as forças lhes iam faltando, tendo durado aquela luta desigual cerca de meia hora.

O capitão não tirava os olhos do inimigo, senão para ver se o exército brasileiro, guiado pela bandeira, que tão heroicamente hasteara e defendia, acometia por aquele ponto.

Quando o braço, já entorpecido pelo longo e descomunal esforço, pesava-lhe que mal se prestava a erguer a espada, eis que viu avançando a marche-marche, em sua direção, uma coluna de brasileiros.

Cobrou ânimo e, redobrando os golpes, levou a morte a muitos inimigos. Mas nem era possível resistir indefinidamente às ondas que se sucediam para esmagá-lo, nem chegava a coluna que vira tomar a direção do ponto por ele escalado.

E, entretanto, a fortaleza estaria rendida naquele momento, se mil brasileiros lhes viessem em auxílio!

Oh! como o valente capitão ansiava por ver apontar na esplanada a gente que se endereçava para ela!

Não o desejava por si, por sua salvação, que disso nem cogitava.

Seu desejo era por ver coroado de glória o mais temerário empreendimento de toda a campanha.

Em vez, porém, do que esperava sequioso, soou-lhe aos ouvidos o fúnebre toque de retirar.

No auge do desespero, volveu os olhos a ver se o tinham enganado os ouvidos — e divisou a coluna, que chegara a poucos passos da brecha, contramarchando e dando-lhe as costas.

Decididamente aqueles bravos não divisaram a bandeira brasileira espetada nas ameias da fortaleza — não suspeitavam que um grupo de heróis estava na esplanada a provar que o que se julgava impossível já estava realizado!

Se vissem, se suspeitassem, podia Mitre mandar mil vezes tocar a retirada que a coluna iria acabar ou vencer com seus nobres companheiros.

Nenhuma esperança restava mais ao intrépido capitão, que, em vez de se abater, sentiu que só lhe restava morrer honrando o nome brasileiro.

— Amigos — bradou para seus companheiros —, coragem, que o dia é nosso!

Só o eco respondeu àquele brado ingente do coração do herói.

Seus bravos companheiros estavam estendidos por terra, mortos ou feridos, mas em todo o caso impossibilitados de o auxiliarem.

As forças aliadas retiravam-se precipitadamente a quartéis, obedecendo à ordem de Mitre, que sacrificou numa jornada o tesouro de glórias conquistadas em tantas batalhas!

"Foi destino ou traição?"[52]

Por que Polidoro, o Grouchy[53] daquele Waterloo, não correu em auxílio de seus bravos companheiros, atacando o ponto que lhe tinha sido designado?

Por que Flores, o amigo indefectível do Brasil, o bravo chefe oriental, não atacou pela esquerda, como fora combinado?

Por que Mitre, desde que soube ser impossível à esquadra bombardear a fortaleza, ordenou apesar disso o ataque — e, quando estava este na maior efervescência, mandou tocar a retirada?

Teve alguma relação esse procedimento do generalíssimo com a entrevista de Yatahy-Corá, em que foi concedida ao tirano paraguaio uma trégua de dez dias, quantos bastaram para fortificar a mal defendida fortaleza de Curupaiti?

Tudo é mistério que só o futuro poderá decifrar!

O que é certo é que as armas brasileiras cobriram-se de vergonha naquele dia nefasto, e que o exército, desmora-

---

[52] Verso do poema "Napoleão em Waterloo", de Gonçalves de Magalhães (1811-1882), poeta brasileiro considerado o introdutor do Romantismo no país.

[53] General que liderava os reforços franceses em Waterloo. Quando Napoleão avistou uma intensa movimentação de tropas rumo ao campo de batalha, exclamou: "É Grouchy!", fazendo-o pensar que estaria salvo. No entanto, eram 30 mil soldados prussianos que vinham em socorro dos ingleses.

lizado pela derrota e devastado pelo cólera, precisou ser quase totalmente refeito, mudando até de general, posto dificílimo que foi confiado ao Marquês de Caxias.

Enquanto, porém, via-se o estandarte da pátria fugir humilhado a procurar refúgio nos quartéis, admirava-se, como contraste, a galhardia com que o defendia, no centro do inimigo, dentro da praça do vencedor, um único homem, que via caídos, em derredor de si, os poucos que o acompanharam cheios de santo fogo patriótico na arriscada empresa de que fugira todo o exército!

E ninguém levará à História esse episódio glorioso de que jamais alguém falou!

Naquela alma o medo nunca achou guarida, e aquele coração, se sofria vendo-se abandonado dos seus, era somente por perder a ilusão da invencibilidade de sua gente.

— Rende-te! — bradou o chefe paraguaio assim que se achou desocupado da luta geral pela deserção do exército assaltante. — Rende-te, se não queres que te rache a meio.

— Pícaros — respondeu enfurecido, mas guardando sempre a defensiva, o moço brasileiro, que em *cem* combates se acostumara a fazer e nunca a ouvir aquela intimação. — Pícaros, um oficial brasileiro sabe morrer, mas não render-se, enquanto tem um braço e pode sustentar uma espada! Venham de um a um, e eu juro que não ficará de vocês quem conte a história desta luta.

Os paraguaios não se rebaixaram até o ponto de empregarem arma de fogo contra quem só tinha por defesa a sua espada, mas o chefe, desafiado formalmente, recusou covardemente bater-se com o que se batia contra milhares.

A multidão cercou o moço.

Bastava cair sobre ele toda aquela massa para esmagá-lo; apesar, porém, de serem tantos contra um, não houve quem se arriscasse a avançar, tal era o terror que inspirava o heroico batalhador!

A espada de um oficial paraguaio apanhou-lhe o braço direito, quando ele investia — e cortou-lhe o braquial.

O sangue espadanou. O corpo vacilou. Caiu exangue!

II

Raiou o dia 23 de setembro.

Na fortaleza, em todo o exército paraguaio, tudo era alegria e contentamento, por terem alfim infligido aos brasileiros uma derrota, cujo alcance, entretanto, eles não podiam avaliar.

Em Curuzu — no exército brasileiro — na armada — em todo o lugar onde palpitava um coração amigo do progresso humano, reinava a consternação, no grau em que a sente o que tem por si o direito, a razão e a justiça, e se vê abatido pela força ou pela fatalidade.

As perdas de nossas forças eram extraordinárias, principalmente as do 26º de Voluntários, que passara do 1º para o 2º corpo do exército, para reforçar este no ataque, que lhe foi o desar em vez da glória com que contava.

Justiça é, porém, declarar que o desar foi dos generais, ou mais precisamente do general em chefe, que não esteve na altura das circunstâncias — que mandou o ataque, sem refletir — que mandou a retirada sem dever.

Deixemos, porém, estas apreciações ao historiador e limitemo-nos aqui a consignar os fatos, que se prendem ao entrecho do nosso drama.

Num galpão, que servia de hospital de sangue no acampamento de Curupaiti, via-se deitado em um catre, separado dos demais feridos, que estavam estendidos em esteiras de palha, o bravo capitão brasileiro que fora, no horroroso desastre da véspera, o único que salvara a honra da pátria, defendendo sua bandeira até cair exangue.

Ao lado dele, tomando-lhe o pulso de instante em instante, estava um velho, em cujas pálpebras dançavam duas mal sopitadas lágrimas.

Seria seu pai, ou dedicado amigo, que disputava à morte aquele pouquinho resto de vida?

Com efeito, o moço estava da cor da cera e quem o visse inerte não diria que havia ali mais que uns restos mortais.

— Alberto — disse o ancião para um moço vestido de preto e trazendo no braço esquerdo o sinal de luto, como trazia nos punhos as divisas de oficial de marinha da poderosa República norte-americana —, prepara um excitante difusivo, que este pulso não vibra, parece sumir-se por momentos.

O moço prontamente satisfez o que lhe fora recomendado e veio postar-se ao pé do enfermo.

— Vês, Alberto? Ele respira, mas já lá vão 20 horas que caiu exangue, e não se sente ainda movimento circulatório!

— É certo — respondeu Alberto —, mas isto pode bem ser efeito do esgoto[54] nervoso, produzido por essa luta sobre-humana que sustentou ontem. Melhor será que a reação se faça lentamente.

— Talvez tenhas razão; mas dize-me: não te lembras de já ter visto este rapaz em alguma parte?

— Tenho uma vaga reminiscência, tanto que estava mesmo a pensar se com efeito já o vi ou se é por assemelhar-se a alguém que me parece conhecê-lo.

— O que é certo é que, por isso, ou pelo entusiasmo que me causou sua bravura, me sinto deveras arrastado para ele.

---

[54] Esgotamento.

— Não queria dizer; mas eu também tenho estado a procurar o fio de uma vaga reminiscência, que não posso aclarar.

— Parece-me que este rapaz não me aparece agora pela primeira vez, e afirmo-te que, sem ser por entusiasmo, sinto-me, como tu, arrastado para ele por íntima afeição. Vê, meu filho, se te recordas, que minha memória de velho já está muito gasta. Diz-me o coração que este rapaz é nosso credor por dívida sagrada; e meu coração não é como minha memória: não me falha.

— Não posso ser mais feliz que o senhor, por mais que dê tratos à memória.

— Também, temos tanto viajado, tantos perigos corrido, devido a salvação a tantas pessoas, que é impossível recordarmo-nos de todas e de tudo. Espera... Em que ano estivemos no sertão do Rio Grande do Norte, naquela bela paragem que se chama Serra do Martins?

— Estivemos ali de 18... a 18...

— Será possível? Mas, não. Ele não tem mais de 25 anos. Este rapaz terá mais de 25 anos, Alberto?

— Há de ter pouco mais ou menos isso. Supõe acaso que seja aquele moço que livrou Alice das garras do pai?

— Tive essa ideia, mas para ser ele deveria ter perto de 30 anos; e tanto não tem este.

— Não, com certeza; e demais, toda aquela gente foi exterminada, segundo lemos nos jornais, e conseguintemente nosso salvador não está mais entre os vivos.

— É verdade, meu filho; e, entretanto, eu daria metade da nossa fortuna só por ter a satisfação de apertar a mão àquele rapazinho tão bom de coração, que o mau pai arrastou à perdição. Oh! se eu o descobrisse, faria desenvolver os germens que existem no fundo daquela alma, germens bons, que foram abafados pelo mal. Eu fá-lo-ia um homem honrado, de ladrão que o pai o fez. E só assim poderia saldar a dívida que com ele contraímos.

"Para que pensar em coisas impossíveis, visto que aquele rapaz não existe mais, segundo as minuciosas pesquisas que fizemos?"

— É assim; mas sabe que, de todos os homens que nos têm feito bem, aquele foi o que mais me cativou a alma: primeiro porque, se ele não fora, o que menos perdíamos era a vida, e segundo porque mais merece quem precisa vencer sua natureza para fazer o bem.

— Que seria desta existência, meu filho, se eu tivesse visto tua irmã, esse tipo inimitável de pureza e de virtude, entregue à lubricidade daquele bandido?

— Oh! meu pai, não recorde mais essa cena, que nos aflige duplamente pelo perigo daquele anjo e por avivar a dor de sua recente perda.

— Sim, meu filho, esqueçamos essas recordações dolorosas, mas não esqueçamos que essas dores são a escada do reino da luz e da felicidade. Nossa missão é hoje consolar os que sofrem; é exercer a caridade, que não se cifra em dar esmolas, que consiste principalmente em amar ao próximo, mesmo aos inimigos. Cumpramo-la em relação a este homem, que resgatamos da morte com o dinheiro que Deus nos deu, e que melhor não podia ser empregado. Ausculta-o.

— Meu pai, eu sinto algum ruído do coração; a vida volta-lhe, mas tão frouxamente que não tenho esperança.

— Não tens esperança! E qual julgas ser a causa desse profundo entorpecimento?

— Julgo que a principal é a perda quase total de seu sangue; pois que o esgoto nervoso, pelo esforço, já tinha tempo de começar a ceder.

— E que farias tu se visses um homem prestes a morrer por falta de uma coluna de sangue, precisa para restabelecer-lhe a circulação? Que farias para salvar um irmão nosso em tais condições?

— Eu daria meu sangue, quanto bastasse para salvar a vida desse homem, que essa é a lei da caridade, e disso me tem o senhor dado exemplos em toda a sua vida.

— Pois, meu filho, este homem é um nosso irmão, e esse irmão vai morrer por falta do sangue que perdeu e que não pode recobrar.

— Compreendo, meu pai. Estou pronto.

Em poucos minutos, o velho, cuja fronte calva revelava, tão bem como seus raros cabelos cor de fios de prata, mais de 60 anos de existência, e cujo olhar penetrante indicava uma inteligência superior, tinha praticado a transfusão do sangue de seu filho nos vasos circulatórios do desconhecido.

Santa lei, que fazes brotar no coração de teus verdadeiros sacerdotes o sentimento sagrado da fraternidade de todos os homens em nosso Senhor Jesus Cristo.

Acabada a operação, o velho sábio, pois que o era, abraçou o filho, dizendo-lhe:

— De hoje em diante, este homem será verdadeiramente teu irmão, porque traz em suas veias o teu sangue, e será meu filho, porque teu sangue é o meu. Se for bom de coração, será mais um soldado da nossa cruzada. Se não for, faremos sua conversão ajudados pelo Senhor.

— Assim seja, meu pai, e que Deus nos abençoe.

Um brado da sentinela, chamando às armas, veio interromper o colóquio em que se entretinham os dois estrangeiros, que eram norte-americanos.

— Que será? Teremos nova batalha?

In continenti[55] viram entrar no hospital o comandante da fortaleza, acompanhado de alguns soldados armados de refles afiados, que reluziam com prata lavrada.

Deparando com os dois estrangeiros, o coronel, visivelmente contrariado, recuou alguns passos e, com voz surda, disse aos esbirros: "embainhem os refles", acrescentando para si: "malditos filantropos!".

O velho doutor, tendo de relance compreendido que o fim daquela visita aos feridos, todos brasileiros, era fazê-los passar à espada, disfarçou a repulsão que lhe causava tão bárbaro quanto covarde procedimento e, marchando direitamente[56] ao coronel, disse-lhe com semblante risonho:

— Já sei que vem visitar estes infelizes, vítimas da loucura dos homens que dirigem as nações, e que lhes vem trazer consolação e provisões de que estão à míngua. Bem lhe haja por tão nobre quanto humanitário procedimento, que o Deus dos exércitos saberá recompensar, dando-lhe vitórias tão assinaladas como a de ontem.

— Obrigado, doutor Capper; mas... eu... vinha... sim... eu vinha saber se o seu remido já está em estado de sair; pois que, bem sabe, não podemos ter, numa praça de guerra, inimigos que têm o direito de sair dela.

— Senhor, quando o senhor Wasburn, ministro americano junto de seu governo, obteve do ditador o favor de poder eu remir um prisioneiro, não me disse, nem lhe foi dito, nada do que me exige agora. Em todo o caso, aceito a obrigação, e obrigo-me a retirar o meu remido logo que suas forças o permitam. Não é possível, porém, fazê-lo tão depressa como lhe parece, porque a vida está ali por um tenuíssimo fio. Quer vê-lo? Vamos vê-lo.

---

[55] Expressão latina que significa "imediatamente".

[56] Com o mesmo sentido de "diretamente".

O coronel chegou-se ao leito do ferido brasileiro e, sem mostrar a menor atenção para com tão bravo militar, disse ao doutor:

— Este perro matou e estropiou mais de cinquenta soldados paraguaios. Devia morrer, mas El-Supremo manda...

— Foi El-Supremo mesmo que mandou — interrompeu o doutor, referindo-se ao Supremo Regulador dos mundos, que não ao ditador.

— Sim; mas é preciso quanto antes retirar esta peste dentre nós, que não o podemos ver sem sentirmos referver-nos o sangue de ódio.

Nesse ponto, o moço brasileiro abriu os olhos, volveu-os por toda a sala e, fitando-os no doutor, perguntou com certo calor:

— Quem venceu?

Sublime amor da pátria, que ainda nos moribundos sobrepuja o instinto da própria conservação!

O doutor comovido quis abraçar o moço; conteve, porém, aquele ímpeto e, dirigindo-se ao coronel, disse:

— Dê-me oito dias para remover este valente.

— Dou-lhe apenas 24 horas, sob pena de mandá-lo passar a fio de espada, como merece.

— Não é preciso isto. Basta obrigá-lo a sair em 24 horas para ele morrer do mesmo modo assassinado.

— Assassinado! Quem me atira este insulto?!

— Perdão, senhor coronel. Eu não quis ofendê-lo, mas disputo esta vida à morte, e pesar-me-ia profundamente perder tão preciosa partida. Peço-lhe que esqueça todo o sentimento de ódio e de vingança, e que me conceda ao menos mais três dias de demora com este moribundo.

— Se amanhã por estas horas — respondeu o coronel puxando o relógio — este cão ainda estiver aqui, fá-lo-ei passar pelas armas, com seus companheiros, que estão viciando o ar que respiramos.

— Basta, senhor. Amanhã não terá o desgosto de ver mais este bravo, que tanto o incomoda; mas preciso de um salvo-conduto para sair com ele.

— Mandá-lo-ei trazer.

— Uma espada... uma espada... — balbuciou o ferido.

— Quero mostrar que *um* brasileiro é homem para *mil* paraguaios.

Ouvindo estas palavras, o coronel arrancou da espada e, precipitando-se para o ferido, disse em delírio:

— Toma a espada que pedes; mas toma-a pela ponta.

E ia traspassá-lo, quando o moço Alberto, de um salto, desviou-lhe o golpe.

— É covarde o que quer fazer! Bater-se contra um moribundo é façanha que só pode dar glória a um oficial paraguaio.

O coronel recuou como uma hiena, tendo os olhos injetados e os lábios trêmulos de raiva.

— Sabe o que disse, moço insolente? Aqui não se toleram atrevidos. Soldados, agarrem este biltre.

O moço, revestindo-se de fria dignidade, fitou o coronel e, fazendo um aceno imperioso aos esbirros, disse com soberba arrogância:

— Eu sou cidadão americano.

Levantando depois o punho, onde estavam as divisas de seu posto na armada da República gigante, acrescentou:

— Se é capaz, insulte estas divisas; porque a nação que mas[57] confiou saberá punir o miserável que tiver tal petulância.

O selvagem estava sufocado, mas refletiu na responsabilidade que lhe viria de levantar conflito com a nação que já era a única esperança de seu governo e engoliu a injúria.

---

[57] Contração dos pronomes "me" e "as", que, nesta oração, imprime o seguinte sentido: "a nação que as confiou a mim".

Disfarçou a cólera e, dirigindo-se ao doutor, disse-lhe:

— Vou mandar-lhe o salvo-conduto.

E saiu, dando ordem aos sequazes que o seguissem.

Meia hora depois, chegava ao doutor um papel selado, em que se liam estas palavras:

"Salvo-conduto para o doutor Capper, seu filho e mais pessoas que o acompanharem.

Mando aos guardas e sentinelas da fortaleza, a quem este seja apresentado dentro de 24 horas, que deem saída franca, para Assunção, aos acima designados, sob pena de desobediência".

— Graças, meu Deus! — exclamou Capper, lendo o salvo--conduto.

— Que é, meu pai?

— É que podemos salvar todos estes infelizes, condenados à degola. Lê este papel.

— Mas como carregaremos tanta gente, talvez doze pessoas?

— Deus nos dará o meio.

E o velho, tomando o chapéu e a bengala, partiu a preparar uma embarcação.

Às onze horas da noite, entraram numa chata o doutor, seu filho, o moço ferido e mais onze feridos brasileiros.

III

Ao romper do dia 24 de setembro, a sentinela de um dos navios da esquadra brasileira, estacionada abaixo de Humaitá, anunciou que vinha, águas abaixo, uma chata paraguaia, com muita gente deitada e em pé.

O comandante daquele navio, na previsão de um novo 11 de junho,[58] mandou chegar fogo às caldeiras, tocar a postos, e avisar por sinais ao navio chefe.

Em menos de um quarto de hora, toda a esquadra se achava aparelhada para entrar em batalha, rivalizando a oficialidade com a soldadesca em ardor e ânimo marcial.

Em todos os vasos de guerra divisava-se o comandante, em pé no passadiço, com seu óculo e em grande uniforme.

Todos procuravam descobrir, além da chata que se aproximava, a esquadrilha paraguaia, de que aquela era certamente a guarda avançada.

Reinava por toda a parte a maior ordem, a mais completa serenidade e o mais vivo desejo de que viesse nova ocasião de conquistarem florentes louros para si e para sua pátria.

A esquadra argentina, composta da *Guardia Nacional*, também se aparelhava para o combate.

Cada um fazia o propósito de ser o mais heroico, e já prelibavam a satisfação de verem seus nomes laureados por novas provas da gratidão nacional.

Estava-se nesse afã quando a chata chegou a um tiro de fuzil do primeiro navio e arvorou bandeira americana.

Todas aquelas miragens fugiram, todos os sonhos desfizeram-se!

Alguns, porém, mais renitentes, ainda procuraram apegar-se a uma ilusão.

Quantas vezes não nos tem acontecido procurarmos iludir-nos a nós mesmos!

O homem só se desapega do bem que entreviu, e só se abraça com a realidade que o esmaga, quando não tem mais ao que recorrer, nem mesmo à fantasia.

---

[58] Referência à batalha naval do Riachuelo, em 1865.

— É ardil, é traição do inimigo — bradavam os que não podiam resignar-se a ver dissipadas tão gratas esperanças.

A verdade, porém, era que a chata não trazia guerreiros inimigos, nem era seguida por outras, como bem o demonstravam todos os óculos.

O leitor já sabe o que era ela.

Ignora, porém, como, em vez de ter seguido para Assunção, viera dar aonde fundeava a esquadra brasileira.

Foi o caso que o doutor Capper, tomando aquele veículo, não declarou à tripulação qual era seu destino, tendo apenas apresentado ao mestre o salvo-conduto, que, tanto ele como seus homens, reconheceram oficial pelo selo da República.

O plano do bom velho estava traçado. Era conduzir a lugar seguro, que não podia ser senão a esquadra, os que salvara, por um favor do Céu, de serem vítimas da ferocidade do comandante de Curupaiti.

Tinha, porém, de vencer uma grande dificuldade, que muito seriamente o preocupava.

Necessariamente haviam de passar defronte de Humaitá, que não os deixaria ir além sem que exibissem o salvo-conduto, e aí a coisa não seria tão fácil como fora com a tripulação da chata.

Era o mestre quem lhe poderia valer, e a ele recorreu.

Por não causar suspeita, enquanto navegavam rio abaixo, travou conversa com ele e disse-lhe que era americano — o que não reclamava provas — e que ia em comissão do governo paraguaio para o fim de trocar aqueles feridos por estimados prisioneiros, que El-Supremo daria tudo por tê-los resgatados.

Só ele na qualidade de estrangeiro podia alcançar o que tanto desejava Sua Excelência.

O homem engoliu a pílula, que tanto custava ao caráter severo do doutor dourar pelo modo que vimos; mas, se o não fizesse, como salvar tantas vidas?

Consigo mesmo dizia o filantropo:

"Mentir é grave falta aos olhos de Deus; mas empregar esse meio condenável e repulsivo para exercer um ato da mais alta caridade não pode deixar de ser levado à conta de um sacrifício e de um sacrifício meritório".

Continuando a conversa com o mestre, o doutor consultou-o sobre um modo de evitar a fala com Humaitá, coisa de que dependia o bom êxito de sua missão, por isso que os prisioneiros que ia resgatar deviam partir para o Brasil ao romper do dia; e qualquer demora podia fazer com que já não os encontrasse.

— Não é — acrescentou com toda a segurança — que eu não tenha meus papéis em regra, e a prova já lhe dei; mas é que, se não salvo os homens, El-Supremo ficará molestado.

À vista daquela prosopopeia, e principalmente dos papéis que tinham as armas da República, o mestre segunda vez escorregou, tomando desta o maior interesse pela empresa.

Como quem sabe de seu ofício, disse ao doutor com segurança:

— Eu lhe asseguro que não perderemos um minuto na descida; porque havemos de passar pela fortaleza sem que nos vejam.

"Há um canal mesmo encostado à muralha e eu passarei por aí tão de manso, que as sentinelas não darão por nós."

Efetivamente assim aconteceu, tendo aliás sofrido o doutor e Alberto angústias mortais, desde que avistaram até que perderam de vista o monstro que metia medo ao mundo, e que o nosso Hércules[59] desencantou e reduziu à impotência.

Capper respirou quando se achou fora do alcance das baterias paraguaias, e, para evitar qualquer agressão dos brasileiros, içou na chata a bandeira estrelada, que lhe dava segura passagem pelo rio.

Seguiu-se a isso o episódio que ficou descrito.

A chata, pois, avançou galhardamente para o primeiro navio que lhe ficava em caminho, e dele recebeu à indicação de qual era e onde estava o navio chefe.

Para lá remou, e em poucos minutos atracava àquele navio.

Imediatamente subiu o doutor, que declarou ser americano e ter arrancado à morte, no hospital de Curupaiti, onze bravos que no dia do ataque escalaram a fortaleza e lá, abandonados dos seus, bateram-se até caírem.

— Escalaram a fortaleza! — exclamou o comandante.

— Dou testemunho desse fato glorioso, senhor.

— E como então o exército não penetrou onde alguns puderam penetrar?

— Não sei, mas asseguro-lhe que estes bravos dirigidos por um capitão batiam-se na esplanada de Curupaiti, à minha vista, enquanto uma divisão, que já estava a poucos passos da brecha, retrocedia, obrigada pela ordem de retirar, que foi dada do quartel-general. Eu tomei tanto empenho por estes homens, que mostravam bravura sobre-humana e que estavam condenados à degola, que jurei salvá-los, o que consegui usando de mil artifícios.

---

[59] Nome romano correspondente ao grego Héracles, semideus filho de Júpiter e Alcmena. Por sua força descomunal, se tornou o mais célebre herói da mitologia greco-romana.

O comandante, comovido por tão nobre ação, estendeu a mão ao estrangeiro, cumprimentando-o com a maior consideração e agradecendo-lhe em nome do Brasil e da Humanidade a nobre e caridosa ação que praticara.

Transportados os feridos para bordo, o doutor pediu ao comandante que lhe proporcionasse meio de transportar-se com seus dois filhos, um dos quais gravemente doente, para Montevidéu.

Em poucos minutos era-lhe entregue uma guia para o transporte de guerra *S. José*, que devia partir para o Brasil em menos de duas horas.

Nesse despacho dizia o comandante: "Recomendo aos brasileiros, e especialmente ao comandante do *S. José*, o doutor Capper, súdito americano, que entregou a meu bordo onze feridos do nosso exército, prisioneiros em Curupaiti, donde o digno filantropo pôde, com grande perigo seu, salvá-los da morte a que estavam condenados".

No *S. José* o doutor e seu filho Alberto foram tratados com a maior distinção, e o doente teve os mais solicitados cuidados.

Chegados a Montevidéu, o comandante acompanhou-os ao hotel onde se instalaram e só os deixou depois de ajudá-los a acomodar o doente.

Este, com o abalo da viagem, apesar de todos os cuidados de que fora cercado, pareceu recair no estado em que se achava antes da transfusão.

O velho doutor Capper estava com isso muito aflito, mas tudo esperava da mudança de ar e de clima.

Não confiou debalde.

No fim de três dias, o moço doente abria os olhos, respondia a uma ou outra pergunta que se lhe fazia e, apesar de não ter força nem para levantar o braço, deixou de levar dia e noite deitado, como mergulhado em profundo sono.

As melhoras progrediram ao ponto de poder passear no quarto; mas os fenômenos de anemia cerebral incomodavam seriamente o doutor e seu filho, que também o era.

Decorreu um mês, durante o qual cicatrizou a ferida do braço, restabeleceu-se a circulação, e o doente começou a alimentar-se convenientemente.

As funções cerebrais é que continuavam quase paralisadas.

O moço respondia automaticamente às perguntas, sem ter consciência de nada, e levava os dias olhando indiferentemente para as pessoas e para os objetos, sem pronunciar espontaneamente senão o nome de "Carlota", que o fazia verter lágrimas.

Seus amigos acreditaram, por isso, que aquela era a mãe, esposa ou irmã querida.

Vendo Capper que em Montevidéu nada mais podia colher em bem de seu doente, resolveu transportá-lo para o Rio de Janeiro, onde tomou um cômodo no hotel da Aurora, na Tijuca, por evitar os perigos da residência na cidade, durante a estação calmosa.

Ali, com os passeios e com os banhos de cachoeira, o doente começou a dar sinais de ir conquistando o uso das faculdades mentais.

Um dia, quando os três se achavam sós, na Vista Chinesa, o velho doutor chamou-lhe a atenção para o belo panorama que daí se descortinava.

O moço mostrou desgosto, e disse com certa aspereza:

— É bonito, mas parece-se muito com a vista que eu tinha em minha terra.

E duas lágrimas lhe caíram dos olhos.

O doutor, satisfeito com aquela manifestação da memória e da faculdade de comparar, não quis continuar a conversa, por não fatigar-lhe o cérebro.

Na noite daquele dia, quando tomavam chá em sua sala particular, fitou ele atentamente o doutor e pronunciou estas palavras:

— É singular! Eu já vi o senhor fosse onde fosse.

E voltando ao silêncio, manifestou, pela contração dos músculos da fronte, profunda concentração de seu espírito.

O doutor interveio, por desfazer aquela concentração inconveniente.

— O que te incomoda, filho? Cuida de teu restabelecimento e não te amofines com o que nada vale.

— É — respondeu ele —, que eu não posso lembrar-me donde o conheço, e, entretanto, tenho certeza de que não o vejo pela primeira vez.

— Tens-me visto muitas vezes, pois que, desde o dia em que lutaste gloriosamente em Curupaiti, tenho sido teu companheiro inseparável.

— Pode ser; mas quem é o senhor que me tem sido companheiro inseparável, como acaba de dizer-me?

— Estás ainda muito fraco para ouvires minha história. Por ora sabe somente que sou um amigo dedicado, que te faz as vezes de pai.

— Não! — respondeu com veemência, quase com raiva.
— Não podeis fazer suas vezes ou sois um condenado!

— Basta. Não te exaltes. Vamo-nos deitar e depois conversaremos quanto quiseres.

O moço deixou-se conduzir para seu quarto, e o velho entrou para o seu muito preocupado.

Seria exato que já o tivesse visto em outro tempo o moço doente, ou, passando do estado inconsciente em que estivera para o de conhecimento de si, afiguravam-se-lhe coisas distintas o fato de hoje e o de ontem? E a reminiscência que também lhe acudira de já tê-lo visto antes de agora?

De manhã, indo Alberto acordar o doente para o banho, já o encontrou vestido, porém agitado e abatido, com olheiras de quem não dormira.

Seguiram os três para o excelente banheiro do hotel, e depois do banho foram para o passeio habitual pela estrada nova.

Chegados ao pé de uma mangueira, cuja sombra convidava a descansar, o moço parou e, voltando-se para o doutor, disse-lhe:

— Sabe que não pude dormir?

— Por quê, filho? Tiveste algum incômodo?

— Não. Levei a pensar quem é o senhor. E descobri.

— Sim? Então quem sou eu, que tanto trabalho te dei?

— O senhor é o doutor Capper, pai deste moço, que é o senhor Alberto.

— Mas, meu amigo, eu podia ter-te livrado de tão mortificante preocupação, dizendo-te meu nome e o de meu filho, de que não fazemos mistério.

— Não. Não era seu nome, era sua individualidade que eu procurava desde ontem, porque desde ontem comecei a sentir que me deixava uma nuvem negra, que me envolvia o cérebro, e reconheci que somos velhos conhecidos.

— E somos de fato velhos conhecidos? — perguntou o doutor.

— Sim — respondeu o moço. E caiu em profunda meditação.

— Já sabes quem somos. Agora, dize-nos quem és, para mais nos ligarmos.

— Oh! tenho medo de dizer meu nome! Não por cair de seus favores, mas por incorrer em seu desprezo! Tenho vivido desconhecido de todos, só tendo um pensamento: a mulher que amo, e que não sei se é viva ou morta; só tendo um desejo: vingar a afronta que me cuspiu um povo inteiro, chorando minha desgraça! Hei de um dia ver aquela mulher, que me encheu o coração de saudades. Hei de fazer rojar a meus pés, pedindo compaixão, esses que choraram a minha miséria!

— Filho, esses sentimentos não são de um coração nobre. Deus quer que perdoemos, para nos perdoar.

— Nossas naturezas, bem o sei, não se conformam como não se conformam nossas ideias e sentimentos. O senhor é uma alma bem formada, que se compraz em fazer bem. Eu sou um espírito votado à perdição.

— Não há espíritos votados à perdição, filho. Todos foram criados para a perfeição. Mas quem és, que tão infeliz me pareces?

— Eu sou... Raimundo, filho do major Peixoto.

E, dizendo seu nome, o desgraçado caiu inanimado.

IV

Tão profundo foi o abalo que teve o desgraçado filho do major Peixoto, tendo de revelar-se a seus protetores, que estes chegaram a desanimar de o chamarem à racionalidade.

Também eles não ficaram menos comovidos, tendo diante de si, pode-se dizer que em seus braços, o moço que tanto prezavam e que supunham morto.

Ali estava o salvador de Alice, o nobre coração — e estava o renegado, o coração corrompido.

Qual dos dois predominava no bravo e patriótico capitão?

Qualquer que fosse, o velho pagaria sua dívida amando-o como a um filho e lutando por todo o resto da vida a arrancar-lhe do peito a parasita daninha que, em má hora, ali pegara.

Se o capitão fosse o Raimundo que conhecera, teria mais um companheiro para a sua santa cruzada, como dissera em Curupaiti.

Se fosse o Raimundo que fora pelo pai arrastado à ruína, depois que o deixara no Martins, empregaria toda a força que Deus lhe dera por fazer desenvolver os germens bons, que ele os tinha, e que foram abafados.

Enquanto estes pensamentos passavam como relâmpago no cérebro do velho filantropo, o moço jazia imóvel.

Aquela organização era essencialmente nervosa elétrica, de modo que o mais ligeiro abalo moral ia pronto repercutir no cérebro, produzindo ou excitações, que se traduziam por febres cerebrais, ou depressões, que lhe traziam perturbações mentais.

No caso foi o que aconteceu.

Não houve meio que os Capper não empregassem por dominar aquela perturbação, levada ao grau de fúria, que se apresentava por acessos progressivamente mais longos e mais frequentes.

A afecção zombava da ciência dos dois médicos e do auxílio, que eles invocaram, dos principais médicos da Corte.

Desenganado de obter qualquer vantagem, além das que colhera quanto à robustez do corpo, o velho doutor tomou a resolução de levar o doente para a Europa, a ver se, na terra da maior luz e da maior prática da Medicina, podia lograr o que, por si e pelos mestres cá da América, não pudera.

Raimundo já não tinha senão raríssimos momentos lúcidos, e nestes não falava senão de Carlota.

— Não te dizia eu, Alberto, que meu coração não me enganava, que este moço era nosso credor por dívida sagrada? Vamos com ele à Europa; não poupemos meios de curá-lo, por que lhe retribuamos o bem que nos fez, banindo de sua alma essas ideias de perdição que nos revelou em os momentos que teve de uso da razão.

— Como aquele mocinho tão generoso tornou-se um coração tão mau!

— Ele fala de uma mulher, de um povo que escarneceu de sua miséria, chorando sua desgraça. Quem sabe se essa mulher, que tanto o preocupa, não foi a principal causa de seu arrastamento para o precipício, depois que o deixamos? Quanto ao povo, que não é senão o do Martins, ele toma por insulto o que não foi senão compaixão, por ver envolvido na catástrofe o menino que criara em seu seio, quase como filho. É preciso estar muito pervertido para levar assim à conta de ódio o que deve ser levado à de inextinguível enternecimento! Julga-se um espírito votado à perdição, e é isso o que mais concorre para seu abatimento moral, e mais nos há de custar a vencer.

— Venceremos, porém, que nada resiste à força da vontade aplicada ao bem, se pudermos conseguir que readquira o uso de suas faculdades.

— Meu Alberto: eu sinto que esta é a mais difícil e a mais meritória das provas que constituem nossa missão na presente existência. E sabe que não nos veio casualmente. Combina todos os sucessos, que nos trouxeram ao encontro deste rapaz, e reconhecerás que todos foram dirigidos por uma força inteligente; que o acaso não pode produzir de enfiada tantas coincidências extraordinárias. Foi, portanto, o Senhor quem no-lo ofereceu, para lhe extirparmos da alma o cancro do mal, e para nos limparmos, por essa boa obra, do mal que tenhamos na nossa.

— Julgo que tem razão, meu pai, e por isso mesmo não há fadigas nem perigos que não devamos afrontar, nem sacrifícios que não devamos fazer, para reerguer este espírito tão profundamente abatido e tão desgraçadamente imbuído dos mais perniciosos sentimentos.

— Cuidaremos disso mais de espaço.[60] Por ora tratemos da nossa viagem, a vermos se lhe restituímos a razão, que é o terreno em que temos de semear. O paquete inglês sai amanhã.

— Partamos, então, amanhã.

No dia seguinte embarcavam com destino a Southampton os três amigos, que já o eram de Raimundo o velho doutor Capper e seu filho.

Em Londres foram consultadas todas as notabilidades médicas, e especialmente os alienistas; mas todo o esforço da mestrança inglesa não adiantou uma linha ao dos mestres do Rio de Janeiro.

Aqueles sábios acabaram, como estes, por declarar incurável o caso do infeliz moço, o que lançou no coração dos Capper o mais sentido pesar.

Não desanimaram, porém, com essa inútil tentativa, e passaram à França, em direção a Paris.

Ali se deu o mesmo que em Londres e com o mesmo resultado negativo.

"Incurável", disseram à uma[61] os principais vultos da capital do mundo científico.

Capper não perdeu a esperança, embora ficasse muito desconcertado.

Aquela ideia, de ser providencial seu encontro com o moço, começava a desvanecer-se em seu espírito, pois que o fim principal a que o atribuíra, a catequese moral de Raimundo, era impossível, não podendo ele voltar à razão.

— Vamos para a Alemanha — disse a Alberto —, onde os estudos científicos têm tido uma base mais prática e experimental.

---

[60] *De espaço* é locução equivalente a "devagar".

[61] *À uma* é locução equivalente a "juntamente".

Para a Alemanha seguiram; porém ali não foram mais bem sucedidos os esforços dos especialistas, que confessaram, depois de longo trabalho, o mesmo que seus colegas da França, da Inglaterra e do Brasil: caso incurável.

Os Capper aí desanimaram e já se preparavam para voltar à América quando leram alguma coisa sobre um médico, que se estreara brilhantemente em Bruxelas, donde era natural, e que fazia curas reputadas impossíveis pelos sábios de toda a Europa.

Era o último recurso — verdadeira tábua de salvação que a fortuna lhes atirava no naufrágio que julgavam certo.

O doutor quis tentá-lo e combinou com o filho levarem o doente para a Bélgica, a consultarem o doutor Roger, que assim se chamava o afamado médico.

O jovem clínico não tinha tempo para satisfazer todos os que o procuravam e precisavam de seus cuidados, sendo por isso dificílimo chegar até ele ou tê-lo em casa.

Sabendo disso, e tendo ânsia de ouvi-lo, o doutor meteu num envelope cinco bilhetes de mil francos com as seguintes linhas:

"Espera-se da benignidade do doutor Roger que venha à rua... número... examinar um doente brasileiro em gravíssimas condições".

— Se for um verdadeiro médico — disse o pai ao filho —, virá a nós, como viria sem este engodo; mas far-nos-á corar da ofensa que lhe irrogamos. Se, porém, for um negociante de Medicina, como são tantos e tantos, será o engodo o meio único de tê-lo às nossas ordens.

A carta seguiu, e os dois ficaram à espera, entregues às angústias da dúvida: a saber se teriam ou não o homem em quem tinham posto suas últimas esperanças.

Às nove horas da noite parou um carro à porta da casa em que moravam, e um moço, cuja fisionomia respirava bondade, tanto como inteligência, por sua larga fronte, anunciou-se como o doutor Roger.

Os dois americanos foram recebê-lo, pedindo-lhe mil desculpas por terem-no interrompido em seus incessantes trabalhos.

— Não fizeram senão seu dever, como eu não faço senão o meu, correndo a seu chamado, de preferência a quaisquer outros, por saber que se trata de um caso especial, a que só eu posso, com o favor de Deus, dar remédio eficaz.

Os dois Capper olharam-se admirados de ouvirem o médico dizer que já sabia do que se tratava; e o velho, dirigindo-lhe a palavra, perguntou-lhe:

— Como sabe do que se trata se não lho mandamos dizer?

O moço sorriu benevolamente, quase tristemente, pois que da vida só libava as amarguras, identificando-se com os sofrimentos dos que o procuravam.

— A minha ciência, senhor, não é adquirida com o estudo e pela prática, senão pelos ditames de quem tem o poder de ver através da matéria e nos espaços infinitos. Posso dizer-lhe já que se trata de um homem cuja moléstia é julgada incurável pelos sábios, por ser uma anemia cerebral no maior grau. É, com efeito, verdade que esse homem, tendo sofrido grande perda sanguínea, teve um profundo enfraquecimento da ação do cérebro; mas o que o torna refratário aos medicamentos não é esse incômodo, que já é mero acidente. O que resiste nele é coisa que os sábios ignoram: é um mau espírito que em vida o arrastou para crimes e que se aproveitou de seu enfraquecimento para exercer sobre ele, depois da morte, maléfica obsessão.

Os dois homens trocaram rápido olhar, que Roger tomou por dúvida sobre seu estado mental.

— Não suponham que eu sou um louco ou monomaníaco. Cultivo uma ciência, ainda desconhecida, que está destinada a reformar o mundo, como a doutrina de Jesus Cristo reformou o mundo velho em seus bárbaros costumes.

— Perdão, doutor. Não supomos que seja um louco ou monomaníaco — e nem podemos pensar em tal; *primo*, porque o que o senhor acaba de dizer sobre o nosso doente é a pura verdade; *secundo,* porque nós também, com sermos selvagens americanos, não ignoramos essa ciência, que julga desconhecida.

— Conhecem-na! Já se sabe na América o que poucos sabem na Europa?

O doutor Capper referiu-lhe tudo o que lhe sucedera, e como, depois de ter o espírito tranquilo, procedera a sérios estudos, cujos resultados foram surpreendentes.

— O que não me tinha ocorrido é que se pudesse aplicar à cura de doentes o ensino dos Espíritos — e foi por isso que eu e meu filho, que somos médicos, nos surpreendemos com suas palavras.

Roger ficou pasmo de saber que a luz se fizera tão longe do foco das ciências humanas e principalmente que tivesse o doutor Capper conseguido as maravilhas que referiu.

— Bem — disse —, uma vez que são iniciados nos princípios da alta ciência, que é também sublime religião, devem saber que, para fazer-se bem, não se precisa disso que remeteram, tomando-me sem dúvida por um mercador, que não sacerdote da Medicina.

— Perdão, doutor, eu não sabia — disse o velho sem poder vencer o acanhamento —, eu não sabia com quem tratava.

— Deixemos o que nada vale e vamos ver o doente. Melhor será que o tragam aqui, para estar só conosco.

Assim se fez, e Raimundo foi apresentado ao doutor, que o fez sentar-se a seu lado.

Deu-se, então, uma cena curiosíssima.

O moço parecia querer evitar o doutor, como quem foge a um animal imundo e venenoso!

Roger tomou-lhe as mãos quase à força e, cravando os olhos nos dele, disse para os Capper:

— Concentrem-se e orem.

Depois de alguns minutos, perguntou-lhe se estava disposto a responder ao que lhe fosse perguntado.

— Por meu gosto, não; mas responderei, pois que sou obrigado por força maior.

— Então me diga: por que persegue este moço? Que mal lhe fez ele?

— Este malvado — respondeu — em outra existência arrastou-me, filha honesta de pobres velhos honrados, à perdição, até levar-me, na Itália, para o meio de uma quadrilha, de que era ele um dos membros.

"Depois de ter causado a morte de meus caros pais, e de me ter prostituído no corpo e na alma, abandonou-me por outra.

"Levei, então, a vida mais miserável, até que, coberta de chagas e sem meios de subsistência, expirei, ao abandono, no adro de uma igreja.

"Jurei vingar-me; porém, tendo muito sofrido no Espaço, por causa das grandes faltas que cometi na vida, e ainda por aquele mesmo desejo de vingança, arrependi-me e obtive permissão de encarnar outra vez, para resgatar aquelas culpas e lavar-me da nódoa que elas me deixaram.

"Infelizmente não tive nessa nova existência a necessária perseverança na boa resolução que tomei quando vim a ela.

"E fatal, ou providencialmente, deu-se a circunstância de nos encontrarmos no mesmo lugar da Terra, eu e ele e aquela por quem me havia abandonado.

"Meu espírito, embora os encarnados não possam ter consciência dos fatos da vida anterior, teve uma verdadeira intuição — adivinhou tudo.

"E, como este perverso se achava apaixonado pela minha ex-rival, volvi eu à ideia de vingança, ou antes, volveu meu espírito, sem minha consciência — e procurou arrastá-lo ao mal, para tornar impossível sua ligação com aquela que dos três foi a única que perseverou na resolução, que todos trazem, de seguir o bom caminho.

"Também por isso ela goza de altíssimo merecimento no mundo dos Espíritos, e eu e este... nem lhe quero dizer.

"Eu, depois de ter exercido minha vingança na Terra, morri novamente na miséria. E, como sei que meu crime não tem mais perdão, porque o agravei com as maiores infâmias, só tenho um prazer: perseguir o autor do meu suplício.

"Eis por que não o deixo — nem o deixarei."

— E se eu lhe assegurasse que não há crime sem perdão, e que o castigo só dura enquanto o pecador não se arrepende e não faz firme propósito de emendar-se?

Uma gargalhada foi toda a resposta.

— Bem. Conversaremos amanhã. Mas quem é o Espírito que a obriga a vir aqui responder-me?

— É o anjo da guarda deste miserável.

— Pergunte quem era sua rival ao amor de Raimundo?

— Era uma moça que na Terra, e nesta última encarnação, chamou-se Alice — disse sem esperar a pergunta de Roger.

V

— Não vejo, meu caro pai, motivo razoável para tanto se amofinar. O senhor sabe, pela revelação, que têm feito no mundo os mensageiros invisíveis do Senhor:

"Que todos somos criados em inocência e ignorância, isto é, dotados de todas as faculdades afetivas e intelectuais, porém em estado latente, para desabrocharem à medida que vamos fazendo nossa evolução — e desenvolverem-se à medida que se for acentuando nosso progresso;

"Que daquele ponto inicial, comum a todos os espíritos, temos forçosamente de subir ao ponto terminal, fim de nossa criação: a perfeição humana pelo saber e pela virtude;

"Que essa longa, quase infinita ascensão, fazemos todos lenta ou aceleradamente — suave ou dolorosamente, conforme fizermos mau ou bom — bom ou mau uso da liberdade que o Criador deu a todos os espíritos;

"Que, para transformarmos a ignorância nativa em um saber que só tem por limite a onisciência — e a inocência original na santidade experimentada pelos revezes, pelas contrariedades, pelas tentações, Deus concedeu-nos o tempo na eternidade — e nesse tempo as existências corporais, que nos forem precisas;

"Que em cada existência lavamos a alma de uma ou mais faltas do passado; e depois delas sofremos as penas do mal que fizemos, até que nenhum mais pratiquemos e, conseguintemente, nenhuma pena tenhamos de sofrer;

"Que, portanto, o espírito que atravessou todas as vicissitudes das vidas expiatórias — e logrou subir às condições de invulnerável ao mal, tem conquistado a palma do triunfo, composto de ramos simbólicos dos que alcançou em todas as vidas atribuladas, que já lhe são somente simples recordação;

"Que, finalmente, desse marco em diante sua evolução para a perfeição — para o sumo saber e para a suma santidade, que lhes são os dotes preciosos para viverem em sociedade íntima com Deus, a estrada não tem espinhos, é juncada exclusivamente de flores aromáticas.

"Se é assim, para a perfeita glória da criatura racional, que por seu único esforço realiza seu alto destino ao longo dos séculos, como abater-se o senhor por saber que a nossa cara Alice foi, em outra existência, um espírito atrasado em moralidade? Acaso pensou o senhor algum dia que aquela alma, pura como um raio de luz, nasceu à vida, à vida do espírito, que não à corporal, tal qual a conhecemos? Nunca pensou que ela tivesse passado pela fieira por que passam todos, isto é, por todas as baixezas e crimes de que é capaz a natureza humana, antes de chegar ao estado de adiantamento em que o conhecemos?

"Eu julgo, meu caro pai, que é motivo de regozijo sabermos que a pecadora de ontem já é a bem-aventurada de hoje, e de hoje para sempre, sempre a mais. Eu julgo que é motivo para doce satisfação nossa termos certeza de que Alice, tendo obtido do Pai celeste a existência corporal em que nos foi cara, para o fim de apagar as faltas de passadas existências, perseverou valorosamente no desempenho da missão que aceitou — e tão bem aproveitou essa existência, que hoje é um espírito cercado de merecimentos, como nos disse este outro infeliz, que não a soube imitar."

— Tens razão, meu filho; mas pensar que aquela alma, pura como o perfume da violeta, foi a barregã de um bandido — e que esse está junto a nós, é sentir um pesar indefinível e um como desejo de vingança.

— Não diga isto! Esse pesar é o amor-próprio — é o orgulho, o mais perigoso inimigo de nosso espírito, porque conhece a arte de se disfarçar até fazer-se-nos desconhecido — é a serpente que nos arrasta para a perdição, falando-nos em nome dos mais elevados sentimentos. E esse desejo de vingança, filho ainda de nosso orgulho ferido, é muito mal cabido no nosso caso; porque, se Raimundo em outra existência arrastou o espírito de Alice à perdição, resgatou o mal que lhe fez salvando-a nesta, e livrando-a porventura de falir na sua missão. Quem nos diz que aquele anjo de bondade, vendo-se perdida para a família e para a sociedade — vendo-se forçada a viver com um infame e a lhe saciar os apetites carnais, não acabaria por partilhar-lhe a vida e os prazeres?

"Quantos exemplos nos oferece a história da mísera Humanidade: de mulheres castas que, violentadas, acabaram por se engolfar nos impuros prazeres? Meu caro pai, nós só temos motivos de satisfação, porque sabemos que a nossa boa Alice conquistou a palma do triunfo — assim como só temos razão para mais prezarmos a Raimundo, que muito eficazmente concorreu para aquele triunfo."

— Abraça-me, filho meu, que teus olhos veem mais claro que os meus, e teu espírito é mais reto. Tens toda a razão — e como pensas é que é direito. Mas já são nove horas, e o doutor Roger não pode tardar.

— Ei-lo que chega.

— Como passou o nosso doente, caros colegas?

— Não apresentou diferença sensível.

— Já compreendem, então, que não se trata de uma moléstia do corpo que, quando muito, serve de motivo, ou de porta, ao mal que aflige seu amigo.

— É evidente, doutor — respondeu o velho Capper. — E quantos infelizes são por aí condenados pela Medicina oficial como incuráveis de moléstias mentais que não existem senão na mente dos médicos?

— É certo isso — e eu tenho de tais casos inúmeras observações; mas o mundo marcha, e as relações entre o visível e o invisível se regularão como as de nação para nação na Terra. Deixemos, porém, estes conceitos para quando nos sobrar tempo — e cuidemos do nosso doente, que já muito me interessa.

"Venha ele — e concentrem-se — e orem."

O doutor Roger repetiu as práticas da noite antecedente, e, logo que o Espírito obsessor — o da tal Carlota — declarou que estava pronto a responder, perguntou-lhe se ainda estava firme na crença de que seu crime não podia ter perdão e de serem eternos seus sofrimentos.

— Cada vez estou mais firme nessa convicção, e ainda mais no propósito de perseguir o causador de minha irremediável desgraça.

— Mas diga-me: se Deus criou o homem perfectível, como há de ele chegar ao seu destino, à suma perfeição que é dada ao espírito atingir, se for enclausurado para sempre no inferno, em vez de ser corrigido por suas faltas? Aquele destino não foi posto a uns que não a outros, o que valeria por uma injusta partilha do Pai. Ele foi posto a cada espírito, sem exceção de nenhum, o que atesta a justiça do Pai. Se, pois, todos receberam os mesmos meios para alcançarem o fim marcado a todos, falha ao seu destino — desmente o plano do Criador — o que lá não chega.

"Dir-se-á: não chega, porque não quer, pois que é livre.

"Não. Desde que o destino foi marcado por Deus, ele é fatalmente imposto à criatura. A vontade livre o que pode fazer é que tomemos o caminho mais direito, mais plano e mais limpo, ou o caminho mais tortuoso, mais acidentado e mais eriçado de espinhos; porém nunca que nos desviemos de nosso fim — do fim que Deus nos marcou. Sendo assim, o que escolheu o ruim caminho sofrerá duras penas — duras e tão duradouras quanto forem a gravidade das faltas e a pertinácia do mal. Desde, porém, que o espírito reconhece seu erro, arrepende-se dele, faz propósito de emendar-se, o que vale por dizer: desde que abandonou o caminho errado e tomou o que leva ao fim marcado por

Deus a todos, a pena cessa — e o condenado é absolvido, qualquer que seja a hora de seu arrependimento — qualquer que seja, ou tenha sido, a duração daquela pena. Em suma: toda falta é punida, porque a lei moral não pode deixar de ter sua sanção — e porque o pai corrige o filho, para fazê-lo vir ao bem; mas a pena não pode ser eterna, porque isso não se concilia com o destino marcado pelo próprio Deus. Com esse destino, com a razão, com a consciência e com os altos atributos do Ser Perfeito, o que se concilia é: pena temporária corretiva, que não tolhe, antes ativa, o desenvolvimento de nossa perfectibilidade — o que está em perfeita relação com a falta temporária do ser imperfeito. E tanto é assim que Deus disse por Ezequiel: "não quero a morte do ímpio, senão que ele se converta à lei do bem e da justiça".[62]

— Parece que devia ser assim — respondeu Carlota —, mas não é, tanto que sofro desde que fui criada, apesar dos milhares de existências que tenho tido.

— Se tem sofrido desde que foi criada, é porque seguiu sempre o mau caminho — e ninguém que o segue fica impune; mas isso não prova que a pena seja eterna. Se tem tido tantas existências, sofrendo sempre o que sofre hoje, não pode ter melhor prova de que as penas são transitórias. A continuação, pois, de seus sofrimentos explica-se pelo fato de não ter seu espírito feito propósito firme de emenda. E quer a prova? Sua rival foi sua companheira de crimes na passada existência; entretanto, já não sofre, e é feliz. Está claro que a diferença resulta unicamente de

---

[62] Referência à passagem bíblica do Velho Testamento cuja ideia central é a redenção espiritual de todos: *"Tão certo como eu vivo, diz o Senhor Deus, não tenho prazer na morte do perverso, mas em que o perverso se converta do seu mau caminho e viva"*. (EZEQUIEL, 33:11.)

ter ela se arrependido seriamente do mal que fez — e de ter aproveitado a nova existência para disso dar a prova real, que são as boas obras. A mesma graça não lhe foi feita? Por que então sofre? Porque, em vez de aproveitar a nova existência, para lavar as máculas de sua alma, não fez nela senão mais agravar suas culpas, como ontem confessou. Se do seu caso quer inferir que a culpa não tem remissão, do caso de sua rival é obrigada a inferir o contrário. E, entre esses dois fatos opostos, só há um meio conciliador: é a lei que acabei de lhe expor, lei sublime, que pune e corrige, em vez de matar o fraco que delinque. O fato, pois, de sua rival diz muito eloquentemente que a pena cessa com o mal que contaminou o espírito. E esse desquite, essencial ao nosso progresso, não é favor que Deus faça a certos seus prediletos, mas sim obra do próprio espírito, pelo poder que todos receberam de se dirigirem em sua evolução, apressando ou retardando sua marcha para a felicidade — para a perfeição. Somente a essa ampla liberdade foi posta a lei: de sofrer castigos o que permanece no mal — e de ser galardoado com gozos o que sair da esfera do mal.

"E, assim como os castigos são proporcionais à maldade dos espíritos, os gozos são proporcionais a seus graus de purificação; porque estes, como aqueles, têm uma escala infinita. Portanto, se, em vez de sucumbir ao mal, tivesse perseverado na resolução que trouxe à vida, estaria gozando a felicidade de sua rival. Portanto, se, como ela se arrependeu dos graves pecados da vida anterior, tiver aquela dor sincera que a faz hoje feliz, e noutra existência proceder como ela procedeu, terá como ela a remissão. Não há — não pode haver, meu irmão, crimes irremissíveis; ou o espírito não é perfectível; ou Deus quis o fim e não deu os meios. O que há é simplesmente isto: as faltas são a lepra da alma, como a tinha[63] é a do corpo: ambas nos fazem sofrer. Quem limpa seu corpo da tinha não sofre mais. Quem limpa seu espírito da culpa deixa igualmente de sofrer. E quem não se cura nem de um nem de outro mal sofrerá enquanto os tiver — até que se tenha expurgado deles."

— O que me dizeis é animador — exclamou o Espírito de Carlota. — Oh! se fosse verdade! Saber que de nós depende a felicidade e a desgraça é ter ímpeto de arrancar todo o mal de nossa alma, para podermos ver a luz! Isso que me ensinaram, de haver um inferno, onde o que não fez santas obras em vida, ou não se arrependeu antes de morrer, vai sofrer castigo eterno, isso perde os que não forem santos, porque mata a esperança aos que são fracos. Oh! se fosse verdade isso que me estais dizendo!

— Verdade ou não, o que perde em verificá-lo praticamente? Acredita que está condenada por toda a eternidade. Abre-se-lhe, nestas condições, uma porta, dizendo-se que por ela evitará as torturas que sofre, e vai ser feliz. Que mal lhe pode vir de enfiar por essa porta? Se ela não levar à felicidade que lhe anunciam, o que perde? Não ficará sofrendo mais. Se, porém, for verdade o que lhe prometem, quanto não se aplaudirá de ter dado aquele passo?

— Oh! — respondeu o Espírito — eu sinto em mim, obra de suas palavras, um movimento inexplicável. Vejo no escuro horizonte um ponto luminoso; mas como está longe e quanto me pesam os pés para ir-me a ele!

— Tenha fé em Deus, minha irmã — repila de si a lepra do mal —, perdoe a este infeliz para poder ser perdoado; e o ponto luminoso iluminará todo o seu horizonte — e seus pés serão leves como uma pena.

---

[63] Designação comum para vários tipos de infecção cutânea.

— Ajudai-me — gemeu Carlota. — Ajudai-me por piedade.

— Chame por seu anjo da guarda, que nunca deixa de auxiliar nossos bons impulsos, embora nunca intervenha em nossas resoluções. Peça-lhe forças para vencer nessa luta, enquanto nós vamos pedir o socorro do Altíssimo.

E, com a voz de um inspirado, Roger disse aos colegas:

— Oremos a Deus por este Espírito desgraçado.

Os três caíram de joelhos — e com humilde fé, que vinha do coração, pediram a Deus misericórdia para a infeliz irmã que se perdera do caminho da casa do Pai.

Cheios de confiança, ergueram-se aqueles sacerdotes do bem — e notaram logo que Raimundo tinha nos olhos e nos lábios singular expressão de contentamento.

— Abençoados os limpos de coração — abençoados os sacerdotes da caridade — abençoados vós, que me trouxestes luz aos olhos e bálsamo ao coração! Obrigado, meus irmãos. Graças a vós, tenho fé — tenho esperança! Não sou feliz; ainda sofro, mas este sofrimento é mais pesar do que dor! Que alívio! O fogo que me abrasava em raiva — a sede que só se mitigava com o fazer mal foram um pesadelo que já não me atormenta, porque estou acordado. Oh! como é doce esperar, quando se tem vivido no desespero! Meus amigos — meus irmãos, peçam a Deus que me perdoe o mal que fiz a este nosso irmão, como eu lhe perdoo, de todo o coração, o que ele me fez.

Raimundo ergueu-se, como quem se deitou em casa e acorda em sítio desconhecido.

Evocou suas ideias — e, estendendo a mão ao velho Capper, disse-lhe comovido:

— Meu salvador! Duas vezes salvador!

— Teu salvador, meu filho, aqui o tens: é o doutor Roger.

— Beijo-lhe as mãos, senhor — e só Deus lhe pode pagar o bem que me fez.

VI

O doutor Capper não cabia em si de contente, por ver coroados do melhor sucesso seus infatigáveis esforços em bem do restabelecimento de Raimundo.

Tinha afinal restituído à razão e à consciência de si o moço a quem devia mais que a vida — e de quem, mesmo antes de saber quem era, dissera a Alberto que o adotava por filho, visto ter-lhe inoculado nas veias sangue daquele filho, que seu sangue era.

Por sua parte, o moço Alberto sentia pelo irmão, que Deus lhe mandava, tanto amor como votava à verdadeira irmã, que Deus lhe retirara.

"Este vem substituir aquela", dizia consigo.

O novo membro da desfalcada família ouviu dos dois tudo o que se passara a seu respeito, desde Curupaiti até o Rio de Janeiro — desde o Rio de Janeiro até que viera para Bruxelas — até seu restabelecimento, cujos extraordinários pormenores lhe causaram uma revolução moral.

Relutou em crer o que lhe referira o doutor sobre o modo por que se operara sua cura; entretanto, uma coisa o abalara: era o aparecimento de Carlota naquele drama — no drama da sua vida, que não podia ser conhecido de nenhum dos três doutores.

Quanto mais se concentrava naqueles pensamentos, mais se perdia no dédalo dessas ideias desconhecidas, que não eram nem as que lhe ensinara sua mãe, nem as que aprendera de seu pai, porém que eram harmônicas daquelas e repulsivas destas.

Tendo acompanhado seus dois amigos à sociedade espírita de Bruxelas, onde foram apresentados pelo doutor Roger, seu instituidor, viu ali maravilhas tais, que lhe dissiparam todas as dúvidas.

A verdade da evolução dos Espíritos, desde sua criação, em estado de inocência e ignorância, até seu destino: a perfeição, pelo desenvolvimento de sua intelectualidade e de sua moralidade, lhe apareceu clara, intuitiva, brilhante e necessária; as gradações entre aqueles dois extremos, isto é, os períodos evolutivos, constituídos pela sucessão de existências corporais, em mundos sucessivamente mais adiantados, lhe pareceram a consequência lógica do fato inconcusso da perfectibilidade dos Espíritos.

É o que a Escritura chama a longa escada de Jacó,[64] cujos degraus representam os graus do progresso do espírito em relação a seu destino.

Finalmente, o modo estabelecido pelo Criador para os Espíritos fazerem sua evolução — subirem aquela escada, consistente em lhes dar toda a liberdade de ação, com a sanção penal corretiva — apresentou-se-lhe como uma lei natural, que explica cabalmente o fato de vermos na Terra uma infinita variedade de aptidões intelectuais e de disposições morais — o fato, que também vemos, de nascerem uns com inclinações malignas, ao passo que outros nascem com arrastamento para o bem — o fato de morrerem crianças antes de fazerem aquilo para que vieram à vida — o fato de nascerem criaturas humanas com o estigma da punição ou expiação, como sejam os idiotas, os cegos, os surdos,

---

[64] Referência à passagem bíblica do Velho Testamento em que Jacó tem a visão da escada que une a terra ao céu: "E sonhou: Eis posta na terra uma escada cujo topo atingia o céu; e os anjos de Deus subiam e desciam por ela". (Gênesis, 28:12.)

os mudos etc. — e, finalmente, o fato de nascerem gerações inteiras em tempos de pouca luz da Divina Revelação — nascerem outras em tempos de luz mais intensa — nascerem outras no tempo da luz dada pelo Cristo, e, paralelamente, nascerem inúmeras fora da esfera dessa luz, que não pode deixar de ser considerada condição essencial da salvação.

Raimundo discutiu, ponto por ponto, todas estas questões com seus amigos, e acabou crente de todas essas sublimes verdades, que, em seu entender, não podiam ser senão aquelas que Jesus declarou não poder ensinar, por não ter a Humanidade a precisa capacidade para compreendê-las.

"Constituirão", dizia ele, "o Evangelho do Futuro".

O conhecimento, porém, de todo esse novo mundo moral, se lhe fez bem por um lado, arrancando-lhe do coração os maus instintos, por outro lado, e por isso mesmo que seu coração se limpou daquelas imundícies, lançou-o em um estado de pesar que tocava à hipocondria, o que muito incomodava o velho Capper.

— Por que vives tão triste, meu caro filho? Falta-te alguma coisa? Eu sou rico de sobra — e o que é meu é teu. Não te amofines, nem te acanhes. Meu maior prazer será ver-te dispor do que é nosso, por minha muito livre vontade e a melhor vontade de Alberto.

— Como sois bom, meu caro pai! Nada me falta, desde que tenho vossa estima e proteção; como, porém, não viver triste, se a luz que fizestes em meu espírito, mostrando-me o bem em todo o seu deslumbrante esplendor, alumiou-me ao mesmo tempo os antros em que se aninhavam minhas enormes prevaricações?

E então contou ao doutor, à laia de confissão, toda a sua vida de atrocidades, desde que este deixara o Martins, até que fora morto seu pai, e ele e seu irmão Pedro foram feitos prisioneiros.

— Que fim levou teu irmão? Não poderemos fazer-lhe o bem de esclarecê-lo?

— Nunca mais ouvi falar dele, nem dele recebi carta. Oh! eu bem desejara que ele, se ainda é vivo, viesse ao senhor, para receber a água lustral do novo batismo, porque foi tão mau quanto eu, e será mais desgraçado do que eu, se não tiver a luz que eu tive.

— Desgraçado não, meu filho. Tu não és desgraçado. O que me referiste de tua vida é, com efeito, horroroso, mas tu sabes que não há mancha que não se possa lavar — e eu estou certo de que ardes por lavar as tuas. Quem está nestas disposições não é desgraçado, é muito feliz, porque Deus não recusa suas misericórdias ao que o procura com o coração contrito e humilhado. Quem caiu no fundo abismo e logrou salvar-se dele tem mais que se regozijar do que o que chegou à estação da parada, sem desastre, por ter tomado caminho plano. Ânimo, pois, meu amigo, e, sobretudo, perseverança na boa disposição que te alenta, para que não te falte ela até o dia de te sumires dentre os vivos.

"Não creias que estás banido da convivência dos bons por teres maculado tua alma com as maiores torpezas. Poucos terão percorrido o ciclo de suas existências sem terem caído como tu. O homem de bem de hoje foi ontem um bandido, e o bandido de hoje será amanhã um homem de bem. Lembra-te de Santo Agostinho,[65] cujo nome cobre

---

[65] Filho de Santa Mônica, Santo Agostinho (354-430) nasceu em Tagasta, norte da África. Depois de na juventude buscar nos prazeres carnais uma resposta à sua inquietude, converteu-se ao Catolicismo, em Milão, sob influência de Santo Ambrósio. Batizado em 387, retornou à África, desfazendo-se de seus bens para, com alguns companheiros, viver monasticamente. Em 396, foi eleito bispo de Hipona, cidade onde morreu durante o cerco dos vândalos. Como teólogo, exerceu papel preponderante no Ocidente, procurando conciliar o platonismo e o dogma cristão, a inteligência e a fé.

a Igreja da mais resplendente glória, e que, entretanto, foi um devasso, repelido da sociedade. Arrependeu-se em boa hora, como tu; fez propósito de emendar-se, como tu; perseverou nesse propósito, como espero que hás de perseverar; e ei-lo feito um luminar da cristandade e uma brilhante estrela da constelação dos espíritos. Dá graças a Deus, por teres deixado de ser contumaz."

— Meu pai, eu creio no resgate das maiores faltas humanas, pelo arrependimento provado com boas obras; mas quanto precisarei fazer para resgatar tantas torpezas e iniquidades?!

— Ainda não tens a fé viva, filho; confia em Deus; dedica a obras de caridade o resto de teus dias; mortifica tua carne, que te arrastou ao mal, repele todo o sentimento mau que despontar em teu espírito, e, à medida que fores, por puro dever, levantando os que caem, consolando os que sofrem, vestindo os nus, dando pão aos que têm fome, praticando, enfim, todas as obras de misericórdia, e, sofrendo com resignação todas as contrariedades e atribulações da vida, sentirás a carga aliviar e a alegria arrebentar em tua alma, e por fim ser-te-á um doce entretenimento fazer o bem. Quando chegares a esse estado, ao ponto de teres prazer em sacrificar-te por teus semelhantes e de o sentires ainda nas maiores atribulações, exulta, porque arrancaste de tua alma os últimos espinhos do ruim caminho.

— Oh! muito hei de levar, antes de chegar a esse ponto, se contudo lá chegar!

— Queres esmorecer, filho? Queres perder o bom impulso que te encaminha para a salvação? Pensa no que ela vale, e dize-me: é muito dedicares-lhe toda a tua vida, embora tenhas de sofrer torturas físicas e morais?

— Não quero esmorecer. Estou disposto à luta; mas receio de que me faltem as forças e que venha a cair no longo caminho. Noutro tempo isso me era indiferente, porque só conhecia do destino humano o que nos ensinam nossas mães; e, pelo que elas nos ensinam, eu jamais poderia esperar salvação, tendo caído como caí, salvo se Deus quisesse tocar-me com sua divina graça. Hoje, porém, isso me acabrunha, porque sei que meu progresso e minha felicidade só de mim dependem; e eu me sinto tão sequioso, como fraco, para levar a cabo o grande empenho.

— Todos somos fracos, filho; mas por isso mesmo deu-nos Deus um valioso auxiliar, que nos faculta as ocasiões, e, sem atuar diretamente sobre nós, faz que as aproveitemos em bem de nosso progresso. Ele anima-nos em nossos bons sentimentos, e punge-nos nos maus, fazendo-nos experimentar íntima satisfação no primeiro caso, e no segundo um verdadeiro tédio de nós mesmos. Esse auxiliar, que nos toma no berço e só nos deixa na tumba, e que conversa conosco pelo pensamento, pela razão, pela consciência, é o que vulgarmente chamam anjo da guarda, e que nós sabemos ser um espírito da nossa espécie, porém já elevado a tal altura de perfeição que merece do Senhor a suma graça de ser incumbido dessa e de outras missões.

"Nunca te resolvas, em casos mais sérios ou graves de tua vida, sem que ouças teu Espírito protetor — e, sempre que tiveres tomado a resolução que julgas inspirada por ele, tira a prova real, consultando tua consciência; porque um Espírito superior não pode ensinar coisas contrárias aos ditames deste infalível amigo. Com esse auxílio afrontarás todas as tempestades da vida, e, depois da morte, subirás à ordem dos Espíritos adiantados e felizes."

— O meu anjo da guarda! E pode tê-lo quem escandalizou a natureza humana como eu?!

— Os Espíritos superiores, que recebem a missão de encaminhar os que ainda lutam com as ondas furiosas do mal, passaram por essas provas e não subiram senão depois de ter caído. Sabem, pois, melhor que nós, que as faltas mais graves são a partilha de todos, na estação tormentosa; e, pois, em vez de fugirem aos que nelas incorrem, afervoram-se em ajudá-los, pois que seu principal intuito é o amor do próximo.

— Vossas palavras, meu bom pai, produzem-me o efeito de um poderoso calmante, ao mesmo tempo que excitante. Apelo, confiado, para o tempo — e peço-vos o favor de voltarmos para o Brasil.

— Voltemos já, meu filho, pois que nada mais tenho que fazer na Europa, desde que cobraste[66] a razão e a luz.

*
* *

Em poucos dias os três amigos fizeram seus aprestos de viagem, e, depois de terem abraçado o bom doutor Roger, que tanto bem lhes fizera e a quem ficaram presos pela mais sincera afeição, embarcaram no trem de ferro para Paris, e daí para Bordeaux, onde tomaram o paquete para o Brasil.

Já se achavam nas alturas de S. Vicente, quando, pela tarde de um dia claro, em que todos os passageiros gozavam descuidosos os prazeres que se tem a bordo, o comandante, velho lobo do mar, divisou no horizonte uma nuvem negra, precursora de medonha tempestade.

— Passageiros a seus beliches! — gritou ele, sendo prontamente obedecido.

Mal, porém, o último passageiro descia a escada que leva à câmara, o navio gemeu sob a impulsão de uma rajada de vento que, tomando-o de flanco, quase o fez adernar.

---

[66] Com o sentido de "recobraste".

Imediatamente uma escuridão mais negra que a da noite, e entrecortada de relâmpagos seguidos de pavorosos trovões, espalhou-se por toda a superfície do mar.

O rugido das ondas batendo furiosas contra o costado do navio — o sibilar do vento nas enxárcias — o ribombo do canhão aéreo e os gritos do comandante, ordenando manobras, faziam um concerto lúgubre, de apavorar os corações.

As maretas lavavam o navio de vante à ré, o que obrigou a fecharem-se as escotilhas, e a mandar o comandante que os marinheiros trouxessem cabos amarrados à cintura, precaução que ele mesmo tomou para si.

Já durava mais de dez horas a tempestade, quando ao clarão rubro-azulado de um relâmpago, seguido de estriduloso trovão, que indicava o desferimento de uma faísca elétrica, um vulto de homem, que se conservava impávido no tombadilho, seguro por braço de ferro ao varal de um dos turcos, destacou-se de seu posto e, correndo para o comandante, que se achava junto do leme, bradou-lhe:

— Olhe, terra pela proa.

— Quem é o senhor, que, desobedecendo a minhas ordens, se expõe a morrer e me expõe ao maior desgosto de homem do mar, que nunca perdeu um passageiro em um temporal?

— Sou um louco que não teme a morte e que quer livrá-lo do maior desgosto de perder seu navio com tantas vidas preciosas. Olhe para frente e veja se temos ou não pela proa terra, ou rocha, que seja preciso evitar.

O comandante olhou na direção indicada e nada pôde distinguir na escuridão.

— Deixe-me, senhor, e vá para baixo, para que não me veja obrigado a usar de medidas rigorosas.

— Pelo amor de Deus, comandante, evite a perda de tantas vidas. O ponto negro lá está.

Nesse momento, um grito longo e dorido, como o gemido dos condenados, levantou-se de todas as partes.

— Água a bordo! O navio faz água!

O comandante, sem perder o sangue-frio, correu abaixo e verificou a verdade do fato.

— Bombas, bombas depressa — gritou com a maior calma. — Ajudem-me os passageiros que tiverem ânimo — e o perigo em pouco passará.

A faísca tinha perfurado o casco do vapor, que felizmente não incendiara, penetrando na câmara de proa.

A água entrava pelo rombo com alguma violência, e já subia até quase às fornalhas.

Era iminente o perigo, pois que ele não poderia flutuar por mais de quatro horas.

A confusão e o horror da cena que se deu na câmara de ré, onde se agruparam os passageiros, eram indescritíveis.

As mulheres caíam desmaiadas — as crianças choravam em desespero — e os homens estavam como estáticos.

VII

No meio daquele inferno circunscrito pelas frágeis amuradas do paquete, onde se deram as cenas descritas no passado capítulo, três passageiros pareciam insensíveis ou superiores aos perigos que a todos envolviam.

Os doutores Capper, pai e filho, sem notarem a falta de Raimundo, tão preocupados estavam em alentar os abatidos ânimos de seus companheiros, e a dar socorro às senhoras que desfaleciam, foram prontos em correr à proa, onde a água fazia irrupção.

Sem medirem suas forças, atiraram-se à bomba em que estava posta toda a esperança de salvação.

— Quanto tempo calcula podermos gastar até chegarmos a terra? — perguntou ao comandante o velho doutor, enquanto empregava todo o seu esforço no afadigoso trabalho que tomara.

— Calculo que o temporal nos apanhou a oitenta milhas, pouco mais ou menos, de S. Vicente, e que o navio, em razão de serem mar e vento contrários, tem andado sete milhas por hora. Assim, devem-nos faltar dez milhas, mais um pouco, menos um pouco.

— Precisamos então de duas horas de trabalho até que cheguemos ao porto?

— Calculando com toda a segurança, é o mais que levaremos, se pudermos evitar que a água suba e arraste o navio ao fundo.

— Não receie isso, que nós e mais dois homens, que o senhor nos dará, respondemos pelo resultado durante o tempo que presume ainda precisarmos. Vá cuidar do mais — e descanse quanto a este ponto.

— Mas este é o essencial, porque tudo o mais está em ordem.

— Pois, se este é o principal, confie-nos o principal, que não o deixaremos ficar mal, mesmo porque, se o senhor ficar mal, nós também pagaremos caro.

O comandante reconheceu que tratava com gente de confiança, e, sem mais palavra, subiu ao tombadilho.

Um vagalhão que elevava, precisamente no momento em que lhe pusera o pé, tomou o velho marinheiro, suspendendo-o, e ia jogá-lo fora, sepultando-o nos abismos do enfurecido elemento.

Vendo-se suspenso nos traiçoeiros braços daquele inimigo que, desde os doze anos, combatera dia e noite, o bom homem julgou-se perdido.

Elevou seu espírito a Deus, fazendo mentalmente o ato de contrição da última hora; mas, quando se entregava, rendido, à fúria do implacável inimigo, sentiu um empuxão tão violento, que quase lhe tirou os sentidos.

A vaga passou, e ele achou-se suspenso por um braço, que o segurava pela gola do jaleco de pano piloto.[67]

Estava salvo!

— Obrigado — disse, sem parecer que conhecia o alcance do serviço que acabavam de prestar-lhe.

E acrescentou:

— Em terra dar-lhe-ei um aperto de mão —; depois do que, calmo e tranquilo, tomou seu posto e continuou a dar as necessárias ordens.

O passageiro que o salvara voltou a ele.

— Comandante, não temos mais nem uma milha de distância do ponto escuro, que vejo pela proa do navio. Salve toda esta gente.

— Que birra! Eu não vejo nada.

— Pois vejo eu, e muito bem. Pelo amor de Deus lhe rogo que confie em minha vista. O navio vai de proa feita sobre uma rocha ou coisa que o valha.

Abalado por tão pertinaz insistência, o comandante chegou-se à caixa da agulha — e mirou-a por algum tempo.

— O senhor está enganado. Toma uma nuvem espessa por um penedo. Isso acontece muito facilmente aos que não são marítimos. Olhe aqui. Levamos o rumo de S. Vicente — e devemos estar, pelo menos, a dez milhas de distância do porto.

— Asseguro-lhe que é o senhor quem está enganado. Eu vejo nas trevas, como poucos me podem igualar.

E triste recordação o fez suspirar. Toda a sua vida de bandido espelhou-se naquela recordação.

---

[67] Espécie de tecido, geralmente na cor azul, entrançado de lã.

Novo exame, já por condescendência para com o homem que lhe salvara a vida — e nova negativa do comandante.

O passageiro acocorou-se rapidamente e rapidamente levantou-se como alucinado.

— Não ouve o ruído das ondas quebrando-se contra os rochedos? Escute, e ouvirá o que não pode ver.

O comandante prestou ouvido atento, e recuou aterrado.

— Tem razão! Eu sou um bruto! Tem razão! Ah! estamos perdidos! Toda a força a estibordo! — bradou para o homem do leme. — Para a máquina! — gritou para baixo.

O navio fez um movimento rápido no sentido indicado; mas a manobra já vinha tarde.

Sentiu-se um tremor convulsivo, produzido por um corpo que tocara a quilha.

— Para trás, com toda a força! — gritou ao maquinista.

Era tarde.

Um choque, que abalou as entranhas do gigante marítimo, e que fez cambalearem todos os que nele arriscaram a longa travessia, foi o sinal da perdição.

A água irrompeu furiosa, a ponto de não haver bombas que lhe pudessem tolher a marcha invasora.

Era a morte, morte horrorosa, que, tendo sitiadas suas vítimas, penetrava agora na cidadela, em que presumiam poder zombar impunemente de suas ameaças.

Os Capper, tendo reconhecido a inutilidade de seus esforços, correram para a câmara e, tomando as crianças nos braços, gritaram para os homens abatidos que conduzissem as senhoras ao tombadilho, ou tudo ficaria sepultado no fundo seio do mar.

A coragem também é contagiosa.

Aqueles poltrões, que choravam como mulheres, com medo da tempestade, criaram ânimo à voz e ao exemplo dos doutores — e, tomando cada um uma senhora, meio desmaiada, subiram, acompanhando os dois valentes.

A iminência do perigo, despertando o instinto da conservação, talvez não concorresse pouco para aquele ato de energia.

Todos se preparavam para tentar os meios extremos de salvação.

O comandante, sempre imperturbável, formou-os em filas, dizendo-lhes com voz segura:

— Se não se moverem, respondo por suas vidas.

Deu ordem para descerem os escaleres; mas a maruja[68] veio dizer-lhe que todos tinham sido levados pelas ondas, felizmente mais amainadas, por ter passado a maior violência do temporal.

O velho marinheiro sentiu um calafrio correr-lhe pela medula!

Que fazer, sem meios de transportar aquela gente?

E ele acabava de garantir-lhe a vida, se obedecesse às suas ordens!

O homem que o havia salvado ouviu o que disseram os marinheiros, sobre terem as ondas arrebatado os escaleres dos turcos, e, pressentindo as torturas que maceravam a alma do bravo comandante, e tendo dó do que seria de tantas almas, dirigiu-se àquele — tomou-o de parte — e disse-lhe ao ouvido:

— Dê-me um cabo que chegue a terra e amarre-o por uma corda à minha cintura. Compreende-me?

Por única resposta, o velho deu-lhe um aperto de mão, forte como costumam dá-los os homens do mar.

---

[68] O conjunto dos marinheiros.

Pensou, porém, consigo que aquela alma generosa ia votar-se a um sacrifício inútil, tão desanimado se achava e descrente da salvação.

Entretanto, retirou-se de junto da mó de passageiros, que estavam confiados em sua promessa, e forneceu ao desconhecido, que lhe parecia um homem sobrenatural, o que dele exigira: o cabo e a corda que o ligasse a si.

Num abrir e fechar de olhos o homem atirou-se pela borda afora, caindo na água com um ruído sinistro que chegou aos ouvidos de todos os passageiros.

Todos estes, ouvindo aquele ruído, que denunciava um homem atirado ao mar, não vacilaram um momento em acreditar que era um desgraçado, descrente da salvação.

Desse modo de pensar foram também os Capper, que, tendo procurado em vão o seu querido Raimundo, acabaram por convencer-se de que fora ele o que se atirara às ondas, indo procurar a morte, que não tardaria a vir, ela mesma, procurá-lo, e a todos.

Tão profunda foi a dor que sentiu o velho como a do moço, ligados ambos ao infeliz pelos laços de uma amizade que assentava no reconhecimento, nobre predicado dos corações bem formados.

Aquele desastre, que menos lhes doía por perderem o amigo que por verem atirar-se à voragem o estimado moço, exatamente quando o julgavam bem disposto a evitá-la; aquele desastre, em tão boas disposições de espírito, como as tinha Raimundo, valia pela perda de uma batalha, que já se contasse ganha.

E que batalha! A que tinha de decidir da salvação do ente querido.

Sem pensarem no próprio perigo que lhes parecia invencível, choraram em silêncio, abraçados um com o outro, a perda lastimosa que acabavam de sofrer — e, com o coração franzido de dor, encomendaram à misericórdia do Senhor o espírito fraco que vergara logo ao primeiro golpe da desgraça.

Passaram-se vinte minutos de indescritível angústia para todos os que estavam a bordo do navio, que já mal podia flutuar à tona d'água.

A última esperança estava no comandante, e este, por não desanimar aquela gente, andava de um lado para o outro, fingindo que dava ordens, porém em um estado de aflição que quase tocava ao de loucura, por ver que em breve o navio afundaria, levando ao seio do mar todos os que nele se achavam.

Era tempo de sobra para que o intrépido passageiro, que se arriscara em bem de todos, já tivesse chegado a terra — única tábua de salvação com que contava o pobre velho, ainda há pouco tão orgulhoso de nunca ter perdido passageiro de seu bordo.

Já era tempo de receber o esperado sinal, e, entretanto, nada sentia na extremidade do cabo, que lhe ficara nas mãos, para que o esticasse tão depressa um empuxão forte e lhe anunciasse que a outra extremidade estava fixada em terra.

Desanimou desse recurso, acreditando que o homem tinha sido vítima de sua dedicação — e foi recorrendo às boias de salvação, que começou a distribuir pelos passageiros, sem atrever-se a dizer-lhes uma palavra.

No meio desse trabalho, que lhe pesava mais do que a morte, porque sabia que não valia de nada aquele recurso, o desalentado velho sentiu o esperado sinal no cabo que não deixara, e em que já nem mais pensava.

Oh! que prazer inundou aquele duro coração de marinheiro!

— Salvos! Estão todos salvos! — bradou como em delírio.

Houve um assombro geral àquelas palavras, porque de fato ninguém mais contava com o que elas anunciavam.

Correram todos para o comandante, a inquirirem como e por que estavam salvos.

A confusão quebrou a ordem, que dificilmente pôde ser estabelecida.

O comandante então explicou como o homem que caíra ao mar era um bravo que afrontava a morte a fim de levar a terra a ponta de um cabo, que servisse de ponte salvadora para os que, sem isso, morreriam.

— Agora — acrescentou, mandando ao mesmo tempo esticar o cabo —, agora só falta que os mais corajosos tomem as mulheres e as crianças, e comecem a viagem para a praia, que está a menos de cem braças do navio. Lá os espera o bravo cavalheiro, cuja coragem nos salvou, como já me havia salvado, há pouco, quando uma onda me arrebatou.

O velho Capper abraçou o filho e disse-lhe ao ouvido:

— Esse bravo é Raimundo. Que prazer em troca da dor acerba que sentimos! Começa perfeitamente a dura prova. Bendito seja o Senhor!

E, desapegando-se dos braços de Alberto, cuja emoção tolheu-lhe a voz, disse alegremente:

— Eu e meu filho seremos dos mais corajosos.

E foram começando a travessia.

Num momento, tendo cada um tomado uma criança ou mulher, deixaram-se escorregar pelo cabo e caíram no proceloso mar.

Chegando a terra com sua carga, foram recebidos pelo ousado nadador, que afrontara, a braço solto, as iras do oceano em convulsões.

Um expressivo aperto de mão disse tudo o que sentiam aqueles nobres corações.

Raimundo entregou o posto ao velho Capper, cuja idade não permitia mais esforço, e voltou a bordo com Alberto, a salvarem novos passageiros.

Durou esta faina até romper do dia, quando o comandante só, na popa do navio, que já mergulhava a quilha, atirou-se ao mar, como ao único túmulo digno de um marinheiro que perdera o navio de seu comando.

Os passageiros, salvos do perigo, deram um grito horroroso de consternação, vendo a cem braças de si afundar nas ondas o velho capitão, que lhes havia conquistado a afeição.

Ninguém se atreveu a correr em auxílio do infeliz.

Todos já o davam por perdido quando viram o mesmo homem, que os salvara, bracejando galhardamente, em busca da terra, trazendo suspenso acima d'água o velho comandante.

Um "bravo!" de entusiasmo e de alegria rebentou de todos os lábios quando o moço tocou a praia com o corpo quase inanimado do velho.

Todos vieram cumprimentá-lo e agradecer-lhe a própria salvação; mas ele, esquivando-se, apontou para uma ermida que se via ao alto e disse:

— Vamos dar graças a Deus.

A um quarto de légua alvejavam as torres da igrejinha de Nossa Senhora dos Navegantes, onde fizeram a oração mais fervente que jamais havia subido ao Céu.

VIII

O doutor Capper, depois de haver reanimado o velho comandante e fortificado seu espírito para receber corajosamente os contratempos da vida, convidou os náufragos a seguirem para o povoado, onde lhes arranjou hospedagem, que pagou de seu bolso, até que apareceu um navio, que os conduziu a seu destino.

Durante os primeiros dias, ele, Alberto e Raimundo não tiveram um momento de descanso, procurando o que era preciso para aqueles infelizes, cujas bagagens tinham-se submergido com o vapor.

A fadiga foi grande, porque poucos dos náufragos lhes dispensaram o trabalho, possuindo com que proverem-se; mas, em compensação, sentiam os três inefável satisfação.

"Donde nos veio esta providência?", conversaram entre si os homens e as mulheres, que recebiam daqueles desconhecidos casa, comida e roupa, como se fossem pessoas de sua família. "Que seria de nós se estes homens não fossem?", repetiam sem cessar e sempre que se ajuntavam dois ou mais.

Nas horas da refeição, e à noite, antes de se recolherem, eram os três filantropos tratados com tanto amor e reconhecimento, que eles próprios se enterneciam.

— Como é bom fazer o bem! — disse o velho Capper a Raimundo, num momento em que se achavam a sós, a fim de sondar-lhe o estado da alma, depois do sucesso em que se mostrara tão dedicado ao próximo, que por ele havia arriscado a vida mais de uma vez.

— É um gozo — respondeu o moço — que eu não tinha ainda experimentado, e que eleva a alma a regiões encantadas, onde se aspira celestiais aromas. Nunca imaginei que fosse dado ao homem gozar sobre a Terra tão suaves e inebriantes delícias! Se a criatura, a mais material, pudesse comparar o prazer sensual, que é o objetivo de todas as suas ações, com este gozo, que nasce das ações boas, o mundo nunca seria escandalizado por torpes crimes, e a Humanidade passaria por eles de vão para superiores regiões. A vós eu devo os novos sentimentos que já me são uma felicidade.

— Ao teu anjo da guarda, meu filho, ao teu espírito amigo e protetor, que é quem te vai proporcionando ocasião de te elevares a teus próprios olhos, e a ti mesmo, ao teu próprio espírito que, vencendo os artifícios do mal, tomou a resolução de aproveitar, em bem de seu progresso, aquelas ocasiões. Dize-me: ainda julgas que o resto de tua vida é pouco para resgatares as faltas que cometeste?

— Não sei; mas certo é que me sinto outro homem. Tenho desejo ardente de fazer bem.

— Hás de ter muito com que saciá-lo, meu filho; o que não falta na Terra são misérias — misérias do corpo e da alma, quais mais dignas de compaixão. Nosso planeta, já o sabes, é habitado pelos que precisam reparar faltas.

É, portanto, o purgatório — um dos purgatórios dos espíritos, que inúmeros são os mundos de sua categoria. Com exceção dos Messias, tudo o mais, aqui, precisa de auxílio — e bem feliz é o que, esquecendo suas dores, só se lembra das dores de seus semelhantes.

— Somos, então, meu caro pai, uns cegos a guiarem outros cegos?

— É como dizes. Somente os que guiam têm mais merecimento, e o merecimento é o miraculoso remédio que dá a vista da alma, à laia do que trouxe a Tobias a do corpo.[69]

*
* *

---

[69] Referência à passagem bíblica do Livro de Tobias — um dos deuterocanônicos do Antigo Testamento — na qual um anjo lhe revela as propriedades curativas de um enorme peixe que tentou devorá-lo: "Quanto ao fel, pode-se fazer com ele um unguento para os olhos que têm uma belida, porque ele tem a propriedade de curar". (TOBIAS, 6:9.) Esse unguento Tobias usou para curar a cegueira de seu pai, Tobit: "Tobias tomou então o fel do peixe e pô-lo nos olhos de seu pai. Depois de ter esperado cerca de meia hora, começou a sair-lhe dos olhos uma belida branca como a membrana de um ovo. Tobias tomou-a e a arrancou dos olhos de seu pai, o qual recobrou instantaneamente a vista". (TOBIAS, 11:13 a 15.)

Em poucos dias, passou outro paquete da linha de Southampton, que tomou os náufragos para deixá-los no Brasil.

Os Capper e Raimundo não os deixaram.

Nenhum incidente, que mereça nota especial, teve lugar nesta segunda seção da longa viagem, que correu com felicidade.

Chegados ao Rio de Janeiro, cada um tomou seu caminho, e os três amigos dirigiram-se para a Tijuca, que o velho doutor Capper dizia ser o paraíso da Corte, apreciando devidamente a bela vista que se tem ali — o ar puro que ali se respira — e as deliciosas noites que ali se gozam, mesmo na estação calmosa.

— Se o governo desta terra não fosse tão inepto — dizia o sábio americano aos seus íntimos —, faria da Tijuca o refúgio da população da cidade, que é obrigada a emigrar para Petrópolis no tempo de calor, deixando à mão sítio mais cômodo e mais saudável. Bastava estabelecer um regime florestal que coibisse o vandalismo da derrubada de matas preciosas a fim de se fazer lenha e carvão — e acrescentar a isso a liberdade dos mananciais, ora aproveitados para suprimento d'água à cidade.

"A proteção dada às matas e correntes, como as criou a Natureza, daria em resultado a frescura deste sítio — o abaixamento de sua temperatura — e as chuvas constantes, principalmente no tempo do calor, que aumenta a evaporação. A Tijuca seria assim o refúgio e os pulmões da cidade, que beberia desse magnífico viveiro ar puro e fresco, para substituir o empestado e ardente que respira. Entretanto, que a continuar a derrubada das matas e a canalização dos mananciais, em poucas dezenas de anos, a cidade será cercada de terrenos áridos, como os dos sertões do Norte, e sofrerá, como estes, a seca que já se vai denunciando, pela falta das trovoadas em todas as tardes de verão. Infeliz terra, que recebeu da Natureza dotes inapreciáveis, e que vê, um a um, serem destruídos por obra de seus filhos, a única coisa pequena neste país gigante!"

O bom velho tinha sentido pesar em ver o contraste mais completo entre a Natureza e o homem do Brasil!

Para si não queria, no Rio de Janeiro, senão a Tijuca, embora já estragada, como a encontrou.

E, pois, correu a tomar seus conhecidos cômodos no hotel da Aurora, cujo proprietário acolheu com fervor tão generoso hóspede.

Entre os hóspedes havia uma família composta de pai, mãe e filha, que pareciam gozar de certa abastança, mas que revelavam pouca educação.

Durante os dias da semana, o pai saía muito cedo para seu trabalho, de que só voltava à noite, como faziam quase todos os homens sãos hospedados no hotel.

A mãe, porém, em vez de se ocupar com alguma coisa útil, levava a passear a filha, acompanhadas de rapazes pândegos que, de propósito, não saíam — ou, quando não passeava, divertia-se em jogar a víspora, em sua sala particular, com aqueles inseparáveis.

A gente séria já começava a escandalizar-se, apesar da simpatia que inspirava a moça, por sua beleza e modos afáveis.

A quem não se perdoava, era à mãe, que arrastava a bela moça à perdição.

Os três amigos viam, como os outros, desenrolarem-se a seus olhos as peripécias daquele drama que, porventura, terminaria pela ruína de uma inocente criatura, arrastada por quem maior dever e interesse devia ter em evitar-lhe os perigos.

Muitas vezes conversavam sobre o caso e lamentavam ser obrigados a verem uma alma caminhar para sua perda, sem terem meios de lhe dar a mão e de salvá-la do precipício.

Raimundo, sobretudo, empenhou-se tanto na questão que passava horas a cismar, como no tempo de sua moléstia.

Tanto ele como seus dois amigos tinham-se relacionado com a melhor gente do hotel, e, por sua superioridade, exerciam sobre todos uma certa influência ou ascendente.

Isso produziu nos peralvilhos uma secreta indisposição, de que participava aquela leviana mãe.

Em seus colóquios, e na presença da moça, que, entretanto, sentia respeito pelos três amigos, combinavam pequenas intrigas para desgostarem e fazerem deixar o hotel aqueles homens, cuja severidade de costumes, cujo simples olhar, eram a condenação formal de seus desregramentos.

Começaram estes a perceber que os criados os serviam mal e de certo modo descortês — que a dona da casa evitava-os e espionava-os e, finalmente, que o marido da insensata os olhava de revés.

Compreenderam o ardil, e o velho doutor chegou a propor que se mudassem, visto que não podiam fazer coisa de maior por salvarem a menina, cuja mãe estava obstinada em perdê-la.

Raimundo discordou do parecer do velho, dizendo que, de um momento para outro, podiam ter ocasião de intervir beneficamente.

E como o que Raimundo queria, era lei para o grupo, ficou em nada o projeto de mudança.

O tempo veio, em breve, dar-lhe razão.

Um dia, quando saía do banho e entrava para a saleta, onde se despiam e vestiam os banhistas, Raimundo viu no chão um papel acetinado e dobrado em forma de laço. Imediatamente apanhou-o e leu estas palavras:

"Se, às duas horas da madrugada, não me abrires a porta, como tantas vezes me tens prometido e outras tantas faltado, afogarei meu amor em meu sangue — e todo o mundo te julgará uma mulher perdida".

— Oh! Eu tinha certeza — monologou o moço — de que acharia ocasião e meio de evitar desgraças àquela inocente e interessante menina, que me inspira simpatia, não sei mesmo por quê. O miserável sedutor quer colocá-la na dura contingência de render-se a todo o transe e conseguirá seu danado intento, porque a inocência é cega.

Voltou para o hotel mais taciturno que de costume — e, durante o almoço, observou cuidadosamente a moça, cujos modos não se alteraram, e um dos pândegos, que se sentara ao pé dela, mostrava-se inquieto e a olhar para todos, como se quisesse ler em seus pensamentos.

Raimundo compreendeu por isso que a moça não recebera ainda a segunda via do infame bilhete perdido, e que o rapaz estava inquieto com receio de que tivesse ele caído em mão de alguém.

Ao jantar continuou sua observação, obtendo oposto resultado.

O rapaz estava como um general triunfante, mal disfarçando sua satisfação, e a moça estava pálida, silenciosa e visivelmente preocupada.

"Não há dúvida", pensou Raimundo, "tudo está a caminho para o infernal desfecho, que o miserável conta seguro, porque sabe que uma menina inexperiente, e sem dúvida já meio comprometida pelas liberdades que se lhe tem dado, não pode resistir à tremenda ameaça."

À tardinha, não quis sair ao passeio habitual, pretextando indisposição; mas, tanto que viu o hotel vazio, chamou de seu quarto um criado, único que nunca mudou a respeito dos três amigos, e que não se confundia com os outros.

Para disfarçar o real motivo do chamado, pediu-lhe um rum — e, enquanto tomava-o, assim com ares de quem quer passar tempo, travou conversa com o rapaz, perguntando-lhe quanto ganhava.

— Uma miséria — respondeu —, vinte mil réis por mês e uma quota nas generosidades dos hóspedes, que divididas por quinze, quantos somos, o mais que dão é 10$ a 12$ a cada um.

— E não encontras mais rendoso emprego?

— Se encontrasse um que rendesse o mesmo, eu não estava aqui sofrendo[70] gente sem educação.

— E tu? que educação tivestes?

— Meus pais tiveram posição, e mandaram-me estudar Direito em Olinda; mas, no fim do meu segundo ano, fui obrigado a deixar os estudos por causa da seca que nos reduziu à pobreza. Para não voltar à minha terra como um mendigo, embarquei para aqui, e não achei senão o emprego de criado, que humilha, mas não desonra.

— Seca! Então és filho do Norte?

— Sou da Serra do Martins, onde meu pai foi juiz de paz, vereador, delegado de polícia e substituto do juiz de direito.

"Conheces esta mocinha bonita que, por ter alguma coisa, anda rodeada de uma turbamulta de adoradores?"

— Qual? A filha daquele gorducho que ouço chamar Lisboa?

— Essa mesma. Pois ela é minha prima, e eu, por vergonha, não me dou a conhecer.

— Eu — disse Raimundo — já estive no Martins, e gostei muito daquela gente. Conhecestes lá a família dos Pombos?

---

[70] *Sofrer* é usado aqui com o sentido de "tolerar".

Uma lágrima correu pela face do moço, que, abaixando a cabeça, respondeu:

— Antônio Pombo é meu pai.

Raimundo sentiu o referver do velho ódio que votava àquele homem, mas lembrou-se de seu propósito, e ficou calmo.

— Então, aquela linda mocinha é tua prima? — perguntou por disfarçar a emoção, que não pôde logo dominar.

— E tanto que, nos bons tempos de minha casa, me estava destinada por mulher. Hoje, se os pais soubessem que o noivo de sua filha é um criado de hotel, negariam até o parentesco.

— Se não a amas, que te importa isso?

O rapaz fez-se da cor de cereja. Ficou pensativo por algum tempo, e depois, como tomando uma suprema resolução, disse:

— Eu tenho estudado muito o caráter do senhor e de seus dois amigos, e reconheço que são todos homens de bem e de bom coração. Não receio, pois, abrir-lhe o meu. Amo essa mocinha loucamente, e é por isso que mais me punge a baixa posição em que me vejo.

— Amas?! E não tens visto que tua amada está em via de perdição, arrastada pela própria mãe e seduzida por um peralta?!

— Tenho visto, sim — respondeu o rapaz rangendo os dentes —, e guardo comigo este ferro, com que hei de varar o coração do miserável se ousar tentar contra a honra da que me é duas vezes cara.

— Isto não! Nunca empregues o ferro — exclamou Raimundo, corando. — Jesus Cristo disse: "quem com o ferro fere com o ferro será ferido".[71] Basta que empregues vigilância, que Deus te protegerá.

---

[71] Referência à passagem bíblica do Novo Testamento na qual Jesus adverte Pedro após esse cortar a orelha do servo do sumo sacerdote: "Embainha a tua espada; pois todos os que lançam mão da espada à espada perecerão". (MATEUS, 26:47.)

— É bom falar assim quando não se está no meu caso, quando se é senhor de seu tempo e das suas ações. O que vale a minha vigilância, a vigilância de um pobre criado, que vê entregarem um bilhete à sua amada e nada pode fazer?

Disse isso com tanta raiva que Raimundo levantou-se.

— Já sei. Tu viste entregar um bilhete como este, que o infame perdeu.

E deu-lho a ler.

— Não te exasperes. Ligados para o bem, nós dois teremos poder invencível. Leva esta carta a seu destino, já, já.

O rapaz, tendo lido o bilhete e ouvindo as palavras de Raimundo, sofreu o choque de dois sentimentos opostos: o do ódio e o da esperança.

Por fim, tomou a carta e para a cidade partiu a levá-la.

IX

Na tarde do dia em que se davam os episódios narrados no precedente capítulo, o calor era de abafar, pelo que todos os hóspedes do hotel saíram a passear, uns para a estrada nova, outros para o morro que fica por detrás da casa, e onde havia caminhos em ziguezagues — outros, finalmente, para o lado da cidade.

Pelas seis horas, uma nuvem, que apontou no Alto da Boa Vista, e que vinha tocada pelo sudoeste, anunciou, pelo ronco do trovão, que o passeio não podia ir além.

Era uma dessas trovoadas, que tão raras, quanto foram infalíveis, no ponto de se dizer à despedida: até depois da trovoada.

Ao calor intenso substituía uma ligeira aragem — a esta, um vento rijo do lado da serra, que por momentos tomava a fúria do tufão — após o escurecimento rápido da atmosfera, que fazia as velhas e muita moça bonita se encovarem, sendo seguida de uma chuva torrencial, que passava logo.

De repente, tudo clareava — e um céu límpido e azul se refletia nas águas acumuladas pela tempestade.

O ar pesado e quente de pouco antes ficava, depois daquele rápido e profundo abalo, leve, fresco — e embalsamado, tornando as noites deliciosas.

Às vezes — raras vezes, o fenômeno meteorológico abortava. A trovoada era *furada*, como se diz vulgarmente, isto é: não caía chuva, complemento natural daquela modificação atmosférica, para o fim de baixar a temperatura, que, em casos tais, essa se elevava mais e muito mais, tornando penosa a própria respiração — e fazendo de cada pessoa um centro sudorífico.

No dia de que tratamos, o fenômeno foi completo — e a chuva veio tão rapidamente que não deu tempo aos passeantes para se recolherem, antes de serem apanhados.

Os Capper foram os únicos que escaparam, porque encurtaram o passeio, acreditando no incômodo de Raimundo.

Chegados, porém, que foram, encontraram o doente tranquilamente lendo o *Correio da Tarde*,[72] como quem saúde tivesse para vender.

Tiveram logo suspeita de que a moléstia ou incômodo fora simulado, de que fora simples pretexto para alguma traição como a do paquete; mas calaram o que sentiam e manifestaram-lhe seu contentamento por verem-no restabelecido.

— Não foi coisa de maior — respondeu Raimundo, meio embaraçado —, uma perturbação da digestão que curei prontamente com rum.

---

[72] Periódico do Rio de Janeiro que começou a circular em meados do século XIX.

Os dois amigos aceitaram a explicação, que nada de melhor tinham a fazer — e sentaram-se à varanda para apreciar o belo horroroso do medonho temporal.

Depois de passado este, conversaram, como de costume, até chegar a hora de chá, em que Alberto disse maliciosamente a seu irmão:

— Parece que as perturbações de digestão tornam-se contagiosas. Falta aqui a mocinha festejada e que, sempre alegre, fazia as delícias de nossa reunião. Receita-lhe rum.

Raimundo olhou-o sem encará-lo, e disse também maliciosamente:

— Lembro-te que não fui o que lhe notou a falta.

— Sim; mas não sou eu que ando rastejando a caça para salvá-la do caçador — e nem me ando ocultando, porque me não descubram as obras o pai e o irmão.

O moço corou e respondeu:

— Estás enganado. Eu não rastejo nada e nem tenho segredos para ti.

Efetivamente faltava a bela filha do senhor Lisboa, que respondia aos que por ela perguntavam: está com uma furiosa enxaqueca.

E o bom homem estava convencido de que dizia a verdade, que aliás só Raimundo conhecia e guardava para si.

Dando meia-noite, os últimos fregueses do hotel recolhiam-se a seus quartos de dormir, ou por já terem sono, ou por não incomodarem os demais.

Fazia-se profundo silêncio naquela habitação ainda há pouco tão ruidosa — e toda ela mergulhava em trevas, menos os corredores que ficavam francamente iluminados por um bico de gás cada um.

Para um destes davam os aposentos da família Lisboa, compostos de uma sala, com a porta para a varanda — de um quarto que dava imediatamente para a sala, e onde dormia o casal — e de outro quarto, ligado a este com uma porta para o corredor. Neste dormia a moça, D. Henriqueta, geralmente conhecida por Sinhá.

Ao lado do quarto de Sinhá, abrindo para o jardim e comunicando com este, ficava uma sala, cujo inquilino deixara-a naquele dia.

Raimundo tomara-a logo para seu uso particular, dizendo ao dono do hotel que só queria ali uma escrivaninha e cadeiras.

Fosse por distração, ou de caso pensado, aconteceu naquela noite que o criado que tinha a incumbência de apagar os bicos de gás das salas e da varanda, e de diminuir a força dos que eram dos corredores, fez tudo como de costume, mas apagou também o do corredor para onde dava o quarto de Sinhá.

No relógio da fábrica de rapé Paulo Cordeiro, soou uma badalada, que poucos na grande hospedaria ainda ouviram, por ser aquela a hora do melhor sono, depois do que se pode chamar — a despedida do leito — esse leve dormitar que nos embala o corpo ao romper do dia.

Quando soaram duas badaladas, que anunciaram ser duas horas da madrugada, se alguém no hotel estivesse acordado e atento, ouviria um levíssimo ruído de passos, que do interior se dirigiam para a varanda, pelo corredor que, tão a propósito, ficara sepultado nas trevas da noite.

Mesmo, porém, que se percebesse aquele ruído, nenhum mal se poderia suspeitar, porque nada há mais comum do que andarem criados a cima e abaixo, a qualquer hora da noite, para irem buscar e levar remédios — bebidas — ou outros objetos reclamados pelos fregueses.

Numa povoação — e o hotel era quase uma —, não se passa um minuto do tempo sem que, aqui ou ali, haja movimento humano, abrigado por uma infinita variedade de coisas.

Qualquer o que fosse que determinou a essa pessoa que, às duas horas da madrugada, atravessava o escuro corredor, fê-lo parar exatamente no ponto em que para ali se abria a porta do quarto de D. Henriqueta.

Abria-se para o corredor, mas estava fechada, como era de costume, desde que a moça ali fizera seu ninho.

Certamente por isso, fez-se ouvir, em seguida à cessação dos passos, um outro ruído ainda mais leve, que parecia arranhadura, como de rato a roer a porta.

Reinava profundo silêncio tal, que a moça não podia deixar de ouvir aquele ruído, por mais leve que fosse, se estivesse acordada.

Se, porém, ouviu-o, não se deu por apercebida, pois que nenhum movimento se notou em seu quarto.

A arranhadura renovou-se — desta vez com força que denotava impaciência.

Então a chave rodou ligeiramente na fechadura — e um homem envolto de comprido sobretudo e com a cara oculta em um *cache-nez*[73] de lã penetrou apressado fechando sobre si a porta.

— Eis-me, enfim, no gozo do paraíso, pelo qual suspiro há tanto tempo! — disse, tomando nos braços a moça e dando-lhe na fronte ardente beijo. — Como é difícil penetrar-se no Éden! mas como é sublime gozar-lhe as delícias!

A moça, banhada em lágrimas, e afastando seu interlocutor, que procurava conchegá-la a si, interpelou-o nestas frases:

— Por que me exigiu esta prova, em que arrisco tudo o que é mais sagrado à mulher, sua honra? Não tem a qualquer hora a maior facilidade de me falar?

---

[73] Termo francês que significa "cachecol", tendo sido aportuguesado como "cachenê".

— Tenho, é verdade; mas aqui posso dizer-lhe a sós, com plena liberdade, quanto a amo, quanto me abrasa o fogo deste amor.

— Tenha pena de mim, Eduardo. Eu vou ser o ludíbrio de toda esta gente, se se souber que dei entrada a um homem no meu quarto. Abri-lhe a porta porque me disse que se matava. Está satisfeito seu desejo. Retire-se depressa.

— Ingrata! — respondeu o infame sedutor, apertando-a contra o peito.

— Misericórdia! — exclamou a infeliz, caindo em *deliquium*.[74]

Nesse momento abriu-se violentamente a porta que dava para a sala, tomada pelo amigo dos Capper, e dois homens apareceram inesperadamente naquele cenário.

— Nem um passo! — bradaram para o miserável, que correu para a porta de saída.

O ar severo dos dois recém-chegados impunha respeito tal, que o miserável, que fora nomeado por Eduardo, não deu mais um passo e ficou trêmulo como um poltrão e humilde como um lacaio.

— Perdão! Piedade! — foram as únicas palavras que lhe escaparam.

E caiu de joelhos com as mãos postas.

Com esse alvoroço tão próximo, acordaram os esposos Lisboa e correram quase fora de si para o quarto da filha, onde tão estranhas coisas se davam.

Vendo a bela moça desmaiada, a senhora Lisboa tomou-a nos braços e começou a bradar: — Está morta, está morta minha filha!

---

[74] Termo latino que significa "perda de sentidos", "desmaio".

Um dos cavalheiros que tinham vindo em socorro da moça dirigiu-se a ela, tomou-lhe o pulso e, sem dizer palavra, tirou do bolso um vidro, que lhe chegou às narinas.

Dando um largo suspiro, a moça abriu os olhos e exclamou:

— Não, Eduardo, isso não; antes, mate-me!

E caiu novamente sem sentidos.

Raimundo, pois, que o leitor já o deve ter reconhecido, aplicou-lhe novamente o vidro de sais, e esperou.

A senhora Lisboa, vendo a filha naquele estado, começou novamente a atroar os ares com exclamações de exagerado sentimentalismo.

O moço chegou-se a ela e disse-lhe com desusada aspereza:

— Sopite suas mágoas, senhora, que nenhum perigo corre a vida de sua filha. Se a senhora tivesse mais zelos pela honra da pobrezinha, não sofreria agora esses desgostos. Sejam-lhe eles ensino, para que de ora em diante não admita a sua intimidade pessoas desconhecidas. Não grite assim, que esta cena, no maior interesse desta menina, deve ficar desconhecida de todos.

A desmiolada resmungou umas palavras, que diziam: nem se pode chorar as desgraças de uma filha!

E ia disparar por outros estultos conceitos, quando foi paralisada por um olhar de fogo, que lhe relanceou o marido, cuja comoção era de não lhe permitir articular uma palavra.

A moça voltou a si e, vendo-se rodeada de tanta gente, lembrou-se de sua falta e caiu em pranto.

— Vergonha! Vergonha! — exclamou. — Eu bem fugi a esta humilhação. Não fosse minha mãe, que me mandava atrair este moço, e eu não teria caído. Agora o que será de mim, meu Deus, apanhada por estranhos, que não sabem as razões que tive para abrir-lhe minha porta?!

Pondo-lhe a mão sobre a cabeça, Raimundo, realmente enternecido, dirigiu-lhe estas consolações:

— Não se aflija assim, minha menina. O que lhe aconteceu é coisa que pode acontecer a toda moça inexperiente, que não encontra em seus pais os cuidados e direção que lhes são o maior de seus deveres. Seu miserável sedutor não satisfez o danado intento, porque Deus vela pela inocência, embora leviana. Aproveite esta dura lição para não se deixar levar pelas primeiras inspirações — para não confiar cegamente em todo o que lhe fizer juras de amor. Os estranhos que aqui estão foram os que vigiaram por sua honra, enquanto os seus a entregavam, inexperiente, às ciladas do miserável. Não receie deles.

A moça fitou aquela fisionomia franca e atraente, e, erguendo-se, tomou a mão de quem a salvara, beijando-a com ardor.

Ao mesmo tempo o senhor Lisboa tomou-lhe a outra mão, exclamando com sentimento:

— Tem razão no que diz e isso é o que mais exalta a nobreza de seu coração!

Raimundo ficou enleado — e, sem responder, baixou a cabeça para ocultar sua comoção.

Vendo seu infame sedutor ainda na posição humilde em que caíra, de joelhos, a moça sentiu dó — e, cobrindo o rosto com as mãos, disse a Raimundo:

— O senhor, que é o braço da Providência, tenha compaixão daquele infeliz. Perdoe-lhe, como eu lhe perdoo, o mal que me quis fazer.

— Eu perdoo de muito bom grado — respondeu o moço —, mas não sei se este senhor (e apontou para o outro cavalheiro que se conservara mudo espectador de toda aquela cena) pensará como nós. É um agente da justiça pública, e a justiça está antes da caridade.

Ouvindo falar em agente da justiça, o miserável ergueu-se de um salto e procurou fugir pela porta por onde entraram os salvadores de D. Henriqueta; mas estacou, deparando com duas baionetas.

— Espera, miserável, e ouve a tua história repetida diante destes senhores e desta menina, que querias arrastar à desgraça — disse o agente. — Este homem é chefe de uma malta de capoeiras — praça desertora do batalhão naval — condenado a galés perpétuas por ter assassinado uma moça que não lhe quis ceder a honra. Há muito que me foge, e conseguiria mais esta infâmia se o senhor não me tivesse mandado aviso, por onde o reconheci.

Um brado de horror partiu de todos os lábios, e a própria moça, que escapara de ser sua vítima, lançou-lhe um olhar de soberano desprezo.

Vendo que nada mais podia esperar, o patife cobrou seu habitual cinismo — e, voltando-se para Raimundo, disse-lhe com riso alvar:

— Ganhou a partida, meu vivório; mas nós havemos de nos encontrar.

O moço deu-lhe as costas, e os policiais, a um aceno do delegado de polícia, saíram com o falso Eduardo.

*
* *

De manhã formavam-se os círculos na varanda, dizendo todos que ouviram vozes — gritos — choros nos aposentos da família Lisboa.

Explicando, porém, o fato, que já ia tomando cores de um romance, por um violento ataque da moça, que os pais julgavam perdida, tudo se acalmou — e continuou serena a vida do hotel.

X

No *Jornal do Commercio*[75] do dia seguinte àquele em que se deram os fatos referidos, lia-se a notícia de ter sido apreendido nos subúrbios da cidade o condenado a galés Pedro Pereira, que se imiscuíra com a boa sociedade, ignorante dos perigos que corria com tais relações.

Lendo isso, o doutor Capper perguntou a Alberto se o tal galé não seria aquele rapaz de maneiras desenvoltas, que fazia a corte à menina Lisboa, e que desde a véspera deixara de aparecer.

— É bem possível, meu pai; mas quem melhor lhe pode responder é Raimundo, que, se não me engano, anda a tramar alguma coisa por aquele lado.

— É verdade, Alberto. Eu noto, há dias, que ele anda pensativo; e aquele súbito incômodo, subitamente curado, e o barulho que se ouviu nos aposentos dos Lisboa, e o repentino desaparecimento do tal pintalegrete, e a consecutiva reclusão da família, tudo diz claramente que esses incidentes se prendem como peripécias de um drama em que Raimundo é protagonista.

— E eu ontem o surpreendi conversando, ali debaixo da mangueira, com o criado do hotel, aquele moço simpático e de modos delicados, que ultimamente está a nosso serviço. Assim que me percebeu, dissimulou e afastou-se, como quem tem receio de ser apanhado em falta.

— E ele não te diz nada, Alberto?

— Ele! Guarda seus planos e oculta os passos que dá por levá-los a efeito, como um usurário esconde seu tesouro.

---

[75] Periódico do Rio de Janeiro voltado para o noticiário econômico. Fundado, em 1827, pelo editor e jornalista francês Pierre Plancher (1779-1844), circula até hoje com o nome grafado da mesma forma.

Poucos levarão tão a risca o preceito do divino Mestre — de dar-se com a direita de modo que não o sinta a esquerda. Se lhe descobrirem as maquinações, não há de ser por lhes deixar ele o rastilho.

— Louvado seja Deus, meu filho! Temos esse caro amigo no caminho franco de seu aperfeiçoamento; que bem o revelam essa sua constante sede de fazer o bem e o empenho com que procura ocultar o que faz. Ele compreendeu ainda outra sentença de Jesus: quem faz a boa obra diante do público para que seja vista, já recebeu a sua recompensa.

Soavam ainda estas palavras do sábio doutor, quando lhe entrava pela sala o moço Raimundo, vestido para sair e com o chapéu na mão.

— Meu pai, preciso de cinquenta contos. Pode dar-me agora mesmo um cheque para o Banco do Brasil?

O velho olhou-o com uns olhos que descobriam toda a satisfação que lhe enchia a alma a transbordar.

— Ora, graças! — disse a rir.

— Graças de quê? — perguntou meio embaraçado o moço.

— De quê? De te ver afinal recorrer ao que é nosso e está em nosso poder.

— Não tenho há mais tempo recorrido porque não tenho precisado; mas dou prova de que não faço cerimônia, golpeando-o logo tão profundamente.

— Golpeando-me? Golpeando-te a ti mesmo; porque já te disse que minha fortuna pertence a nós três. E, quanto a ser profundo golpe, asseguro-te que te enganas ainda, porque cinquenta contos não passam de uma infinitésima parte do que possuímos. Corta, filho, corta à tua vontade, que tens muito em que cortar. Mas estás com pressa e não quero eu que por minha causa te escape a boa monção. Enche tu mesmo o cheque e dá-mo para assinar.

O moço foi fazer o que lhe era ordenado, fugindo de responder às indiretas do doutor.

Tendo enchido o cheque, levou-o à assinatura, que o velho não lhe deu sem rir maliciosamente.

— Amanhã hei de ir ao banco junto contigo para ficares autorizado a levantar por ti mesmo a quantia que quiseres.

— Para que isso?

— Para não precisares dar-me a ponta dos fios de teus tenebrosos planos, como aconteceu agora.

— Ora! ora! Eu não tenho planos de que precise guardar segredo.

E, tomando o chapéu, partiu quase precipitadamente.

— Que será isto, Alberto?

— Não posso suspeitar, meu pai, mas asseguro-lhe que é coisa que tem relação com a menina Lisboa; porque essa é a empreitada que lhe ocupa agora toda a atenção.

— Quererá dotá-la? Mas ela tem fortuna, segundo dizem aqui.

— Não sei, mas saberemos brevemente, porque me vou fazer seu espião.

Os dois riram gostosamente das precauções de Raimundo, e concluíram a conversa dizendo:

— O que for, soará — e há de necessariamente ser coisa de nos dar prazer.

*
* *

Era, ainda naquele tempo, costume inveterado da boa população da Corte espalhar-se burguesmente pelos arrabaldes da grande capital, no dia de Natal, que lhe era de festas e folias, desde a véspera à noite.

Os carros, as andorinhas, ou vitórias, puxadas por um só animal, os *cabs*,[76] os tílburis e os ônibus corriam em todas

---

[76] Termo inglês que significa "cabriolé", um tipo de carruagem leve e rápida.

as direções, uns para Botafogo, outros para Laranjeiras, alguns para o Rio Comprido, não poucos para S. Cristóvão, e a maior parte para o Andaraí, onde se faziam as mais alegres folganças — além de que atraíam para ali o fresco, o perfumado ar e os preciosos banhos de cachoeira.

Naquele tempo a condução pública geral era o ônibus; também por isso havia em nossa boa cidade mais povo do que fidalgos, mais crenças do que filáucia.

Depois que nos vieram a maxambomba, o bonde e a estrada de ferro, acabaram-se as festas dos subúrbios, emigrando-se fidalgamente para Petrópolis logo que entra a estação calmosa.

Trocaram-se os inocentes e expansivos *folguedos* pelos perigosos *saraus* de etiqueta.

Ceci tuera cela.[77]

A civilização extinguirá os puros, simples e naturais encantos da alma e do coração, plantando, sobre suas ruínas, a descrença, o egoísmo e... a corrupção dos costumes.

Nem tanto ao mar — nem tanto a terra!

Nem ônibus só — nem estrada de ferro só!

Bem podíamos ter bondes e ônibus, saraus em Petrópolis e folguedos na Tijuca, títulos de fidalgos e leal coração de burguês!

Os brasileiros, porém, somos assim: de um extremo vamos ao outro, sem escalas.

E o que o berço dá só a tumba extingue.

---

[77] Expressão, em francês, cunhada por Victor Hugo (1802-1885) no romance *Notre-Dame de Paris* (*O corcunda de Notre-Dame*), cujo enredo se dá logo após a invenção da imprensa. Em certa passagem, o personagem Claude Frollo, um padre, aponta para um livro aberto sobre a mesa e depois para as torres da catedral de Notre-Dame e diz *"ceci tuera cela"*, ou seja, "isto matará aquilo".

No ano em que têm lugar os episódios desta verídica história, grande era a afluência de famílias para as casas dos arrabaldes, de cujos donos era uma felicidade receber-se um convite para passar em alegre folia a noite de Natal.

Não eram então numerosas as casas do Andaraí e da Tijuca; pelo que muita gente que, por amor da moda, não podia, sem passar por pechisbeque,[78] ficar na cidade saía aparatosamente para aqueles bairros, porém com destino aos hotéis.

O da Aurora estava abarrotado.

Raimundo também quis festejar o dia augusto, como era costume da terra e de todos os povos cristãos.

E, pois, encomendou um jantar de vinte talheres, para o qual convidou a família Lisboa, quatro ou cinco negociantes importantes fregueses do hotel — e algumas famílias, ali estacionadas, com quem se relacionara.

À hora de começar o banquete, foi ter com o dono do hotel, a dizer-lhe que o mandasse servir por Joaquim, o criado com quem travara relações, e que o leitor já sabe ser filho de Antônio Pombo, o delegado da Vila da Maioridade, com quem fizemos conhecimento na primeira parte deste trabalho.

Servida que foi a mesa, Raimundo colocou no lugar de honra o velho doutor Capper, que ria por dentro, prevendo algum alto feito do seu querido filho.

No imediato fez sentar-se seu estimado irmão Alberto, que lhe disse ao ouvido: "tanta formalidade!".

Junto a si colocou a menina Henriqueta, cuja tristeza explicava-se pelo ataque que tivera havia poucos dias.

---

[78] Liga metálica de cobre e zinco que imita o ouro; ouro falso. A palavra teve origem no sobrenome do inventor dessa liga, o relojoeiro inglês Christopher Pinchbeck (1670-1732).

Repararam todos que ficara vazia a cadeira imediata à da moça, diante da qual, entretanto, havia talher.

Antes de começar a delicada refeição, que tanto atiçava o paladar, Raimundo levantou-se e com o ar grave dirigiu-se aos convidados.

— Meus amigos: não os convidei para um jantar em família simplesmente para ter o gosto da amável companhia. Este jantar tem um fim particular e é oferecido a um nobre caráter, para quem as mais duras humilhações não têm servido senão de filtro, em que essa alma, dotada da mais invejável energia, se tem depurado da lia das paixões humanas.

Todos os convidados procuraram descobrir, ou antes, adivinhar quem era esse feliz mortal que merecia tão exaltado elogio de quem tanto se avantajava por suas eminentes qualidades.

Raimundo continuou:

— As grandes almas, os heróis da Humanidade, não são somente os que se recomendam por feitos grandiosos, que rompem o círculo traçado ao geral dos homens. Mais heroicos e mais dignos de admiração são aqueles que descem das cumeadas sociais a se nivelarem com os ínfimos em posição, sem descrerem, sem se abaterem, guardando invioláveis a religião da honra e o sagrado depósito dos nobres princípios, que receberam no berço e que, por entre as urzes de escabroso caminho, vão, sem desfalecer, carregando para o ocaso da vida — para a sepultura.

"Quem desce do fastígio social e tem a energia moral para manter ilesa a pureza dos sentimentos que constituem a majestade do homem, se não tem o respeito do mundo, que só olha para cima, tem o mais incontestável direito à admiração dos que sabem distinguir os heróis da virtude."

— Muito bem! — bradaram todos, dominados de vivo entusiasmo pelo que não sabiam quem era; mas sabiam que devia ser mesmo um herói, para merecer do distinto moço tão encomiásticas referências.

— Esse que descreves — disse o doutor Capper, que partilhava a geral curiosidade de ver declinar o nome do feliz mortal —, se é como descreves, é mais, muito mais do que um herói — é um mártir do dever, sagrado pelo infortúnio.

— Eu garanto que não favoreço o retrato — e melhor reconhecê-lo-eis, quantos vos apresentar o original e lhe conhecerdes a história. Contando que não vos dedignaríeis de receber em nosso festim o homem de baixa posição, mas que emparelha com os mais nobres pela nobreza de seu caráter, eu lhe reservei aquela cadeira, que, com vossa licença, vou convidá-lo a ocupar.

O doutor olhou em torno, por descobrir a pessoa a quem Raimundo se referia, e que, por seu modo de falar, devia estar ali.

Nem ele, porém, nem os mais convidados, que ansiavam como ele, viram, além dos criados que o serviam, alguém que pudesse ser o objeto de tão brilhante panegírico.

— Sinto que tendes pressa de saber quem é o novo conviva, cujo valor moral mui palidamente esbocei. Eu vou já satisfazer vossa justa curiosidade.

"É aquele criado, para quem olhais com indiferença, mas que seria a glória de sua distinta família se a sorte não lhe tivesse sido adversa, e se sua própria dignidade não lhe tivesse imposto a cruel pena de esconder-se nessa humilde posição, que lhe é uma ignomínia aos olhos do mundo."

O criado que ele apontara sentiu tão forte abalo que precisou recostar-se à parede para não cair.

Então o moço, dirigindo-se a ele, tomou-o pela mão, e, quase o arrastando para a cadeira vazia, disse-lhe, tão comovido como ele:

— Toma assento nesta cadeira, em meio de seleta sociedade, que a isto te dá o direito a nobreza de teus sentimentos, muito mais que a de teu nascimento.

"Senhores — disse por terminar —, o nosso novo conviva, em vez de criado Joaquim, será conhecido, de ora em diante, por seu nome de família. Chamar-se-á o senhor Joaquim Pombo, distintivo que o nobilitará perante quem souber quem são os Pombo da Vila da Maioridade, na província do Rio Grande do Norte."

O velho Capper não podia crer no que ouvia!

Era o mais que podia esperar do moço regenerado!

O senhor Lisboa, sua mulher e filha romperam ao mesmo tempo nesta exclamação:

— É Quinquim! Como o poderíamos supor! Que felicidade encontrarmos aqui tão querida criatura!

— Senhor Raimundo — disse o senhor Lisboa —, o seu herói é nosso parente, é primo-irmão de minha mulher.

— É meu primo, que me viu criança e me trouxe ao colo — disse a bela Henriqueta, mais conhecida por Sinhá.

— Bem o sabia eu — respondeu Raimundo, por cuja face passou uma nuvem, que só o doutor Capper divisou, mas que se dissipou imediatamente, como o fumo soprado pelo vento —; bem o sabia — e tanto que coloquei junto da sua a cadeira que lhe destinava, minha cara menina.

— Ora vejam — disse a senhora Lisboa, por não estar calada —, nós tínhamos ajustado o casamento de Quinquim com Sinhá.

Aproveitando a inconveniência da mãe da moça, Raimundo perguntou a esta:

— Não quererá honrar os antigos compromissos de seus pais?

A menina encarou-o com seus grandes olhos úmidos, como quem lhe perguntava se podia nutrir tal pensamento.

O moço leu claro naqueles olhos e, beijando a mão da moça, disse-lhe ao ouvido:

— As manchas da irreflexão lavam-se com a perseverança no cumprimento dos deveres.

A bela menina sentiu que aquelas palavras gravavam-se em sua alma e, voltando-se para o primo, toda incendiada em pejo, disse-lhe:

— Sou feliz se tiver sua afeição.

Sem consciência de si, desde que se viu alvo de tão inesperada manifestação, Joaquim Pombo foi arrancado àquele sonho pelas palavras da prima, que o abalaram como se recebesse um choque elétrico.

Quis falar, mas a voz morreu-lhe na garganta.

Copiosas lágrimas banhavam-lhe as faces, desafogando-lhe o coração, tão forte para o infortúnio — tão fraco para a felicidade.

Tomou a mão de Sinhá e imprimiu nela um beijo tão ardente quanto era o amor que lhe votava.

— Vivam os noivos! — exclamaram todos a uma voz.

— Vivam! — repetiu Raimundo. — E que Deus os faça felizes como merecem.

Falando assim, voltou-se para Joaquim Pombo e entregou-lhe uma carta fechada, dizendo:

— Aqui tens o meu presente de núpcias. Aceita-o sem constrangimento, que te vem de um irmão.

O velho Capper chegou-se ao caro filho, e, tomando-o nos braços, segredou-lhe esta eloquente palavra:

— Sublime!

— Senhores: demos começo ao jantar, que já vai sendo tarde, salvo para os nossos pombinhos, que agora só se lembram do coração, esquecendo que têm estômago.

"Meu bom pai, de que quer servir-se?

"Meu caro irmão, não te quero ver pensativo.

"Meus amigos, reine a alegria."

XI

Num belo sítio da ribeira no Riacho dos Porcos, oito léguas distante da Serra do Martins, vê-se no alto de vasta colina, e no encontro da estrada geral com a que conduz a uma capela dedicada a Nossa Senhora dos Milagres, uma casa de tijolo, sem emboço, tendo por caramanchão, a um lado do alpendre, que lhe serve de vestíbulo, um frondoso pé de canafístula, coberto de vistosas flores amarelas, dispostas em cachos.

Atrás da casa, cerca de dois quilômetros, como um marco gigantesco plantado na imensa vargearia, ergue-se uma serrota, que terá três quilômetros de extensão sobre um e meio de altura.

Nota-se a mais completa diferença entre a flora dos campos e a da pequena e bem circunscrita serra perdida naquelas planícies.

Embaixo tabuleiros cobertos de capim nativo, que serve de alimento aos animais de criação, e árvores de mediano desenvolvimento, que se despem das folhas durante a seca anual, para se adornarem com elas e com as mais lindas e variadas flores no tempo do inverno ou das chuvas anuais — as duas únicas estações que se conhecem no norte do Brasil.

Em cima uma esplêndida vegetação, de atléticas proporções, e sempre coberta de folhas e flores, como acontece nas regiões em que reina uma primavera constante.

São os cedros, cujo tronco seis homens não abarcam — são os jatobazeiros, que se elevam às nuvens — são as aroeiras, não menos agigantadas — são as pitombeiras, que no tempo próprio vergam ao peso da carga de seus estimados frutos — são as palmeiras, da espécie catolé, que dão um caráter festival àquela imagem de presépio — são inúmeras outras variedades de árvores, todas entrelaçadas por uma infinita quantidade de cipós, que formam um inextricável tecido, tão enredado que é preciso abrir caminho para subir-se até o alto da serra.

No centro da chapada desta, ergue-se a pique uma pedra de forma irregularmente piramidal, ladeada por duas outras menores, porém da mesma configuração.

Daí tiraram os habitantes daquelas paragens o nome de "Picos" para aquele sítio, ou fazenda, uma das mais afamadas da ribeira.

As águas acumuladas no centro da massa, que constitui a serra, rebentam, em forma de olho d'água, no sopé, e com tal força que nunca houve seca, dessas que são flagelos da zona compreendida entre os rios Parnaíba e S. Francisco, que as pudesse exaurir.

Do ponto de emersão, e depois de alimentarem um grande açude de terra, que serve de bebedouro aos gados, filtram e correm por um vale, que fertilizam, mesmo no rigor da estação quente e seca.

Ali se cultivam todas as árvores frutíferas do sertão e se faz uma esplêndida plantação de cana, que dava, em outros tempos, para uma engenhoca de madeira, em que se moía para o gasto.

O dono daquele sítio tinha por esse modo açúcar, rapadura e melado em profusão.

Ao lado da engenhoca ficava a casa da fábrica, onde habitava o vaqueiro, ou homem encarregado da fazenda, que era essencialmente de criação.

Essa casa, construída de taipa, coberta de telhas, e com um largo telheiro aberto na frente, tinha a um lado um grande curral onde se recolhiam milhares de ovelhas, de que se cobria o vasto pátio pela manhã e à tardinha, e do outro lado tinha uma longa fila dos que eram destinados às vacas de leite, no tempo de inverno, e ao gado das vaquejadas.

Já se vê que o belo sítio era a um tempo fazenda de criação e de plantação, conquanto a última parte fosse quase acidental, por cuidar-se especialmente da primeira.

Aquele conjunto era mais que raro; porque nos sertões a plantação só se faz no tempo de inverno, salvo a das vazantes, à beira dos rios e à medida que eles vão secando, o que é feito em muito pequena escala.

E, pois, a fazenda dos Picos era o que se pode chamar um oásis no meio da vasta sequidão daqueles sertões.

No inverno tinham-se ali as distrações e os gozos de uma fazenda de criar.

No verão, durante os meses do ano em que não cai gota d'água do céu, tinham-se as comodidades e a abundância de uma fazenda de plantação.

Na primeira das duas estações, era belo ver centenas de vacas saírem do curral, pela manhã, depois de ordenhadas, marchando em pelotões pelo vasto campo à procura do pasto, sem esquecerem seus mimosos pequerruchos, que ficavam presos, e aos quais enviavam, até perder de vista os currais, amorosos adeuses.

Pela tarde, não encantava menos vê-las voltar, mugindo saudosas pela cara prole, que, depois de mamar à saciedade, saía, por sua vez, a pastar no campo, exercitando conjuntamente suas débeis forças em alegres torneios de saltos e corridas.

Nos dias de vaquejada, que consiste em arrebanhar-se nos pastos da fazenda todo o gado que por aí se encontra e trazê-lo para o curral, é sempre um prazer ver aquela imensa mole de gado, de todas as idades e de variadas cores, tocada pelos vaqueiros, através dos espessos matos, para os currais, de que algumas reses mais ariscas procuram fugir, *espirrando*, como lá dizem, da massa compacta em procura dos *cerrados* ou lugares cobertos do mato mais intricado.

O melhor da festa é exatamente isso; porque é motivo para a corrida de honra dos vaqueiros.

Essa corrida tem por fim derrubar a rês que espirra, o que fazem por um de dois modos: ou de mão — ou por meio da vara de ferrão, feita da vergôntea de um arbusto chamado coquinho, tão resistente quanto flexível, e tendo cerca de três metros de comprimento e três centímetros de diâmetro, com um ferrão, em forma de espigão, fincado na extremidade mais fina.

A queda de mão consiste em correrem dois cavaleiros a um e outro lado da rês disparada e tomar-lhe o que corre à esquerda a cauda pela extremidade pilosa, que chamam "saia", fazendo-a rolar de lombo em terra, por uma ágil manobra: de empuxá-la no momento preciso em que ela se firma nos membros posteriores, tendo levantado os anteriores.

A de vara é a mesma coisa, somente com a diferença de que o vaqueiro, em vez de segurar a cauda da rês, fixa a vara na anca e empurra-a, em lugar de empuxá-la, no momento já indicado, em que ela se firma nos membros posteriores.

O herói é vitoriado por todos os espectadores, e a rês, como envergonhada de sua derrota, quase nunca ousa arriscar segunda corrida, mas volta a esconder-se na massa do gado encaminhado para os currais.

Todo esse gado é recolhido e fica sem comer nem beber por espaço de dois ou três dias, para tomar amor à fazenda, segundo dizem os entendidos.

Compreende-se por aí que as leis do amor são muito outras na raça do gado vacum, das que conhecemos no seio da mísera Humanidade.

É verdade que certos Lovelaces[79] empregam o desdém e o desprezo como meios de vencerem as Lucrécias[80] que se não rendem às suas seduções; mas que, se fizesse brotar amor num coração, mortificando-o a fome e a sede, é expediente de que não há notícias.

Passado o espaço da tal mortificação, vem a separação, isto é, a escolha do gado que pertence à fazenda, o qual é posto em liberdade — e do que lhe é estranho, o qual é levado aos donos, que se conhecem pela marca, a fogo, no quarto direito e pelo sinal feito à faca nas orelhas.

Quando, por ser de muito longe, ninguém conhece nem marca nem sinais, sabe-se de que ribeira é, pela marca impressa no quarto esquerdo, também a fogo.

É uma faina, sem descanso para o vaqueiro, o tempo de inverno.

Todas as manhãs, depois de tirar o leite a centenas de vacas, para fazer-se o queijo de coalho ou de manteiga, qual deles mais precioso, toma suas vestes campeiras, que são: chinelos, calças, colete, jaleco, chapéu e luvas, tudo de couro de veado, curtido e bem sovado pelo carnal, e, assim preparado, encilha o cavalo da fábrica (dos que o dono da fazenda dá para o serviço especial do campo) e vai correr mato até a noite.

As calças de couro chamam-se "perneiras"; o colete, "guarda-peito"; e o jaleco, "véstia".

O trabalho do vaqueiro emenda com o do mordomo; pois é ele que fornece a casa do dono da fazenda de leite, de manteiga da terra, de queijo, de matalotagem, e até de

---

[79] Referência a Robert Lovelace, personagem sedutor do romance *Clarisse Harlowe*, do escritor inglês Samuel Richardson (1689-1761).

[80] Referência a Lucrécia Bórgia (1480-1519), considerada uma das mulheres mais cruéis e sedutoras da história.

víveres, que vai buscar à serra vizinha, onde em geral se faz aquela lavoura.

O fazendeiro, entretanto, leva uma vida verdadeiramente patriarcal, tendo, sem se incomodar, tudo o que lhe é mister.

O dono da fazenda dos Picos tinha, pois, essa vida descuidosa de quem não precisa pensar no dia de amanhã.

No inverno distraía-se com os misteres da criação, como amador, pois que tinha quem deles cuidasse por obrigação.

No verão ocupava-se por conta própria com a lavoura, visto que naquela quadra não há que fazer com o gado, que está todo esparso pelos pastos e apenas reclama cuidados por que não se entoque alguma cobra em trilho por onde desce ao bebedouro — e por que se cure alguma rês acometida de bicheira.

Ver descer ininterruptamente, em cordão, o gado da fazenda em procura da aguada, misturados o vacum, cavalar e lanígero; colher as saborosas frutas da quinta — o melão — a melancia — a ata — o caju — e muitas outras; fazer moer a cana madura na pitoresca engenhoca; estas eram as prediletas ocupações de um jovem par que tinha recentemente comprado a fazenda dos Picos para fruir ali as delícias de tão suave existência, como em ninho de amor.

Ao demais, somente saía daquele círculo traçado à sua atividade para fazer obras de misericórdia: visitar os doentes da vizinhança — e socorrer os necessitados.

Todos os dias, ao despontar da aurora, aqueles venturosos esposos desciam ao açude, onde tomavam seu banho frio — iam dali à quinta colher frutas, que faziam carregar por dois moleques, a quem tratavam como se fossem filhos — e, se era no tempo do inverno, chegavam ao curral da vacaria para beberem o saboroso leite ao pé da vaca, ainda quente do calor natural.

Feitos esses arranjos, que muito de perto entendiam com a higiene, recolhiam-se a casa — vestiam-se — e, montando excelentes cavalos, que já os esperavam selados, saíam a fazer as infalíveis visitas pela vizinhança, no intuito de levarem remédio às dores do corpo e da alma da boa gente que os cercava.

Quando voltavam, já os esperava o almoço, não sem razão, porquanto a longa excursão e vigor de seus verdes anos contribuíam, de par, para o bom apetite.

À noitinha, depois de terem feito novo passeio a pé, porque deixavam os pontos mais próximos para aquela segunda excursão, faziam a oração no oratório, que tinham em casa, e dormiam o sono tranquilo dos que nunca fizeram mal.

Nos domingos e dias santos iam ouvir missa na igrejinha dos Milagres, assim chamada, segundo a versão geral, por ter sido erguida no lugar em que fora descoberta a imagem da Senhora na fenda de uma pedra.

Carregaram a bela imagem para a igreja do Patu, mas durante a noite desapareceu ela daí e foi para a sua querida lápida.

O fato repetiu-se tantas vezes quantas tentaram removê-la do ermo sítio; o que, afervorando o sentimento religioso, levou o povo a erguer a capela, que ficou sob a guarda do dono do sítio.

Nada faltava ao venturoso par que comprara a fazenda dos Picos, e que vivia ali contente e satisfeito por ter tudo o que enche a alma e é preciso à subsistência.

Quanto a esta, um príncipe não a teria mais a sabor; pois que o jovem casal gostava da frugalidade, de que tinha superabundância.

Além desse bem-estar, que era de fazer inveja, havia o amor profundo que os dois se votavam, a dourar o quadro risonho daquele viver modesto e retirado do mundo.

Nunca lhes passou pela mente saudosa recordação da Corte, onde viveram muitos anos — e donde vieram refugiar-se ali.

Muito pelo contrário, sentiam a maior satisfação por se verem livres dos incômodos e perigos, cujo contexto forma a vida das grandes cidades.

— Como somos felizes neste recanto desconhecido! — dizia Sinhá a Joaquim Pombo, pois eram eles os novos proprietários dos Picos.

— E eu o sou duplamente — respondeu o moço —, porque gozo das delícias de uma vida sem cuidados e porque te vejo satisfeita com ela e sem saudades dos bailes e dos teatros da Corte, onde tanto se arrisca a pureza dos sentimentos e o futuro de nossa alma.

— Saudades de bailes e teatros, quando temos aqui o supremo gozo das almas bem formadas: o trabalho que vivifica o corpo — a prática da caridade, que unge a alma — e o amor que é a vida do coração?! No campo, meu amigo, longe dos tumultos da cidade, onde se respira o veneno que dá morte à alma — onde a virtude é muitas vezes vencida pelo luxo e pela vaidade, onde a inocência inexperiente é arrastada à perdição; no campo tudo é inocente, puro, sentimental! E, quando se tem um bom coração — e se emprega o tempo em fazer o bem —, pode-se dizer que é aí onde a alma conversa com seu Deus a toda a hora, pelo pensamento.

Joaquim Pombo, profundamente comovido por ver sua adorada esposa possuída de tão puros sentimentos, que casavam perfeitamente com os seus, atraiu-a a si e depôs-lhe um casto beijo na fronte.

Ela corou ligeiramente, e, chegando meigamente os lábios ao ouvido do marido, segredou-lhe estas palavras:

— E mal pensas tu que mais ventura nos espera...

— Será o complemento de nossa felicidade na Terra! — exclamou o moço.

"Havemos de obrigar o senhor Raimundo a vir aqui para levar à pia o fruto de um amor que soube fazer feliz."

XII

Raimundo, depois de ter promovido a união dos dois moços a quem salvara, da perdição um, e da vida oprobriosa outro, continuou seu habitual modo de vida, desfazendo-se em finezas para com seus dois amigos.

Apesar de tudo lhe correr bem, o moço conservava sempre uma invencível melancolia, que só por momentos lhe permitia algumas expansões.

Debalde os dois amigos procuravam arrancar-lhe da alma aquela triste impressão, dizendo-lhe que era para alegrias a carreira que ia seguindo, sem falar no grande mérito da regeneração.

O velho doutor, como o mais autorizado, não só por suas exímias qualidades morais, como por sua posição de pai, assegurava-lhe que não tinha mais do que se exprobrar, embora tivesse por muito perseverar na senda que ia seguindo.

Nada disso tinha poder para dissipar a nuvem que envolvia o espírito do moço, que sentia tanto mais a enormidade de suas faltas, quanto melhor compreendia a missão e a lei dos Espíritos.

— Eu sei — respondia ele aos amigos —, eu sei que se pode limpar a alma de suas faltas, a deixá-la como se nunca tivesse tido mancha; mas é tão difícil dar-lhe a cândida alvura, de que há mister para elevar-se às alturas, que felizmente já posso divisar! Eu desci muito, meus amigos — e muito longa é a escada de Jacó.

— Desceste muito, meu filho, mas a alma tem asas que, abertas ao divino sopro da caridade, buscam, mais depressa do que pensas, os espaços infinitos que separam a Terra do Céu.

— Oh! a caridade: o amor de Deus e do próximo, é com efeito o filtro miraculoso que transforma a fera em anjo; mas eu sinto, recordando o meu passado, certos ímpetos maus que me são prova irrecusável de que não está completa em mim a obra da regeneração.

— Escrúpulos de uma consciência tímida e receosa demais, meu filho, mas que não deves levar a ponto de te tornarem tão melancólico e misantropo. Não creias que se pode chegar nesta vida a um estado de perfeição tal, que não se tenha esses impulsos de que falas. Os próprios santos, que não são senão Espíritos adiantados moralmente, não estão isentos dos maus pensamentos e desses ímpetos que vêm da carne, o mais temível inimigo da alma. A prova de que teu coração já baniu todos os teus velhos sentimentos está no que espontaneamente, e por impulso natural, praticaste com o filho do homem a quem mais odiavas. Esse fato prova, à luz meridiana, que a cura é radical.

Raimundo baixou a cabeça, dizendo:

— Antes fosse assim.

E disse-o porque, de si para si, atribuía aquela resolução mais ao propósito que fizera do que a um movimento nascido da alma.

Era efeito de cálculo — não era resultado de um impulso natural de seu espírito.

Ao menos assim o suspeitava.

*
* *

Corriam os dias sem outras distrações para os três amigos, além da conversa, dos passeios e do estudo, que os doutores continuavam e que Raimundo iniciava sob a direção deles.

Seus progressos davam a medida de sua força intelectual.

Estavam os três, uma noite, muito empenhados em discussão filosófica sobre a imortalidade da alma, debaixo do ponto de vista experimental, quando o correio trouxe a Raimundo uma carta com o carimbo do Rio Grande do Norte.

O moço abriu-a com maior gosto, por saber que era de Joaquim Pombo; mas ficou pensativo quando lhe leu o conteúdo.

— Querem saber do que me fala Joaquim Pombo? — disse, dirigindo-se aos seus dois amigos. — Diz-me, de sua parte e da parte da mulher, que precisam de minha visita à fazenda, no Riacho dos Porcos, perto do Martins, a fim de batizar seu primeiro filho.

— Muito bem! — exclamaram os dois. — Quebrarás essa monotonia em que vives, e vivificarás teu espírito com a vista das cenas bucólicas daquela esplêndida natureza.

— Tenho, com efeito, desejo de visitar aqueles lugares, de que guardo saudosa recordação, mas confesso-lhes que sinto um receio instintivo, quase pânico, de me aproximar deles.

— Pois fazes mal de contemporizares com esse sentimento de fraqueza; porque essa será, porventura, uma das maiores e mais eficazes provações de tua alma — disse Alberto, que via o irmão tendendo para recusar satisfação ao pedido de Joaquim Pombo.

— Creio que tens razão; mas que queres? Receio que as forças me não deem para levar a bom termo essa provação.

— Não deves pensar nisso — redarguiu o moço —, à vista da firmeza com que tens executado tua resolução.

Um guerreiro de tua estatura não recua diante de uma sombra! E como meu pai tem de fazer comigo uma viagem aos Estados Unidos, a fim de cumprir as últimas vontades de minha sempre chorada mãe, aproveita tu esse tempo de separação em dar mais um passo largo em tua já bem adiantada carreira, afrontando o maior perigo, para te convenceres de que já possuis o maior grau de energia para resistir às tentações.

— Tens razão, meu bom irmão. É a maior prova. Será uma prova real. Mas que viagem é essa, de que não me tinham nunca falado?

O velho doutor respondeu:

— Não te falei em minha viagem por não te afligir com a ideia de uma separação, embora por pouco tempo. Como, porém, Alberto quebrou o sigilo que guardávamos, dir-te-ei que sou forçado a deixar-te por um ano, que me será de fundas saudades.

— E, se não nos virmos mais, onde a promessa que me fez de contar-me sua história?

— Havemos de nos ver ainda e sempre; mas cumprirei minha promessa antes de nos separarmos, até porque talvez te aproveite conheceres as vicissitudes de minha vida. Amanhã começarei minha narração.

Raimundo, agitado por dois sentimentos deprimentes — o de ter que ir aos lugares onde se deram os fatos horrorosos de seu condenado passado, e o de ter, em breves dias, de separar-se dos dois amigos, que eram para ele toda a família, o laço único que o prendia à vida —, passou a noite em vigílias alternadas com pesadelos.

Acordado, era um enxame de pensamentos dolorosos a lhe esvoaçarem pelo cérebro.

Dormindo, era um quadro tétrico que se lhe oferecia à vista — eram lagos de sangue humano, em que uma mão de ferro o obrigava a banhar-se; eram famílias de esqueletos humanos, reduzidas àquele estado por lhe terem roubado todo[81] o que possuíam; era, finalmente, seu pai, atado de costas a uma coluna de fogo, que o requeimava, sem nunca o consumir, e donde saía uma voz cavernosa, que lhe dizia: "vem, filho meu, vem partilhar comigo o fruto de nossas obras!".

Quando rompeu o dia, o moço tinha uma fisionomia decomposta, de quem tivesse deixado o leito por moléstia tão grave quanto duradoura.

Seus amigos, a quem referiu as torturas por que passara, conseguiram a custo dissipar a dolorosa impressão, que tão profundamente se lhe gravara na alma.

— É natural, meu filho, isso que te aconteceu. Nós estamos sempre rodeados de Espíritos bons e maus, o que vale por dizer: adiantados e atrasados. Assim como os primeiros nos insinuam boas resoluções, insinuam as ruins os segundos. E é nas ocasiões solenes, em que temos de resolver um ponto de suma importância para o nosso destino, que estes se afervoram por nos arrastar ao pior alvitre. Os bons não fazem tanto empenho, porque sabem que nosso merecimento será tanto maior quanto vencermos por nosso único esforço. E os maus nos perseguem tão encarniçadamente, já porque é de sua índole fazê-lo, já porque nos votam ódio pessoal, germinado nesta ou em anterior existência. É algum Espírito atrasado, teu inimigo pessoal, o que te soprou esses pesadelos esmagadores, para te enfraquecer a energia e fazer por aí que desistas da intenção em que estás de afrontar a grande prova, a que inconscientemente te convidou teu amigo Joaquim Pombo. Não cedas, pois, a seus artifícios — e tem sempre o ânimo prevenido contra eles.

---

[81] Uso antigo de "tudo".

Falando assim, o velho tinha uma força que levava a convicção ao mais revesso coração.

Entretanto, para distrair seu querido filho daquela perturbação moral, anunciou-lhe que era chegada a hora de começar a narração de sua história; o que fez nos seguintes termos:

— Nasci em Boston, onde fui criado por dois camponeses, marido e mulher, bons velhos, que me amavam como filho, e que recebiam semestralmente de meus pais uma grossa mensalidade.

"Chegado à idade de seis anos, e tendo sempre considerado os dois velhos meus legítimos pais, encontrei-os uma noite na maior desolação. Perguntei-lhes a causa, mas eles disfarçaram, encobrindo-a com evasivas, que me despertaram suspeita.

"Fiquei picado em minha curiosidade e jurei descobrir o que se me ocultava tão cuidadosamente. Durante a noite, visto que minha cama era no mesmo quarto deles, fingi que dormia, até que lhes surpreendesse o segredo, que devia ser muito importante. Os dois velhos, acreditando que eu dormia, deram largas a sua dor, por serem obrigados a se separarem de mim.

"Soube eu então que não eram meus pais — e que ricos senhores, que me tinham dado o ser, me haviam confiado a seus cuidados — e agora mandavam trasladar-me para um colégio, na cidade.

"Eu, deixar meus brinquedos — meus passarinhos — minhas ovelhas — e, por cima de tudo, meus velhos pais, que outros não queria?

"Interrompi bruscamente aquele diálogo dos dois velhos, erguendo-me na cama e saltando em seus braços, com este brado: 'Não quero sair daqui!'.

"Foi uma cena indescritível, em que não sei quem mais sofreu: se eu ou os dois velhos.

"Pela manhã, um homem idoso, vestindo rica libré, chegou à cabana e disse que vinha buscar o menino.

"Choramos, rogamos, suplicamos, mas o pajem só respondia: 'Não posso; cumpro ordens'.

"Ordem de quem? Quem são meus pais, que não conheço, nem quero conhecer?"

"O pajem não respondeu, e os velhos ficaram mudos.

"Foi forçoso ceder. Abracei, banhado em lágrimas, meus queridos pais de criação, e segui o pajem, que me levou à cidade, onde me instalou em um colégio de primeira ordem.

"O diretor tratou-me sempre muito amavelmente e até com tal ou qual distinção, o que me trouxe um certo afastamento da parte dos meus companheiros, que não me poupavam remoques e humilhações.

"Eu tinha o maior pesar de me ver assim repudiado dos colegas, a quem nenhum mal fizera; porém, o pior foi que essa injustiça gerou em minha alma um sentimento de aversão contra a Humanidade e um desejo de vingança.

"Estive no colégio doze anos, durante os quais me foi permitido passar as férias em casa dos velhinhos que me criaram.

"Não posso descrever o prazer que sentiam aquelas boas almas quando me viam aparecer, acompanhado do inflexível pajem, que nunca me quis dizer quem eram meus pais.

"Eram dois meses de contentamento na cabana aqueles que eu ali passava todos os anos.

"Eu corria todos os sítios que lembravam meus inocentes brinquedos da infância — passava em revista o rebanho, perguntando por uma ovelha que não via, e fazendo conhecimento com as que de novo me apareciam — armava laços aos passarinhos, tal qual fazia noutros tempos — morria, enfim, de cansado, mas sem sentir-me cansado.

"Os dois velhos faziam-me a cama num quarto que chamavam "do doutor" — preparavam para mim o melhor de que dispunham em refeição — e, para não me perderem nem um instante, acompanhavam-me quase sempre em meus brinquedos pelos campos.

"Também eles ignoravam quem eram meus pais, sabendo apenas que o criado, o mesmo que me trazia e levava, chegou um dia comigo e uma mulher que me amamentava, e que eu não conheci, por ter morrido ao tempo que eu tinha dois anos, e disse-lhes: 'Tomem conta deste menino, que meu amo dar-lhes-á pontualmente, todos os semestres, quinhentos dólares'.

"E todos os semestres, mesmo depois que deixei a cabana, o criado lhes levava quinhentos dólares.

"Aos dezoito anos, deixei o colégio e passei a estudar na Universidade de Cambridge, onde fiz rápidos progressos, conquistando sempre prêmios em todas as matérias.

"Meus misteriosos pais mandavam-me entregar mensalmente duzentos dólares para minhas despesas, tendo, além disso, pensão paga no melhor hotel.

"Eu era um nababo entre os estudantes; mas gastava meu dinheiro em luxo estéril e em gozos reprovados.

"Fui apresentado a uma família, na qual encontrei uma moça que logo me prendeu o coração.

"Pareceu-me que ela me correspondia com igual afeto; mas o moço libertino, acostumado às fáceis conquistas, tornou-se tímido diante de uma menina, que o dominava a bel-prazer.

"Todos os dias, ao retirar-me daquela casa, eu fazia protestos de romper com a minha estúpida timidez; porém era vê-la e ficar como uma criança.

"Assim levei, até que tomei o grau de doutor em Medicina, o que eu esperava para definir minha posição em relação a minha amada.

"Naquele dia, o misterioso criado entregou-me uma carta, em que se liam estas palavras: 'Estás homem — tens uma profissão — segue teu destino. No Banco ***, encontrarás uma ordem de *cem mil dólares*'.

"Vês, meu filho, que eu começava minha carreira sob os melhores auspícios: já rico."

XIII

O interesse que inspirava a Raimundo a história de um homem como o doutor Capper, a quem amava como pai e admirava como um protótipo de todas as virtudes, desfez em seu ânimo as impressões aterradoras de seu pesadelo, e ainda as que o abalavam por ter de ir aos sítios que lhe lembravam suas misérias, e por precisar separar-se de seus bons amigos — dos únicos amigos que contava na Terra.

Depois de ouvir a parte já narrada dessa interessantíssima história, e tanto que foi hora de suspender-lhe a continuação para irem dormir, o moço marchou para o leito, sem mais sentir abalos, e dormiu um sono que se podia dizer delicioso.

No dia seguinte o velho precisou ir à cidade, onde jantou, e isso foi um verdadeiro desastre para o que tinha o maior empenho em aprender como se chega ao grau de elevação daquele sacerdote da ciência e do bem.

Felizmente o revés não foi completo, porque sempre se salvou um pouco da noite, tendo Capper chegado ao hotel antes das oito horas.

Mal pisou os degraus da varanda, foi atacado de frente pelo insofrido, que lhe disparou à queima-roupa esta fervente exclamativa:

— Pensei que tinha a crueldade de deixar-me sem o pasto da alma!

— Estás assim tão ansioso?

— Não viu como amanheci hoje forte e alegre, só com o princípio de sua história? Passei uma noite deliciosa, e desejo passar hoje do mesmo modo.

— Pois, se isso de tão pouco depende, terás segunda noite de bom sono.

O velho recolheu-se a seu quarto e com pouco mais voltou, já à fresca, para a sala, onde o esperavam Alberto e Raimundo.

Aí continuou sua interrompida narração:

— Logo que recebi aquela bonita fortuna, destinada a meu estabelecimento, comecei a fazer planos de vida. Ora pendia para o luxo e ostentação, quais devia ter um moço rico; ora varria todos aqueles projetos e me decidia por uma vida modesta, como é de bom conselho, diante da volubilidade da fortuna.

"De que serve fazer figura — e depois não poder sustentá-la? Cai-se do sublime no ridículo, e, mal-acostumado, pode-se cair muito abaixo: no vício e no crime. Melhor e mais segura é a posição do que só tira da fortuna herdada quanto chega para viver sem miséria, embora com grandeza. Esse nunca descerá, nem no bom conceito do público nem no seu próprio conceito.

"Estava eu todo atarefado com a solução do magno problema, quando recebi de Boston uma carta, em que me diziam que meus velhos pais de criação tinham sido atacados da febre amarela e se achavam em perigo de vida.

"Não perdi um momento.

"Preparei minha mala e parti, devorado pela ansiedade de levar socorros àqueles queridos amigos.

"Infelizmente cheguei tarde para os abraçar e somente a tempo de cumprir o doloroso dever de os acompanhar à morada eterna de seus corpos.

"Morreram como viveram: unidos.

"Que felicidade, meu filho, que felicidade para aquelas boas almas que se amavam desde os verdes anos! Um não teve que chorar o outro!"

E grossas lágrimas correram em fio pelas faces do velho, quase aniquilado pela lembrança da perda de sua querida esposa.

— Que isto, meu pai?! — exclamou Alberto, também sensibilizado. — O senhor nunca me deu exemplos de fraqueza!

— Tens razão. É dos fracos sucumbir à dor. E, demais, ela é feliz, e pouco levará que nos reunamos em melhor vida. Continuemos.

"Meu coração quase estalou de dor, vendo triste e vazia de seus velhos habitantes a cabana que me era o berço — o ninho — a lembrança do tempo sem cuidados — do único tempo feliz na vida.

"Estava ela hipotecada por dívidas, que os pobrezinhos sempre me ocultaram.

"Resgatei-a e pus ali um casal de pobres e honestos camponios, a quem impus preceito de não alterarem o depósito de minhas mais doces recordações, guardando tudo em seus respectivos lugares.

"Parti daquele querido sítio levando o luto na alma.

"Eu via-me isolado no turbilhão da vida, sem ter uma pessoa a quem pudesse chamar amigo, pois que meus próprios pais, embora me cercassem de generosidades, me tinham afastado de si.

"De volta a Cambridge, onde tinha fixado minha residência, fui logo visitar a família de minha amada, e reconheci que outro, um negociante estabelecido, me tinha precedido em relação a esta, sendo suas declarações aceitas pelos pais da moça, tanto que me participaram seu próximo casamento.

"Senti tão profunda comoção que não tive força para me dominar. Dei um grito e caí desmaiado.

"Meus hóspedes,[82] gente simplória, não compreenderam a causa de meu ataque, que muito seriamente os afligiu.

"Não sei quanto tempo estive desacordado. Sei que, voltando a mim, achei-me em um quarto, que não era o meu, tendo a minha cabeceira um médico, que me tomava o pulso.

"'Onde estou?'

"'Em minha casa', respondeu a senhora Carrere, mãe da menina que me roubara a paz do espírito. 'Está em casa de amigos', acrescentou com a mais perfeita amabilidade.

"Ouvi o médico dizer: 'está salvo'; mas, ao saber onde estava, senti de novo turvar-se-me a razão que me voltava.

"Soube depois que estive quinze dias entre a vida e a morte, e que só no fim daquele tempo é que se manifestaram francas melhoras.

"O médico ordenou que eu fizesse pequenos passeios; e, como o dono da casa tinha todo o seu tempo ocupado, e a senhora não era menos atarefada, confiaram-me aos cuidados da filha, que mostrava o mais vivo interesse por mim, saindo de manhã e de tarde a passear comigo pelo campo.

"Era indefinível o que eu sentia, vendo-me com aquela menina, que eu amava loucamente, e que em breve seria de outro!

---

[82] Usado aqui com o sentido de "hospedeiro" ou "aquele que hospeda".

"Ela de tudo fazia motivo para manifestar-me o interesse que eu lhe inspirava; mas havia entre nós um certo constrangimento, que nem eu nem ela podíamos vencer.

"Um dia, alongamos o passeio muito além da cidade, e corríamos o campo silenciosamente, como dois mudos, quando divisamos um carro, cujos fogosos cavalos, de fina raça, tendo tomado o freio nos dentes, corriam em disparada, sem que o cocheiro pudesse subjugá-los.

"Dirigiam-se para onde estávamos, à margem de um fundo ribeirão, cuja rápida corrente contemplávamos, cismando em... em nada.

"A morte era certa para quem viesse no carro, se este chegasse a precipitar-se da alta barranca do rio.

"'Meu Deus!', bradou, tapando os olhos com as mãos, minha terna companheira. 'Quem acudirá àqueles desgraçados!'

"Não tinha acabado de articular aquelas palavras, que me foram aos seios da alma, e já eu, sentindo um impulso superior às minhas forças debilitadas pela moléstia, atirava-me para linha que seguiam os cavalos, bem próximos da barranca.

"Era temeridade para quem estivesse na plenitude de sua saúde, quanto mais para um convalescente; mas amor é força, e eu me senti mais forte que um Hércules.

"De um salto, achei-me na frente dos cavalos, que, intimidados por minha súbita aparição, recuaram um instante, quanto bastou para dominar-lhes a fúria, apanhando as guias abandonadas pelo cocheiro, meio desfalecido.

"Os corcéis, cheios de fogo, quiseram investir de novo, mas já não traziam o impulso, que era sua maior superioridade; e, pois, não tiveram força para me arrancarem as guias.

"Tão depressa parou o carro nessa carreira vertiginosa que trazia, saltou de dentro uma bela senhora, que representava ter trinta e tantos anos, e cujo susto, empalidecendo-lhe as faces, dava-lhe uma aparência arrebatadora.

"Minha companheira de passeio correu a nós, trêmula, ofegante, quase delirante — e, sem pensar na senhora, que lhe pareceu, segundo me disse mais tarde, uma mocinha de vinte anos, atirou-se a meus braços, dizendo no auge do entusiasmo:

"'Qual será a mulher que o não ame, doutor Capper?!'

"Ouvindo aquelas palavras, a senhora recuou alguns passos, e, encarando-me com visível emoção e ternura, estendeu-me a mão, e disse-me:

"'A felicidade que sinto por vê-lo só pode ser igualada pelo reconhecimento de lhe dever a vida. Aqui tem o meu cartão. Espero que me dará o gosto de procurar-me.'

"Sem mais palavra, tornou a entrar no carro — e seguiu para a cidade.

"Minha companheira, conhecida em família por Geny, de Georgina que era seu nome, arrebatou-me das mãos o cartão da bela senhora, e, voltando-se para mim, com ar de despeito, perguntou-me:

"'Pretende servir-se dele?'

"Eu fiquei atordoado, sem poder compreender a razão daquela pergunta; mas um raio de luz, penetrando-me até o coração, fez-me ler claro naquelas palavras o sentimento que as ditara.

"'Será possível', perguntei a mim mesmo, 'que esta menina me ame, achando-se em vésperas de desposar a outro?' E respondi:

"'Na Terra só há uma mulher que me faria desviar do meu caminho para procurá-la, ainda que fosse nas entranhas da terra — ainda que fosse nos abismos do inferno.'

"A moça como que ficou surpreendida do entusiasmo com que falei, e, fitando nos meus seus lindos olhos, a modo de quem quer penetrar nos pensamentos de outrem, abaixou a cabeça, refletiu por alguns momentos e depois me perguntou com voz quase imperceptível:

"'Relevará a curiosidade que tenho de saber quem é essa venturosa criatura?'

"*Alea jacta erat*.[83]

"Tomei-lhe as mãos e uma dupla confissão de amor, ouvida somente pelas aves dos bosques e pelos anjos do Céu, foi a consequência imprevista daquele imprevisto incidente.

"Geny, caindo em si de seu momentâneo entusiasmo, envergonhou-se do que fizera e pediu-me, com lágrimas, que esquecesse sua fraqueza e lamentasse sua desgraça: o triste destino que a esperava, sendo arrastada a casar com um homem a quem odiava, perdendo para sempre aquele a quem amava mais que a vida.

"'Não há meio', respondia ela a todos os meus propósitos. 'Meu pai é um homem intransigente e teimoso até a desumanidade. E, a menos que eu ou o tal meu noivo desapareçamos da Terra, sua vontade há de ser cumprida. Sabe, porém, meu Capper, que, se minha mão pertencer àquele a quem meu pai me destina, meu coração será eternamente teu — teu só.'

"Nestes doces e tristes colóquios completamos o nosso passeio, tão intercalado de episódios imprevistos.

"Assim que chegamos a casa, comuniquei aos meus hóspedes que já me achava em termos de lhes agradecer tantos favores, voltando a minha casa.

---

[83] *Alea jacta est* (A sorte está lançada) foi a frase proclamada por Júlio César (100-44 a.C.), líder militar e político da República romana, quando, no rio Rubicão, em 49 a.C., após longa hesitação, decidiu marchar com suas tropas para Roma, contrariando a ordem do Senado romano de licenciá-las. Aqui a frase aparece com o verbo no passado: "A sorte *estava* lançada", visto que se refere a um acontecimento remoto.

"Os dois Carreres delicadamente insistiram por que eu completasse, em sua casa, minha convalescença; mas eu fiz-lhes sentir que minha resolução era inabalável.

"À vista disso cederam, fazendo-me, porém, prometer-lhes que os visitaria sempre.

"Prometi-lho de bom grado — e nesse mesmo dia instalei-me novamente em meus aposentos.

"Geny assistiu a toda esta conversa, sem dizer palavra, sem dúvida com receio de trair os sentimentos que lhe referviam na alma.

"Sua vontade, bem claramente manifestada em seus olhos, era que eu não saísse; mas eu fingi que não a percebi.

"Eu tinha necessidade de concentrar-me para me ocupar com as duas ideias que me absorviam todas as faculdades: a de possuir, fosse como fosse, a bela Geny e a de saber quem era aquela senhora que tão profundamente me impressionara, e que me disse um enigma nestas palavras: 'a felicidade que sinto por vê-lo só pode ser igualada pelo reconhecimento de lhe dever a vida'.

"'Felicidade por ver-me! E por quê?', me perguntava eu, sem achar explicação razoável.

"Levava os dias e as noites preocupado com aqueles dois problemas, que encerravam, me parecia, todo o meu destino; e, entretanto, não adiantava uma linha, tanto a respeito de um, como a respeito do outro.

"A respeito de Geny, só havia um meio, era fugirmos para um país longínquo; mas isso ela era incapaz de fazer, respeitando seus deveres ao ponto de não oferecer resistência ao maior sacrifício que seu pai lhe impunha.

"A respeito da desconhecida, nada também podia adiantar, porque Geny, num assomo de ciúme, rasgara o cartão que indicava seu nome e sua residência.

"Entretanto, eu sentia quase tanto desejo de possuir a minha bem-amada, como de conhecer aquela mulher.

"Seria a atração do mistério? Seria um laço oculto que me prendia a ela?

"Eu não sentia amor por ela, mas sentia um arrastamento, que me era inexplicável.

"Um vago pressentimento me dizia que aquela mulher era fator da minha sorte.

"Assim fui levando o tempo, até que se fixou o dia do casamento de Geny, para o qual recebi convite formal do pai e da mãe.

"Fiquei como um louco.

"Todo o meu futuro estava perdido sem recurso."

XIV

Com grande pesar viu Raimundo chegar a hora de recolher, por ter-se de suspender a narração que lhe estava vivamente interessando.

Tinha dado meia-noite, e o velho Capper não queria abusar de suas forças, deixando de dar ao corpo o repouso que lhe é o melhor vivificador.

Os três amigos separaram-se, pois, levando Raimundo muito tempo em cismas sobre a bela senhora, cuja aparição no drama da vida do seu protetor não lhe parecia, como não parecia ao doutor, coisa de pouco interesse.

Seria sua mãe?

Mas a mãe do menino abandonado a estranhos acompanhava-o com seus cuidados; logo não precisaria ouvir pronunciar-lhe o nome para reconhecê-lo.

O que era natural, em tal hipótese, é que a mãe, embora não se desse a conhecer, conhecesse perfeitamente o filho.

Quem seria, então, se aquela hipótese caía pela base?

Dir-se-ia que o próprio doutor Capper não tinha mais empenho do que o moço em descobrir as relações que o prendiam à bela senhora, que tão estranhas impressões lhe causara; pois que levou este a pensar sobre o caso toda a noite, até que, pela madrugada, imaginou um drama, que muito fez rir o velho, quando lho referiu pela manhã.

Imaginou que seus pais se divorciaram e que por essa razão, tendo o marido chamado a si o filho, ocultou-o sempre à mãe, que por isso só o conhecia pelo nome.

— Bem podia ser assim — respondeu o velho —; mas sendo eu estudante na cidade em que morava aquela senhora, e falando os jornais muitas vezes em meu nome, se ela fosse minha mãe, teria facilmente podido conhecer-me, sem precisar da inconsciente apresentação de Geny. Em Cambridge, na ocasião dos exames, vão tantas senhoras assistir aos dos parentes, que ela podia, sem ser notada, ver-me muito a seu gosto.

— Isso é verdade — disse o moço —; mas vamos ao que é essencial: a continuação de sua interessante história. Da desconhecida cuidaremos mais à vontade, quando nos sobrar tempo.

— Pois vamos lá à minha história, que achas interessante e que já te deu duas noites deliciosas.

— Não; esta última não foi como a primeira, porque só pude dormir de madrugada, por querer saber quem era aquela sua bela desconhecida.

— Então passaste mal?

— Mal, não, visto que tive perfeita tranquilidade de espírito.

— Pois não me hás de mais perder sono a procurar o que eu procuro, há tantos anos, sem poder descobrir.

O moço calou-se e Capper começou:

— Faltavam três dias para a consumação de meu sacrifício e do sacrifício da mais cara e pura das mulheres, quando, uma noite, achando-me a sós com ela, no vão de uma janela, disse-me chorando: 'Quanto sou desgraçada! Tenho à vista o paraíso — e sou lançada pela fatalidade num abismo, cujo fundo só agora começo a conhecer quanto é medonho!'

"Estas palavras me comoveram profundamente, e uma ideia infernal atravessou-me o cérebro, como se fosse uma faísca elétrica. Se uma alma inocente está condenada ao mais cruel sofrimento, não será justo que seja antes atirado a esse abismo, a que a querem arrastar, quem lhe é a causa de tamanho mal?

"Voltei a casa dominado por aquele pensamento, e, no dia seguinte, à hora em que meu rival costumava achar-se em uma casa de campo, que preparava para a estação de noivado, fui bater-lhe à porta, entrando com gesto tão pouco humano que o homem empalideceu, encarando-me.

"'Por aqui, senhor doutor?', interpelou-me meio assustado e meio irônico, como costumava tratar-me, talvez por ter surpreendido meu segredo, que não podia deixar de indispô-lo contra mim.

"'Em toda a parte se ajustam contas, quando é preciso', disse-lhe secamente.

"'Contas? Não tenho consciência de ser seu credor, e muito menos seu devedor.'

"'É que o senhor não tem consciência nem sequer de que vai ligar-se a uma mulher que não lhe oculta seu desprezo!'

"'Veio só a minha casa para insultar-me?'

"'Não vim a isso; porque não desço tão baixo. Vim só a dizer-lhe que um de nós é demais na Terra.'

"'Bravo! Um duelo, pelo que vejo! Mas, meu doutor, não sabe, apesar de saber tanto, que os duelos são proibidos por lei?'

"'São proibidos para os covardes, que preferem viver sem honra a morrer como quem a tem e a sabe prezar.'

"E, dizendo assim, cuspi-lhe na cara.

"O homem ergueu-se de um salto, como uma pantera ferida.

"'Miserável! Já te dou a resposta que mereces.'

"E correu para uma câmara, onde guardava suas armas, de que era muito apaixonado.

"De lá voltou trazendo duas pistolas, marchetadas de prata, das quais me deu uma e tomou a outra para si.

"'Tome, e vamos para o pomar, que eu quero ensiná-lo a ser bem-criado.'

"Cheio de prazer por ver como meu plano se ia realizando, tal qual fora delineado, acompanhei o homem até uma alameda, onde, de repente, parou e perguntou-me:

"'Quem atira primeiro?'

"'Eu fui o agressor' — respondi sem pestanejar.

"'Então, não se incomode de tomar sua pistola — disse com arrogância —, porque eu não perco tiro.'

"'Vê-lo-emos' — respondi, tomando posição, com a mão esquerda sobre o peito, que expunha como alvo, e com a direita pendente, segurando a pistola que me fora destinada.

"'Que distância quer, meu doutorzinho?'

"'A que lhe convier' — respondi eu com tamanha calma que o desconcertou visivelmente.

"'Sejam vinte passos?'

"'Sim, e não perca tempo.'

"O homem contou vinte passos e tomou posição. Eu fitei-o com olhos chamejantes de cólera e notei que a arma lhe tremia na mão.

"No momento em que ia levantá-la para apontar, empalideceu e disse-me:

"'Mas isto é homicídio! Bater-nos sem testemunhas!'

"'Infame, covarde, atira ou eu te cuspirei novamente na cara!'

"Assim aguilhoado, o desgraçado levantou o braço, fez pontaria e desfechou o tiro.

"'Desta vez errou o alvo!' — clamei, com esmagadora ironia. 'Agora vejamos se sou tão destro como o senhor.'

"Levantei meu braço; mas, quando ia apontar, o infeliz tomou-se de tanto medo que me deu as costas para fugir.

"Não tive tempo para refletir nem para largar o gatilho da arma. O tiro partiu e a bala foi, mesmo pelas costas, cravar-se no coração de meu rival. Caiu morto.

"'Que fazer agora?'

"Meu primeiro impulso, o impulso da besta, que é sempre mau, foi fugir; mas a alma falou, e eu vi que tal alvitre era indigno, além de me separar para sempre de Geny.

"Eu não me podia justificar, pois que não tinha testemunhas, de haver morto o homem em duelo leal!

"Ao duplo estampido, dois criados da casa apresentaram-se no lugar, mas só viram o amo por terra, e eu ainda com a pistola na mão, no meu posto.

"Aqui, pensei comigo, é aceitar corajosa e dignamente a responsabilidade de meu ato, e ir à frente do que me possa sobrevir.

"E segui direto para a polícia, onde fiz declaração do ocorrido e me entreguei à prisão.

"Começou o processo, que adquiriu na maior celebridade; mas, antes que ele começasse, já meu espírito, passada a excitação que o dominara, pesava pelo seu real valor o meu procedimento.

"Que culpa tinha aquele homem para merecer a morte? Que direito tinha eu para lhe infligir qualquer pena? Seu crime único fora ter pedido e obtido a mão da mulher que eu amava!

"E o meu? O meu era ter tirado a vida a quem não me ofendera!

"Que dor me encheu o coração quando pude refletir assim! Tive horror de mim!

"Só uma atenuante eu via para meu crime: era ter eu arriscado a vida, antes de tirar a do meu rival. Ao menos não se podia dizer que eu fosse um assassino, e sim que fora um louco.

"Louco fui, meu filho — louco por amor; que só esse sentimento, no grau em que o tinha por Geny, poderia ter-me arrastado ao passo que dei.

"Oh! como sofri, apesar de todas estas desculpas! Se eu tivesse pensado antes, como pensei depois, teria sido um infeliz, mas nunca um condenado no tribunal da própria consciência.

"Ah! se os homens tomassem por norma, na vida, nunca darem um passo arriscado, nunca tomarem uma resolução grave, senão depois de terem dormido sobre o caso!

"O corpo de delito feito no cadáver demonstrou que a bala entrara pelas costas — e isto, com a circunstância de não ter havido testemunhas, afastava até a presunção de um duelo, e fazia crer que era o caso de um homicídio à traição.

"Eu ignorava que assim se julgava do caso, mas meu advogado tirou-me do engano: de ninguém me poder julgar um assassino à falsa fé.

"Caí em tal desespero que nem posso descrever. Assassino! Assassino à traição! Oh! começava minha punição! Que juízo faria de mim a minha Geny? Que juízo a bela desconhecida que, não sei por quê, eu não podia mais destacar de mim?

"A dor que me causou tamanha ignomínia convulsionou meu aparelho nervoso ao ponto de produzir-me nova febre cerebral. Em meu delírio, via Geny fugindo-me, como de um assassino covarde, e ao mesmo tempo via essa mulher desconhecida sentada ao pé de mim, afastando amorosamente os meus cabelos, chorando sobre minhas faces, aplicando-me os remédios, beijando-me ternamente."

*
* *

"Uma noite, à luz da lamparina, eu percebi uma mulher chegar-se a mim, de manso — contemplar-me tristemente, e chamar por aceno um homem, que tomei por médico.

"Eu então não delirava, não estava sonhando, sentia-me ainda perturbado, porém estava em meu juízo.

"O tal homem examinou-me, mas não ouvi o que disse. O que ouvi foi a mulher dizer: 'Então retiro-me sossegada; mas nunca lhe fale de ter eu estado aqui'.

"Quem é essa mulher, que me segue como a própria sombra, quando todos me repelem por infame?!

"Correu o processo seus termos, tendo eu sido interrogado, logo que me passou a febre.

"Referi toda a história do duelo, ocultando somente o que lhe fora a causa.

"Entretanto, o único meio de provar a verdade de minhas asseverações, à falta de testemunhas, e diante do fato de ter a bala penetrado pelas costas, era exatamente a declaração daquela causa.

"Debalde procurou o juiz enlaçar-me com perguntas capciosas, no intuito de lhe eu fazer a revelação, que era dele sabida, mas não fora alegada.

"Eu preferia morrer de morte afrontosa a envolver em um escândalo o nome sagrado da minha querida Geny.

"Chegou o dia do julgamento, tendo o processo durado dois meses, durante os quais não tive notícias de minha amada, o que tanto me surpreendia quanto me martirizava."

* * *

"O povo, cujo grande coração estava agitado por aquele sucesso, que encerrava ou uma enorme perversidade, ou uma cavalheiresca dedicação, afluiu ao tribunal de um modo descomunal.

"Introduziram-me no salão ocupado pelos jurados, em cuja fisionomia lia-se a expressão dos mais encontrados sentimentos.

"Entrei com passo firme e rosto sereno, como quem não teme da consciência. E, sob o ponto de vista da acusação, eu era inocente.

"Percebi que a impressão causada por minha presença me fora favorável.

"O juiz, presidente do tribunal, mandou ler os autos; depois do que me fez o interrogatório do ritual, concluindo por perguntar-me se eu tinha alguma reclamação ou revelação a fazer.

"Pedi licença e, com certa animação, protestei contra o libelo, que se baseava na convicção de um assassinato à falsa fé.

"Repeti diante de todos a história do fato, e concluí com ênfase:

"'Não o amor da vida, que nada vale para quem só conhece as dores de uma luta incessante contra as forças da adversidade, mas o amor da honra, dos foros de homem brioso, que é o único adorno de meu nome, me obriga a declarar que prefiro todas as torturas do inferno à ignomínia de ser julgado um vil assassino, que atacou o adversário pelas costas.

"Minhas palavras calaram no ânimo do povo, que me aplaudiu freneticamente, ao ponto de o juiz clamar por ordem; mas o tribunal foi inflexível.

"Às dez horas da noite, o conselho de jurados deu por concluído, depois de longa discussão, o estudo dos autos e, pelo órgão de seu presidente, deu resposta aos múltiplos quesitos formulados pelo juiz.

"Este, conformando-se com a decisão do tribunal, lavrou imediatamente e leu com a maior solenidade a sentença, que me condenava à pena última.

"A essa leitura correspondeu um brado de voz feminina, que ecoou na sala e em meu coração, dizendo:

"'Clama aos Céus condenar-se um nobre por vilão!'

"O povo dispersou, vociferando contra a rigorosa injustiça da sentença, e eu fui conduzido a minha prisão.

"Sentia deixar Geny, mas experimentava um certo gozo por ver meu crime castigado.

"Em meu cubículo só entrava o bom cura, incumbido de preparar-me a alma para aparecer no augusto tribunal, onde só se julga pela verdade.

"Eu só tinha um desejo: convencer Geny de que não era um miserável, merecedor de seu desprezo, que me doía mais que a morte."

XV

— Ainda tem dúvida — dizia Raimundo ao velho doutor, no dia seguinte ao da narração feita no precedente capítulo — ainda tem dúvida de que sua bela desconhecida é sua mãe?

— Tenho pensado em tuas palavras de ontem — respondeu Capper — e tenho firmado o juízo de que, sem teres penetrado o mistério, tocaste o verdadeiro posto da questão. A razão por que me ri ontem da concepção que tiveste, foi que sempre fiz ideia de não poder minha mãe deixar de conhecer-me, tão bem como meu pai. Assim julgando, compreendes que não podia ver na pessoa, que só me conheceu ouvindo pronunciar meu nome, a que fosse minha mãe.

"Atribuí, pois, o interesse de que me deu sublimes provas a distinta senhora, a motivos que nunca pude descobrir. Confesso, porém, que as palavras de meu pai, que em breve terás de conhecer, são bons fundamentos do que suspeitas. E digo-te: hoje estou convencido de que aquela senhora será, com efeito, minha mãe, porque só uma mãe pode fazer o que ela por mim fez.

"Esta convicção, que só hoje possuo, me tem assaz abatido, porque conheço que tive ao pé de mim aquela a quem devo o ser, e que talvez já não seja do número dos vivos, e, entretanto, não tive a doce satisfação de provar-lhe a ternura que me inunda o peito, quando me passa pelo espírito o pensamento de que eu também tive uma mãe.

"Oh! como é desolador passar no mundo a infância, a mocidade, todas as quadras da vida, sem gozar os mais ternos carinhos que Deus insuflou no coração humano, sem ter a única alma que adivinha nossos pensamentos e que é capaz de atirar-se a um circo de feras para salvar o fruto de suas entranhas!

"E viver-se assim, como desterrado, tendo-se diante dos olhos, a cada passo, o quadro arrebatador da felicidade dos que têm uma mãe!

"Também, o que eu sofro por ter sido um deserdado dos afagos maternais, deve ter sofrido a boa senhora, privada, por motivos que ignoro, de dar expansão ao doce sentimento, que é o etéreo alimento da maternidade!

"Pobre senhora! Para privar-se dessa ventura e dos mimos filiais, ela que tão devotada me era, grande devia ser o empecilho que a retinha, e tão grande como devia ser mortificante a dor que a ralava, por não poder desprender-se do terrível mistério, e dar-me em público o nome mais santo que há para o coração da mulher!

"Continuemos, porém, nossa narração, que já bem longe vai.

"Nos Estados Unidos, a pena última, salvo tratando-se de escravos, não é definitiva e irrevogável. Enquanto não chega o dia da execução, procede-se a pesquisas e exames por parte da justiça, e recebem-se as indicações do condenado. O princípio dominante é que melhor é protelar o castigo do culpado do que tirar-se a vida a um inocente. E, coerente com esse salutar e humano princípio, a justiça reforma a sentença de morte até na hora de sua execução.

"Estava eu completamente resignado à que me havia sido imposta, com a maior justiça, aos olhos dos meus juízes, mas sem fundamento, em verdade, aos da minha consciência, quando encontrei dentro da *Bíblia*, que eu lia a todo instante, uma tira de papel, em que estava escrito: 'Fé em Deus, que nunca abandona os inocentes — confiança em sua Justiça que não é cega como a dos homens'.

"A letra era evidentemente de mulher — e isso me perturbou a paz do espírito, porque minha imaginação exaltada atribuiu aquelas animadoras palavras a Geny.

"Meu espírito voltou à vida terreal, descido das regiões encantadas, onde pelo pensamento, firmado nos sagrados salmos, que me eram a única distração, já pairava sobranceiro às misérias da Terra.

"Aquele bilhete me fez perder horas, que devera empregar na contemplação e na concentração, como quem tinha brevemente de apresentar-se ao soberano Senhor de tremenda majestade.

"Meu sangue, que já estava gelado, tomou calor; a vida, que já me parecia um vapor prestes a se desfazer, revestiu-se de encantos que a robusteceram — e o coração, que não pulsava senão para mover a máquina orgânica, bateu com forte ritmo.

"Tudo isso, toda essa completa transformação, foi obra de algumas palavras que me revelaram ainda haver na Terra um coração que me amava!

"Um dia entrou em minha prisão um homem, que me dirigiu, com ar entre severo e afável, estas palavras:

"'Os jornais têm feito revelações sobre o fato que deu lugar a sua condenação — revelações tão importantes que preciso, como ministro da justiça pública, verificá-las. Diga-me: é verdade que o homem a quem matou era seu rival em amor, que estava para casar com a moça a quem dera o coração e que por isso é que o foi provocar em sua casa?'

"'De tudo isso', respondi, 'só é verdade que aquele homem estava para casar — e que eu, por motivos de honra, o fui provocar em sua casa, batendo-me lealmente com ele'.

"'Não amava então a noiva de sua vítima?'

"'Estimava-a por eminentes qualidades, queria-lhe muito, pelo desvelo com que me tratou em grave moléstia que me acometeu em sua casa, mas, quanto a amá-la, não.'

"'Nem ela o amava?'

"'Nunca lhe surpreendi indício disso.'

"'Neste ponto', disse o homem ingenuamente, 'parece que diz a verdade, porque ela é quem lhe move a maior acusação'.

"'Ela!', bradei fora de mim. 'Ela! A minha querida Geny — a única pessoa cujo mau juízo era só o que me pesaria. Não quero mais nada da Terra! Quero — prefiro a morte a tudo!'

"O ministro da justiça pública tomou-me a mão, dizendo-me:

"'O senhor é um homem de honra; mas ainda é muito moço, e o calor dos verdes anos traiu sua firme resolução. Sabia que declarando a causa do seu choque com sua vítima, salvava-lhe a vida, mas preferiu atirá-la como coisa de nenhum valor a envolver no escândalo o nome de uma donzela. Agora está tudo claro pra mim...'.

"'Mas, senhor', disse-lhe eu interrompendo-o, 'é verdade que Geny, quero dizer, a noiva daquele infeliz, me acusa de o ter morto à falsa fé? Diga-me — diga-me, por piedade, que de todos os meus sofrimentos este é o único que não posso aceitar resignado'.

"'Doutor Capper' — respondeu-me amavelmente —, 'o juiz precisa, muita vez, armar laço ao acusado para lhe arrancar a verdade, que lhe aproveita e esclarece a justiça. Foi o que fiz. Sua cara Geny nada tentou contra o senhor — e, pelo contrário, consta que está às portas da morte, por sua causa — pelo amor que lhe tem'.

"'Não duvidou de mim! Louvado seja Deus', exclamei como desvairado.

"Mas, caindo em mim, prorrompi em apóstrofes contra o juiz.

"'O senhor abusou de minha credulidade! Faltou à verdade para surpreender a boa-fé de um moço — muito moço, como disse, porém leal e honrado! Eu não compreendo caso algum em que seja permitido a um homem que se preza faltar à verdade, enganar, para arrancar os segredos de quem quer que seja.'

"'Essa indignação lhe faz muita honra', disse o juiz sem se alterar — 'e, quando souber que o juiz deve ser tudo... tudo o que for preciso para descobrir a verdade — para salvar a sociedade de cobrir-se de opróbrio, levando um inocente ao cadafalso, relevará a insídia que empreguei no seu caso'.

"'Mas então', repliquei, 'jure-me que nunca revelará o que insidiosamente soube de mim'.

"'De que me servia saber, não tendo a faculdade de usar do que soubesse? Não por mera curiosidade, mas por alto interesse da justiça, foi que tive o procedimento que tanto o indignou. E, sendo no interesse da justiça, compreende que não pode ficar em segredo, sob palavra, ou sob juramento, o que colhi com tanta dificuldade. Entretanto, dar-lhe-ei o juramento que me pede, com uma condição: a do senhor me fornecer uma prova cabal de que a morte foi o resultado de um duelo, em que ambos se expuseram por igual. Se não puder dar-me essa prova, não poderei eu, a menos que assuma a responsabilidade de um assassinato jurídico, deixar de fazer uso do que lhe arranquei por surpresa.'

"'Nisso nunca consentirei! Estamos sem testemunhas, e eu direi que o senhor mente.'

"'Nobre moço! Seu caráter não se conspurcará negando a verdade, e, demais, a palavra do juiz tem fé pública.'

"Fiquei fulminado.

"O juiz teve pena de mim — e, depois de me dispensar palavras animadoras, disse-me:

"'Eu vou ajudá-lo a procurar as provas de que preciso para não revelar seu segredo. Onde está a arma com que atirou?'

"'Não sei. Entreguei-a aos criados, logo que deixei o fatal sítio.'

"'Por que não a trouxe consigo?'

"'Porque não era minha, e sim do meu contendor, que ma deu na ocasião.'

"'É possível! E isto não consta dos autos!'

"'Pois a pistola, ou antes, as pistolas com que eu e ele fizemos fogo devem estar na polícia, ou em casa do morto, e é fácil provar que não me pertenciam, e sim a ele.'

"'Com que fizemos fogo?! Ele também atirou?'

"'Atirou, sim — e atirou primeiro, pois que era o provocado.'

"O juiz levantou-se, exclamando: 'querem justiça — e entregam processos desta gravidade a imbecis ou desidiosos'. E acrescentou:

"'Bastava provar-se que a arma de que o senhor serviu-se era do próprio que foi morto, para dar-se toda a presunção de ter havido duelo em vez de homicídio. Se a isso se ajuntasse a prova de haver o morto atirado, como diz o senhor, aquela presunção elevava-se ao grau de certeza.'

"'Pois, senhor juiz, eu creio que não há nada mais fácil do que provar esses dois pontos...'

"'Como se poderá provar', interrompeu-me com vivacidade, 'que foi com uma arma do dono da casa que o senhor o matou?'

"'Com o testemunho dos criados, que nos encontraram, a mim com uma, e a ele com outra pistola, e as tomaram por serem armas da casa.'

"'Perfeitamente. O depoimento dos criados esclarecerá este ponto. E como se poderá provar que ele também atirou?'

"'Parece-me fácil, uma vez que os criados deem testemunho de que nos encontraram ambos armados e recolheram ambas as armas no estado que estavam.'

"'Compreendo', exclamou o juiz, demonstrando a maior satisfação. 'Um exame nas armas dirá se foram ambas descarregadas.'

"'Há melhor prova', disse uma voz, que não sei donde partiu, mas que não surpreendeu o juiz. 'A bala da pistola do morto acha-se encravada numa árvore que ficava por detrás do doutor Capper'.

"Tudo aquilo me atordoou por muitas horas, no fim das quais fui levado da prisão ao sítio onde se dera o fato criminoso.

"Ali chegado, mandou-me o juiz designar os lugares que ocupávamos, eu e meu contendor, quando nos batemos. Apontei o meu, depondo os dois criados: que era precisamente ali que me encontraram. Depois, contei vinte passos — e, ainda com o testemunho dos criados, determinei o que ocupava o morto. Por detrás do meu posto, havia com efeito uma árvore, onde efetivamente se tinha encravado a bala, que não podia proceder senão da pistola de meu antagonista.

"Passamos à sala de armas, onde já se achavam postados os criados; e o juiz mandou que eu visse se descobria, no meio de muitas, as armas do duelo. Bastou-me olhar para reconhecê-las entre as tantas que ali estavam — e, tanto que[84] as designei, disseram os criados que eram exatamente aquelas as que encontraram e arrecadaram, por pertencerem ao morto.

"O juiz chamou, então, dois sujeitos, que trouxera consigo — e mandou que examinassem aquelas armas e respondessem: primeiro se ambas estavam descarregadas, e segundo se foram descarregadas ao mesmo tempo.

"Ouvi ler o relatório, que concluía: primeiro estarem descarregadas ambas as pistolas; segundo terem sido ao mesmo tempo; e terceiro ser de uma delas a bala sacada da árvore.

---

[84] *Tanto que* é locução equivalente a "assim que", "logo que".

"Dando por finda a diligência, o juiz mandou me recolher à prisão, onde encontrei novo bilhete, com estas simples palavras:

"'A boa causa há de triunfar.'

"Que me importava o triunfo da boa causa se Geny estava provavelmente morta?! Atirei-me à cama soluçando e pedindo a Deus que me abreviasse os dias — e, nesse estado indefinível, em que o homem só se prende à Terra pelo corpo, fiquei à espera de que se decidisse a minha sorte.

"Passaram-se dois dias sem novidade — e eis que sou novamente arrancado à minha prisão, para ser levado segunda vez ao tribunal.

"'Ainda esta humilhação! E para quê, se eu preferia morrer! Querem salvar-me à força!'

"A meus ouvidos ressoou, então, uma voz que dizia: 'Geny vai bem — e ama-o sempre'.

"Não cogitei de quem e donde procedia aquela voz. Tomei-a por uma comunicação celeste e vi tudo róseo em torno de mim.

"Geny me amava! O mundo me pareceu um paraíso!

"'Vamos', exclamei, cessando de resistir aos guardas, que já tentavam arrastar-me. 'Vamos, que agora quero viver — preciso viver.'

"Atravessamos uma longa rua que conduz ao tribunal — e que nunca me pareceu tão alegre.

"Aquelas palavras mágicas me tinham chamado à vida — e a vida me sorria com os encantos da eterna primavera do Éden.

"Entrei na sala, ainda mais repleta de povo que da primeira vez, senhor de mim e completamente animado pela esperança, que me luzia na alma — e pelo sentimento de geral simpatia que se manifestava nas fisionomias daquela massa imensa de povo, que não era somente atraída pela vã curiosidade."

XVI

Descrever as emoções que surgiam em turbilhão na alma de Raimundo, à medida que ia seu velho amigo desenrolando a seus olhos os fatos interessantes da sua tempestuosa existência, seria tarefa que muito aproveitaria aos psicofisiologistas.

Ao leitor o que mais interessa conhecer é como terminou, que desfecho teve o dificílimo lance da vida do doutor Capper, cuja narração, ainda uma vez, foi suspensa pela imperiosa necessidade do repouso.

Na noite seguinte, Raimundo, que tinha tido necessidade de ir à cidade, mas que, ansioso por saber o resultado do novo julgamento, apressou o negócio que o levara, reclamou, muito cedo, a continuação da narração.

Reunidos, pois, os três amigos, como de costume, rompeu o velho por estas palavras:

— Já vai longa esta história, que tenho dividido em pequenos capítulos para acomodá-la ao tempo de nossas palestras, mais do que por atender à natural distinção dos assuntos expostos em cada um. Continuemos, pois, nossa marcha como temo-la trazido até aqui.

"O presidente do tribunal mandou ler o resultado das novas diligências, provocadas por uma denúncia dirigida ao magistrado e publicada, com a competente análise, em toda a imprensa — denúncia em que se indicavam todos os meios de provar-se o duelo, os quais, como vimos, foram pontualmente seguidos, sendo coroados dos melhores resultados.

"'À vista do que acabais de ouvir', disse para os jurados, logo que terminou a leitura, 'estão destruídos os fundamentos da sentença lavrada contra o acusado. Mas, como aquela sentença passou em julgado, e, em tais casos, nenhum juiz, ou tribunal superior, a pode modificar, eu convoquei o tribunal do júri para resolver como entender de justiça, em face das novas provas'.

"Um aplauso geral rompeu de todas as bancadas, sobrepujando aquele sussurro da mesma voz de mulher, que se ouvira na primeira sessão — e que agora dizia: 'eu bem sabia que ele era incapaz de uma ação degradante'.

"Voltei-me rapidamente para o lugar donde partira aquela voz amiga, mas não descobri mulher alguma daquele lado.

"Decididamente, uma fada, um ente fantástico me seguia por toda a parte, sem que eu pudesse surpreendê-lo, e dando-me sempre evidentes demonstrações do mais afetuoso interesse!

"Os membros sorteados para o novo conselho recolheram-se à sala secreta e, sem muito se demorarem na revista dos novos documentos, voltaram com as respostas, que davam em resultado a revogação da sentença de morte, embora me condenassem à multa de dez mil dólares por ter violado a lei contra duelos.

"Um trovejar de urras ribombou na sala, como se todos os que a enchiam tivessem perdido a razão.

"O juiz mal pôde ser ouvido na breve e eloquente alocução que fez, moralizando aquele importante caso criminal. O que se ouviu perfeitamente foi a leitura da sentença, que me restituía à liberdade.

"Levantei-me do tamborete dos réus e encaminhei-me para a porta de saída, que era a da liberdade, esse dom precioso que só se aprecia pelo que vale quando se a tem perdido. Ao dar, porém, o primeiro passo, o povo em delírio tomou-me de chofre, suspendeu-me no ar e carregou-me freneticamente.

"Digo-te, meu filho, que não tenho palavras para exprimir a emoção que senti, vendo tantas almas contentes com o bem de um seu semelhante, que não lhes era mais do que um estranho, um desconhecido!

"Na praça, onde fui pela última vez estrepitosamente vitoriado, eu divisei, postado a uns cem passos de mim, o carro cujos cavalos disparados me deram o feliz ensejo de salvar a minha bela desconhecida.

"Parti para ele com a ansiedade que é de presumir-se, mas não tinha chegado a meio da distância que tinha de vencer, quando vi a mesma senhora entrar e partir com a velocidade do raio.

"Foi acaso ou propósito? Não sei. O que sei é que fiquei consternado por não ter podido aproveitar tão propícia ocasião de saber onde me seria dado encontrar a singular senhora que me abalava todos os afetos.

"Dirigi-me para minha casa, que encontrei ocupada por outro, tendo o dono feito vender tudo o que era meu para pagamento dos aluguéis, em que nunca pensei, durante meus incômodos.

"Entrei num hotel, onde tomei uma ligeira refeição, e, sem mudar de roupa, corri para a casa dos pais de Geny.

"Que ia fazer? Receber-me-iam eles? Apesar da ideia fixa de ver a querida de meu coração, meu espírito ainda pode formular aquelas interrogações, a que, entretanto, não sabia responder.

"Naquela pungente dúvida, que não me demovia da inabalável resolução de ver minha amada, ainda que tivesse de travar luta igual a que tantas torturas me fizera sofrer, cheguei à casa tão minha conhecida; mas deparei ali com gente desconhecida.

"Que terrível decepção!

"Fui à venda mais próxima, que é onde se sabe de tudo o que diz respeito aos moradores da vizinhança, e soube ali que os Carreres tinham deixado a casa e a cidade, sem que se soubesse o destino que levaram.

"Marchei com o coração negro, como o dos condenados, para o meu banqueiro, onde achei uma ordem de meu pai a meu favor, no valor de dez mil dólares, dizendo que era para pagamento da multa em que eu fora condenado, e para que não precisasse desfalcar meu patrimônio.

"Senti-me enternecido com aquela nova prova de um amor, que só tinha para mim um senão, era não me revelar a larga fonte donde emanava.

"A minha residência em Cambridge perdera sua razão de ser com a fuga de quem me fixara ali, e por isso mesmo me era já insuportável ali viver.

"Resolvi, portanto, abandonar a cidade que tão cruéis torturas me tornavam odiosa, e, feitos os necessários arranjos, tomei o trem de ferro que leva a Boston, disposto a nunca mais vê-la.

"Instalei-me na minha velha cabana, que fora a de meus pais de criação, e aí, depois de refeito das fadigas do corpo, comecei o trabalho da cura do espírito.

"Em minhas solitárias meditações, que me enchiam as horas do repouso, compreendi ao justo as misérias da Terra e a justa punição moral que me era imposta por ter tirado a vida a meu semelhante.

"A justiça humana me absolveu, pensava comigo, porém a Providência me castiga, privando-me do bem terrestre que eu quis procurar por caminho condenável!

"Caí em atribulação e fiz voto de resgatar minha grande culpa, levando a vida a socorrer os necessitados e a curar os doentes pobres.

"Senti-me mais aliviado, prova de que tinha acertado com o caminho da reparação.

"Enfiei decididamente por ele, e distribuí meu tempo em duas partes: uma destinada a consolar e socorrer os necessitados — outra a tratar os doentes deserdados da fortuna. As sobras dediquei ao estudo das ciências.

"Assim levei um ano, trazendo todas as noites para a casa larga messe de boas obras, que me permitiam dormir tranquilamente.

"Uma noite, chegando a casa, descuidado como sempre, encontrei sobre minha mesa de estudo um jornal de Nova Iorque, no qual estava marcado, com traço de pena, um artigo sobre a morte do opulento banqueiro Davidson, que legara toda sua fabulosa fortuna, avaliada em cinquenta milhões de dólares, ou cem mil contos da moeda brasileira, ao doutor Edmond Capper, de Boston, para o qual o notário do finado tinha uma carta de consciência.

"O artigo fazia considerações humorísticas sobre aquela excentricidade, que atribuía à celebridade que me dera o meu processo.

"'Que fazer de tanta riqueza?', pensava eu, sem me deixar dominar pela cobiça do ouro. 'A que tenho é mais que suficiente para mim e para meus pobres.'

"'E quem tinha posto aquele jornal sobre minha mesa?', perguntei ao criado, que ficou até surpreendido!

"'Continuava, pois, a cercar-me em Boston o mistério que me envolvera em Cambridge!

"'A curiosidade de saber qual a razão por que o notável banqueiro me escolhera para seu herdeiro, mais do que a ambição de entrar na posse da fabulosa fortuna, levou-me a Nova Iorque, onde fui ter com o notário, que me recebeu com as maiores atenções, e me entregou em boa ordem os títulos de minha fortuna e a carta do doador.

"Vim com ela para o hotel onde me hospedara, ardendo em curiosidade por lê-la.

"Dizia ela o seguinte:

"És um homem de bem e, portanto, preciso dizer-te que podes gozar sem o menor escrúpulo da fortuna que te deixo.
Foi ganha com maior honestidade e sem que a usura nem as lágrimas da viúva e dos órfãos a tenham por sombra mareado.
Perguntarás: por que motivo te constituo meu herdeiro universal?
Respondo daqui: porque és meu filho.
Amor criminoso, a maior falta de que me acuso na vida, pois que tua mãe é casada e pertence a uma das mais notáveis famílias dos Estados Unidos, fez que te separasse de mim, confiando-te àqueles bons velhos, que tanto amaste.
Acompanhei-te, porém, sempre solícito, em todos os passos de tua vida, e, neste terrível desastre que te aconteceu, temi tanto por ti que caí de cama, tendo por certo que não me levantarei.
Em todo o caso, tua absolvição foi um alívio celestial; mas produziu-me uma reação tão violenta que sinto esvair-se-me o fluido vital.
Também se morre de alegria, meu filho, principalmente quando a honra e o dever obrigam a abafá-la no coração.
Sê bom e caridoso, como teu coração te pede, e nunca poupes dinheiro quando for preciso fazer o bem, porque essa é a riqueza de além-túmulo, como o ouro é a daquém.
Começa, pois, tuas boas obras, colocando em condição de não sofrer necessidades o meu fiel John, aquele pajem que te levava ao colégio e que encontrarás à rua *** número ***.
Não lhe perguntes coisa alguma sobre tua mãe, cujo segredo ele possui sob juramento de guardá-lo até a morte; porque só poderás saber quem ela é quando for livre, se algum dia o for e te poder dar, sem perigo para si, o doce nome de filho.

Ora a Deus por teu pai, que sempre te amou estremecidamente, e que por dura e cruel punição nunca pôde, nem mais poderá, abraçar-te."

Continuou o doutor:

— Foram as últimas palavras daquela carta, as que me fizeram derramar lágrimas de sentido pesar, por ter perdido o único amigo que Deus me dera sobre a Terra — aquele que velava por mim com solicitude verdadeiramente paternal — que me pôs no caminho do saber e da virtude.

"Eu daria a vida por conhecê-lo, por abraçá-lo, tanto o amava por suas generosidades para comigo, embora nunca pudesse explicar a razão de só se me revelar por elas.

"Agora, tudo estava acabado, e só me restava de tanto devotamento daquele querido ser a lembrança magoada por infinda saudade.

"De posse da imensa fortuna, procurei o fiel John, que me contou tudo o que sabia a respeito de meu pai, homem distinto por suas virtudes, e que me amava com idolatria. Sobre minha mãe, nem referências.

"Convidei-o instantemente a ir morar comigo na cabana que bem conhecia.

"Respondeu-me que seus hábitos não lhe permitiam viver no campo, mas prometeu-me ir passar a estação quente em minha residência, para onde voltei, em procura dos meus amigos, os pobres.

"Coitado! John não pode cumprir sua promessa, porque dois meses depois da morte do amo, a quem queria como pai, foi-se a encontrá-lo na eternidade.

"Eu volvi a minha vida habitual, atormentado sempre pela ideia de descobrir a minha cara Geny e de saber quem era essa mulher a quem não sabia que nome dar, mas a quem não cabia, pelo empenho que tomava por mim, senão o nome de mãe.

"Esperava. E a esperança me dava alento no fatigante e delicioso trabalho, sempre crescente, de socorrer os necessitados.

"Por esse tempo anunciaram os jornais uma tremenda catástrofe, que arrasara uma cidade no Ohio e reduzira à miséria a maior parte de seus habitantes.

"A enchente do rio, nunca igual vista até então, inundara tudo, matando a criação, destruindo a lavoura e deitando por terra as casas, em cuja ruína ficaram sepultadas muitas criaturas de Deus e os haveres dos que puderam salvar-se.

"Por toda a parte agitava-se o espírito público no fervor da caridade pelas infelizes vítimas do terrível desastre.

"Eu entendi que era aquela uma excelente ocasião de dar satisfação a meu voto e à vontade de meu pai.

"Corri para lá e fui surpreendido pela vista do quadro em grande[85] das misérias de um povo.

"No lugar em que fora a cidade, erguiam-se renques de palhoças, em que homens, mulheres e crianças se abrigavam das intempéries, sem roupas, ao menos, para cobrirem as carnes, e esfaimadas a ponto de comerem peles de animais.

"Via-se, ao amanhecer de todos os dias, saírem grandes lotes de animais humanos à procura de alguma coisa, um osso que fosse, levando as mães ao colo os esqueletos vivos de seus tenros filhinhos, e, afrontando o pudor virginal, raparigas seminuas, que a fome obrigava a se exporem assim.

"Diante de tal quadro, meu coração confrangeu-se e, sem perda de tempo, escrevi ao meu banqueiro em Nova Iorque, para que me mandasse um carregamento

---

[85] *Em grande* é expressão que significa "em larga escala".

de fazendas e alimentos, que devia ser renovado mensalmente, até segunda ordem.

"Fui à cidade mais próxima e ajustei médicos e boticários, que me auxiliassem no tratamento dos doentes, pois que eram insuficientes os que foram enviados pelo governo.

"Levantei uma casa confortável para minha residência, e aí levava o tempo a distribuir os gêneros e roupas, que pudera obter nos povoados vizinhos, para cujo acondicionamento construí grandes armazéns, ao lado da minha casa.

"Nessa faina, que não me fatigava, passaram-se os dias, até que chegou o primeiro carregamento, que foi o novo maná para aqueles abatidos espíritos."

XVII

Cada vez que o velho doutor Capper era obrigado a suspender a narração de sua história, a mais e mais curiosa e interessante, Raimundo sentia-se como que privado de um gozo que lhe fazia esquecer as tristezas de sua vida.

Antes de dormir, meditava profundamente sobre aqueles episódios, ricos de ensinamentos que se destacavam, como altos e baixos, da existência de um homem da estatura moral de seu venerando protetor.

"É verdade", dizia ele a si mesmo, depois de ter ouvido aquele último capítulo; "só vem à Terra quem tem ainda que reparar faltas passadas. Por ela não passam os que já têm o espírito sublimado pelo saber e pela virtude. Conseguintemente, todos caem, e ninguém chega às alturas sem ter caído.

"A diferença de uns para outros consiste unicamente em que uns caem mais vezes e mais fundo. Mas esses, se precisam de mais perseverança no arrependimento e de mais coragem nos sofrimentos reparadores, podem contar por certo que têm diante de si a mesma perspectiva que os outros — que têm, como eles, a seus pés, a estrada que conduz todas as almas à suprema felicidade. Façamos, pois, na vida presente, da fé, da esperança e da caridade os nossos luzeiros, que nos indicarão, como a coluna de luz e de nuvens dos hebreus,[86] aquele seguro caminho — e venceremos o temeroso deserto — e passaremos a pé enxuto o fundo mar vermelho,[87] e entraremos ovantes na terra da promissão.[88] Sejamos, pois, o que tem sido este grande homem, que nos está ensinando com sua história a subir a escabrosa montanha do aperfeiçoamento humano — e, se fomos muito além dele pelo mal em fora, redobremos de esforços, por chegar a ele, na reparação. É o que faz o que tem menos talento, que quer igualar em saber o mais talentoso.

"Todo ser humano recebeu do seu criador as mesmas disposições intelectuais e morais — e, pois, todo ser humano pode, se quiser, subir até onde sobem os

---

[86] Referência à passagem bíblica do Velho Testamento na qual Deus guia pelo deserto o povo de Israel, perseguido pelos egípcios: "O Senhor ia adiante deles, durante o dia, numa coluna de nuvem, para os guiar pelo caminho; durante a noite, numa coluna de fogo, para os alumiar, a fim de que caminhassem de dia e de noite" (ÊXODO, 13:21). Também citada em NÚMEROS 14:14.

[87] Referência, ainda no Êxodo, à travessia do povo de Israel pelo meio do mar: "Então, Moisés estendeu a mão sobre o mar, e o Senhor, por um forte vento oriental que soprou toda aquela noite, fez retirar-se o mar, que se tornou terra seca, e as águas foram divididas. Os filhos de Israel entraram pelo meio do mar em seco; e as águas lhes foram qual muro à sua direita e à sua esquerda" (ÊXODO 14:21 e 22). Também citada no Novo Testamento, em HEBREUS 11:29.

[88] A Terra Prometida, Canaã.

mais distintos. É questão de vontade, não é questão de força ou de poder!"

Assim cogitava o nosso jovem convertido quando o velho Capper deu começo ao novo capítulo de sua história.

— O Estado — disse ele — tinha um posto de distribuição de gêneros alimentícios, mas os incumbidos dessa distribuição cuidavam mais de se locupletar que de cumprir humanitariamente seu dever. Além de que os gêneros, pagos como sendo de boa qualidade, eram imprestáveis e danosos à saúde dos infelizes, a quem eram destinados, acresce que na distribuição desses mesmos se abusava torpemente, dando-se menores rações do que eram marcadas — e não se contemplando senão uma mínima parte dos que tinham direito a elas.

"Distribuíam, por exemplo, 3.000 rações — e davam por distribuídas 4 — 5 — e 6.000. Assim que se anunciou a abertura dos meus armazéns, que declarei serem de uma associação beneficente, da qual era eu simples agente, a afluência foi incalculável. A uma porta, recebiam a ração suficiente e sã, e à outra recebiam roupas para vestidos e para os imprescindíveis misteres da vida.

"Que prazer, meu filho, ver aquelas faces encovadas, macilentas e cobertas de pergaminho tomarem, dia por dia, as formas e cores da fisionomia humana! Oh! fazer o bem pelo bem eleva nossa alma a uma região encantada, donde se prelibam as delícias do Paraíso!

"Durava aquele trabalho havia já dois meses, quando um de meus empregados procurou-me para comunicar-me que havia um sujeito que se disfarçava para obter diariamente a sua e mais três rações.

"Não pude compreender a razão daquele estratagema, pois que eu não punha restrição à distribuição dos meus gêneros — não requeria formalidades para fazê-la. Curioso, pois, de desvendar aquele mistério, fui pessoalmente verificar o fato, que tanto me intrigava, e verifiquei, com efeito, que um homem mudava de figura, disfarçando-se três vezes para vir cobrar outras tantas rações. À quarta e última aparição do mistificador, tomei-o pelo braço e levei-o para meu gabinete particular.

"Aí, a sós com ele, increpei-o de tão feia ação, quando muito bem sabia que eu não negava pão a ninguém. O pobre homem ficou envergonhado, de meter pena, e, voltando a si de seu abalo, disse-me com voz trêmula:

"'Doutor Capper, se o senhor soubesse a razão por que faço o que lhe parece indigno, com certeza me louvaria a ação'.

"Cada vez me confundia mais neste negócio — e mais se me aumentava a curiosidade de sondar-lhe o fundo.

"'Quem lhe disse meu nome?', perguntei, para encaminhar minhas pesquisas; pois que era muito natural que todo o mundo soubesse meu nome ali.

"'Eu o conheço há muito tempo — sei toda a sua história — assim como todos aqui sabem que ao senhor e só ao senhor devem, e não a alguma sociedade beneficente, o benefício que recebem.'

"'Estão enganados quanto a isto; mas donde e como sabe minha história?'

"'Permita que não lhe responda sobre estes pontos; mas dir-lhe-ei, para provar a verdade do que avancei, que o senhor matou em duelo o noivo de sua amada — que foi miraculosamente absolvido da pena de morte que lhe impuseram supondo-o um assassino a falsa fé — que, saindo da prisão, não encontrou sua amada em Cambridge, e nunca mais soube o destino que levara — que, por isso, desgostoso, retirou-se para Boston — e que aí ocupou-se somente em fazer o bem, até que o opulento banqueiro Davidson lhe deixou uma fortuna colossal, que o senhor ainda emprega só em beneficência, como dará testemunho a Deus, no dia de seu julgamento, este povo em massa, a quem o senhor salvou da morte e das maiores torturas antes de morrer.'

"Cada vez me enredava mais no mistério, que pretendia esclarecer. O homem, por coisa nenhuma, me quis revelar quem era — e como sabia toda a minha vida.

"'Diga-me então: por que se disfarça para colher quatro rações?'

"'Porque fui o criado de uma família de três pessoas, que ficou reduzida a mais extrema penúria de recursos e tem invencível pudor de mendigar o pão. Eu não quis abandonar na desgraça os que foram meus bons amos no tempo da prosperidade.'

"'Isso muita honra lhe faz', disse eu, 'mas por que não me disse isto, para eu lhe mandar abonar as quatro rações?'

"'Porque meus amos não querem que o senhor saiba que eles vivem.'

"'Estas palavras, escapadas ao criado fiel, me fizeram pulsar tumultuariamente o coração. Por que não querer aquela família desgraçada que eu soubesse de sua existência? Era então gente que tinha motivo especial para se me ocultar? Isso foi causa de nascer-me na alma ardente desejo de saber quem era ela.

"'Pois, meu amigo', disse eu, 'se seus amos forem pessoas de bom coração, eu quero melhorar-lhes a sorte. Peça-lhes permissão de minha parte para eu fazer-lhes uma visita'.

"'Oh! isso é impossível! Eles não podem recebê-lo.'

"Subiu de grau minha curiosidade — e redargui: 'por que não podem receber-me? Diga-lhes que desejo visitá-los — e traga-me resposta'.

"O criado baixou a cabeça e saiu.

"Pelas cinco horas da tarde, voltou muito contrariado e disse-me que exigisse dele tudo, menos falar aos amos em minha visita.

"'Por quê? São meus inimigos? Odeiam-me?'

"'Pode haver aqui quem tenha o direito de odiá-lo, doutor Capper? Meus amos são seus amigos, mais do que o senhor pode imaginar; mas eu sei que eles não podem recebê-lo.'

"Fiquei atônito!

"Hei de mergulhar até o fundo deste oceano de mistérios — disse comigo — e de lá trarei a luz de ver tudo isto que nem minha imaginação pode penetrar!

"Dei ordem de seguir-se de longe o criado, para descobrir a palhoça em que morava a tal família.

"Uma tarde, tanto que soube onde estava ela situada, dirigi meu passeio para aquele lado.

"Era meu costume entrar naquelas casas para visitar doentes; e, pois, não havia que estranhar no fato de penetrar eu naquela, que era alvo de meu passeio.

"Cheguei à porta, mas senti que me tremiam as pernas e batia-me o coração tão aceleradamente como se me visse diante de um perigo de morte.

"Entrei com passo vacilante — e não encontrei pessoa alguma na sala. Bati palmas.

"Pareceu-me um século o tempo que levou a aparecer quem me falasse.

"Que explicação tinha tão profunda comoção?

"Eu a atribuí ao abalo do desconhecido, do misterioso.

"Ouvi passos ligeiros, que vinham do interior, e, levantando a vista para a porta por onde penetrava a pessoa que vinha a mim, recuei como diante de uma visão fantástica!

"Tinha a poucos passos de mim a mulher única que amei na Terra, e que havia quase perdido a esperança de tornar a ver!

"Era Geny que me aparecia, bela como nos seus e meus alegres dias!

"Caí involuntariamente a seus pés, e as únicas palavras que me escaparam dos lábios foram:

"'Fugia-me! não me queria ver!'.

"Geny, confusa e comovida ao ponto de precisar segurar-se a uma mesa para não cair, respondeu-me soluçando:

"'Eu não fugi...'.

"'Será porque duvidou de minha honra ou de meu amor?!', exclamei, sem deixá-la concluir.

"'Nem duvidei de seu amor nem de sua honra. Se não fosse meu pai, que me trouxe para aqui, a fim de nunca mais nos vermos, eu teria feito declaração à justiça de que era sua cúmplice, para que tivéssemos o mesmo destino. Que tormentos sofri, até que soube que estava livre!'

"'Obrigado, minha Geny — obrigado mil vezes. Mas por que me tem fugido aqui?'

"'Ah! Agora o caso é diferente. O senhor é um dos primeiros milionários do mundo — e eu sou uma mendiga. Bem sei', foi logo acudindo, 'que a fortuna não tem poder para alterar a nobreza de seus sentimentos, e a prova é que lhe deve a vida e quase a felicidade uma cidade inteira, que o abençoa do fundo da alma. Oh! que orgulho para mim, que o amo cada vez mais, ouvir o que se diz do senhor, no segredo do lar! E lembrar-me de que esse coração, que faz derramar lágrimas de reconhecimento, já foi meu! Entretanto, doutor Capper, está longe, muito longe de si, a filha de mendigos. O senhor não pode hoje se ligar senão a uma mulher da mais elevada posição social'.

"'Cruel!', exclamei. 'As almas ligam-se pelos sentimentos, e não pelos bens da fortuna, que o tempo leva.'

"'Sei que a sua é grande como os espaços sem-fim; mas eu não podia, não devia, e por isso não queria lembrar-lhe um passado, que é meu tesouro e meu tormento.'

"Tomei-a nos braços e, dando-lhe um beijo na fronte, disse-lhe:

"'Recebe o testemunho de meu inquebrantável amor e o selo do nosso contrato nupcial.'

"Nesse momento penetraram pela porta exterior os dois velhos Carrere, que tinham saído a passeio.

"'Meu pai', adiantou-se Geny, 'aqui está o doutor Capper, que veio pedir minha mão. Dá-lha, se prezas a felicidade de tua filha'.

"O velho enrugou a fronte, como quem sente íntimos pesares e, encarando a filha, interpelou-a:

"'Foste tu que lhe descobriste nosso incógnito?'

"Chegou a minha vez de falar, e contei-lhe como, sem saber quem procurava, os descobrira.

"'Ainda bem!', disse o velho. 'Muito o odiei, doutor Capper, pelo mal que nos fez; mas hoje o senhor nos tem obrigado a abençoá-lo. Apesar disso, porém, preciso dizer-lhe que minha filha não pode ser sua esposa. Há entre o senhor e ela um impedimento, que os separa para sempre.'

"'Qual é?', perguntei angustiado.

"'É que o senhor é um grande entre os grandes, e ela é pequena entre os pequenos; porque saiba que estamos reduzidos a maior miséria.'

"'E se nossas fortunas se nivelarem, de modo a desaparecer esse impedimento que nos separa?'

"'Isso é impossível; porque o senhor nunca mais será pobre, e minha filha nunca mais será rica.'

"'Então é esse o único obstáculo a nossa união?'

"'E acha o senhor que é pequeno?'

"'Obrigado, senhor Carrere. O que o senhor julga impossível, é desde este momento uma realidade. Geny está dotada em metade de minha fortuna, de que pode dispor livremente. É, pois, tão rica como eu.'

"O velho baixou a cabeça, e, refletindo consigo, pronunciou estas palavras:

"'Já vejo que o destino é imutável, que nada pode separar os corações que nasceram para se unirem.'

"E, erguendo a cabeça, abraçou-me, dizendo:

"'Cumpra-se o seu e o destino de minha filha.'"

*
* *

"No dia seguinte celebrou-se o contrato antenupcial, pelo qual eu dotava minha noiva em 25 milhões de dólares, e nesse mesmo dia recebemos as bênçãos da Igreja.

"Oito dias depois solenizei minhas núpcias, oferecendo um banquete à população da cidade, que concorreu a ele, por me provar sua dedicação.

"Nunca bodas de rei foram mais festejadas; porque aqui, em torno dos noivos, a saudá-los, a fazerem votos por sua felicidade, não havia entre os milhares de convivas *um só* que tivesse vindo por adulação.

"Tendo-se reunido o parlamento federal, e votado fundos para o restabelecimento da cidade, terminou a necessidade de meus socorros privados.

"Despedi-me, pois, daquele bom povo, estabelecendo fundos que garantissem a duração perpétua de um hospital para os pobres e de um asilo para os órfãos desvalidos, cuja direção confiei a uma associação, que devia perpetuar-se por admissão de novos sócios.

"Fugimos, eu e Geny, às manifestações de pesar, deixando a cidade uma noite, em que acabávamos de percorrer a cavalo todas as ruas de míseras palhoças.

"Em Boston, e na minha cabana, onde fomos residir, continuei a vida passada, tendo agora companhia e auxiliar na obra de beneficência, que nos enchia as horas, dando-nos o mais suave gozo.

"Nessa feliz existência levamos seis anos, durante os quais Geny me deu os caros penhores de amor: minha chorada Alice e meu querido Alberto.

"Tendo falecido seus velhos pais, um após outro, em menos de um ano, minha cara esposa tomou-se de tal hipocondria que os médicos mandaram-na viajar, como o único remédio para seu mal.

"Eis por que, de ponto em ponto, chegamos a tua terra, meu caro Raimundo, onde assentei minha tenda, talvez para não mais levantá-la, pois que Geny ali cobrou sua vigorosa saúde."

XVIII

— É hoje — disse o doutor Capper — o último dia que temos de estar juntos antes de minha partida para os Estados Unidos; pois que amanhã deveremos embarcar, eu e Alberto, a cumprirmos a última vontade da que me foi a luz — a vida — a felicidade na Terra. E, pois, aproveitarei as últimas horas para terminar minha história, pondo-lhe remate com os tristes acontecimentos da última fase de minha vida, já bem longa e, conseguintemente, já bem próxima de seu termo.

"Do Martins, e pelos motivos que conheces, parti precipitadamente para a capital do Ceará, donde segui para

Boston, a rematar o fio quebrado de minha primitiva existência.

"Como é de arrebatar voltar-se a ver a terra da pátria, depois de longa ausência!

"Minha pequena família participou toda desse inexprimível sentimento, que se avigora principalmente nos velhos, quando, de bordo do navio, avistamos as grimpas da grande cidade, que foi o berço glorioso da independência dessa pujante nação, que em um século já mede suas forças com as mais poderosas do mundo — e que, em próximo futuro, ensombrará a todas com as suas largas asas.

"Alice, toda ocupada com o que, mal sabia ela, era sua missão na Terra, não percebeu que sua delicada organização estava sendo minada por um trabalho mórbido, que lhe esgotava as fontes da vida: a tuberculose.

"Alberto completou seus estudos médicos em Cambridge, depois do que foi nomeado cirurgião da armada, para que se sentia com vocação.

"Eu e Geny tomamos nossos velhos hábitos com relação à domesticidade e aos pobres, que exultavam por nossa volta.

"Nessas preocupações que nos tomavam todo o tempo, não percebi que minha querida filha estava doente, senão quando a moléstia já não tinha cura.

"Dispensa-me, meu querido filho, do doloroso transe de te descrever o que senti quando recebi aquele cruel golpe, que procurei aparar com o desespero com que se tenta roubar à morte não já um irmão em Deus, porém a pessoa a quem se é ligado pelos mais fortes laços do coração.

"Oh! como é desgraçada a posição do médico em casos desses!

"Passarei também em silêncio as dores acerbas que senti quando vi baixar o pano que me encobriu aquele corpo e aquela alma, meus desvelos — meu orgulho — minha ventura na vida."

O velho parou, sufocado pelos soluços que lhe embargavam a voz, e os dois moços derramaram, em silêncio, sentidas lágrimas por aquela a quem também eles tanto amaram.

— Encerremos esta cena — disse o velho doutor com ar resoluto, e arrancando-se, por um esforço de suprema energia, aos tristes pensamentos que o dominavam. — Encerremos esta cena, que me enlutou a alma pelo resto de meus dias, e passemos a outra não menos dolorosa para meu pobre coração.

"Geny, cuja alma delicada, como a mimosa sensitiva, era feita da essência dos mais sublimes sentimentos, caiu de novo, por causa da morte da filha, que amava estremecidamente, no estado de abatimento e de hipocondria que lhe pusera em risco a vida, quando perdera seus pais.

"Não houve, neste caso, distrações nem encorajamentos, nem súplicas minhas e de Alberto, que tivessem o poder de reanimá-la — que a detivessem na marcha acelerada que a levava para o túmulo.

"Ela desejava viver por minha causa e por causa do filho, e fazia os maiores esforços dependentes de sua vontade, até violentando-se para tomar alimentos, que sua natureza repelia de um modo desanimador.

"Era debalde: suas forças decaíam a olhos vistos — e a consumpção física, efeito do abatimento moral, ganhava terreno a cada momento. Via a filha, dormindo ou acordada — e falava com ela, do mesmo modo como falava com o filho e comigo.

"Nós lhe ouvíamos as perguntas e as respostas, por onde construíamos toda a conversa das duas; pois que não ouvíamos o que dizia o espírito de Alice.

"Calcula qual seria o nosso pesar, tendo ao pé de nós, uma morta e outra prestes a morrer, as duas criaturas que mais amávamos!

"Por aquelas conversas, sabíamos que Alice era feliz no mundo dos Espíritos, tendo preenchido satisfatoriamente a missão que recebera do Pai Onipotente.

"Geny mostrava-se satisfeita com essa revelação que lhe fizera a filha — mas ao mesmo tempo ela lhe era um arrastamento para a tristeza mortal, que a fazia definhar dia por dia.

"Eu não saía do pé de minha querida companheira, tendo incumbido Alberto de fazer, por mim, a visita aos meus pobres e doentes.

"E esse mesmo fato, de estar sempre ao seu lado, vendo-a, bela rosa dos felizes tempos, murchar e fanar-se ao sopro ardente do soão da morte, fazia-me o efeito de um punhal cravado no coração e revolvido, de instante em instante, implacavelmente, na dorida ferida.

"Um dia, em que mais abatida eu a via, e ela me via mais prostrado pela dor, chamou-me, com o carinho que sempre teve para comigo, e meigamente me disse:

"'Capper, meu adorado Capper, tem coragem, para que eu possa tê-la. Tem resignação, para que eu leve a consciência de que não sucumbirás ao duro golpe de nossa separação. Amanhã, por esta hora, meu doce amigo, tenho de deixar-te, que Alice me veio há pouco prevenir. Ouve-me, portanto, com aquela energia superior, que sempre te sustentou nos mais arriscados lances de tua vida. Éramos quatro Espíritos maus e atrasados, que, por termos feito o mal juntos, viemos constituir nesta existência uma família: tu, eu e nossos dois filhos. Alice foi uma mulher perdida. Eu fui sua companheira na vida criminosa e desgraçada que levou. Tu e Alberto fostes dois membros proeminentes de uma famosa quadrilha, de que fizemos parte eu e minha filha. Esta, por ter perseverado, durante a existência que lhe foi dada como meio de reparação, no compromisso que tomou com o Senhor de fazer tanto bem ao próximo quanto mal lhe havia feito, já conquistou a palma do triunfo — e goza da felicidade que Deus concede aos Espíritos adiantados, na medida de seu adiantamento. Eu não sei o que me espera; porque o futuro a Deus pertence — e Ele só o revela quando é preciso, segundo suas insondáveis vistas; mas tenho fé que o meu não será negro como o que mediou da passada à presente existência. Entretanto, meu caro amigo, emprega em minha intenção, tirados do meu dote, que reverto a ti, quinhentos mil dólares para obras de caridade, e outro tanto para resgate de prisioneiro de guerra que tenha de sofrer a pena de morte. É Alice quem me sugere estas disposições.'

"'Quanto a ti, que fostes o salvador de nós todos, pelo modo como nos dirigiste, com o ensino e com os exemplos, e que, apesar de tua força, estiveste à beira de novo abismo, a que era eu ainda que te arrastava, mas que tiveste a energia precisa para te salvar, tanto quanto a tens tido no cumprimento da tua missão de fazeres o bem, espera, com fé viva e esperança firme, que Deus pune e recompensa segundo nossas obras. Eu tenho confiança em que não descarrilarás daqui até o dia em que tua medida se encher, e de que nesse dia, temeroso e auspicioso, das cinzas do bandido surgirá o espírito luminoso do apóstolo da caridade. Olha, porém, vigilante, meu adorado Capper, por nosso querido filho, doce e terno fruto de minha alma — estremecido penhor do nosso amor, que ainda é, porventura, o fluido mágico que me retém presa à Terra. Ele é moço — está na idade em que as paixões irrompem furiosamente — e, conquanto sua alma pareça vigorosamente afeiçoada ao bem, pode fatalmente acontecer que os lances da vida lhe apaguem os sentimentos que lhe temos, com o maior cuidado, procurado incutir em sua alma. Vela por ele, meu amigo, por que não seja dentre os quatro o único que tenha a infelicidade de naufragar.'

"Não me eram mais estranhos — continuou o doutor Capper — nem os excelsos princípios da nova revelação que Deus foi servido fazer em nosso tempo, por meio dos Espíritos, como já o fizera por Abraão, por Moisés, e pelo Cristo, nem as qualidades mediúnicas de Geny. Entretanto, senti, com aquela comunicação, que descobria nosso passado na anterior existência, uma tal repugnância, que não escapou ao espírito lúcido daquela bem-aventurada criatura.

"'Não tens de que te incomodar com a ciência que te dou, com superior permissão, do teu torpe passado — torpe a mais não poder ser. Tua glória, de que não deves ter orgulho, é tanto maior quanto só pelo uso que fizeste de teu livre-arbítrio, levantaste tua alma do lodo de todas aquelas torpezas. Ao demais, bem sabes que ninguém chega à alta perfeição humana, ao estado angélico, sem ter passado por essa fieira de misérias, que te causam tanta repugnância. Adeus, meu adorado Capper. Não me é dado mais falar-te na Terra. Adeus, até que venhas te reunir a mim e a nossa querida filha, que nos precedeu no gozo da felicidade inalterável dos Espíritos que conseguem vencer, na vida, a lei da morte.'

"E a santa, a sublime criatura, cerrou os olhos e os lábios, para não abri-los mais senão à hora marcada de véspera, quando os descerrou — fitou com lágrimas a imagem do Crucificado — e pronunciou estas ungidas palavras: 'Deus, salva minha alma, pelo amor de Jesus Cristo'."

*
* *

"Em cumprimento da última vontade daquela que fora a metade de meu ser, sabendo eu que se dava no Paraguai uma luta de morte entre a civilização e o obscurantismo barbaresco, tirei uma licença registrada para Alberto — e segui com ele para o teatro daquela guerra, onde esperava encontrar prisioneiros votados à morte, que sei ser esse o uso dos selvagens.

"Seria com as vistas em ti, meu caro Raimundo, que a nossa angélica Alice sugeriu à mãe a ideia de resgatar prisioneiros de guerra? Fosse ou não, ajustei com o ditador do Paraguai, por intermédio do meu ministro em Assunção, resgatar o prisioneiro que eu escolhesse — e entreguei antecipadamente o preço arbitrado pelo resgate do que maior valor pudesse ter. Foi por obra desse fato que te resgatei em Curupaiti, tomando-te nos braços, quando perdeste os sentidos e ias cair por terra. E eis como aconteceu que fosse teu salvador o mesmo que, já um dia, devera a salvação. Conheces tudo o que se tem passado daquele fato para cá; mas não sabes que, ocupado exclusivamente contigo, ainda não cumpri o encargo que tomei de aplicar a obras de caridade a parte correspondente do legado de Geny. É o cumprimento desse pio dever que nos chama, a mim e a Alberto, às terras da pátria."

— Mas, meu caro pai, por que não me permite acompanhá-lo? Por que me não associa a esse seu trabalho, que tanto também me interessa?

— Porque, meu filho, já estás curado — já entraste francamente nas vias da reparação de tuas faltas — e, portanto, cumpre-te aproveitar o ensejo, que te abriu talvez teu anjo da guarda, de fazer a maior prova de tua perseverança, indo ver face a face, no teatro de tuas infames proezas, aqueles a quem juraste ódio e vingança. Isso é preciso para que acentues o arrependimento, que é o primeiro degrau para a salvação. O segundo consiste em sofrer contente todas as provações, por mais duras que sejam; porque tua culpa não pode ser remida com mínimos sofrimentos e conturbações morais. Se dessas provas saíres vencedor, e eu conto que sairás, tua alma se lavará — e teus horizontes se tingirão das cores da esperança, que é uma das portas da felicidade. Não te posso privar, pois, guerreiro valoroso, da batalha que vai decidir de tua vida eterna, somente porque sofro e sofres com a nossa separação.

— Tem razão, meu caro pai; mas só agora conheço que esse lance não é casual — e tremo diante da grandeza dessa prova.

— Casual não é coisa alguma, na vida, meu filho. Os Espíritos protetores e os que têm motivo de ódio contra nós, maus Espíritos, que o vulgo chama diabos, preparam-nos lances, os primeiros para vencermos — os segundos para sucumbirmos. Aqueles nos sugerem a boa resolução — estes a má; porém uns e outros, embora influam sobre nós, não nos coagem a liberdade. A nossa vontade — o nosso livre-arbítrio é quem decide esses pleitos, levando-nos para onde nos chamam os bons ou maus conselheiros invisíveis. Tudo no mundo tem sua razão de ser.

— Oh! meu pai, como se ergue esquálido, diante de mim, o fantasma, quase extinto, de meu passado! Como me sinto fraco diante dessa prova decisiva! Decisiva! Por que não fará o senhor o sacrifício de me acompanhar nesse transe difícil, como meu valioso Cireneu?[89]

— Porque tens junto de ti quem mais vale do que eu — e porque se deveres o triunfo à minha influência, ele nenhum valor terá. O merecimento dessa prova está todo em ser o triunfo alcançado pelas energias de teu espírito.

---

[89] Referência à passagem bíblica do Novo Testamento em que Simão leva a cruz de Jesus: "Ao saírem, encontraram um cireneu, chamado Simão, a quem obrigaram a carregar-lhe a cruz" (Mateus, 27:32). Também citada em Marcos, 15:21 e Lucas, 23:26.

— E se eu sucumbir?

— Lembra-te sempre do Cristo — e bebe coragem nesse modelo sublime do espírito, que não sucumbiu às maiores torturas que olhos de homem viram — e corações sentiram.

— Bem. Será o Cristo a minha luz — e meu anjo protetor me suprirá as forças.

No dia seguinte os três amigos abraçaram-se com o coração partido de saudades, a bordo do paquete que levava os Capper.

Raimundo, perdidos os companheiros, que eram os esteios de sua energia, sentiu-se desfalecer.

XIX

O abatimento em que deixamos Raimundo tinha toda razão de ser.

O moço abrira os olhos à luz, entrou no caminho do bem, trocou os maus propósitos pelo arrependimento, sempre guiado e sustentado por seu velho amigo, que o animava com seus conselhos e o estimulava com suas palavras.

Ainda não tivera ocasião de exercitar os passos por si.

E, pois, era muito natural que se arreceasse de fazê-lo pela primeira vez, e logo em um desses lances que são prova decisiva.

Se o tivessem deixado agir sozinho em tempos plácidos, quando nenhuma nuvem borrascosa toldasse o céu de sua existência, teria sentido a falta dos bons amigos, mas nada recearia por si, habituado já a dirigir-se, o que lhe daria confiança em sua energia, e coragem para enfrentar qualquer perigo.

Ver-se, porém, isolado quando furiosa tempestade bramia por sobre sua cabeça, e quando ainda não tinha, na nova vida que encetara, conhecimento de suas forças e hábito de empregá-las, era para desanimar os mais fortes.

Entretanto Raimundo se encostara a uma coluna, que lhe inspirava a maior confiança: à imitação de Jesus Cristo, tanto quanto é possível à humana natureza.

Vejamos como o divino modelo lhe valeu mais do que quantos amigos e protetores pudesse ter a seu lado.

O paquete brasileiro da linha do norte devia largar dentro de quatro dias, e o moço fazia apressadamente seus preparativos para a temível viagem.

Em sua carteira encontrou, no dia da partida de seus amigos e depois de os ter abraçado a bordo, uma ordem sacada em seu favor e contra o Banco de Londres, no valor de dez mil contos.

Com o cheque estava uma carta do velho doutor Capper, contendo estas singelas palavras:

"Se não nos virmos mais, aí tens a tua herança".

Era um presente de rei, que ninguém no mundo, a não ser aquela grande alma, teria a coragem de arrancar de si para dar a um estranho, por mais amigo que fosse.

A Raimundo, porém, não surpreendeu o procedimento dos Capper, porque conhecia já de quanta grandeza eram capazes aqueles nobres corações.

E, pois, sem se deslumbrar pelo brilho de tanto ouro, que lhe caía nas mãos, como o maná do Céu, fez voto, em honra de seus generosos amigos, de não aplicar aquela imensa fortuna senão em benefício da Humanidade.

Preparados os presentes que devia levar para o seu futuro afilhado e para os pais, cuja felicidade fizera, embarcou, tendo o coração cheio de temores, porém com a firme resolução de se mostrar digno de seu protetor, e principalmente do guia, que ele lhe lembrara.

Durante a viagem levou distraído a mor parte do tempo, por ter encontrado a bordo distinta sociedade, sendo o tempo de recolherem-se aos lares os deputados das províncias.

Chegado à cidade de Natal, o lugar onde sentara praça[90] como recruta, e onde saltara para seguir por terra, sentiu ferver-lhe na alma um mau pensamento àquela recordação.

Estava, porém, prevenido contra tais e quejandas revoltas, e seu espírito regozijou-se em sua passada abjeção.

Na pequena e insípida capital demorou-se apenas o tempo preciso para tomar animais e camaradas com que fazer a longa travessia, sem de nada prevenir a Joaquim Pombo, a quem queria fazer uma agradável surpresa.

Que delícias experimentou, atravessando aqueles sertões, cujos habitantes se distinguem pela hospitalidade, levada ao extremo de receberem quanto desconhecido procura sua casa!

Quanto apreciou aquela natureza rústica, que contrasta perfeitamente com a das grandes cidades, onde os homens vivem ocupados no estudo da arte de enganar!

Raimundo sentia-se todo expandir diante daqueles usos e costumes naturais, simples e francos, que conhecera na infância e que, portanto, lhe faziam relembrar os primeiros anos de sua vida, essa quadra sempre risonha, que a ninguém é dado recordar sem um sentimento doce-amargo.

O moço fez-se a ilusão de que entre o tempo de sua vida, em que vivera imbuído naqueles puros costumes, e o que constituía a quadra de sua regeneração não houvera o período da tempestade, que lhe arrebatara a alma e a envolvera num turbilhão de fumo, fogo e sangue.

E nessa grata ilusão percorreu todo o sertão, sorvendo o indefinível prazer dos que se reveem nos quadros encantadores dos tempos da inocência.

---

[90] *Sentar praça* é expressão que significa "alistar-se no serviço militar".

Por uma manhã, dessas que só se conhecem naquelas aprazíveis regiões, em que o sol, em céu sem nuvens, faz brilhar como aljôfares as gotas que o orvalho da noite depositou nas pétalas das flores silvestres e nas folhas da mimosa relva dos campos, Raimundo fez sua entrada na fazenda dos Picos.

Contava causar surpresa e ficou redondamente enganado.

Joaquim Pombo tinha ido com a mulher para a Maioridade.

Foi-lhe isso uma grande contrariedade, e o leitor compreende-o perfeitamente; mas lembrou-se das palavras de seu velho amigo, e disse resoluto e corajoso: "mais alto e mais difícil de subir era o Gólgota!".

Deu balanço aos seus sentimentos e conheceu-se forte para luta, em qualquer terreno e com toda a espécie de armas.

Satisfeito com isso, demorou-se nos Picos três dias, gozando aquela vida que fazia a tão exaltada felicidade do jovem casal que unira.

Eles tinham razão. Ali a natureza transudava a pura inocência dos tempos paradisíacos.

Seguiu para o Martins, depois daquela agradável estação — e preferiu tomar a estrada das Trincheiras, para melhor sondar as disposições de seu espírito.

Chegou à tardinha, quase noite, ao pé da serra, e tomou pouso em uma fazenda, donde se descobria a gruta amaldiçoada, que fora o teatro de suas iniquidades.

Sentiu-se dominado por um não sei quê de triste e de feroz, que procurou combater.

Seria que os espíritos de seus danados companheiros, presos àquele funesto lugar, o vinham ainda tentar, ou torturar, trazendo-lhe à memória seus horrorosos crimes?

Como quer que seja, não pôde conciliar o sono; mas felizmente, nessa luta consigo mesmo, venceu a parte boa de sua natureza, e o moço aceitou contente o cálice de amarguras que lhe era oferecido naquele novo Horto.[91]

Muito cedo tomou o cavalo — e subiu.

Que doces e tristes emoções lhe iam pela alma, vendo as conhecidas paisagens da terra de seu nascimento, principalmente quando penetrou no povoado, que guardava seu berço maculado, conjuntamente com o túmulo de sua santa mãe, cuja lembrança lhe arrancava lágrimas!

Oh! se não fossem os crimes que lhe denegriam a memória naqueles queridos lugares, com que ruidoso prazer não contemplaria todas as cenas de sua infância!

E agora ser obrigado a dar-se por estrangeiro na terra que o vira nascer!

Era dura essa prova, porém venceu-a, acusando-se mais do que se irritando por tamanha infelicidade.

Sem saber onde poderia encontrar o amigo, por quem viera ali, chegou-se a uma casa de negócio — e perguntou por ele.

Responderam-lhe que se achava em casa do pai, o velho capitão Antônio Pombo.

Seu espírito recuou ante aquela indicação, como recuamos diante de um réptil venenoso, mas ainda uma vez dominou-se, resignado como estava a afrontar, de cara alegre, as maiores contrariedades.

Essa não era somente contrariedade, porém sim duríssima provação, que algum tempo antes não aceitaria, ainda que isso lhe custasse a salvação.

Ia dirigir-se para a casa que lhe fora indicada, porém nova e maior tortura o esperava em caminho.

---

[91] Referência ao Horto das Oliveiras, lugar em que Jesus padeceu.

Ao dobrar a esquina, quase esmagou, sob as patas de seu cavalo, uma pobre velha, rota e esfarrapada, que vivia bradando pelas ruas: "meus filhos! — meus filhos do coração! Quem me restitui os filhos que criei em meus peitos, para os maus me os roubarem?".

Raimundo atirou-se, antes do que se apeou do cavalo, tanto que ouviu a cantilena da mulher, e a sentiu atirada por terra.

"Meu Deus!", exclamou consigo mesmo, "será possível que seja ela?"

Tomou a pobre mulher nos braços, perguntou-lhe se estava ferida e levou-a para uma loja mais próxima, a fim de examinar o dano que involuntariamente lhe causara.

O dono da loja olhou para ele com espanto, dizendo-lhe:

— O senhor é novo aqui, visto que está tão cuidadoso por esta peste. É louca, vive a pedir que lhe restituam os filhos, dois bandidos, que já pagaram seus crimes e os do pai, que foi o chefe de uma célebre quadrilha que aqui houve.

Àquelas palavras, que lhe confirmavam a instintiva suspeita, Raimundo sentiu-se desfalecer e foi-se sentar, coberto de frio suor, numa cadeira que ali havia.

O homem chegou-se a ele para lhe perguntar se sentia alguma coisa.

— Nada — respondeu reanimando-se. — Efeito do susto que tive, supondo que havia pisado esta infeliz, e do esforço que fiz trazendo-a para aqui. Isto passa.

A velha continuava em sua lida, bradando pelos filhos.

E chegando-se para o desconhecido, atraída pela voz secreta do sangue, ou por ter sido ele a única alma que teve pena dela e lhe dispensou cuidados, exclamou, com o acento da maior ternura:

— Este é o meu Raimundo. É ele. É Raimundo, abraça tua mãe, que te chora há tanto tempo.

O moço, sem refletir no que fazia, sem pensar que se comprometia, e obedecendo somente ao impulso de seu coração, ergueu-se de um salto — e, tomando a velha nos braços, apertou-a contra o peito — e imprimiu-lhe na fronte um beijo repassado de ternura, de toda a que tinha realçada nos seios da alma, supondo-se isolado no mundo.

— Que é isto, senhor? Pois o senhor está também louco?

— Ora — respondeu Raimundo, dissimulando os sentimentos que lhe tumultuavam pelo íntimo —, que mal faz dar a esta desgraçada a satisfação de acreditar que encontrou o filho por quem enlouqueceu?

— Ah! tu és sempre bom, meu Raimundo! Como te amo!

— Onde mora, minha pobre mãe? — perguntou o moço, sopitando as lágrimas

— Eu moro nas ruas, meu filho. Não tenho mais casa, que a do Jacu, onde nasceste, pouco tempo depois da morte de teu pai e de tua prisão e de teu irmão Pedro, os bárbaros me tomaram.

— E o diabo da velha a querer por força que o senhor seja seu filho! Mas o melhor é que está se prestando maravilhosamente ao papel que ela lhe empresta!

— Que custa isso, meu amigo? Quanta consolação não sentirá, neste momento, esta alma lacerada por tão cruéis sofrimentos!

— Tem razão — disse o homem, olhando-o com respeito. "Faze bem, não caces a quem", dizia sempre a defunta minha mãe. E eu que sempre repeli esta mulher, em vez de ter dó dela!

— E ninguém, senhor, é mais digno de dó do que uma mãe que perde a razão por um sentimento de amor maternal.

— Oh! como falas bonito, meu Raimundo. Pareces um doutor.

— Senhor, em minha casa tenho um bom cômodo, que ponho a sua disposição, para agasalhar sua protegida, pois vejo que lhe deseja fazer o bem.

— Obrigado. Desejo, com efeito, que minha passagem por esta terra, onde vim a visitar um amigo, não seja estéril para minha alma. E, visto que Deus pôs em meu caminho esta infeliz, farei o que estiver em minhas posses por lhe amenizar o resto da vida. Aceito, pois, seu oferecimento, e tomo-o por sócio nesta obra de caridade.

— Eu lhe agradeço a honra que me dá — respondeu o dono da casa —, mesmo porque o senhor me ensinou a ter pena dos infelizes.

— Pois, se aceita minha proposta, aqui tem — disse Raimundo, tirando da carteira dois contos de réis —, aqui tem a minha quota. A sua será a do trabalho por acomodar bem a pobre louca. Alugue uma casa, tome uma criada e instale-a com todos os cômodos, que não lhe falte nada.

O homem arregalou os olhos, vendo a esmola que fazia aquele desconhecido, e exclamou:

— Isto, aqui na terra, é dinheiro para nunca mais se acabar! Com esta soma, a louca fica mais bem acomodada do que muitos que se têm na conta de ricos.

— Tanto melhor — respondeu Raimundo, já senhor de si. — Coloque-a bem, e eu virei mais tarde procurá-lo para lhe garantirmos o futuro.

"É um príncipe!", pensava lá consigo o improvisado sócio de Raimundo.

Este, desembaraçando-se o mais brandamente que pôde da pobre velha, a quem prometeu voltar a ver brevemente, saltou no cavalo e partiu.

— Vai, alma de Deus — bradou-lhe pelas costas a velha.
— Deus te fez bom e te há de ajudar até a morte.

Raimundo ouviu aquelas palavras, que recolheu com santo fervor no sacrário do coração, como a bênção de sua mãe, prometendo-lhe o triunfo na luta para a qual se aparelhara, mas que temia fosse superior às suas forças.

Em poucas horas a vila estava cheia da história do estrangeiro filantropo, que todos desejavam ardentemente conhecer.

Nesse tempo a velha era instalada numa das melhores casas do lugar.

XX

Deram-se os fatos narrados no precedente capítulo, às oito horas da manhã de um domingo, que é o dia em que todo o povo da serra se reúne no povoado para ouvir a missa.

Por esse motivo era imenso o número dos que tiveram conhecimento da história, que voara nas asas da fama, e todos ardiam em desejos de conhecer o nababo, que se estreara no lugar fazendo um rasgo de generosidade, que surpreendia aos mais ricos e de melhor coração dentre todos os habitantes da vila.

E não somente surpreendia, mas também lhes pisava o amor-próprio.

Como é que o povo, generoso e hospitaleiro, deixava abandonada à maior miséria uma mulher que tivera educação, que tivera posição e que não podia responder pelas faltas do marido, cujos sentimentos era público que condenava?

Ódio pelo mal que aquele marido causara não podia ser a causa do abandono em que deixaram a desgraçada, pois que, logo após a morte do major Peixoto, aquele povo se mostrara compassivo para com seu próprio algoz.

O caso era que a mulher enlouquecera, e, como para loucos naquelas paragens não há remédio, nem asilo, consideram-se os desgraçados que caem em tal estado como animais, a que, por muito excesso de piedade, se dá um pedaço de pão.

São vícios de educação, que superam a maior disposição de fazer o bem.

Vendo, porém, o estrangeiro tomar a louca, abraçá-la, beijá-la, tratar de seus cômodos, abriram-se-lhes os olhos e reconheceram o mal que faziam, não cuidando da pobre louca, como de qualquer pessoa que sofre.

E daí a surpresa pelo que viram fazer, e a humilhação pela lição moral que receberam.

Entretanto, o geral da massa popular não sentia esses melindres da alma e analisava o fato pelo que ele valia em si.

— A velhinha agora tira o pé do lodo — diziam uns, que tinham ouvido do negociante a história já acrescentada.

— É bem digna disso, pois que muito tem sofrido — diziam outros, que nunca se lembraram de socorrê-la.

— Mas que lembrança, a de segurar-se ao homem, chamando-o de filho! E o mais é que pegaram as bichas![92]

— Esse moço deve ser um milionário, para atirar assim com uma moeda de dois contos aos pés do primeiro mendigo que lhe aparece!

— E disse ao Fortunato que aquilo era só para começar, e que havia de garantir à louca um futuro de rainha!

---

[92] *Pegaram as bichas* é expressão que equivale a "morderam a isca".

— Ora, aí temos como são as coisas da Terra: ontem miserável, hoje nadando em riqueza!

Todos estes colóquios eram tidos à porta da igreja, nos vários grupos que ali se formavam à espera da missa.

Num desses se achavam Joaquim Pombo, seu pai, parentes e amigos.

Súbito, ouviu-se um murmúrio geral que dizia: — lá vem ele — há de ser aquele — é cara nova na terra.

Todos os olhos se voltaram para um moço da mais agradável presença, que se dirigia para a igreja, ainda em trajos de viagem.

Os grupos se afastaram, em sinal de respeito, à medida que o moço ia passando por eles, e ele correspondia amavelmente a tão obsequiosa atenção.

Aproximando-se, porém, de um dos últimos, daquele em que se achavam os Pombo, o recém-chegado abriu os braços e, atirando-se para Joaquim Pombo, exclamou cheio de íntima satisfação:

— Vim da Corte só para abraçar-te e tens-me fugido como uma sombra!

Joaquim Pombo correu para ele, louco de prazer.

— Nunca supus ter tão grande felicidade! Não esperava mais ver a maior alma que o Céu cobre, o coração mais franco e generoso que Deus formou, o anjo tutelar que encontrei na vida. Senhores, não se admirem do fato que se deu hoje nessa vila; porque seu autor conta por milhares outros mais magnânimos, de que eu dou testemunho.

— Meu amigo — interrompeu Raimundo —, eu vim abraçar-te, não vim provocar uma erupção de teus exagerados e suspeitos elogios.

— Tem razão. As almas nobres não gostam de ser conhecidas. São como a violeta, que só se revela, oculta por entre as rasteiras folhas, pelo seu delicado perfume.

— Entra a missa — disseram. E todos se encaminharam para o interior do templo, onde bem poucos, naquele dia, prestaram a devida atenção ao divino sacrifício.

Em terra pequena, onde se vive de trivialidades, um fato como o que se dera, fato fora da marca daquela sociedade, domina o espírito e excita a imaginação.

Era o que acontecia a toda aquela gente, que tinha olhos no altar e o pensamento no homem, que lhe parecia extraordinário.

Este, concentrando-se, com verdadeiro fervor, elevou seu espírito a Deus e pediu-lhe humilde e devotamente, pelo sacrifício do Homem-Deus, que naquela hora se comemorava, lhe suprisse as forças para que não desanimasse.

Acabada a súplica, sentiu-se encorajado, e, quando saiu do templo, e seu amigo apresentou-lhe Antônio Pombo, teve bastante energia para apertar aquela mão, que antes lhe parecia impossível poder tocar!

— A Sinhá? Onde está ela, que não a vejo sair da igreja?

— Espera-nos em casa com o almoço, bem longe de pensar que lhe levamos quem vai fazer-lhe o coração transbordar de júbilo.

Os Pombo e o recém-chegado puseram-se em marcha, atravessando pelo meio do povo que se aglomerava, curioso de contemplar o milionário. De modo que o espanto não provinha da nobreza da ação — provinha do valor da ação!

E descansem, que, onde houver homens, serão esses os sentimentos dominantes.

Entre o virtuoso e o rico — este último será sempre o preferido.

Aquele que espere a morte, para ser grande.

Cada roca com seu fuso.

Regnum meum non est ex hoc mundo[93] — disse o divino modelo de todas as virtudes.

Raimundo sentia-se acanhado; mas estimava bem que o apregoassem filantropo, para poder gozar a suma felicidade da companhia de sua mãe, que julgava morta e que lhe caíra das nuvens, como um presente do Céu.

Se soubesse, se imaginasse que vivia aquela a quem nunca deveu senão desvelos e bons conselhos, há quanto tempo não teria corrido a ela, para tirá-la dessa vida de misérias em que a viera encontrar!

Chegara, porém, ainda a tempo de aliviar-lhe os últimos dias de sua martirizada existência. E isso lhe servia de lenitivo às provas de tê-la visto tão aviltada.

— Onde estás morando? — perguntou a Joaquim Pombo, enquanto caminhavam.

— Estou em casa de meu pai, que é o mesmo que estar em minha casa, para oferecer-lhe hospitalidade.

— Obrigado; mas sabes que eu estou habituado à vida de homem solteiro, vida livre, que não se sujeita aos regulamentos das casas dos senhores casados.

— Em nossa casa — disse afetuosamente Antônio Pombo —, o protetor de meu filho é que dá o regulamento, e todos os da família considerar-nos-emos felizes se nos quiser dar a honra de ser nosso hóspede.

— Mil vezes agradecido, senhor capitão; mas ficar-lhe-ei devendo maior favor se me obtiver uma casa, uma vez que não há hotéis aqui, onde eu possa estar no meu isolamento, que é o recreio do meu espírito.

---

[93] Frase em latim que consta da passagem bíblica do Velho Testamento na qual Pilatos interroga Jesus, que diz: "*O meu Reino não é deste mundo. Se meu Reino fosse deste mundo, os meus ministros se empenhariam por mim, para que não fosse eu entregue aos judeus; mas agora o meu Reino não é daqui*" (João, 18:36).

— Os trabalhos dele, papai, são subterrâneos, e é por isso que precisa sempre de estar isolado. Deixemo-lo só consigo — e, quando nos deixar, tenha por certo que não haverá mais desgraçados neste lugar.

— Começamos a velha história...

— Está bom, está bom. Não direi mais palavra; porém apressemos o passo, que minha mulher já o viu e reconheceu-o.

Não tinha Joaquim Pombo acabado de pronunciar aquelas palavras, que Sinhá, atravessando a rua como uma seta, já estava com o grupo.

— Como é bom, senhor Raimundo, acolhendo o pedido de seus amigos! Eu não posso crer no que veem meus olhos! Que prazer! Entremos. Tragam Nhonhô, que eu quero apresentá-lo ao padrinho. Olhe: quando há pouco me contaram a história de um homem estranho ao lugar, que abraçou e beijou a pobre louca, viúva do major Peixoto, e depois a mandou instalar em boa casa, com todos os cômodos, palavra que me lembrei do senhor; mas estava tão longe, e eu mais longe estava de esperá-lo hoje aqui.

— E por quê? Não me tinham mandado chamar?

— Tínhamos, mas... eu não tinha esperança de que viesse por nosso chamado.

— Pois sabe que me ofendeu com essa suspeita?

— Sei, e lhe peço perdão.

— Pois bem, faça mais justiça a meus sentimentos, e reconheça que não há distâncias para os corações que se estimam seriamente.

— A prova — disse a moça — é que o senhor aqui está, tendo atravessado nossos inóspitos sertões.

— Já tendo visitado o delicioso ninho que souberam tecer no que chama inóspitos sertões.

— Já esteve nos Picos?

— De lá venho, e lá estive três dias, gozando o ar perfumado que faz daquele sítio um oásis, ou antes, um pequeno paraíso. Não admira que se julguem ali tão felizes.

— É verdade; mas nossa felicidade vem de mais longe.

Nestas e quejandas manifestações de um sentimento que se não revela senão assim, levaram o dia, até que, pela tardinha, toda a família saiu a passear com seu hóspede e acompanhou-o à casa que lhe estava destinada.

Ali nada faltava dos cômodos que o lugar podia oferecer.

A própria estrebaria estava ocupada pelo mais estimado cavalo daquelas paragens.

Raimundo agradeceu tantos cuidados e, tendo-se retirado os que o acompanharam, atirou-se à cama, exausto, como quem tivesse lutado, o dia inteiro, com as ondas.

Não fora menos heroica a luta que sustentara!

Apertar a mão e aceitar hospitalidade em casa do homem a quem jurara exterminar, e que fora o maior inimigo de sua desgraçada família!

Felizmente sentia uma suave satisfação correr-lhe pela alma, como sente o desfalecido correr-lhe pelo corpo o calor produzido por um excitante.

Tinha dominado, jugulado suas velhas e odientas paixões!

Sentia o inefável prazer de vê-las desprenderem-se, como vermes que se destacam de ferida que foi curada.

Abençoou a lembrança do velho amigo, que lhe arrancara a terrível lepra, e dormiu tranquilo, como só pode dormir quem está limpo de coração.

Ao romper do dia, montou a cavalo e foi passear ao Jacu, onde encontrou a chácara que fora de seu pai completamente mudada, transformada em aprazível habitação.

Penetrou por ela, com o coração comprimido de saudades, e chegou até junto da casa, cujo dono veio recebê-lo com todas as atenções que ninguém sabe regatear a um milionário.

— Passeia por nossos arrabaldes, em busca de quem cobrir de benefícios, não é verdade?

— Não, senhor. Eu vim propositalmente procurá-lo, para negócio.

— Procurar-me! Para negócio!

— É certo. A pobre velha louca, viúva de um tal major Peixoto, e que me julgou digno de perfilhar-me, foi proprietária desta chácara. Sei que aqui está gravada a recordação de crimes horrorosos, de que procede a loucura da pobre mulher. Aceito a perfilhação da infeliz senhora e quero que o antro do assassino e ladrão, que foi marido dela, se transforme no asilo da santa caridade, para que todos lhe devam este benefício, e orem por seu desgraçado marido, em vez de amaldiçoá-lo.

— Esse pensamento é nobre, até ser admirável — respondeu o dono da casa —; mas eu comprei esta chácara para meu gozo — e dou-me bem nela.

— Em quanto a aprecia?

— Custou-me oito contos, com as despesas.

— E se lhe oferecesse vinte contos?

— Visto que é para tão útil fim, ceder-lha-ia.

— Pois está feito o negócio, e vamos já passar a escritura.

Naquele tempo as transações se faziam por simples escrituras de mão — e não havia tanta velhacada. E, pois, em menos de meia hora, Raimundo recebia o título de propriedade da chácara e pagava a soma ajustada, que levara consigo.

Satisfeito com aquela aquisição, voltou a casa, almoçou com apetite pouco comum e dirigiu-se à casa do vigário.

— Venho pedir-lhe, reverendo vigário, que seja meu cúmplice numa maquinação que urdo — disse-lhe, depois de se ter, por si mesmo, apresentado.

— Já sei, senhor. Comprou a chácara que foi de seu pai e quer transformá-la em asilo de caridade.

Raimundo quase desmaiou. Estava descoberto!

— Não receie de mim, que sou o único aqui que sabe quem é o senhor e quem foi. Não se arreceie, que eu o vi criança, e dou graças a Deus pela misericórdia de que usou para com o senhor, permitindo que seu coração fosse tocado.

— Mas como soube de minha resolução, que a ninguém comuniquei?

— Pelo mesmo modo como soube quem o senhor é — pela revelação de Espíritos com quem estou em comunicação.

XXI

Durante a semana que passou no Martins, Raimundo tirava todos os dias duas horas para passar com sua mãe, a título de saber se faltava alguma coisa à sua protegida e se lhe faziam convenientemente o serviço.

Nos primeiros dias, a velha não deixou de desarrazoar; mas, efeito do abalo moral que sentira, por ter descoberto o filho que julgava perdido, seu espírito recobrou a luz da razão.

Como aquela alma, tão profundamente torturada que a loucura lhe fora um benefício do Céu, deleitava-se agora, ouvindo o filho de seu coração fazer-lhe a narração de tudo o que lhe sucedera, desde que deixara miseravelmente a terra natal, até que foi, por obra de um homem divino, transformado moralmente!

Raimundo, por sua parte, não poupava carícias a quem tanto sofrera por sua causa, e pode-se afirmar que, naqueles poucos minutos de íntima e secreta convivência, ele logrou cicatrizar profundas feridas da mísera, para quem a vida foi sempre uma ininterrompida série de dolorosas aflições.

Deus, porém, não permite que os mortais gozem, na Terra, felicidades que são do Céu.

E, pois, os dois viram fechar-se, com a rapidez do relâmpago, o período que lhes fora de tais felicidades.

No domingo seguinte ao em que chegara à vila, Raimundo batizou o filho de seus amigos, e ofereceu-lhes um jantar, para o qual convidou Antônio Pombo e o vigário, com quem muito estreitara suas relações.

Correu a festa no maior aprazimento de todos, notando-se apenas que o dono da casa estava preocupado, o que, entretanto, não o privara de dispensar a seus convivas as mais delicadas atenções.

Entre os brindes que foram levantados, no auge da mais expansiva alegria dos convidados, merecem especial menção o do vigário a Raimundo, assinalando-o como quem havia resgatado todas as suas culpas, pela prática da sublime lei do amor e da caridade — e o deste ao capitão Antônio Pombo, oferecendo-lhe e pedindo-lhe o título de amigo.

O primeiro foi a palavra ungida do ministro do Senhor a anunciar ao pecador arrependido que na balança da Suprema Justiça suas boas obras foram tidas por mais pesadas do que suas iniquidades.

O segundo foi a mais eloquente prova de que no coração do moço penitente não havia mais vestígios das fezes, que ali acumulara o acervo de paixões ruins, que o dominaram.

Dois triunfos inapreciáveis para aquela alma, sempre torturada pela desconfiança de seus merecimentos: conhecer que arrancara do peito o sentimento de ódio contra um seu semelhante, o que mais odiara na vida — e saber que Deus se amerceara de suas aflições e aceitara seu arrependimento.

Já muito havia adiantado sua marcha, por esse caminho que julgara impossível!

Agora, só lhe restava, para ser completa sua missão, aquela para a qual lhe abrira os olhos da alma o velho Capper, fazer a *reparação*, que é o último degrau a que se sobe pela firmeza e resignação com que se suportam todas as torturas, as maiores torturas, que pode suportar a criatura humana.

Raimundo sentiu-se alegre, porém não orgulhoso, de ter conquistado aquele duplo triunfo — e, com o pensamento em seu velho amigo, deu graças a Deus, do íntimo do seu ser, fazendo o firme propósito de levar a obra de sua regeneração até o fim, com a resolução decidida que tinha trazido até ali.

Antes de se separarem, instituiu a direção do asilo de caridade, que criara em benefício da alma de seu desgraçado pai, confiando-o ao vigário e a Antônio Pombo, aos quais entregou os títulos de renda que eram precisos para manter-se a pia instituição.

Os dois tinham plenos poderes para transferir o honroso encargo a quem mais digno julgassem, a fim de que nunca faltasse ao estabelecimento uma direção sábia e humanitária.

Quis que se denominasse "Asilo Major Peixoto" e que só exigissem dos que dele se aproveitassem preces cotidianas pela alma daquele infeliz, condenado pelos homens e, quiçá, pelo Soberano Juiz.

Feito isso, que nenhuma suspeita causou sobre a verdadeira causa, porque o tinham por filantropo, despediu-se de seus amigos, a fim de cuidar dos aprestos de sua viagem.

Abraçando seus novos compadres, debulhados em lágrimas, muito sentidos, disse-lhes:

— Sou sensível a tão sincera amizade e, por ela, peço-lhes, como grande favor, que, sempre que se lembrarem de mim, roguem a Deus, do fundo de seu coração, para que me dê forças, quantas preciso, para vencer na luta extrema, em que vou me empenhar, por benefício de minha alma; porque, meus caros amigos, eu vou passar pelas mais duras provas a que pode ser sujeita a fraca humanidade; e, se fraquear nelas, serei o mais desgraçado dos homens.

Todos julgaram excessivos aqueles temores, admirando-se de que um homem que era o tipo da bondade, que espalhava benefícios por onde quer que passasse, e que somente tinha por ocupação fazer obras de misericórdia, se arreceasse tanto pelo futuro da sua alma.

— Entretanto — dizia Joaquim Pombo —, assim como o sábio é o que mais sabe quanto ignora, assim o justo melhor sabe quanto mal guarda o homem em si.

Os amigos o abraçaram e saíram, quase sentindo que os tivesse vindo ver, por ter-lhes tornado mais vivas as saudades.

Ficou por último o vigário, e, como se achassem sós, ele e o moço, dirigiu-lhe a palavra.

— Tem a perfeita intuição do restante da sua missão — e isto não é graça que Deus faça a todos. Sabe perfeitamente que, além do arrependimento, que é o repúdio dos crimes que cometemos, precisamos dar a Deus a prova do nosso sincero propósito de emenda, fazendo o bem e suportando sem queixa, e com alegria, todo o mal que nos vier. Disse, portanto, muito bem que vai passar pelas mais duras provas — por provas que seu espírito deve graduar pelo horror dos crimes que cometeu, e que elas são destinadas a lavar. Também, se sair vencedor, como eu espero, à vista das disposições que lhe tenho notado, incalculáveis serão os gozos que alcançará; porque tanto mais baixo se desce na escala dos crimes, quanto mais alto se sobe na escala da bem-aventurança pelo arrependimento. Coragem, moço — e Deus o protegerá.

"Agora preciso falar-lhe noutro assunto. Tenho-o visto cuidar dos cômodos de sua mãe e dos meios de chamar, pelas preces, a alma de seu pai às vias do progresso espiritual. Entretanto, noto com surpresa que nada tem feito por seu irmão Pedro, esse desgraçado que se denegriu com todos os vícios que podem inquinar a fraca natureza humana."

— Não sei dele. Ignoro mesmo se é vivo ou morto; porque, desde que nos separamos, nunca mais me deu notícias suas. Em todo o caso, aceito sua censura como merecida. Devia tê-lo procurado, principalmente desde que estou em posição de lhe ser útil. Confesso que meu esquecimento é condenável.

— Deixe esses escrúpulos, pois bem sabe que a memória é independente da vontade, e vamos ao que mais importa. Pedro não é morto. O infeliz persevera no mal — continua em sua vida de crimes. Está hoje feito chefe de uma quadrilha de salteadores, que organizou nos Cariris, província do Ceará.

— Como pode saber tudo isso?

— Sempre a mesma pergunta! Já não lhes disse que sei tudo o que preciso saber para o bem, pelo auxílio do Espírito que me guia e com quem me comunico em um centro espírita de que foi o doutor Capper quem me inspirou a ideia?

— Que devo então fazer em bem daquele desgraçado irmão?

— Não lhe devo ditar a consciência. Faça o que ela lhe ditar, e tenha por certo que nisso vai uma de suas principais provas

— Bem. Eu tomarei conselho comigo mesmo e resolverei como me prescrever o meu senso íntimo.

— Tome sempre conselho com ele, que nunca perderá. Se todos os homens soubessem ouvir essa voz íntima, que não é senão a de Deus, ou do nosso anjo da guarda, o amigo que ri quando vencemos e chora quando caímos; se todos tomassem por guia essa luz, quantos desgraçados, em vez de se perderem por escabrosos desvios, não se achariam glorificados por atos que conduzem à salvação!

— É verdade, senhor vigário. Eu, que sempre zombei dessa voz, enquanto fui um réprobo, sinto agora que ela só me chama para o bem, para o caminho largo, que ilumina com sua fulgurante irradiação. Oh! O homem traz consigo, dentro em si, o farol que lhe indica o seguro porto! Essa voz íntima não pode ser senão o benefício influxo de um espírito superior, que devassa horizontes vedados aos que estamos em provas e expiação e no-los segreda.

— E é fácil conhecer a trilha que ele nos indica, meu filho. Quando temos necessidade de tomar uma grave resolução, imaginamos alvitres, tantos quantos a matéria permite, e aquele que receber a sanção do nosso senso íntimo é o que devemos ter por conforme com o eterno princípio do bem — é o que devemos crer que nos foi inspirado pelo indefectível amigo, que não quer senão o nosso bem. Se, porém, esse alvitre, que preferimos espontaneamente, destoa daquele senso, que não é pervertível, nem na alma a mais prostituída, é que nossa natureza, ou o influxo de um espírito mau, foi que no-lo sugeriu.

— Protesto que seguirei sempre esta sábia norma.

— Adeus, meu filho. Eu pedirei em minhas humildes orações que Deus lhe dê coragem e força. Entretanto, lembro-lhe que nada fortifica tanto o espírito para as lutas da vida como o sacramento da penitência, que vale por uma lavagem de nossas impurezas, que abjuramos ao pé do confessionário.

— Oh! eu tenho ardente desejo de procurar esse auxílio; mas não me julgo em estado de comungar.

— Por quê? A condição essencial é o arrependimento, e, desde que a alma está arrependida, as maiores faltas se destacam dela, e a alma assim lavada é a Madalena que tem merecimentos para ungir com óleo os pés do Senhor,[94] recebendo em troca a força intrínseca de perseverar na boa resolução.

— Indique-me então um sacerdote, a quem me possa confessar, visto que não tenho mais tempo de fazê-lo com o senhor.

— Qualquer sacerdote serve, porque o mérito está no ato do penitente, e não vem do confessor; mas, se quiser entender-se com um homem de Deus, vá à Vila do Frade, no Riacho do Sangue, e procure pelo velho vigário Francisco Pinheiro.

— Obrigado, meu bom amigo, e Deus lhe dê o prêmio devido às suas virtudes.

Os dois se abraçaram como velhos amigos — e se separaram, tomados de respeito um pelo outro.

Raimundo, que pretendia voltar para donde viera, teve de pensar no que lhe disse o vigário a respeito de seu irmão Pedro.

Não vacilou em tomar a resolução de correr em seu auxílio para arrancá-lo à perdição.

Além de tudo, era-lhe aquele procedimento indicado como uma prova relevante, que muito concorreria para seu adiantamento, e ele tinha sede de fazer merecimentos para a completa remissão de suas faltas.

Ficou, pois, resolvido a seguir outro caminho: o que o levaria ao Ceará.

---

[94] Referência à passagem bíblica do Novo Testamento em que a pecadora — no caso, Madalena — unge os pés de Jesus: "E eis que uma mulher da cidade, pecadora, sabendo que ele estava à mesa na casa do fariseu, levou um vaso de alabastro com unguento; e, estando por detrás, aos seus pés, chorando, regava-os com suas lágrimas e os enxugava com os próprios cabelos; e beijava-lhe os pés e os ungia com o unguento". (LUCAS, 7:37 e 38.) Também citada em JOÃO, 11:2.

Tendo de deixar o Martins, quis dar contas aos seus amigos Capper do que lhe acontecera aí, e do modo como se saíra no desempenho daquela missão, que o velho, para mais prová-lo, quis que ele desempenhasse desacompanhado.

Sentou-se, pois, à mesa e escreveu uma longa carta, em que referiu a conversa que tivera com o vigário, da qual lhe proveio a resolução de seguir para Cariris, em busca de Pedro.

Concluído esse trabalho, seguiu para a casa de sua mãe, a dar-lhe o derradeiro abraço e fazer suas últimas confidências.

A pobre velha sentia-se arrebatada ao Paraíso, tendo junto de si, remido de suas culpas, fervoroso sectário dos princípios do bem, o filho, que tivera por perdido para o mundo e para Deus.

Não se fartava de beijá-lo e de chorar, por ter de perdê-lo tão depressa; mas aquela alegria sufocava esta dor.

— Já posso morrer, meu caro filho, meu bom Raimundo, porque já tenho a felicidade de saber que dos dois filhos, perdidos para a salvação, um já é apóstolo do bem — e o outro também o há de ser.

Foi doloroso, de não se poder descrever, o momento em que aqueles dois corações se disseram adeus eterno.

Ao quebrar das barras,[95] Raimundo partiu, chorando saudades pela mãe, pela terra de seu nascimento, que nunca são tão gratos como quando são perdidos.

Quem havia de dizer que viria plantar ali a árvore da paz, o que só levara dali sede de sangue — projetos de vingança!

---

[95] Expressão regional que significa "às primeiras claridades da manhã".

TERCEIRA PARTE

Reparação

I

A varonil província do Ceará, sempre batida pelo flagelo da seca e sempre ostentando indômito vigor, que a coloca distintamente entre as mais brilhantes estrelas da constelação do Cruzeiro, oculta em desconhecido recanto uma linda povoação, cujo futuro não promete mais do que tem sido até aqui.

Denominaram-na a Vila do Frade, talvez porque um frade foi o primeiro pastor daquele pequeno rebanho.

Assenta aquela vila em uma colina, cercada de morros, dispostos em semicírculo, cuja corda é representada pelo rio chamado Riacho do Sangue.

Este separa o povoado das vastas campinas, que se estendem, à margem direita, a léguas de distância.

Reza a tradição que o nome do rio tem sua origem no fato, não consignado nas crônicas, de terem nas suas águas corrido tintas de sangue, resultante de uma encarniçada batalha, ferida em suas margens, entre os indígenas e os bandeirantes portugueses, que devassaram aquelas paragens.

Em vez de sangue humano, dizem outras versões, o sangue foi de um enorme veado. E não seja motivo de repelir-se esta última versão a consideração de ser impossível dar um veado sangue para tingir as águas de um rio; pois que o fato é compatível com o regime fluvial daquela região.

Os rios do Ceará, mesmo o mais caudaloso, o Jaguaribe, vão reduzindo sua massa corrente, desde que cessam as chuvas anuais, até ficarem secos. Quando a corrente está reduzida a um filete d'água, de poder-se passar a pé enxuto, muito é que o sangue de um veado dê para fazê-la correr tinta?

Uma e outra versão podem, pois, ser aceitas com igual fundamento, se o fato essencial, de ter na água corrido tinta de sangue, é possível num e noutro caso.

Como quer que seja, o rio de que se trata espreguiça-se pela falda da colina em que é situada a vila, como a beijar-lhe os pés, enamorado de sua rústica beleza.

Do lado oposto e no contorno do povoado, é para extasiar o esmero com que a pródiga Natureza lhe prepara durante a estação chuvosa, e estende-lhe aos pés um lindo tapete de luxuosa vegetação herbácea, matizada de flores silvestres, encantadoras pelo colorido aveludado de suas pétalas, apreciáveis pelo delicioso aroma que de si desprendem.

Miríades de borboletas, de tão belas e variadas cores, como as flores, com que se confundem, esvoaçam em nuvens e pousam sobre aquele tapete vivo, dando ao sítio a mística beleza de que foi insigne pintor o imortal Bernardin de Saint-Pierre.[96]

De manhã e à tarde, confundem-se ali as mais variadas cenas, que podem inflamar a imaginação de bucólicos amadores.

---

[96] Jacques-Henri Bernardin de Saint-Pierre (1737-1814), escritor e botânico francês. A palavra "pintor" aqui é utilizada com o sentido de "escritor que narra com grande exatidão", ao que tudo indica em referência a sua obra *Études de La Nature* (*Estudos da Natureza*), publicada em 1784.

De um lado são as graças infantis a perseguirem, num delírio de prazer, os mimosos insetos, sem se advertirem de que pisam e destroem tesouros de beleza.

De outro lado são nuvens de passarinhos: o canário, de doce trinado — o galo de campina, de curto, mas agradável canto — o estriduloso azulão — a graúna, que se desfaz em sublimes volatas — o corrupião, de lindas cores vivas — o pintassilgo — e muitas outras espécies de voláteis cantores, a encherem os espaços com as harmonias de suas afinadas vozes.

E, para remate desse quadro tão singelo quanto arrebatador, vêm dar à cena o tom pastoril das manadas de mansas ovelhas, espalhadas pelo campo e enchendo os ares com seus alegres balidos.

O mais enfezado espírito se expande ao contemplar esses poemas vivos da natureza campestre, que comovem tanto mais quanto são transitórios, pois que são precedidos e seguidos de outros, que lhes são verdadeiros contrastes.

Passado o período do inverno, em que os campos se vestem de galas, cobrindo-se as árvores de rica folhagem, bordada de variegadas flores, tudo muda — toda aquela beleza se esvai, como se sepultam na escuridão da noite os quadros mais encantadores da Natureza que brilharam à luz do astro do dia.

As campinas, em vez do lindo e alegre matiz de relvas e flores, só apresentam à vista a loura plumagem do capim seco, que lhes dá aspecto severo e tristonho.

As árvores, antes cobertas de luxuosa e verde folhagem, despem-se de seus ornatos e ficam como secas, como mortas, parecendo, de longe, cobertas de cinza ou de rara fumaça.

A não ser as fitas verdes da vegetação à beira dos rios e riachos, alimentadas pelas umidades daquelas correntes, embora cortadas, dir-se-ia que um vento de morte soprou por aquela região, extinguindo ali a vitalidade, ainda há pouco tão exuberante.

Nem mais flores nem mais borboletas, e os próprios pássaros voam em bandos, sem que ensaiem alegres gorjeios.

O gado, que é a alma daqueles campos, já não salta nem muge alegremente. Agora, desce em filas, cabisbaixo, desde os longínquos pastos até o bebedouro, donde volta na mesma ordem, com ares de fazer penosa romaria.

E, no meio da tristeza geral, que embebe a alma, no meio desse meio-luto da Natureza, a acauã, no alto do morro, solta, ao crepúsculo da tarde, seu plangente canto, que desperta indefiníveis e poéticas melancolias.

Em largos traços, fraco esboço de quem ensaia a pena, são estes os quadros que se desdobram à vista do observador, nos ínvios sertões, onde se acha situada a pitoresca Vila do Frade.

Não virá a mau propósito dizer, agora, uma palavra sobre o homem daquelas terras desconhecidas do leitor.

O habitante dos sertões, onde casualmente nos achamos, vive em geral da indústria criadora.

Seus gostos são rudes, mas simples, como o meio em que vive.

Suas ambições não ultrapassam o estreito, porém alegre, círculo da família.

Criar os filhos nos princípios do dever e da honra, do amor de Deus e do próximo e no da pátria é tudo o que preocupa a mente do obscuro matuto.

Não reina ali a inocência, em que foi criado o primeiro par humano, porque esta foi rota[97] no Paraíso e é guardada

---

[97] Feminino do adjetivo "roto", significando aqui "transgredida, desrespeitada, violada".

pela espada flamejante do arcanjo da pureza; mas encontra-se, generalizada, a que se pode chamar "inocência culposa" do homem.

Entretanto, há entre os habitantes dos sertões corações maus, rebeldes a todo sentimento moral; porque há uma escala infinita nas vias do progresso humano.

São exceções necessárias, pois que, sem a existência de maus, não se acrisolariam os bons sentimentos da massa perfectível.

Uma ação má é ali repudiada por todos — e serve de motivo a sensatas e moralizadoras dissertações dos velhos para instruir os moços.

Vive aquela gente, como os primitivos povos da Betânia,[98] de seu trabalho, sem se envolver na caudal que arrasta os habitantes das cidades, pela ambição de fortuna ou de glória, em que se afogam tantas almas e se perdem tantas reputações.

No tempo do inverno, tem ela o incomparável leite e o saboroso queijo, além da carne de vento, com razão julgada a primeira do mundo.

Ajunte-se o carneiro, a criação do terreiro, a caça abundantíssima, o peixe, de que os rios são riquíssimos, as frutas cultivadas e silvestres, talvez mais preciosas, o umbu, o umari, a ubaia, o murici, a mangaba, o cambucá, a jaboticaba e o mel de abelha, que formigam pelas matas e terrenos, um espécimen da vida material à laia da que o Senhor prometeu aos homens, na terra da promissão, na qual corriam leite e mel.[99]

---

[98] Vila situada na encosta do Monte das Oliveiras, cerca de 3 km de Jerusalém. Lugar da ressurreição de Lázaro e da Ascensão de Jesus.

[99] Referência à passagem bíblica do Velho Testamento na qual Deus fala com Moisés do meio da sarça ardente: "Portanto, disse eu: Far-vos-ei subir da aflição do Egito à terra do cananeu, e do heteu, e do amorreu, e do ferezeu, e do heveu, e do jebuseu, a uma terra que mana leite e mel". (Êxodo, 3:17.)

No verão, ou tempo de seca, em que não cai gota d'água do céu, aquele viver não se altera, salvo quanto ao leite que, em bem da criação, não se tira, quando os pastos secam e o gado emagrece.

Há, porém, nessa quadra do ano um grande regalo: as chamadas vazantes.

A vazante é a plantação que se faz a beira-rios e pelo leito destes, à medida que as águas vão descendo, até cessarem de correr.

No meio de uma aridez geral, qual não deve ser a satisfação de se ter o excelente melão, a melancia, as várias espécies de abóboras, todo o gênero de hortaliças e o próprio milho e feijão verde!

Pelo lado da fortuna, o sertanejo acomoda-se facilmente. Não tem luxo no vestir — não precisa de muito para manter-se, pois que a criação e a plantação lhe dão quase tudo de que precisa.

Vende o boi, e com o produto compra roupa e manda vir das serras os cereais que os campos não produzem.

Não precisa de dinheiro senão para aqueles misteres, e para eles — para viver sem privações — dá-lhe de sobra qualquer fazendola, que pouco custa a adquirir, e que custeia sem dispêndio algum, repartindo com o vaqueiro, que é o encarregado de todo o serviço da fazenda, uma quarta parte da produção anual.

O pobre, o que não tem fazenda, tem a maior de todas: o amplo seio daquela privilegiada Natureza.

O peixe dos rios, a caça e o mel dos matos são comuns a todos os filhos de Deus, que colhem por toda parte com igual direito, embora não sejam donos das terras onde os colhem.

O princípio corrente, na matéria, é que Deus deu peixe dos rios e a fruta, a caça e o mel dos matos para todos.

É, pois, naturalmente sóbrio, independente e feliz o homem colocado naqueles sertões. E, como quem é feliz tem sempre bem disposto o coração, pode-se dizer que toda aquela gente é boa.

De fato, o matuto cearense folga de ter ocasião de fazer o bem, e é tal sua afeição pelos ofícios de caridade que ninguém nega suas terras a quem precisa de domicílio — e esses desvalidos da fortuna, se não vão lavar os pés[100] aos que pousam em seus ranchos, oferecem, de bom ânimo, o que têm, sentindo-se ofendidos se algum hóspede recusar partilhar sua pobre refeição.

Não terão senão a galinha ou o peixe ou a caça e o mel de abelha; mas isso, que Deus lhes deu, eles dão a quem se lhes chega.

Um povo assim não pode deixar de ser religioso; e, com efeito, é só por aquelas brenhas que se encontram, plantados e fielmente executados, os sublimes princípios da sagrada doutrina de Jesus.

O espírito de rebeldia, a chamada filosofia do século, que não é senão a consequência da repulsão que causa o ensino romano, em flagrante discordância com o do Cristo, ainda não penetrou na alma daquela gente, rude, mas devotada ao bem.

O povo em massa acode ao toque do sino da matriz, convidando os fiéis à oração.

Nos domingos e dias santificados, faz gosto ver o pequeno rebanho, espalhado pelos vários pontos da freguesia, convergir à casa da oração, unido em pensamento.

---

[100] Referência à Última Ceia, quando Jesus lavou os pés de seus discípulos. Tradicionalmente, na quinta-feira santa, os católicos celebram esse ato na cerimônia do lava-pés.

À noite, em certos dias da semana, reúnem-se as famílias na igreja, velho templo, que não se recomenda[101] pelo estilo arquitetônico nem mesmo pela segurança de sua construção, e aí rezam ou cantam os ofícios divinos, com verdadeira devoção.

Nos mais dias, cada família, em sua casa, reúne-se pela manhã, ao alvorecer, e de noite, ao escurecer, para elevar suas preces ao Todo-Poderoso.

De manhã, é o ofício de Nossa Senhora, a quem atribuem, em sua inocente ignorância, a virtude de afastar o demônio para tanto mais longe quanto mais alcançarem as vozes; porque o mau espírito vai fugindo até onde não mais ouça as palavras daquela prece, que vale pelo mais poderoso exorcismo.

É, inquestionavelmente, fanatismo, mas fanatismo que não faz mal; porque não deturpa as crenças essenciais nem perverte os bons sentimentos.

De noite, é o terço, em que se recomendam à misericórdia do Senhor todas as almas por que se tem particular interesse e todas as mais que estão em penas.

Na véspera de S. João e na do Natal não há quem durma em todo o sertão, levando-se, tamanha seja a noite, a tirar sortes junto à fogueira, onde se assam batatas, milho-verde e canas, e rir e brincar como crianças.

Isto é na véspera de S. João, e também na de S. Antônio, dois santos de geral adoração.

Na festa do Natal faz-se serão por toda a noite, uns rezando e outros com folguedos inocentes, até a hora da missa do galo.

Acabada esta, vão todos para o rio, a tomar banho frio, que doutros não se usa por lá — e de volta desse verdadeiro

---

[101] *Se recomenda* tem aqui o sentido de "se torna digno de respeito".

passeio, de tão louca folia como o nosso carnaval, seguem os grupos em várias direções, cada um para uma casa, em que os espera suculenta ceia.

Além dessas ainda há outra festa religiosa: a festa da Conceição.

Consiste em novena cantada com toda a solenidade, e acompanhada de repiques de sino, a única música que existe no lugar, e que com a clássica caixa de guerra, pequeno tambor a que dão aquele nome, faz as delícias do bom povo.

Cada dia da novena tem seu festeiro, que faz as despesas da festa e capricha em sobressair, havendo deles quem mande vir do Recife fogos de vista, quando o geralmente usado é o de roqueira e busca-pés.

Há festeiro que se distingue também apresentando, em seu dia, brilhante cavalhada, verdadeiro torneio em que os cavaleiros, em vez de se baterem pela dama de seus amores, se esforçam por enfiar na ponta da lança, a toda a disparada do cavalo, uma argolinha fracamente presa a uma travessa sustentada por dois esteios, pelo meio dos quais se faz a corrida.

O cavaleiro que tira a argolinha é proclamado vencedor.

Eis o que importa saber sobre a Vila do Frade.

II

Por uma manhã de inverno, em que o sol, envolto em seus lençóis de nuvens opalinas, apenas de espaço em espaço, como preguiçoso emir, lança frouxos e lânguidos olhares para os cimos das montanhas, por essas horas em que se respira o ar embalsamado da perspiração fresca das matas virgens, galopava em fogoso ginete pela estrada real, em busca da Vila do Frade, um cavaleiro vestido muito fora da moda do sertão.

O cavalo, filho da terra, o que quer dizer forte como não há igual no país, vencia as distâncias sem se fatigar, e, quanto mais as vencia, mais disposto parecia a prosseguir, como só um *pur-sang*[102] de raça árabe seria capaz de fazer.

Já traziam cinco léguas de viagem, e cavalo e cavaleiro estavam frescos como se tivessem partido naquele momento.

Eram oito horas, e o moço empenhava-se por chegar à vila às nove, que sabia ser a da missa.

Faltava-lhe ainda uma légua, que nada era para o que tanto fazia por quarto de hora.

De repente, o cavaleiro divisou à sua frente caudaloso rio, a transbordar pelos campos e arrastando árvores seculares, que arrancara das margens.

Estacou àquele inesperado obstáculo, e isso o contrariou seriamente, porque há muito não perdia missa aos domingos.

Olhou para todos os lados e não descobriu nem canoa, que é coisa desconhecida naqueles lugares, nem sinal de haver por ali morador que lhe ensinasse algum desvio, por onde pudesse ir à vila.

Até onde chegava a vista, só descobria matas de pau-branco, cobertas de lindas flores em cacho, cuja nívea cor dá o nome à árvore.

"Entretanto", pensava, "isto é uma estrada geral, e não é possível que os poderes públicos deixem que seja interrompida pelo rio, à míngua, já não direi de ponte, mas de qualquer meio de se passar para o outro lado".

A verdade, porém, era que o governo provincial, confiado em geral a rapazes que querem fazer carreira política, não passava de governo de partidos, como os partidos não passavam de arranjos pessoais.

---

[102] Termo francês que significa "puro-sangue"; "cavalo de raça pura".

Felizmente para os habitantes da província em que se acha o nosso viajante, e para os das suas congêneres, a Natureza remediava o deleixo[103] da administração. As enchentes são periódicas, e, conseguintemente, os embaraços que trazem são passageiros.

O povo daquelas regiões já tem disposto as suas coisas de modo que faz, no verão, tudo o que lhe cumpre fazer no ano.

É como acontece aos que têm uma noite de seis meses.

Entretanto, sempre é triste dizer que, no grande império americano, províncias populosas e fertilíssimas são obrigadas à inércia por seis meses no ano, por falta de competência de seus administradores!

O nosso homem, tendo feito estas inúteis reflexões, e não tendo com elas descoberto saída, já começava a pensar em voltar, quando, súbito, apareceu-lhe na estrada um cão que indicava acompanhar alguém, pois que parou e voltou-se para donde viera.

— Ora, graças — disse o moço —, vou ter quem me oriente.

Em poucos minutos, saiu da mata, por onde viera o cão, um rapaz de cor parda, calçado de alpercatas, como usam os matutos de classe inferior, vestido de camisa e ceroula de algodão riscado, e coberto com o infalível chapéu de couro.

— Guarde-o Deus — prorrompeu o tal sujeito, tão depressa deu com os olhos no estrangeiro.

— Meu amigo — disse este sem responder a saudação usual dos campos —, como poderei evitar este rio ou atravessá-lo para ir à vila?

— Evitá-lo não pode, porque a vila é na outra margem, e, quanto a atravessá-lo, nesta terra só há dois meios: a braço

---

[103] O mesmo que "desleixo".

solto, quem é bom nadador, e em cavalete, quem não sabe nadar ou não se quer expor. Quer passar a braço solto, visto não haver cavalete aqui? Eu o ajudarei.

— Obrigado, mas não posso nadar.

— Então o recurso é ir à fazenda das Pedras, ou antes, ex-fazenda, pois que, com a mudança do dono, aquilo está reduzido à tapera.

— E como poderei ir até lá?

— Se eu não andasse à procura de uma égua que fugiu do lote, ia ensinar-lhe o caminho e o melhor ponto de atravessar o rio.

— Ora, faça-me esse sacrifício que eu pagar-lhe-ei bem. Venha guiar-me.

— Está dito. Deixo a égua para depois e vou prestar-lhe este pequeno serviço, que o senhor me parece estrangeiro nestes lugares; mas olhe que não o faço por dinheiro, que primeiro está a obrigação. Nós aqui, meu senhor, temos, graças a Deus, religião, e é por ela que fazemos aos outros o que queremos que nos façam.

O cavaleiro encarou o rapaz, admirado de encontrar em gente do vulgo tão elevados sentimentos, e, sem dizer palavra, seguiu o homem por uma vereda tão emaranhada que mais de uma vez teve necessidade de apear-se.

Afinal descobriu o pátio da fazenda, todo em mato, e a casa que, apenas sustentada por alguns esteios, trouxe-lhe ao espírito ideias tristes sobre a instabilidade das coisas humanas.

Aquelas ruínas, quase sumidas no matagal que as envolve por todos os lados, já foram o solar de algum poderoso do lugar, que o atesta a sua ampla extensão.

Talvez já foram a morada da hospitalidade e caridade, a enxugar quantas lágrimas, e mitigar quanta dor, quanta miséria!

Foram, talvez, uma crônica de fazer o gozo ou o terror das crianças, quando, ao crepúsculo da tarde, a mãe procura adormecê-las, à soleira da porta, contando-lhes lendas do lugar.

Em todo caso, aquilo fora a habitação de gente rica, fora teatro desses dramas familiares, que se traduzem por amor ou por desespero dos corações.

E, entretanto, de todas as alegrias e grandezas, de todas as dores e misérias, que se convulsionaram ali, o tempo voraz não guardou um sinal, um indício, que fale ao coração do estrangeiro, que lhe dê a palavra do enigma prestes a desaparecer no montão de terra, coberto de mato, como sepultura cavada no deserto!

— De quem foi esta fazenda tão alegre e abandonada? — perguntou o moço, arrancando-se àquelas cogitações.

— Ah! meu senhor, aqui morou um homem, cujo nome ficou gravado em todos os corações para ser abençoado ao levantar do sol, quando pedimos a Deus forças para o dia, e ao pôr do sol, quando lhe damos graças pelo dia. Não vivia senão para os pobres, e ele era rico! Muitas léguas ao redor desta casa, que ninguém daqui vê abandonada sem sentir dor no coração, toda a gente só tinha na mente um nome quando sofria, só conhecia um caminho quando precisava; era o nome do dono desta casa, era o caminho que conduzia até aqui e que o mato já cobriu. Por causa da política, mudou-se daqui e levou consigo todo o amor dos nossos corações. Seus procuradores deixaram ir a terra tudo o que ele aqui deixou, inclusive esta casa que cai, porque os pobres não têm forças para sustentá-la nos ombros, para terem-na sempre aí, como um monumento da caridade de seus donos e uma lembrança de seus benefícios.

— Quem é esse grande varão, que tanto soube fazer-se amar e que é objeto de tanta saudade?

— Chamou-se, em vida, capitão Antônio Bezerra de Menezes,[104] e deve ser hoje um bem-aventurado, se as virtudes da Terra têm real valor na habitação dos mortos.

O pobre rapaz, concluindo esta entusiástica exposição, abaixou a cabeça para ocultar duas lágrimas, o mais glorioso troféu que pode conquistar, nas batalhas da vida, o peregrino que as arranca, depois de ter desaparecido nas sombras do sepulcro, que são para os Espíritos avançados a aurora graciosa de um dia que não finda.

O cavaleiro sentiu-se dominado de religioso respeito, e reverentemente tirou o chapéu, descobrindo-se diante das ruínas de um templo erguido nas selvas à dileta filha do Céu, divina caridade.

— Vamos ao rio — disse para o guia, picando o cavalo e dizendo adeus àquela miséria, que já fora uma grandeza. — Onde está o cavalete?

— Há de estar debaixo daquela oiticica, que era onde o mestre Manoel o guardava.

Ali estava ele, com efeito; porque ninguém tocava no que fora do chorado benfeitor.

O guia, tão depressa chegou à margem do rio, que impava de cheio, sacou as roupas, sem a menor cerimônia, tomou um pau de mulungu, chanfrado por um lado, para não rolar — e, carregando-o para a água, disse ao cavaleiro:

— Eu vou passar primeiro o seu cavalo e arreios para vir buscar o senhor.

Assim como disse, assim o fez; de modo que às oito e meia o cavaleiro achava-se na margem oposta do chamado "Riacho das Pedras", e pronto para seguir viagem.

— Tome isto, em homenagem ao capitão Bezerra — disse, entregando ao matuto uma moeda de ouro de vinte mil réis.

---

[104] Pai de Bezerra de Menezes.

— Meu Deus! Eu bem lhe disse que não queria pagamento. E depois, tanto dinheiro!...

O cavaleiro, sem lhe dar resposta, meteu esporas ao cavalo, que em dois trancos era distanciado do rapaz, que voltou mostrando a todos a moeda, e dizendo:

— Ainda foi obra do capitão. Eu falei em seu nome, e basta isto para dar felicidade.

À hora precisa, em que o sino da velha matriz dava o sinal de entrar a missa, saltava o moço ao pé de uma cerca, na qual vira cavalos presos pelas rédeas.

Entrou no templo repleto de fiéis e assistiu à missa rezada pelo vigário Francisco Pinheiro, cuja fama de santidade era geral.

Acabada a missa, sem que ninguém lhe tivesse notado a presença, foi o primeiro a sair e colocou-se ao pé do cruzeiro, situado abaixo do largo adro, para ver se alguma pessoa lhe indicaria um lugar em que pudesse pousar.

Sentia prazer, vendo sair tanta gente, luzido rebanho do virtuoso vigário.

Naquela contemplação muda, estava todo absorto quando foi distraído e atraído por uma visão celeste, que lhe foi, como um raio de luz, direto ao coração.

Uma moça, clara, esbelta, flexível e de ar tão senhoril quanto modesto, acompanhada por um homem de meia-idade, que, pelo modo respeitoso com que todos o tratavam, indicava ser pessoa grada do lugar, fez tremer-lhe o coração que supunha morto para sentimentos amorosos.

Violento foi o abalo, e tal, que ficou inconsciente, e nesse estado, mudo e imóvel, qual estátua ao pé do cruzeiro, provocava naturalmente a curiosidade pública e a da própria moça que, da janela da sua casa, que era próxima, contemplava-o, sem compreender nada daquilo.

— Quem será? Parece ser um louco; mas louco tão bem vestido e montando em cavalo tão ricamente ajaezado?!

Depois de muito tempo, o estrangeiro moveu a cabeça, como quem repele importuno pensamento, e, tomando o cavalo, seguiu a passo, pelo meio do povo, que estava quase tão aparvalhado quanto ele.

Dando rédeas ao cavalo, deixou que o guiasse para onde quisesse, e assim foi ter a uma casinha de palha, à beira do rio, onde, recobrando a consciência, pediu pouso para si e para seu cavalo, que o dono da casa foi tratar imediatamente, deixando o cavaleiro para depois.

Este tinha ali, a não deixá-lo nem por momento, a imagem do anjo que lhe roubara a paz, e contra a qual debalde conjurava todas as suas energias.

Fugia espavorido ao pensamento de ficar preso de amor; quanto mais fugia, porém, mais o doce sentimento agia sobre sua vontade, prestes a render-se.

Era preciso fugir, se render-se não quisesse, e grande foi a luta que sustentou quanto a aceitar ou repelir esta ideia.

Por fim, foi ela triunfante, a ideia da fuga, que muitos chamam a resolução dos fracos, mas que, realmente, deve ser levada à conta da maior coragem, por ser o vencido o amor-próprio.

Apesar, porém, desse heroísmo do nosso homem, evitar não pôde ele que o coração levasse cravada a seta com que fora inopinadamente ferido.

Quis partir sem nada saber daquela fada, além do que lhe tinham ensinado seus olhos; mas irresistível foi a necessidade que sentiu de saber, ao menos, quem era.

Partir ou não partir sem aquele conhecimento foi motivo de nova luta, que se resolveu a favor do coração, em vez da outra.

Para distrair-se, encaminhou-se para uma sombria ingazeira, à beira do rio e distante da casa, e aí se estendeu na fresca areia a pensar, até que o interrompeu um banhista da vila.

Fez-se de relação com ele, e, por ele, soube que a moça, cuja vista o fascinara, era Ângela, filha do coronel Martins Pereira, o anjo protetor da gente pobre do lugar.

Ouvindo o que precisava, ergueu-se rapidamente o moço, e partiu dali, sem mais palavra dizer ao seu novo conhecido, que saiu a dizer: "o estrangeiro é um doido varrido".

Na vila não se falava de outra coisa, tendo cada cabeça uma opinião.

No dia seguinte, os donos da casinha não o encontraram mais; porém acharam em cima da cama, que lhe deram, um saco de couro bordado a retrós com um papel, que dizia: "um conto de réis, para meus hóspedes — e o resto, para ser entregue a Ângela, a fim de ser distribuído por seus pobres".

III

Foi uma revolução na vila quando se soube que o estrangeiro, misantropo ou louco, fizera um presente régio aos pobres da localidade.

Os donos da casinha, na qual ele se hospedara, ficaram deslumbrados à vista de tanto dinheiro, que nem contar sabiam.

A mulher fez logo planos, que nem todo ouro do Tesouro Nacional chegaria para realizar; foi, porém, descendo de tão altas pretensões, atenta às reflexões do marido, até contentar-se com uma fazenda e com fazer figas à vizinha, que a chamava de cigana.

— Veremos agora — dizia de mãos nas cadeiras — quem mais vale: se eu, que vou ser D. Perpétua do Amor Divino, senhora de uma fazenda — se ela que nunca passara de sinhá Maria Joana, a viver de traíras com feijão-de-corda! Amanhã, vou passar-lhe pela porta, só para ver-lhe a cara, só para moê-la.

O senhor Damião Pereira é que não levava tão alto o voo, contentando-se com possuir um sitiozinho, com suas ovelhas e algumas vaquinhas.

— A vizinha que viva como puder e Deus for servido — dizia ele a sua mulher. — Que te importa que ela passe ou não passe de sinhá Maria Joana? Pois melhor fora, e eu estimaria, que passasse. Olha, Perpétua, quem mal deseja aos outros, a si faz mal.

— Não sejas tolo, Damião. Nós, com um conto de réis, vamos ficar graúdos — vamos tirar o pé do lodo — e botar poeira em toda esta canalha, que nos tratava como seus iguais. Deus reserva para os seus um lugarzinho fresco.

— É verdade; mas, para tê-lo, é preciso merecê-lo; e tu estás aí a fazer planos de maldade que podem ser causa de virar carvão o nosso ouro.

— Pois não vês! Dinheiro que vira carvão é o que deixaram enterrado as almas penadas. O nosso é dinheiro deixado por gente viva — e que gente! Um moço bonito, embora, salvo seja, me pareça um pouco amalucado. Queres saber uma coisa, Damião? Eu impliquei com a cara daquele fidalgo! E, entretanto, agora me parece que aquilo é anjo.

— Anjo sem dúvida, minha velha, que os homens não fazem o que ele fez. Um conto de réis só por lhe termos dado a sombra de nossa casinha e um prato de mucunzá com rapadura! E que faremos deste conto de réis?

— Vamos comprar uma fazenda, Damião.

— Não sejas tola. Eu não entendo destas coisas, e, portanto, nada resolvo sem ouvir a D. Ângela, a quem vou pedir um conselho e levar-lhe o dinheiro que o moço deixou para ela.

— Talvez tenhas razão; mas eu não abandono meu plano: aquele dinheiro nos foi mandado para comprarmos uma fazenda.

A filha do coronel Pinheiro, a quem o moço não passou despercebido, tendo sentido, ao encontro de seus olhares, uma impressão que lhe abalou todo o seu ser, ficou atordoada com o seu presente, que valia por uma fortuna — e, comovida por saber-se distinguida pelo desconhecido, de quem fazia ideia muito diferente da dos outros, quase se encheu de orgulhosa vaidade.

Assim perturbada, sem mesmo saber por quê, foi contar ao pai o que lhe sucedera, e saber dele o que devia fazer.

Moça de sentimentos nobres, Ângela procurava na experiência do pai suprimento à sua ignorância das coisas da vida.

Fizessem todas assim, e o mundo não teria tantas desgraças a lamentar.

E ela não somente procedia por aquele modo quanto às coisas externas, como mesmo quanto ao que entendia com o coração.

Foi assim que, entregando ao discernimento do coronel o negócio do dinheiro, ela não lhe ocultou o que sentira à vista daquele moço.

— Fantasias, minha filha — fantasias criadas pelo mistério em que se envolveu o desconhecido.

— Pode ser, papai; mas o que senti foi tão do íntimo que não posso apagar. Quanto mais procuro esquecer o moço, mais ele me prende. Entretanto, não lhe tomei as feições, tanto que, se o visse, não o reconheceria.

— Aí tens a prova do que te digo. Como prender-se pelo coração a um homem de quem apenas se viu o vulto? Só a imaginação pode produzir esse abalo que sentes.

— Não sei, papai; mas eu nunca senti o que me produziu aquele homem.

— Não vais tu ficar apaixonada por quem te passou pelos olhos como uma sombra ou meteoro, que se esvaíram!

A moça riu com gracejo do pai, e ambos voltaram ao assunto que os reuniu.

Resolveram tomar conselho com o velho e santo vigário, seu primo, e com o professor público, que eram quantidades constantes na resolução de todos os problemas que interessavam à gente do lugar.

Depois de reunidos e de muito parafusarem por saber quem seria o doador — por que motivo fizera a grandiosa doação — e qual o destino que deviam dar-lhe, chegaram às conclusões:

— O homem é um milionário inglês, talvez filho de lorde, que viaja pelos sertões fazendo excentricidades próprias dos filhos de Albion.[105] Escolheu Ângela, porque ninguém pode vê-la sem amá-la, e porque era naturalmente a indicada para qualquer obra de caridade, de que era apóstolo.

— O dinheiro deve ser aplicado à criação de um asilo para ingênuos,[106] que a Lei de 28 de setembro,[107] da qual procedem, deixou abandonados ao desgraçado destino de seus corrompidos pais.

Esta ideia foi do vigário, que a fundamentou por estas palavras:

— De que serve libertar da escravidão material, deixando vigorante a escravidão moral? A nova lei, para ser sábia

---

[105] Antiga denominação latina para a Inglaterra.

[106] Filhos de escravos nascidos livres.

[107] Lei do Ventre Livre (Lei Imperial 2.040, de 28/9/1871): "Artigo 1º Os filhos da mulher escrava que nascerem no Império desde a data desta lei serão considerados de condição livre".

e completa, devia prover à criação e educação dos ingênuos, fora do seio paterno, pois que aí não aprenderão senão o que lhes dana a alma e os torna perniciosos cidadãos, quando forem homens. Criados e educados fora daquela atmosfera contaminada, os inocentes filhos da raça negra terão a alma isenta das impurezas paternas e tornar-se-ão prestimosos esteios da sociedade. E, pois que o Estado desprezou esta humanitária e civilizadora providência, única eficaz para tirar linfa pura e cristalina da cabeça de um cão podre, tomemo-la nós, neste desconhecido recanto, graças à filantropia do grande coração, que todos admiramos, e cuja memória ensinaremos às crianças negras a bendizer. Meu plano é este:

"Compra-se uma fazenda — institui-se nela um asilo — recolhem-se a ele todos os ingênuos do município — e prover-se-á a sua criação ou com o leite das próprias mães, que os senhores não se recusarão a cedê-las, durante o tempo necessário, ou com a manutenção artificial, em casos excepcionais.

"Criados os meninos, começará o trabalho da educação, pelo ensino do catecismo e das primeiras letras: ler — escrever — e contar.

"E, quando apresentarem a precisa robustez, aplicá-los-emos ao trabalho que garante a vida.

"Teremos assim moços e moças educados no trabalho e nos bons princípios, os quais, pela identidade de origem e de condições, se ligarão constituindo famílias honestas, que o tempo fundirá na massa geral da sociedade".

Um pensamento tão nobre não podia deixar de sorrir àquelas almas sempre dispostas ao bem.

O plano foi aceito, ficando o vigário incumbido da criação e educação dos rapazes — Ângela da criação e educação das raparigas — o coronel de tudo quanto entendesse com a economia do estabelecimento e emprego reprodutivo do capital — e o professor do ensino às crianças.

Tendo-se resolvido separá-las por sexos, ficou encarregado de comprar a fazenda de S. Bárbara, que foi do coronel Bezerra, para as meninas — e a das Pedras, que fora do filho, o capitão Bezerra, para os meninos.

Era aquele o princípio da execução de uma ideia, que brotara, em 1869, do cérebro de um obscuro brasileiro, autor de um opúsculo que escreveu em aditamento à Lei do Ventre Livre.

Os grandes homens, os magnânimos autores da lei, contentaram-se com a glória de fazerem que não mais nascessem escravos no Brasil; e esqueceram a verdadeira glória: de tirarem de uma raça perdida, que infeccionava a sociedade, valiosos elementos de engrandecimento para a mesma sociedade.

Ex fumo dare lucem.[108]

Em poucos meses as duas casas estavam reconstruídas e repletas de crianças, amamentadas por suas próprias mães; nem um dos senhores se recusou a isso, como previra o vigário, havendo até verdadeira emulação por concorrerem todos para a gloriosa empresa.

Cediam suas escravas pelo tempo da amamentação, e ofereciam ao asilo carne, leite, cereais, e tudo o que era preciso à sua sustentação, inclusive roupas usadas e novas.

O pio estabelecimento era bafejado pelos bons desejos de todos os habitantes daquela localidade.

Embora pouco desse cada um, o resultado era a abundância, pelo concurso de todos.

---

[108] Trecho de um verso do poeta latino Horácio (65-8 a.C.), constante da *Epístola aos Pisões*, mais conhecida como *Arte poética*: *Non fumum ex fulgore, sed ex fumo dare lucem* [Não tirar fumaça de um clarão, mas luz da fumaça].

A população de Riacho do Sangue, com razão, orgulhava-se de haver feito, em bem da sociedade e da Humanidade, o que não fizeram os governos do Brasil e do mundo, onde houve escravos!

O velho vigário, quando entrava no asilo e via-se cercado da multidão de criancinhas, a lhe tomarem a bênção e a rirem para ele, como se fossem filhos, chorava de prazer — e dizia com santa ufania:

— Estes anjinhos, que a sociedade condenava à perdição paterna, foram por nós levantados e colocados na estrada do alto destino humano!

E tinha de que se ufanar, porque, sem aquela providência, toda aquela inocência nativa se perverteria e se quebraria de encontro à barreira que lhe criariam os sentimentos e práticas depravadas da senzala — obra exclusiva dos bárbaros senhores, que criam escravos como criam cães, não se lembrando de que eles têm uma alma — e só vendo neles máquinas de fazer fortuna!

Oh! é de fazer arrepiarem-se as carnes, pensar-se nas contas que devem dar tais infelizes ao Supremo Juiz, do modo como compreenderam seus deveres com aqueles que a lei fez seus escravos!

Hão de prestá-las pelas carnes que lhes rasgaram — pela obcecação em que os mantiveram — pela perversão moral a que os arrastaram — pelas trevas em que os tiveram mergulhados!

No tribunal indefectível, o que arrancou a vida a seu semelhante poderá encontrar misericórdia — aquele, porém, que matou a alma, cegando-a para não ver a luz, nem misericórdia nem complacência poderá encontrar!

Todas as suas vítimas virão atirar-lhe às faces a baba sanguínea que sua impiedade lhes fez subir do coração lacerado pelas dores!

Todos o esmagarão com as penas que sofrem, por sua perversão, obra da sua feroz ganância!

E o desgraçado, roído pelos vermes de sua própria maldade, ver-se-á rodeado, a todo o momento, pelos esquálidos espectros de suas vítimas, que, em coro, bradar-lhe-ão: "Podíamos ser bons, fizeste-nos maus — podíamos ser bem-aventurados, fizestes-nos precitos!".

Oh! o infeliz sofrerá o peso das maldições de todos os que se perderam por sua culpa!

O senhor responde pela educação do escravo, como o pai pela do filho.

A diferença é só que o filho é confiado por Deus — e que o escravo o é por lei humana; ambos, porém, estão sob seu poder e, pois, dependem de sua direção.

Que vale, porém, dizer isso, se a maior parte não acredita senão na realidade desta vida?

Ah! se esses desgraçados pudessem ouvir a voz de seus pais — de seus filhos — de seus irmãos que já passaram o marco tumular!

Aquela voz petrificá-los-ia! — e é, talvez, por isso que o Pai, sempre amoroso, lhes poupa essa prévia tortura, quando permite a tantos, que são bons de coração, ouvi-la para se firmarem na sublime crença de que à terra só baixa o corpo — de que o espírito, a nossa essência, vai além, corta o Espaço e, caindo e levantando-se, chega infalivelmente à casa que lhe foi preparada — de que, finalmente, vimos de longe e vamos para o Infinito.

Tinha, pois, toda a razão o santo vigário, de ufanar-se pelo resgate de tantas almas; porque cada uma delas será, no Tribunal Supremo, um atestado vivo de sua inquebrantável dedicação ao bem, pelo exercício da caridade para com as vítimas e para com os algozes.

O santo homem tinha, em meio de suas puras alegrias, um único pesar: não poder dizer ao grande coração que fornecera os meios: "Contempla a tua obra!".

Vingava-se, porém, fazendo com que o capelão do asilo oferecesse a missa dominical pelo benfeitor de tantas almas. E não ficava nisto; porque todas as noites, à hora do terço, que se rezava depois do ensino da doutrina cristã, levantava-se, em coro, uma prece ao Altíssimo, por aquela boa alma, que as crianças aprendiam a amar e abençoar.

Fazia gosto ver o recolhimento das meninas, confiado a Ângela, que organizou uma espécie de associação ou irmandade, composta das mais estimadas senhoras do lugar, as quais se revezavam no serviço de velarem pelas inocentes órfãs.

A moça gozava, com aquele trabalho, o mais delicioso prazer; não só porque lhe compreendia o alto alcance, como porque, executando a vontade do doador, sentia derramar-se por sua alma, virgem de sentimentos amorosos, uma suave e doce tristeza, que a arrebatava.

Havia, pois, para ela, na missão que tomara a si, um santo dever e um grato prazer.

A regedora do recolhimento, senhora escolhida com o maior escrúpulo, era incansável em providenciar para que os alimentos fossem da melhor qualidade — e as meninas andassem com todo o asseio do corpo e do vestido.

Vendo-se assim pensadas, as crianças começaram a ter o sentimento da dignidade, que não germina, e muito menos medra, nas almas vilipendiadas pelos que as cercam.

Pouca despesa se fazia com alimentos e vestidos, por fornecerem-nos, à porfia, as famílias associadas ou não.

O capital doado, que foi de cem contos, desfalcado apenas do que se gastou com a compra das terras e com as obras, que pouco custam naquelas paragens, estava empregado na compra de garrotes, que, depois de refeitos, eram vendidos pelo quádruplo do custo.

Assim, pois, tendo o coronel empregado oitenta contos, elevou-os, em dois anos, a cerca de trezentos; quantia que subiu a seiscentos contos, em quatro anos.

Não sabendo o que fazer de tão avultada soma, o coronel pediu conselho aos instituidores, que resolveram: empregar quinhentos contos em apólices e continuar, com o resto, o negócio que tanto lucro dava.

As apólices seriam o patrimônio dos ingênuos, que receberiam sua quota, logo que chegassem à idade de se estabelecerem, comprando-se-lhes um sítio afazendado, de criação.

Teriam, pois, garantida a educação e também o futuro, se soubessem dirigir-se.

Só os de alma revessa poderiam resistir ao influxo benéfico de tão solícitos cuidados para destrilharem do bom caminho.

Era a melhor e mais grata ocupação do bom povo cuidar do presente e preparar o futuro dos filhos da raça negra, considerando sua obra mais humanitária e civilizadora do que a dos poderes públicos em dar liberdade aos cativos, deixando-os abandonados, no meio da sociedade, que os repele por causa de seus vícios originais — e é por eles repelida, pelos próprios instintos ferozes.

Havia uma falta, que era geral no lugar: um médico, que curasse os doentes; pois que, naquele tempo, mesmo na capital, era raro encontrar-se algum — e a capital ficava a sessenta léguas.

A Providência, porém, prevê as necessidades da Humanidade com sensível cuidado.

O vigário acumulava os ofícios de cura das almas e do corpo — e era, em ambos, de uma felicidade admirável.

Diziam que ele tinha tino médico; mas a verdade era que possuía a mediunidade curativa, coisa ainda desconhecida do mundo.

De longe, diagnosticava, especializando as causas das moléstias — e aplicava a homeopatia com tal ciência que raro falhava o efeito.

Ele mesmo sentia que não era sua aquela obra, mas que ninguém lhe fosse dizer que era dos Espíritos, por seu intermédio, que o velho santo perderia a calma.

Ainda era cedo para tomarem-se em consideração leis novas, que só vingarão quando florescer o Evangelho do Futuro.

As crianças aproveitavam, pois, em todo o sentido a benéfica influência que os transplantara para outra vida, na Terra, preparatória doutra vida na eternidade.

IV

Nos sertões do Norte, ricos de todos os dons da Natureza, como a terra de Canaã, só há, pode-se dizer, uma preocupação, que altera a paz e a felicidade de seus habitantes: é a seca, fantasma horrível que concentra em seu hediondo ser todos os horrores por que possa passar a mísera humanidade, desde a fome, de comer couro seco e roer ossos, até a morte por inanição — desde a nudez da donzela até o sacrifício de sua pureza, em troca de um punhado de farinha.

E há quem, naqueles calamitosos tempos, faça o miserável comércio!

A seca não é, como geralmente pensam, a falta de chuvas por dois, três ou quatro meses. Esta é maior, é natural e dá-se todos os anos, com vantagem para a economia rural daqueles sertões.

De julho a dezembro, não chove todos os anos; e, como isso é natural, a Natureza tem disposto de modo a nenhum dano vir daí.

A seca, que assola mais do que a peste, mais do que quanto flagelo conhece a Humanidade, é a que vem acidentalmente, quase periodicamente, deixando de chover na estação do ano chamada inverno, de janeiro a junho.

Imaginem que, num dado ano, aos seis meses de seca natural, em vez de seguirem-se os seis de natural verdura, pelas chuvas, passam estes, como aqueles, sem uma gota d'água do céu.

São assim ligadas três estações secas, de seis meses cada ano: a que termina em dezembro — a chuvosa, que começa em janeiro, mas que falha — e a outra, que é naturalmente seca, e que começa em julho.

São dezoito meses sem chuva, o tremendo flagelo!

A população dos pontos centrais, não tendo meios de transporte para os portos de mar, onde se encontram gêneros alimentícios, visto que os campos ficam varridos de pastagem e despovoados de animais, mortos à fome, emigra, em massa, para aqueles portos, a pé — por caminhos abrasados pelo calor do sol ardente — sem levar nem encontrar alimentos, e às vezes nem água — e sendo, no desespero da fome, obrigada a roer ossos secos e peles de animais!

Veem-se manadas humanas, arrastando-se pelas estradas, levando os pais ao colo os ternos filhinhos, que lhes varam o coração a cada momento, pedindo em choro, em agonia de morte, pão e água, naqueles ressequidos desertos, onde não se encontra nem pão nem água!

A maior parte daquelas criaturas não chega a seu destino, morre nas estradas, que lhe são a via dolorosa, amaldiçoando uns — abençoando outros a mão que assim os fere.

O resto, e são talvez os mais desgraçados, vai acabar nas enxergas de um hospital ou no meio das ruas das cidades, que a tanto custo procuraram para salvarem-se e salvarem os entes amados.

Imagine-se um acampamento de duzentas ou trezentas mil pessoas naquelas condições, e calcule-se o turbilhão de desgraças que referve naquele meio!

São amorosos pais de família, que veem acabar em miséria, que nunca imaginaram, a cara esposa e os filhinhos, que estremeciam!

Por que não acabou também? Por que não ficou louco ao menos? Mais valia isso do que se ver só no mundo — e sem recursos, ele que concentrara no lar todos os afetos de sua alma — ele que já tivera meios de tratá-los distintamente!

São moças que viveram embaladas em castos pensamentos, sonhando as delícias de um amor angélico, agora reduzidas a venderem a honra por um pouco de farinha, com que matarem a fome, que lhes vai levar o caro pai — a mimosa mãe!

São cardumes de crianças, esqueletos ambulantes, que já não têm o sopro protetor do pai, da mãe, do irmão, cobertos pela terra, e os pobrezinhos nem força têm para chamá-los em seu socorro, inscientes do fim desastroso que levaram — e que ainda mais desastroso lhes prepara!

Se não fosse esse indescritível contratempo, que de anos em anos passa como um vento de morte por aquelas regiões, a vida do sertanejo era para ser invejada pelos reis da Terra.

Com ele, porém, é ela de constantes sustos; porque ninguém sabe o que será o ano que vem.

Às vezes a estação seca prolonga-se até março, e já o povo está em angústias mortais, quando chega o consolo e a felicidade, sob a forma de nuvens carregadas, despontando no horizonte.

No ano de 18..., em que se deram os fatos aqui narrados, já era março, e a ausência de chuvas trazia aflita a população de Riacho do Sangue.

Não havia tarde nem manhã em que as vistas dos assustados campônios não se estendessem pelos horizontes, à procura de uma nuvem que lhes fosse auspicioso prenúncio da suspirada estação.

Durante o dia, viam-se os animais, reduzidos a pele e ossos, descerem para o minguado bebedouro e voltarem para os campos, já desprovidos de pastos.

Os homens quase não faziam senão cortar a rama do juá e queimar o xiquexique, para a alimentação do que lhes era alimento e fortuna.

A esse pesado trabalho juntava-se o de correrem os campos para levantarem as reses, que não tinham mais força de se erguerem do lugar de repouso.

O vigário fazia preces, concorridas por toda a gente da vila e dos mais distantes lugares.

Era véspera de S. José, e os desolados matutos foram procurar em suas redes o esquecimento das amargas aflições.

Alta noite, já a descambar para a madrugada, um ruído surdo, como longínquo troar de artilharia, despertou a todos e, como por encanto, arrancou a todos do preguiçoso leito.

"É a chuva? É o inverno?" — era só o que se ouvia pelas portas, pelas janelas, e pela grande praça, onde quase toda a gente se ajuntara de repente.

A pequena multidão dividia-se em grupos, que ora se afastavam, ora se fundiam, como um brinquedo de criança.

Não falavam; mal se encontravam, apontavam para uma nuvem negra, que o vento sul tocava e que subia coroada de línguas de fogo — e acompanhada da música mais sonora que podia haver para aqueles ouvidos: um repique de trovões.

A Lua, parecendo receosa da tempestade, apressava a marcha para o leito, que guarda escondido lá para as bandas onde o Sol se deita.

Não teve, porém, o tempo com que calculara para vencer o espaço que lhe faltava.

Às cinco horas da manhã, a coluna avançada do exército negro tomou-a de flanco e envolveu-a, furtando-a, por momentos, à vista dos homens.

Foi uma luta renhida!

Momentos, a nuvem cobria a Lua — momentos, a Lua abria brecha na nuvem e espargia raios de luz, ainda que frouxos, sobre a terra.

Num desses relances, viu-se despontar na praça e vir parar em frente à igreja um cavaleiro de capa escura e chapéu do chile, montando soberbo ginete preto como azeviche.

Parecendo não ter reparado na multidão de vultos, que por ali formigavam, subiu impassivelmente os degraus do adro e, parando à porta principal, ajoelhou e fez longa oração.

Erguido que foi, seguiu direito para o cruzeiro, a que se recostou, a esperar que amanhecesse.

Atendeu então para o povo assanhado e aglomerado na praça, conversando em altas vozes sobre a chuva, que não tardava a cair.

Todos o tinham acompanhado com viva curiosidade, quase igual à que tinham observando a aproximação da chuva.

Seria um misterioso como aquele que passara por ali, havia cerca de três anos?

E acompanhavam a marcha lenta da coluna de nuvens, que lhes trazia a vida e o gozo; e atendiam àquele homem que, a tão imprópria hora, chegava à vila, e, aí chegando, sua primeira visita fora para Deus.

Ângela que, em companhia dos seus, também passeava àquela hora, sentiu-se veementemente atraída para o desconhecido, que, dizia-lhe o coração, não era indiferente a seu destino.

E por sua mente correu, rápida como um raio de luz, a lembrança do homem que passara com a mesma devoção e mistério.

Teve, pois, curiosidade de vê-lo de perto, e, como a mulher mais elevada não deixa de ter parte na herança da primeira mãe dos homens, foi, sem parecer, encaminhando seu grupo para junto do cruzeiro.

Ao enfrentar com o cavaleiro, olhou-o fixamente: mas não pôde distinguir-lhe a fisionomia, por achar-se ele envolto nas sombras da noite, que mal começavam a dissipar-se.

O homem, porém, sentiu profundo abalo à sua vista e baixou a cabeça, como se fora deslumbrado.

Marcelino Ferreira, um daquele grupo, e famoso por ser tagarela, disse a Ângela:

— Vou fazer falar aquele estapafúrdio, para dizer quem é e o que vem aqui fazer.

— Deus o guarde, senhor comendador.

O desconhecido ficou impassível à saudação que lhe pareceu tola.

— Bom dia, senhor comandante.

Mais se convenceu o estrangeiro da tolice do homem, e nem de leve mostrou prestar-lhe atenção.

— Senhor doutor — continuou Marcelino já meio desapontado —, manda alguma coisa deste seu criado?

O homem conheceu que aquela mosca não o deixaria, sem que ele respondesse, e disse:

— Não sou nada disso que me atribui.

— Oh! então o senhor não é nada neste mundo, no qual nenhum troca-tintas escapa de ser comendador, comandante da Guarda Nacional ou doutor.

O desconhecido sorriu, e isso deu coragem a Marcelino: era a porta aberta à perlenga.

O grupo de Ângela estava parado à distância de não perder a conversa dos dois.

— Vossa Senhoria vem de longe, pelo que parece; talvez da França ou de Paris, e quem sabe se não de Lisboa?

— Também não venho de nenhum desses lugares — respondeu o desconhecido, rindo-se dos conhecimentos geográficos do seu improvisado Cabrion.[109] — Venho de muito mais perto: da Corte.

— Da Corte! Um homem da Corte, como qualquer de nós?! Eu fazia uma ideia muito diferente da gente da Corte! Não vale a pena ser-se da Corte, uma vez que se é como os outros! Safa! sempre se leva cada logro neste mundo!

A resposta "da Corte" causou tal alvoroto no ânimo dos que a ouviram que chegaram a esquecer-se da chuva. Foi um ímã para toda aquela gente, que, em pouco tempo, era toda ao pé do cruzeiro, mirando estupefata o homem da Corte!

O coronel Pinheiro, com ser nascido e criado naquelas brenhas, não deixava de possuir a intuição dos bons princípios de civilidade, e, pois, estava incomodado de ver o desconhecido sujeito a uma espécie de investigação tão mortificante quanto de mau gosto.

Sendo a pessoa mais grada do lugar, julgou-se na obrigação de pôr termo àquela cena, que pouco abonava os foros de seus conterrâneos.

Naquele intuito, adiantou-se alguns passos, tendo pela mão a filha, e disse ao recém-chegado:

---

[109] Personagem impertinente do romance *Os mistérios de Paris*, do escritor francês Eugène Sue (1804-1857). No português, firmou-se o substantivo "cabrião" para designar um indivíduo que está sempre importunando.

— O senhor não conhece estas paragens e, conseguintemente, não tem onde pousar. Ofereço-lhe o meu telheiro, onde não encontrará certamente os cômodos a que está habituado, mas será recebido de boa vontade.

— Obrigado, senhor. Efetivamente, eu não conheço este lugar; mas trago comigo uma carta de apresentação e recomendação para uma pessoa daqui, a quem socorre a fama, que corre ao longe, de muito distinto cavaleiro. Eis-me, pois, em vista disto, privado de aceitar o oferecimento que tão gentilmente me faz, e que muito me penhora.

Aquela voz, sonora de agradar aos ouvidos, aquela linguagem, que se distanciava da usada na terra, penetraram a alma de Ângela, que sentiu ímpetos de dizer ao moço: "venha a nós, e deixe a carta que lhe deram".

Marcelino interveio a propósito, para cortar o nó, com esta pergunta:

— Para quem é a carta que traz?

— É para o senhor coronel Pinheiro, que lhe peço o favor de dizer-me onde mora, pois que tenho pressa de apresentar-lhe a expressão de minhas considerações.

— Oh! que belo! — exclamou Marcelino. — Encontrou-se a ronda com a justiça — ou, como diz o cura do asilo, temos a Páscoa ao domingo. Pois, meu caro senhor da Corte, fique sabendo que está falando com coronel em pessoa.

— Quem? o senhor? — perguntou o desconhecido fingindo desagradável surpresa; que bem sabia quem era o coronel.

— Bem pudera ser eu, que desta massa é que se fazem; mas ainda não tive esta tentação. O senhor coronel Pinheiro é aquele meu particular amigo, que lhe ofereceu sua casa e que tem pela mão aquela linda... linda e angélica menina, que se chama Ângela e que faz as delícias de seu pai, a quem nunca quis deixar pelos rapazes da terra — e creio que...

— Basta, basta, senhor Marcelino — bradou com voz áspera o coronel. — Senhor — disse, voltando-se para o desconhecido —, começa a cair chuva, vamos para nossa casa.

E, logo, ombro a ombro como seu hóspede, encaminhou-se para sua residência, onde lhe apresentou a família e, principalmente, sua querida Ângela.

O moço dirigiu uma palavra delicada a cada um daqueles a quem foi apresentado, e, chegando a vez de Ângela, disse-lhe perturbado:

— Seus olhos foram talvez a estrela que me guiou pelos longos desertos.

Ângela corou até ficar rubra, e respondeu:

— Refletida é a luz das estrelas, senhor. Caía chuva em bátegas.

V

Estava salva a situação!

Os habitantes de Riacho do Sangue já não tinham que temer por sua sorte.

Uma chuva copiosa, dessas que abrem com segurança a nova estação, inundou os campos e lavou as árvores das cinzas do verão.

Tudo ria em torno do homem, que fazia daquelas alegrias oferendas ao Senhor e Criador de tudo.

Os animais, ainda ontem abatidos, eram alegres — berrando, rinchando ou balando, e correndo pelos campos, a darem saltos e corcovas de que ninguém os julgaria capazes por sua magreza.

Os pássaros, mudos durante todo o verão, enchiam os ares com seus festivais gorjeios.

A atmosfera recendia leves perfumes.

E a terra apresentava uma encantadora miragem de aveludada toalha de verduras.

E toda esta instantânea transformação era efeito de uma única chuva, caída em meio dos ardores caniculares!

É que tudo o que tem vida se alenta pela esperança, e a esperança tem o dom de fazer o cadáver rir dos vermes.

É que a própria Natureza inanimada espera, nos rigores por que passa, os dias do orvalho vivificador. Não tem a razão — tem o instinto.

Pelas oito horas, tudo tinha passado. O céu era límpido, o ar transparente, um róseo quase imperceptível tingia o horizonte, em torno da vila.

A alma daqueles assustados campônios hauria aquele fluido indefinível, que se derramava por toda a Natureza, espancando o luto, cujo véu ameaçava cobri-la.

Em todos os pontos conversava-se alegremente sobre os dois fatos do dia: a chuva e o homem da Corte, e principalmente sobre este, que mais pode na massa humana o maravilhoso do que o próprio bem.

Que viria fazer naquele sítio, desconhecido do mundo, um homem da Corte?!

— Não veio de passagem, que trouxe recomendação para o coronel.

— Que diabo de negócio terá ele aqui?

Muito mais do que se se tratasse do maior interesse de cada um, se afervoravam aquelas boas criaturas por decifrar o problema da vinda do homem que, pelos modos, descobria um personagem.

Em meio, porém, de suas profundas e porfiadas conjecturas, veio interrompê-los o tanger do velho sino, convidando-os a darem graças a Deus.

O coronel Pinheiro, que não faltava aos ofícios divinos, estava pronto com toda a família, mas achava-se acanhado em convidar seu hóspede, que naturalmente era *livre-pensador* ou pedreiro livre, como são qualificados, por aqueles lugares, os que não têm religião.

Lembrou-se, porém, de que antes de procurar os homens, fora ele orar à porta da igreja, e todas as indecisões se desfizeram.

— O sino convida-nos à missa, senhor Raimundo; quer acompanhar-nos?

— Com sumo gosto, senhor coronel, tanto mais que preciso falar ao vigário antes da celebração do divino sacrifício.

— Já deve estar na igreja, onde poderá falar-lhe, se não tiver a desgraça de encontrar o Marcelino, aquele terrível tagarela, que tanto o aborreceu ainda há pouco. Aquilo é uma sanguessuga, que se agarra à gente e não se despede enquanto não esgota todo o sangue da paciência.

Raimundo acompanhou a família sem saber o que dizia, enlevado, como ia, na contemplação da fada dos sertões, sem dúvida emigrada dos salões da Corte.

Era mais que fada, porque a deusa dos amores disputaria com ela o prêmio da beleza e das graças naturais.

Ângela era a diva dos sertões!

Chegados à porta da igreja, Raimundo foi surpreendido pela aparição de uma moça vestida de branco, que lhe ofereceu uma bolsa dizendo: "Para o asilo dos ingênuos".

O coronel lançou à bolsa uma moeda de prata, e Raimundo deixou lá uma espórtula que aumentou a geral curiosidade. Foi uma nota de duzentos mil réis.

— Quem é este, que faz esmolas destas?

E começaram as conjecturas sobre sua individualidade, até o elevaram à altura de um sábio em vilegiatura, por colher preciosidades sertanejas.

Por sua parte, grande foi a admiração da moça, ouvindo falar em asilo de ingênuos naquelas paragens, quando mesmo na Corte não havia disso.

— Quem teve a ideia e a força de criar aqui um estabelecimento desta ordem? — perguntou ao coronel.

— É uma história muito curiosa, que lhe contarei. Verá que nós, por sermos matutos, não deixamos de ter contos de fadas.

— Já vi que aqui é a terra delas — disse o moço, relanceando expressivo olhar para Ângela, que baixou os olhos.

A bela filha do coronel, tratando-se do asilo, que lembrava a passagem do seu verdadeiro criador, sentiu palpitar-lhe o coração pelo moço, que tão vivamente a impressionara, com o mesmo ritmo com que agora palpitava por seu hóspede, que não menos a impressionava.

Duas imagens no mesmo quadro!

Ângela sentia inefável prazer tratando com Raimundo; mas a lembrança do desconhecido lhe dava o mesmo gozo.

Dir-se-ia que tinha dividido o coração, metade para cada um, ou que tinha, por desconhecida apuração do espírito, fundido os dois, que amava indistintamente, no mesmo objetivo de seu amor.

Destacando-se de seus hóspedes, maravilhados de sua fina educação, Raimundo atravessou a grande nave do templo, e, tendo feito sua oração, encaminhou-se para a sacristia.

O vigário ali estava só, visto que as novidades do dia ocupavam o povo fora da igreja, onde Marcelino retoricava.

Raimundo falou-lhe respeitosamente:

— Venho da Corte, reverendo vigário, expressamente a pedir-lhe uma graça.

— Da Corte?! Para pedir-me uma graça?! Sabe-se, porventura, na Corte, que existe este pobre velho, obscuro servo de Deus?!

— Tanto se sabe que eu vim procurá-lo.

— Admira-me isto, senhor, porque não tenho merecimentos que me façam conhecido. Queira, porém, dizer-me o que de mim exige, que sumo gosto terei se puder satisfazer seus desejos.

— O que lhe venho pedir, reverendo vigário, é ouvir-me de confissão.

Com essa ficou o vigário atordoado. Um homem, um moço da Corte confessar-se! E vir, donde há tantos padres famosos, a um pobre cura de aldeia!

Boa alma tinha o padre, que não se encheu de orgulho, vendo-se preferido aos luminares da Igreja.

— Eu pensava, senhor, que os moços da Corte só cuidavam dos prazeres terrestres; vejo, porém, que me enganava.

— Certamente, senhor vigário, porque há na Corte muita religião, e, conquanto a mocidade, imbuída em doutrinas perigosas, principalmente a de Comte,[110] destrilhe em grande parte do carreiro da verdade, ainda fica muita gente, que procura na fé dos seus maiores o meio de conquistar a felicidade eterna.

— Eu é que me enganei, senhor. Nem todos encaram esta vida com olhos corporais. Vamos, porém, ao que deseja, que me impõe o dever de atendê-lo.

Retirados a um canto, confessor e penitente levaram muito tempo em secreto colóquio. Por fim, levantaram-se, e, houvesse ali quem os observasse, reconheceria que um e outro tinham copiosamente chorado.

---

[110] Auguste Comte (1798-1857), filósofo francês considerado o pai da Sociologia e fundador do Positivismo, doutrina antiteológica e antimetafísica que se fundamentou nas ciências experimentais.

Entrou a missa, e no fim, quando o celebrante consumiu a sagrada partícula, ouviu-se um *confiteor*,[111] que indicou ter alguém de comungar.

Nada mais comum naqueles lugares do que a confissão, laço que prende as ovelhas ao pastor; e, pois, o *confiteor* não despertou curiosidade.

Logo, porém, que se viu o sacristão estender a alva aos peitos do recém-chegado, fez-se um ruído surdo de geral admiração, por dar-se o fato com um homem da Corte.

— Foi obra do nosso santo vigário — diziam uns aos outros.

— O sujeitinho encontrou-o na sacristia e lá se bateram até que se rendeu.

— Se toda a gente da Corte viesse aqui, seguiria o caminho deste.

Nestes dizeres, que falavam aos sentimentos de bairrismo mais que ao caráter religioso do vigário, nem um dos discursadores se lembrou de que o moço da Corte, antes de falar com o santo vigário, dera prova da sua religiosidade, correndo a orar tão depressa pôs pé em terra.

Acabada a missa, foi o coronel cumprimentar o seu hóspede, e convidar o primo vigário a almoçar em sua casa.

Marcelino Ferreira, que se achava presente, foi tomando a palavra para dizer:

— Deus deu o pão para todos, senhor coronel, e, pois, visto que também sou filho de Deus, convido-me a provar dos quitutes preparados para o moço da Corte.

— Não há quitutes — respondeu o coronel —, mas acedo de boa vontade ao seu convite.

Neste ponto ouviu-se um brado geral, que dizia: 'A cabeça d'água! a cabeça d'água!" — e todo o povo corria em disparada para o lado do rio.

---

[111] Substantivação de forma verbal latina que significa "eu confesso".

O coronel convidou seu hóspede a ir também apreciar um fenômeno que não se conhece ao sul do S. Francisco e ao norte do Parnaíba.

Chamam cabeça d'água a onda ou coluna d'água que forma a avançada da longa fila líquida que vai descendo pelo leito do rio seco.

Para melhor compreender-se este fenômeno, desconhecido fora daquela zona do Império, por serem os rios de corrente perene, faz-se precisa uma breve descrição da economia fluvial da indicada zona.

Os rios ali são todos de terceira ordem, avantajando-se entre eles o Jaguaribe, no Ceará.

Em toda aquela extensão, há duas únicas estações: a do inverno, ou das chuvas, e a do verão, ou da seca.

Findo o inverno, isto é, desde que cessam as chuvas, os rios começam a perder a força e o volume de suas águas, até que deixam elas completamente de correr.

Os leitos arenosos ficam descobertos, mantendo apenas nos lugares onde a corrente fez mais fundas escavações depósitos d'água mais ou menos extensos e profundos, que chamam poços — nos quais se conservam todas as espécies de peixes.

Essas águas conservam-se inalteráveis por todo o verão, e prestam-se, por isso, aos misteres da economia animal e doméstica.

Quando caem as primeiras chuvas ou primeiras águas, como chamam o princípio do inverno, as fontes ou cachoeiras, uma vez inundadas, despejam torrentes caudalosas, que descem leito abaixo até a foz.

Tocando a este ponto, o rio está cheio e cheio se conserva até o novo verão.

A marcha da corrente oferece o curioso espetáculo de, num ponto dado, divisar-se acima do rio cheio e abaixo vazio, em seu leito de areia.

O mais belo é ver-se a cabeça d'água, alta como uma pororoca do Amazonas, avançando em linha quebrada e por línguas mais ou menos salientes, à conquista do leito arenoso que vai desaparecendo debaixo do longo ventre da espumante caudal.

O estrondo que se ouve, quando a cabeça d'agua chega a uma cachoeira e por ela se precipita, soa tão agradavelmente aos ouvidos dos habitantes do sertão, como aos dos da cidade a mais divina música.

Dentre os quadros da Natureza, é, talvez, este que mais arrebata a alma daquela gente.

Raimundo ficou extático diante daquela maravilha da Natureza brasileira, e, voltando-se para o coronel, mas falando a Ângela, disse com emoção profunda:

— Foi-me preciso vir aqui para descobrir belezas que nunca imaginei.

À sensibilidade feminina, incomparavelmente mais delicada que o mais sensível higrômetro, não escapou a sutileza da expressão do moço; e, pois, Ângela encarou-o e baixou os olhos, como se receasse que pudesse ler neles os segredos do seu coração.

A onda já ia longe do ponto em que se achavam os curiosos, sem que nem um tivesse ânimo de mover-se do lugar, como se tivessem sido magnetizados.

O rio apresentava então à sua vista um aspecto deslumbrante.

Toda a faixa arenosa achava-se encoberta por uma longa, larga e profunda faixa líquida, que arrastava montões de espuma e árvores seculares, como o vento arrasta pelo ar aos espaços as folhas secas que arranca às árvores.

— Estou contente de vê-lo extasiado diante deste painel, que serviu para convencê-lo de que não é só na Corte que se encontra o que admirar — disse o coronel a Raimundo.
— Agora lembremo-nos de que ainda não almoçamos.

VI

Do rio até a casa do coronel Pinheiro, guardaram todos o maior silêncio, como se a cena que deixaram lhes prendesse o espírito ainda depois.

Por falar a verdade, nem todos eram mudos por se acharem absortos na contemplação do que viram.

Ali estava um que, tão depressa prestou homenagem ao fenômeno arrebatador, volveu à contemplação do que lhe enchia a alma dos mais poéticos arroubos: Raimundo.

Para ele aquela Natureza esplêndida, que despertara de seu longo sono letárgico, como da crisálida surge a linda borboleta, não valia um olhar, um sorriso, da linda filha do coronel, que era a encarnação de todas as graças que o Criador imaginara, quando encheu o espaço infinito com o *fiat lux*.[112]

A moça era, a seus olhos, a glorificação da natureza humana ou a humanização da natureza angélica.

Amara espiritualmente Alice — amara carnalmente Carlota; mas, num caso, houve mais fantasia que realidade — e, noutro, mais paixão que amor.

Uma chama, que abrasa a alma, para envolvê-la em luz etérea — que a cerca dessa luz suavíssima, para que possa ver os intermúndios — que descobre e patenteia nesses o áureo leito nupcial, que o divino amor prepara aos que se unem pelos laços místicos, que prendem, em mágico consórcio, o homem — a Natureza — e Deus.

---

[112] Frase latina que significa "haja luz". Consta do primeiro livro da *Bíblia* que Deus, após a criação dos céus e da terra, fez surgir o dia a partir desta enunciação: "Disse Deus: Haja luz; e luz houve". (Gênesis, 1:3.)

Uma claridade, que ilumina e fortifica, como as línguas de fogo descidas do Céu sobre o Colégio apostólico,[113] nunca jamais sentira senão à vista daquele anjo encarnado, e poucos, na Terra, a poderão sentir.

Poucos a sentirão, porque, assim como a límpida corrente, passando pelo lodo, se turva e corrompe, a não conservar senão vestígios da primitiva pureza, assim o fluido universal, passando pelo coração do homem, toma-lhe as qualidades — fica material, carnal.

Como, porém, há na Terra Espíritos que mal se prendem ao barro, em que ainda se envolvem — Espíritos que, desprendidos do nosso planeta, voam a superiores regiões, nas quais impera a alegria em vez das lágrimas, passando por estes, o divino fluido não perde sua essencial pureza — é chama, que dá luz — é luz, que ilumina e fortifica.

Quantos, porém, há na Terra em tão felizes condições?

Raimundo, bem o sabe o leitor, foi um Espírito atrasado, até ser perverso, e nesse estado deu ao amor que lhe brotara do peito o caráter material, bestial, que o ligara a Carlota.

Agora, porém, que arrancara pela raiz a erva daninha, que tanto regara com suas maldades — agora, que lavrava seu campo, semeando a semente do bom trigo, recebia e assimilava aquele fluido tal qual é em sua essência.

A história do amor, de sua evolução no peito humano, é uma paralela da evolução do próprio espírito humano, desde a sua origem até seu alto destino.

---

[113] Referência à passagem bíblica do *Novo Testamento* sobre a descida do Espírito Santo, quando cinquenta dias após a ressurreição — o dia de Pentecostes — estavam reunidos, entre outros, os apóstolos e a mãe de Jesus em Jerusalém, no local em que se realizou a Santa Ceia: "E apareceram, distribuídas entre eles, línguas, como de fogo, e pousou uma sobre cada um deles". (Atos, 2:3.)

Na fase mais grosseira do Espírito, seu amor é feroz de lubricidade — é abismo, que atrai.

Na fase média, quando o Espírito já lobriga as claridades de seu destino, mas ainda rende culto à matéria que o reveste, o amor é um misto de luz e trevas.

Na fase superior, em que o Espírito tem-se expurgado de toda a materialidade, é harmonia celestial, que atrai, que encanta, que extasia.

É o êxtase dos santos, que não são senão Espíritos que já prelibam as delícias de sua purificação, de sua desmaterialização.

De maneira que, havendo em cada mundo Espíritos em todos os graus do progresso que aí se pode fazer, há forçosamente em cada um deles amor mais grosseiro ou mais purificado.

Só fazem exceção os dois extremos: o mundo ou mundos de *iniciação*, onde os Espíritos começam a ensaiar suas forças — e o mundo ou mundos *supremos*, em que só penetram Espíritos que têm adquirido a máxima perfeição que é dada ao ser humano.

Ali, o amor é um sonho, aqui é um fogo, sonho que a todos embala — fogo que a todos inflama, no mesmo grau, no máximo grau.

Raimundo sentia o mais puro amor que se possa ter na Terra, e Ângela estava no mesmo caso; porque a bela moça tinha, em sua pouca vida, aproveitado a boa disposição que trouxera, e muito adiantado no caminho da vida infinita.

Ambos, portanto, eram estranhos no risonho meio que a todos envolvia e aos demais extasiava.

Nessas várias disposições de espírito, recolheram-se ao lar, onde os esperava confortável almoço.

Nos sertões do Norte a mesa é simples como os usos e costumes de seus habitantes. Ela tem um tipo geral, que somente se altera nos dias de festa, nos de preceito ou quando há hóspedes.

A carne e a farinha são a base da alimentação, carne de vaca, de carneiro, de galinha ou de caça, cozida ou assada, raro ensopada.

O peixe é para os dias de preceito, verdadeiro regalo, porque os rios o têm mais saboroso que os d'água salgada.

Porco e peru são de raríssimo uso.

No tempo do leite, regalam-se com ele de vários modos: com farinha, feito pirão para comer com carne assada e com o mucunzá, fazendo saborosíssima sopa, como com o cuscuz de milho e com a abóbora amarela ou jerimu[114] — coalhado, para comerem com farinha e carne assada e com rapadura etc.

A sobremesa habitual é a clássica rapadura com queijo ou com farinha — ou o mel de abelha, "mel-de-pau" chamado, por toda parte abundante e de qualidades várias.

Doces, quase que só usam quando têm visitas de cerimônia ou nas quatro festas do ano; e, entretanto, sabem fazê-los primorosos, bem como biscoitos e bolos.

Temperos não entram na cozinha dos sertanejos, a não ser a pimenta malagueta, a cebola e o coentro.

É, talvez, por isso que se veem em grande número homens de um século, fortes, apanharem o chapéu no chão, montados a cavalo, e na integridade de sua constituição orgânica, ao ponto de conservarem quase todos os dentes e de lerem sem auxílio de óculos.

Quer isto dizer que o médico e o dentista devem fugir daquelas terras que, há anos passados, só de nome os conheciam, e que bem felizes seriam se sempre assim fosse.

---

[114] Ou "jerimum".

Contentam-se com o que plantam e colhem nas cidades, que os matutos vivem contentes com sua higiene natural.

Foi pelo tipo muito ligeiramente descrito, salvo algum retoque devido à presença de um moço da Corte, o almoço do coronel Pinheiro, que Marcelino saboreava com todas as energias de seu voraz estômago.

— Não há de poder tragar nossas malpreparadas iguarias — disse o coronel a Raimundo, acostumado à delicada cozinha da Corte.

— Não é assim, senhor coronel; eu tenho passado grande parte da minha vida nos sertões, e aprecio mais a simplicidade das preparações culinárias dos sertanejos do que a arte com que são feitas na Corte.

— Mas, em todo o caso, há de sentir a falta de pão, que, não sei mesmo por quê, ninguém fabrica por estes lugares, quando é tão fácil.

— Também não me faz falta. Para mim o milho substitui vantajosamente a farinha de mandioca e a de trigo. O angu feito do fubá de milho com o caldo da carne é mil vezes mais saboroso e nutritivo que o pirão ou escaldado de farinha — e o cuscuz bem feito vale bem o melhor pão.

— Se é assim, não passará muito mal entre nós.

— E a prova é o modo como tenho festejado os vários pratos do seu opíparo almoço.

— Felizmente, porque melhor não lhe posso oferecer neste recanto do mundo.

Marcelino, que tinha baixado a cabeça a devorar, em silêncio, tudo o que lhe chegava ao alcance, deu um largo suspiro de satisfação — e exclamou, como quem já concluiu difícil obrigação:

— Tenho dito e torno a dizer: nesta casa é que se sabe o que é comer. Ora, diga-me senhor da Corte, o imperador passa melhor do que o nosso coronel? Não é capaz.

— O imperador — respondeu Raimundo — vive muito sobriamente, quase que se nutre de canja, frango e goiabada.

— Sim? Então é um bolas, não tem força para levantar o garfo. Homem que não come carne é uma espécie de papa de carimã ou de banana passada. E, por falar no imperador, que diabo vem o senhor fazer por cá, deixando os bailes e teatros da Corte e tanta moça rica e bonita que dizem haver por lá? Ter-lhe-á chegado a fama da nossa bela D. Ângela? Pois olhe, meu amiguinho, se veio por causa dela, há de voltar chuchando no dedo; porque todo o povo levantar-se--á para impedir que ela daqui saia.

Raimundo olhou para a moça e viu-a corar com o disparate do homem — e, dirigindo-se a este, disse-lhe a zombar:

— Mas saia o senhor comigo, que o povo não se oporá. Não quer ir para a Corte gozar os bailes e teatros e admirar a beleza das cariocas?

— Homem, por dizer a verdade, ele havia de sentir a minha falta; mas eu, embora deseje, não posso arrancar-me daqui, nem pelo demônio. Não posso separar-me do nosso bom vigário e desta querida menina, que são as pessoas que mais estimo no mundo, depois da minha cara-metade.

— Dou-lhe os parabéns, minha senhora — disse Raimundo a Ângela —, conquistou uma boa parte do coração do senhor Marcelino.

A moça, enleada, respondeu com um sorriso.

— Mas, em suma, senhor da Corte, não me disse ainda o que veio fazer aqui.

— Vim ter o gosto de fazer seu conhecimento.

— Obrigado, muito obrigado pela mangação; mas, olhe, não me faz corar, como a senhora D. Ângela. Eu cá sou do mato, mas sei pegar boi na catinga.[115]

---

[115] Ou "caatinga".

Ângela, enfadada com as parvoíces do tolo, disse-lhe, com desusada aspereza:

— Está bom, senhor Marcelino, mude de conversa.

— Queira perdoar se a ofendi; mas diga-me: não fazia outra ideia de um homem da Corte? É, sem tirar nem pôr, a mesma coisa que um homem do sertão. Só tem mais do que nós a elegância no trajar e a facilidade de dizer coisas bonitas.

— Então o homem da Corte não é homem como o de qualquer parte? — perguntou a moça.

— Estou vendo que sim; mas o que vale, então, ser da Corte? É como o imperador, que dizem ser um homem como os outros! Neste caso, qualquer de nós pode ser imperador, menos eu, que não quero tal prebenda, se reclama da gente só comer canja, frango e goiabada. *Vade retro!*[116] Em menos de um mês o senhor Marcelino ficava lazeiro!

Uma pancada na porta da sala anunciou a chegada de alguém, que o coronel mandou entrar.

Era um moço muito alto e muito magro, espécie de espeto meio recurvado, de cara longa como um tamanco, nariz adunco como bico de papagaio, olhos esgazeados e meio vesgos como os de caboré, cabelos hirsutos como cerdas de porco montês, trajando calça e paletó de riscado americano, a calça quase ligada às pernas, finas e bem firmadas em pés de dois palmos de comprimento, o paletó curto, de parecer antes uma jaqueta, e, além de curto, escasso, de não poder abotoar.

Era um gafanhoto-de-jurema vestido à moda humana.

As mãos, de finos e longos dedos, muito parecidos com os do orangotango, seguravam um chapéu de couro branco,

---

[116] Frase latina que significa "afasta-te". Foi empregada por Jesus quando Pedro o censurou por haver predito a própria morte. (Marcos, 8:33.)

como os coturnos, e bordado de retrós amarelo, que fazia sua glória.

— Viva, senhor Benedito — exclamou Marcelino. — Senhor Benedito, tome tento, que sua prima pode escapar-lhe, com o aparecimento de um moço da Corte. Essa gente da Corte não deve ser de brincadeira. Tome tento, senhor Benedito.

O tal louva-a-deus de jaqueta olhou para Raimundo, com certo mau modo — e, passando por ele, sem lhe dar o bom-dia, foi direito ao coronel e à mulher deste, a quem cumprimentou e beijou a mão.

Dali passou ao vigário, e para o resto abalou o corpo, que quase desconjuntou, dizendo, com sua voz de taboca rachada:

— Que tenham passado muito bem.

— Senta-te e almoça conosco, Benedito — disse-lhe amavelmente o coronel, já um pouco azoinado com os parlatórios do Marcelino.

— Não senhor. Eu já almocei, e vim só tomar a bênção a vosmecês.

— Sua prima espera seus cumprimentos, senhor Benedito. Isto de "que tenham passado muito bem" não é modo de tratar uma senhora — disse o tagarela.

— Não lhe pedi lições de *civilização* — respondeu o rapaz, encordoado.

— Meu sobrinho, apresento-te nosso hóspede, pessoa que me é recomendada por um amigo da Corte, a quem muito prezo e que, por suas maneiras delicadas, recomenda-se por si mesmo vantajosamente.

— Prazer de conhecer — foi tudo o que achou o senhor Benedito, no coco, para dizer ao hóspede de seu tio, que lhe fora apresentado.

— Este é um filho de meu finado irmão, senhor Raimundo. É rapaz que, apesar de muito matuto, tem boa alma e me é ligado por estreita amizade.

Raimundo ergueu-se cortesmente e disse para o moço:

— Faço votos por que me dê ocasião de lhe ser agradável.

O senhor Benedito, que estava sobre brasas, despediu-se e desapareceu da sala.

Os convivas levantaram-se da mesa.

VII

À límpida claridade da Lua, mais viva e cintilante naquelas regiões do que em qualquer outra parte, conversavam, sentados na calçada, apreciando a fresca brisa, todos os que haviam passado o dia em casa do coronel, com exceção de Marcelino, que se retirara incomodado do estômago por causa, dizia ele, de meia dúzia de bananas-da-terra que comera sobre o almoço para poder esperar o jantar.

O coronel inquiria de coisas da Corte, e Raimundo de usos dos sertões, ambos desejosos de conhecer o que lhes era novidade.

Ângela, meio reclinada ao colo da mãe, ouvia, silenciosa, discorrerem os dois, quando uma preta lhe veio trazer uma carta do asilo.

A moça aproximou-se da vela, que ardia dentro de longa manga de vidro lavrado, e leu o que continha a carta.

— Papai — disse, voltando à calçada —, que havemos de fazer? A regente de S. Bárbara mandou-me dizer que caíram hoje, com febre, duas meninas.

— Recorre ao nosso médico, filha, e ele que te aconselhe.

— O nosso médico, senhor Raimundo, é o primo vigário, que, além de ervas e raízes do mato, emprega a homeopatia. É um médico famoso! Não temos em todo este vasto sertão um homem formado, e, pois, o nosso bom vigário é, por força das circunstâncias, o nosso único recurso. Cura a alma e, não contente com isso, procura também curar o corpo de suas ovelhas.

— Mas infelizmente — acrescentou o velho vigário, rompendo o silêncio e profunda concentração em que levara todo dia —, nem sei curar a alma nem o corpo. Sou um remendão de padre e de médico, ou antes: sou padre e médico remendão.

O silêncio do bom velho procedia da confissão do moço fluminense, como julgavam ser Raimundo.

Nunca encontrara em sua longa vida sacerdotal uma alma perdida, como fora aquela, que passasse por tão completa regeneração!

E isso o fazia cismar sobre a Graça Divina.

"É verdade", pensava; "a gente aprende estas coisas desde o berço, fortifica-se nelas pelo estudo; mas a prova material só por graça de Deus se pode alcançar. Eu fui bem feliz, porque, antes de cerrar os olhos, tive ocasião de ver e apalpar o que só pela fé acreditava. Hoje posso dizer: creio, porque vi — e não mais direi: creio, porque assim manda crer a Santa Igreja Romana.

"E, bem pensado, assim é que deve ser. Deus não pode ter-nos dado razão, facho de luz que no-lo faz patente, só para adorno da alma.

"Se o Senhor nos deu aquela luz para nos guiar, não pode querer que deixemo-la de lado e que marchemos, como cegos, para onde outros nos conduzam.

"A razão não é um simples sinal distintivo do homem, caráter acidental do nosso espírito; não pode ser uma força, uma escada que nos leva a Deus, mas que não tem valor para as altas questões que entendem com a salvação.

"Nossa fé deve ter por sócia nossa razão — deve ser por esta esclarecida, sob pena de não passarmos de autômatos irresponsáveis e de Deus ter nos dado luz, com a condição de não nos servirmos dela. Será, porventura, esta a verdadeira árvore da ciência do bem e do mal, colocada no centro do Paraíso?

"Bem sei que fraca é a razão humana para compreender todos os altos mistérios da criação; o que, porém, resulta daí é que temos necessidade de nos aperfeiçoarmos gradativamente para gradativamente podermos devassar o ignoto.

"Razão e fé são, portanto, os dois focos, donde partem as correntes que nos elevam a Deus, tão ligados que um não pode dispensar a outro.

"A fé deve assentar na razão iluminada pela revelação, sempre dada em grau proporcional ao do progresso humano. A fé não pode assentar só na autoridade, com preterição do meio dado a cada homem pelo Criador, para suas místicas e recíprocas comunicações.

"Este moço, perdido tão completamente como ninguém o foi mais, ergue-se até a dedicação ao bem, até a virtude, de que é hoje sublime sacerdote!

"E o fato de vir da Corte a estes ermos revelar-me sua transfiguração moral?

"Oh! quem não vê nestes fatos o anjo seu protetor encaminhando-o para os lances decisivos — inspirando-o na escolha do caminho — e animando-o na perseverança com que tem afrontado todos os perigos e sofrimentos?

"E, quanto a mim, não é visível a intervenção daquele que me guia, mandando-me, no fim dos meus dias, a prova de minhas crenças?"

Rompendo o fio daquelas reflexões para atender ao incidente a que o chamaram, o velho pároco disse a Ângela:

— Muito cedo, irei visitar tuas doentinhas, mas permitir-me-ão que convide o senhor Raimundo a me acompanhar nesse passeio, que não lhe será tempo perdido, porque verá uma maravilha da caridade cristã — um monumento erguido, no fundo do deserto, a Deus e a Humanidade pelo favor de uma alma nobre, e que tem sido mantido pela boa vontade das minhas pobres ovelhas.

— Não esqueça que o fator[117] foi o que teve o pensamento de aplicar-se a um asilo de ingênuos o que se deve ao favor daquela nobre alma — e que ainda é ele que despende o maior trabalho na sustentação do monumento — disse o coronel.

— Não vale a pena falar-se no que qualquer faria — respondeu o bom padre.

— Então não vale a pena falar-se no que têm feito os outros.

— Está bom; mas eu levo o senhor Raimundo, se não lhe desagradar fazer-me companhia.

— Tenho dupla razão para aceitar com prazer o honroso convite: gozar de sua companhia, que já me é grande satisfação — e ver esse prodígio, que fará o espanto do Brasil quando for conhecido.

— Pois, então — acudiu o coronel —, iremos todos; mesmo porque prometi ao senhor Raimundo contar-lhe a história do asilo, e melhor ocasião não poderia achar que tendo o objeto diante dos olhos. Às cinco horas da manhã, encontrarão os cavalos arreados para a viagem.

Assim ficou combinado e dispersou-se a reunião, conduzindo o coronel, ao cômodo que lhe estava designado, o hóspede que tanto o havia cativado por suas maneiras, ao mesmo tempo distintas e atenciosas.

Todos se entregaram às delícias do sono, menos Raimundo e Ângela, cujos corações eram repletos de ardentes sentimentos que lhes absorviam todas as faculdades.

---

[117] Do latim *factor*, "autor".

O moço nunca experimentara um arrastamento tão forte.

A moça, até ali virgem de qualquer sentimento amoroso, apesar de solicitada pelos rapazes do lugar e, principalmente, por seu primo Benedito, a quem seus pais desejavam ligá-la, sentia-se arrebatada para aquele estranho, que lhe parecia um homem superior a todos.

Entretanto não a deixava a impressão que lhe causara o misterioso cavaleiro do donativo, cujo vulto erguia-se, como fantasma, ante a imagem sedutora de Raimundo.

Ângela sentia remorso quando se entregava ao enlevo que lhe causava a lembrança do moço recém-chegado; mas ao mesmo tempo sentia que um não ofendia com a preferência dada ao outro.

"Que é isto? Como explicar isto?"

Por mais que cogitasse, não lhe era possível apanhar o fio que guiasse nesse dédalo de seus íntimos sentimentos! E, no fim de muito pensar, ela chegava à conclusão que era a legítima expressão daqueles sentimentos: tinha pelo desconhecido e pelo recém-chegado as mesmas impressões!

Isso lhe exaltava a suscetibilidade nervosa ao ponto de tirar-lhe o sono.

Como amar ao mesmo tempo e com a mesma intensidade dois homens?!

É o milagre exclusivo da paternidade. Os pais são os únicos que dividem seu amor por quantos filhos têm, sem que fique algum sem *todo* o amor.

Às cinco horas, quando o coronel bateu à porta de seus quartos, encontrou ambos já de pé e prontos para o desejado passeio.

Não esperaram muito pelo vigário, e, com a chegada deste, largou a caravana.

Em S. Bárbara demorou-se a comitiva apenas o preciso tempo para o vigário examinar e receitar as doentes, e para Raimundo percorrer o estabelecimento, cujos mínimos detalhes lhe foram explicados por Ângela, que superintendia todo o serviço, com 128 crianças recolhidas.

No fim da visita, o moço disse-lhe, realmente entusiasmado pelo que vira:

— Que um anjo desça a salvar uma criatura, coisa é que acreditamos, porque no-lo dizem as sagradas revelações;[118] mas que salve uma raça inteira da podridão de todos os vícios, obra é muito superior à dos anjos, é coisa que só a senhora teria o poder de fazer, e fez!

— Bem quisera merecer tão pomposo elogio, mas, infelizmente, eu aqui sou simples executora de alheio pensamento, não me cabendo senão o mérito de fazê-lo de boa vontade.

— Vamos para as Pedras, ao estabelecimento dos rapazes — bradou o vigário, chegando aonde conversavam os dois moços, no momento em que Ângela ia falar do misterioso desconhecido. — Vamos para as Pedras; e, senhor Raimundo, não gaste todos os seus elogios com Ângela, que eu também quero o meu quinhão.

— Os altos feitos humanos têm sempre, na Grande Alma da Humanidade, o culto que lhes é devido e que é, como o oceano, inesgotável — respondeu o moço.

— Inesgotável como o oceano ou como sua benevolência — disse a moça.

---

[118] Referência à passagem bíblica do Velho Testamento sobre o chamamento de Gideão: "Então, veio o anjo do Senhor, e assentou-se debaixo do carvalho que está em Ofra, que pertencia a Joás, abiezrita; e Gideão, seu filho, estava malhando o trigo no lagar, para o pôr a salvo dos midianitas". (Juízes, 6:11.)

— A senhora bem sabe que não é preciso benevolência alguma para obra deste quilate.

— Tanto melhor — redarguiu o vigário —, e lá, no meu palácio, saberá quem tem legítimo direito a suas ovações.

Em vinte minutos, estavam nas Pedras, cuja casa velha, já conhecida do leitor, se transformara em um palácio da roça, como o dissera o vigário: casa tão recomendável pela singeleza da arquitetura como pelo asseio que se lhe notava, desde a sala até a cozinha.

Raimundo reconheceu o sítio e sentiu íntima satisfação, vendo como, por simples acaso aos olhos dos homens, fora a morada de modesta caridade erguida em asilo da caridade pública!

Vinha ele conversando com Ângela, um pouco atrasados, por terem o vigário e o coronel apressado a marcha à proximidade da casa.

— Bela lembrança — disse para a moça — fazerem aqui, onde viveu quem viveu para a caridade, asilo de beneficência!

A moça ficou surpreendida com aquela exclamação, que revelava conhecimento das coisas do lugar, e, sem conter-se, perguntou:

— Como sabe que morou aqui uma alma de Deus?

Raimundo caiu em si àquela pergunta, e não sabia como sair do apuro que ele próprio, irrefletidamente, se criara.

Sem poder ocultar sua perturbação, a única saída que achou foi dizer:

— Meu espírito adivinhou que viveram aqui corações dedicados à divina filha de Deus.

Ângela cravou os olhos no moço com a força de lhe arrancar da alma o segredo de sua vida.

Raimundo, cada vez mais perturbado, baixou os seus, como se temesse ser descoberto; por fatalidade, porém, chegavam ao terreiro da casa — e um homem, que ali capinava, reconheceu-o e correu para eles exclamando:

— Já voltou? Eu logo vi que o senhor não esqueceria esta terra.

O moço, sem saber o que fazer, picou o cavalo e saltou à porta, onde o coronel e o vigário o esperavam.

Ângela compreendeu então que ele não vinha ali pela primeira vez, e o vulto misterioso do desconhecido passou-lhe pelos olhos da alma.

O vigário já tinha mandado preparar o almoço, depois do qual deu a palavra ao coronel para contar a história do que tanto admirava o seu hóspede.

— Há três anos, vivíamos aqui esta vida, que o senhor já vai conhecendo, quando nos apareceu um homem, que todos julgaram monomaníaco, e que tão depressa apareceu como desapareceu. Deixou, porém, memória indelével de si, legando aos nossos pobres uma grande fortuna, colossal para esta terra: cem contos de réis. Não sei por que escolheu para depositária de tão ampla esmola a minha querida Ângela.

Raimundo estava sobre brasas, sentindo o que experimenta o criminoso, vendo-se prestes a ser descoberto.

Ângela tinha os olhos nele, a notar a mudança de cor de suas faces, que lhe traíam os sentimentos da alma.

— Minha filha — continuou o coronel —, sem sentir orgulho por tão distinta preferência da parte de um cavalheiro, que não pode ser senão uma alma muito nobre, consultou o nosso conselho, que é composto do nosso vigário, do professor e deste seu criado.

"Por proposta do senhor vigário, resolveu-se que melhor não se podia aplicar o donativo, e mais em relação com as generosas vistas do doador, do que à remissão dos filhos dos escravos, condenados ao cativeiro dos vícios paternos, apesar de libertados do cativeiro do corpo.

"Nosso plano foi separar os ingênuos da convivência de seus corrompidos pais, educá-los nos princípios morais e religiosos, que são o escudo da alma contra o mal que enche o mundo, e fazê-los homens de bem e bons pais de família, por bem seu e da sociedade, acostumando-se ao trabalho, segundo suas aptidões.

"Criou-se, neste intuito, o asilo, dividido em duas seções: a das meninas, que foi confiada a Ângela, e a dos rapazes, que ficou com o vigário.

"Eu incumbi-me do emprego retributivo do capital.

"Do modo como minha filha e o primo vigário se têm desobrigado do encargo que tomaram, acaba o senhor de ver, para poder julgar. Parece-me que não pode deixar de aplaudi-los."

— Com o maior entusiasmo — disse Raimundo, acrescentando —, a execução rivaliza em grandeza com a concepção do plano.

— Folgo de ouvi-lo assim, e passo a explicar-lhe como tenho eu dado conta do encargo que me coube — continuou o coronel.

"Não tendo quase necessidade de gastar com o custeio do estabelecimento, porque não há nesta terra quem não se ufane de concorrer com o que pode, e até com o serviço de escravas, mães dos ingênuos, enquanto precisas para amamentá-los, compreende que o patrimônio instituído pelo generoso benfeitor está a render, sem se desfalcar.

"Empreguei-o na compra e venda do gado, que é o mais lucrativo negócio conhecido aqui e talvez em todo o mundo.

"Por este modo, no curto prazo de três anos, tenho conseguido elevá-lo à alta cifra de seiscentos contos; pelo que resolvemos empregar quinhentos em apólices da dívida pública, que serão o patrimônio dos que chegarem à idade de se estabelecer e continuar o negócio do gado com os cem restantes, até que tenhamos igual resultado para lhe darmos o mesmo destino.

"Agora falemos de outras coisas que se prendem à direção do estabelecimento.

"Aqui temos a capela central, onde todas as noites se ensinam às crianças a rogarem a Deus pela felicidade eterna da alma caridosa que os salvou da perdição. E, aos domingos e dias santos, o capelão oferece a missa pelo generoso desconhecido."

Raimundo, visivelmente comovido, encontrou seus olhares com os do vigário e baixou a cabeça.

— Julga que foi bem interpretada a intenção do doador? — perguntou-lhe o santo homem, com o entono de quem receia não ter feito o que devia.

— Se eu fora aquele feliz mortal, não teria senão que me aplaudir, por ter sido tão nobre e sabiamente executado o pensamento que era fazer o bem aos que necessitam. E não vejo quem mais necessite do apoio dos homens de bom coração do que aqueles que estão em perigo de perdição. Elevastes, senhores, um pensamento muito comum às alturas de um princípio rico de consequências, qual mais preciosa, quer se as considere em relação à sociedade, quer em relação ao indivíduo.

O vigário chorou de alegria — e Ângela, pelo que pudera colher, e por sentir que as pulsações de seu coração eram pelo moço o mesmo que foram pelo desconhecido, teve por certo que Raimundo era o fantástico cavalheiro que fizera a doação.

VIII

Raimundo não cansava de apreciar a alta ideia que os poderes do Estado não tiveram quando fizeram a Lei do Ventre Livre, e que tiveram pobres sertanejos.

O moço era sentimentalista ou, como geralmente se diz, utopista, e é talvez por isso que encarava a questão mais pelo lado moral.

Para ele, valia mais salvar poucos da corrupção nativa do que salvar todos da condição escrava.

Com os poucos, formar-se-ia uma geração regenerada; ao passo que libertados todos da escravidão, porém escravos de todos os vícios, nem uma família se constituiria em boas condições morais.

No primeiro caso salvam-se poucos, mas sempre se salvam — e esses são elementos úteis que entram para a sociedade.

No segundo caso não se salva nenhum — e soltam-se no seio da sociedade feras humanas.

O governo preferiu isto àquilo; porque o governo não cura senão do que lhe pode trazer fama.

Os obscuros diretores do pequeno povo em cujo seio se achava, não cogitando de fama e só aspirando fazer o bem, preferiram o primeiro expediente ao segundo.

Como quer que seja, florescia em ignoto recanto do império o que faria a grandeza do país e a verdadeira glória de seus supremos diretores, se fosse cultivado por todo o solo brasileiro.

Ângela, tendo surpreendido a troca de olhares entre o moço e o vigário, quando este lhe perguntou se julgava ter bem interpretado o pensamento do generoso doador, aproveitou uma ocasião, em que se achavam a sós, para dizer-lhe:

— O senhor aprovou a interpretação que o vigário deu ao pensamento do nosso desconhecido filantropo, mas não me deu o gosto de dizer se a parte que me coube na execução daquele pensamento lhe tem agradado.

O moço percebeu a intenção, mas dissimulou e respondeu:

— Se o plano me pareceu sublime — a execução arrebata-me.

— Obrigada por suas palavras, que traduzo como o juízo do verdadeiro instituidor deste pio estabelecimento.

E, dizendo assim, tinha os olhos fixos em Raimundo, para surpreender-lhe as impressões.

Mal podendo vencer a perturbação, Raimundo apenas pôde balbuciar estas palavras:

— Muito me honra, minha senhora, elevando-me à altura de fiel intérprete de quem é julgado pelos senhores um espírito superior.

— E o senhor também não o julga como nós?

— Quem sabe! Talvez não passe de um desequilibrado, que, dispondo de imensa fortuna, vai atirando-a, sem maior consciência do bem que faz — ou pode ser um pecador, que procura remir faltas, fazendo obras de caridade.

— Pois bem; neste caso ele se revela um espírito superior.

— É possível que a senhora tenha razão, mas, em todo o caso, não passa de presunção o que dele se julga.

Ângela sorriu maliciosamente — e respondeu:

— As mulheres têm o dom de adivinhar, senhor Raimundo, e eu adivinhei que o filantropo é uma alma tão nobre como a sua. Tema-se das mulheres!

A alusão era transparente; mas o moço deixou-a resvalar.

— Temer-me-ei das mulheres — respondeu fugindo à questão — nunca, porém, dos anjos que lhes tomam a forma.

— Quer confundir-me com as lisonjas da Corte.

— Nunca fui cortesão. Sou um homem que só diz o que sente.

— Mas que exagera, às vezes, o que sente, para ser amável.

— Oh! eu não preciso exagerar, referindo-me à senhora. Sua consciência deve dizer-lhe que tudo quanto eu lhe possa dizer em louvor nunca será senão a pálida expressão do que merece. Sabe que não é dado a um homem de coração vê-la sem admirá-la.

O moço falou com veemência tal que suas palavras descobriram toda a profundeza de sua paixão.

E a moça, sentindo abrasar-lhe a alma aquele fogo vulcânico, que rompera da cratera, exaltou-se inconscientemente ao ponto de exclamar, com os olhos no chão e as faces em brasas:

— Nunca me abalou a alma o pensamento de que possuía um coração; o senhor, porém, revelou-me este segredo do meu ser.

— Será possível — exclamou Raimundo — que ache abrigo em seu puro seio o amor, que me é a condição de vida!

Olhando para o céu, que se descobria da janela em que se achavam, Ângela pronunciou esta simples e eloquente resposta à fervente apóstrofe de seu apaixonado hóspede:

— Assim Deus abençoe o seu e o meu.

Essas palavras, mesmo que fossem calculadamente ditas, não podiam produzir mais completa perturbação na alma de Raimundo.

"Oh!", pensou ele, "a bênção de Deus não pode descer senão sobre o amor que se gera em corações nunca poluídos por afeições condenadas!"

A imagem de seu passado ergueu-se, lúgubre, ante os olhos de sua alma.

E um suor frio correu-lhe pela espinha dorsal.

Lembrou-se das palavras de Geny, que seu amigo Capper lhe repetira: "ver o céu — e atirar-se à voragem de medonho abismo".

Era o seu caso.

Tinha o amor da mulher adorada; mas era-lhe permitido alimentá-lo?

"Nunca", pensava ele, "se for com a condição de Deus abençoá-lo.

"Mas, também, sem essa condição, o amor é veneno que mata a alma — e, no meu caso, será veneno para duas almas.

"Ah! Carlota! Carlota! por que me corrompeste o coração? Por que o mirraste para um amor puro e santo, para um amor que possa ser abençoado por Deus?!"

Enquanto estava todo absorto nestes dolorosos pensamentos, sentiu percorrer-lhe o corpo ligeiro tremor e como que ouvir, dentro de si, uma voz melodiosa, que dizia: "o vaso imundo pode ser lavado e purificado e sagrado".

Seria efeito de sua imaginação? Mas ele não pensava em tal, antes cogitava do oposto.

É possível que se tenham ilusões coerentes com o que se pensa; pensar-se, porém, numa coisa e tê-las de coisas muito outras não é crível.

Raimundo já era espírita, já tinha a crença na comunicação dos Espíritos: e, pois, refletindo bem sobre o caso, concluiu que do mundo invisível lhe tinha vindo aquela insinuação, que desfazia sua dolorosa impressão — e, erguendo a cabeça, com a fisionomia resplendente de prazer e de felicidade, confessou a Ângela que a amava.

— O jantar está nos convidando — disse o coronel, que chegou naquele momento, e não prestou atenção à perturbação que sua presença produziu nos dois moços.

Às seis horas da tarde, montaram os passeantes a cavalo, para voltarem à vila.

Raimundo e Ângela levavam no coração as mais doces emoções de sua vida.

Iam passar um riacho, que corria pelo meio de uma mata de pau-branco; e eis que Ângela, que montava um fogoso cavalo, brincando com o chicotinho, deu com ele num ramo, em que fizera casa terrível abelha conhecida por *enxuí*.

Terrível é aquela abelha, não porque seja venenosa, mas porque acomete com fúria e dá ferroadas dolorosas.

Um enxame, pois, dessas abelhas atirou-se contra o cavalo da moça, que deu trancos e corcovos, e disparou freneticamente pelo campo.

Apesar de excelente cavaleira, a moça não conseguiu domar o enfurecido animal, e o coronel, vendo o perigo que corria a adorada filha, cravou as esporas nas ilhargas de seu cavalo e disparou no encalço do que levava o que mais prezava na vida.

Este, porém, ganhava distância, tocado pela dor das ferroadas, e já se aproximava da mata cerrada, na qual a moça seria esmagada.

— Misericórdia! — bradou o aflito pai, vendo, já diante dos olhos, o quadro horrível do corpo dilacerado da adorada filha.

Nesse momento, passou por ele, como tocado por um furacão, o moço seu hóspede, cujo cavalo, de raça fina, devorava o espaço.

Em poucos minutos, estava ao pé de Ângela, que via corajosamente abrir-se, diante de si, o túmulo em que iam sepultar-se os sonhos dourados de um momento.

E, tanto que embaralhou o seu cavalo com o da moça, apanhou as rédeas deste — e, sofreando-o com braço vigoroso, fê-lo estacar.

Mais um passo naquela carreira vertiginosa, e o fogoso animal teria destruído o tesouro de sua alma.

Ângela saltou em terra, olhando-o com reconhecimento.

— A senhora é uma heroína! — disse-lhe, ainda comovido.
— Nem sequer empalideceu diante de uma morte certa!
— É que eu contava com seu braço protetor no momento decisivo.

Raimundo beijou-lhe a mão com respeitoso ardor e ficou extático a contemplá-la.

— Mais um segundo e teria o senhor perdido a sua Ângela — foram as únicas palavras de agradecimento que saíram do coração da moça, enternecida pela comoção profunda de seu amante.

Foram as únicas; mas valeram por discurso, porque foram ecoar, como um cântico celeste, na alma apaixonada do moço, que as guardou como um salmo divino.

O coronel, que estava da cor da cera, e o vigário que, apesar de velho, ainda mostrava o que fora como cavaleiro, chegaram ao sítio, onde os dois felizes moços acabavam de ratificar as juras de seu puro amor.

Tomando a filha nos braços, cobriu-a de beijos — e, com lágrimas de alegria, fazia-lhe mil perguntas, sem esperar resposta de qual delas.

O coração de pai transbordava de inefáveis gozos, considerando ressuscitada a filha de seu coração.

Ao mesmo tempo, o vigário, nadando em júbilo, apertava a mão a Raimundo, dizendo-lhe:

— Salvou uma vida que é bem digna de se confundir com a sua.

— Julga que tenho merecimento para tanto?
— Julgo — e faço votos para isso.

Passada a primeira explosão do paternal amor, voltou-se o coronel para o moço e abraçou-o, com estas palavras:

— Toda a minha vida será pouca para reconhecer-lhe o incalculável serviço que acaba de prestar-me. Se o senhor não fora, minha filha não seria, a esta hora, mais que uns tristes restos mortais e uma lutuosa lembrança, que me tornaria insuportável a existência.

— Não exagere, senhor coronel, o pouco de nada que lhe fiz e que nem o mérito tem de ser desinteressado; pois que a vida que corria perigo me é tão cara como ao senhor.

No estado de exaltação em que ainda se achava, o coronel não pesou as palavras do moço, por mais positivas que foram; mas o vigário tomou-as na devida consideração e entendeu que eram uma declaração formal de amor a Ângela.

O bom velho temia-se de não ter ouvido bem ou que outra fosse a significação do que ouvira, tão cativo estava da beleza moral e das distintas qualidades daquele moço, que parecia-lhe mandado por Deus para fazer a felicidade da sua Ângela.

Para não ficar como um tolo, tal era sua emoção, voltou-se para o moço, dizendo-lhe:

— O senhor salvou a filha amada do meu parente — a menina que criei nos braços e que amo como filha — a mãe dos pobres da freguesia; eu lho agradeço do coração, senhor Raimundo — e minha sobrinha lhe deve iguais agradecimentos. Ângela, não agradeces a quem te restitui a vida — e a nós a felicidade?

A moça, meio perturbada, olhou para Raimundo, como quem lhe dizia: "bem sabe que já lhe dei os agradecimentos; mas deu um passo para ele" — e ao mesmo tempo estacou, sem saber o que devia fazer.

Vendo o acanhamento da filha, o coronel empurrou-a brandamente, dizendo-lhe:

— Abraça a quem te salvou da morte horrorosa.

Ângela, com as faces esbraseadas, abriu tremulamente os braços, a que Raimundo atirou-se com a mais terna e respeitosa expressão.

O velho vigário, dominado pela monomania de ligar aqueles corações, chegou-se ao coronel e disse-lhe ao ouvido:

— Não lhe parece que nasceram um para o outro?

— Seria para mim suma felicidade.

— Filhos — volveu o bom velho aos moços, ainda perturbados —, este abraço de duas almas puras como um raio da luz do sol, eu o abençoo em nome de Deus, assim como o senhor coronel o abençoará em nome da paternidade, que é a representação de Deus na família.

Os moços ficaram enleados com aquele dizer — e olhavam alternativamente para o santo sacerdote e para o nobre coronel.

Este, estendendo a mão a Raimundo, disse-lhe, com certo acanhamento:

— Se de mim dependesse, eu abençoaria a casualidade que me desse a felicidade de chamá-lo meu filho. Do senhor, porém, depende tudo e da vontade da minha Ângela — e eu não sei se um quererá descer até uma moça da roça, e se a outra aceitará tão alto enlace.

— Ora! senhor coronel — acudiu o vigário —; o senhor bem mostra que não conhece o coração humano! É possível conhecer Ângela e não amá-la? E será possível conhecer o senhor Raimundo e não se deixar arrebatar por seu caráter franco, que é o distintivo das almas nobres? Eu lhe asseguro que estes, que o senhor julga inocentes, são réus, e não fazem confissão de culpa, no tribunal do deus alado.[119] E, como sou o mais velho, serei o juiz a interrogá-los: — Senhor Raimundo, o senhor tem livre seu coração?

---

[119] Referência a Eros, o deus do amor e do desejo na mitologia grega, personificado por um menino com asas que atirava flechas de seu arco de ouro no coração de deuses e humanos, despertando-os para o amor.

— Não o tenho livre, senhor vigário; ao contrário, como homem de bem, que me prezo de ser, declaro que amo com todas as forças de minha alma.

O velho, desconcertado com aquela resposta, que não soube entender, encolheu os ombros — e, como acabrunhado, disse:

— Pois é uma dor para mim que não queira ser dos nossos, unindo-se ao mais digno coração que o Céu podia deparar-lhe.

— Mas é mesmo a esse que tenho preso o meu — respondeu o moço, rindo da ingenuidade do bom velho.

— Louvado seja Deus! — exclamou este como louco. — A primeira pedra está assente. Minha boa Ângela, conheço-te a alma, como já conheço a deste moço. Deus as criou para uni-las, e a prova é que o fez vir aqui de um modo verdadeiramente providencial. Será possível que não sintas por ele o que ele por ti sente?

Ângela olhou para o velho e balbuciou:

— Se for do gosto de meu pai, é muito do meu.

— Do meu gosto? — Pois já não disse que seria minha maior felicidade?

Os dois moços abraçaram com veemência o coronel, cujas mãos beijaram.

— Deus os faça felizes — disse o vigário — como deve ser o amor nascido no asilo da caridade.

IX

Encheu-se a vila da notícia do próximo casamento de Ângela com o moço da Corte.

Uns aplaudiam aquele enlace, que esperavam com satisfação, outros o qualificavam de precipitado, por não se saber quem era aquele moço, que se exibira muito vantajosamente, mas que bem podia ser que fosse indigno de entrar para tão distinta família.

— As aparências enganam e, para se dar uma filha, principalmente do quilate de Ângela, é preciso — diziam os criticadores — comer primeiro um alqueire de sal[120] com o pretendente.

Quem nada dizia era o senhor Benedito, o noivo *manqué*,[121] que andava desapontado e corrido pelas vaias dos rapazes.

— Ora, aquele boneco de engonços — dizia o senhor Marcelino, exaltando as elevadas qualidades de Raimundo —, aquele pica-pau-do-mato-virgem[122] pensava mesmo que havia de lamber-se com um favo de mel, como a D. Ângela? Não faltava mais nada! Seria o mesmo que preparar com esmero um lindo jardim, para dá-lo de mimo a uma lagarta! O Benedito que vá pescar cascudos! A senhora D. Ângela nasceu para um príncipe, e príncipe é o meu particular amigo senhor Raimundo... não sei de quê... mas é o mesmo. Há de ser Raimundo Gabriel Rafael Gonzaga Suzano e uma enfiada de nomes próprios, como tem o imperador. Princesas para príncipes — e macacos para macacos.

---

[120] Expressão proveniente do livro *De Massa Angulari*, do teólogo alemão Martinho Lutero (1483-1546), no qual relata que ele e o diabo, por serem tão familiares, haviam comido juntos mais de meio alqueire de sal: *"Diabolum, et se inter se mutuo familiariter nosse, et plus uno salis modio simul comedisse"*.

[121] Termo francês que significa "frustrado".

[122] Pássaro também chamado de benedito, devido aos sons que emite se assemelharem à pronúncia desse nome.

O senhor Marcelino fazia rir a todos, e Benedito concentrava a bílis e pensava em desforra.

— Eu não lhe disse — falou-lhe um dia Marcelino — eu não lhe preveni, em casa de seu tio, que o moço da Corte roubava-lhe a caça?

— Pode ser que sim; mas ainda havemos de ver que do prato à boca pode-se perder o bocado.

— Pois, meu caro amigo, use dos seus meios, sem demora, que o tal da Corte vai com grande sede ao pote. Também, não sei como seu tio deixa um rapaz como você, rico, bem-criado, filho do lugar, e até, não direi bonito, porém bem-apessoado, deixa-o, só para dizer que casou a filha com um moço da Corte. Olhe, senhor Benedito, eu, no seu caso, quebrava a louça, desse no que desse.

Benedito era fraco de ânimo e de bom coração; mas o despeito pelas zombarias dos rapazes e a tentação de Marcelino viraram-lhe de todo a bola.

Uma noite, em que havia novena na matriz, Raimundo acompanhou a família, levando pelo braço sua bela noiva.

Em meio do caminho, foi subitamente atacado por Benedito, que, abrasado em fúria, despejou-lhe um golpe de faca de ponta, que lhe varou o peito, na altura do lóbulo superior do pulmão direito.

O ferido caiu nos braços de sua amada, lançando pela boca e pela ferida golfadas de sangue.

Indescritível foi o tumulto que se levantou, correndo todo o povo em perseguição do assassino, que não opôs resistência.

Raimundo, banhado em sangue, foi conduzido para a casa do coronel, onde reinou a maior consternação, em troca da mais fervente alegria que, ainda há pouco, enchia todos os corações.

Ângela caíra sem sentidos nos braços do pai, tão depressa tiraram dos seus o corpo quase inanimado do seu amado.

Gerais foram, por toda a vila, a agitação e o constrangimento; não só porque a vítima já era ali estimada, como porque o horroroso crime escandalizava a população, tão pacífica que, anos e anos, não se abria a júri senão para cumprimento da lei.

O velho vigário, revestindo-se de heroica energia, foi velar toda a noite à cabeceira do enfermo, ministrando-lhe seus remédios e chorando lágrimas do coração pelo mal daquele que já muito amava.

O coronel, como um corpo sem alma ou como alma penada, levava o tempo a ir e vir do quarto da filha para o do que já lhe era também filho.

De manhã, Ângela, reagindo contra a própria natureza, exausta de forças, levantou-se para ir assistir ao[123] enfermo.

Vendo-a, Raimundo debulhou-se em lágrimas do coração comovido.

Por sinais, fê-la sentar-se ao pé de si — e, pelos olhos, centro do resto de vida do seu esgotado organismo, manifestou-lhe toda a profundeza do amor que lhe ia pelo quase amortecido coração.

Talvez a presença da mulher adorada lhe foi poderoso estimulante; pois que ele, que até ali não pronunciara uma palavra, fez sinal ao vigário para aproximar-se — e disse-lhe, com voz fraca e entrecortada, que queria fazer seu testamento.

---

[123] Celso Pedro Luft, em seu *Dicionário de regência verbal*, ensina que o verbo "assistir" com significado de "auxiliar, confortar" trazia essa regência em textos remotos. Hoje, usaríamos "assistir o enfermo".

A moça, pálida e desgrenhada, era naquela hora a imagem da dor e da resignação.

Tomou a mão gelada do noivo e, beijando-a com ardor, disse-lhe:

— Não, não pense nisto. Que importam as coisas do mundo, se Deus for servido levar-nos? Se morreres, meu Raimundo, seremos unidos na eternidade, onde não há maus que nos invejem a felicidade.

O moço fez um esforço supremo e conseguiu a custo pronunciar algumas palavras.

— Não podes morrer... Eu preciso esgotar o amargurado cálice do resgate de minhas culpas — e morrer é pouco; é preciso que vivas por mim, para completares minha obra. Jura-me, Ângela, que desempenharás a missão que me incumbia, continuando, por toda a tua vida, o serviço do meu resgate. Eu sabia que aqui me esperavam gravíssimos perigos; mas contava com a graça de Deus, que não me faltou. A graça de Deus és tu, que me ficarás para fazer por mim o que me é mister para minha salvação.

Ângela, banhada em lágrimas, em desespero de aflição, exclamou fora de si:

— Não fales em morrer! Não é possível que morras! Ainda havemos de ser felizes, que eu o sinto!

— No Céu, minha adorada; mas só com a condição de te resignares e de fazer o que, por nosso amor, te peço.

— Oh! É cruel o que me pedes — e talvez superior às minhas forças...

— Se fraqueares — interrompeu o moço —, serei um desgraçado.

— Raimundo, farei o que puder por ser mártir, como me queres; mas eu espero em Deus que não será preciso.

— Esperemos, minha amiga; mas, na incerteza de serem ouvidos nossos desejos, quero dar-te os meios para desempenhares a missão que te confio. Possuo uma fortuna fabulosa para nossa terra, e quero que disponhas dela como julgares mais conveniente à salvação de nossas almas.

Fez-se a vontade ao moribundo, e em poucos minutos estava encerrado o testamento.

Exausto por tamanho esforço, o moço tomou a cabeça da noiva, depôs gelado beijo em sua fronte, fechou os olhos e cobriu-se de letal palidez.

— Morto! — exclamou o vigário.

— Não, não está morto — disse com firmeza a moça. — Se tivesse morrido, meu coração teria deixado de pulsar.

Passados alguns segundos, o moço abriu os olhos e fitou-os em Ângela, dizendo-lhe:

— Tiveste razão. Teu coração tem mais fé que o meu. Não morri, e já começo a esperar que não morrerei.

Causou geral espanto saber-se que o moço possuía uma das maiores fortunas do país; e, devido a isto, não houve mais na vila quem não pensasse ter sido inspirado o coronel, fazendo aquela escolha para sua filha.

Foi malogrado; mas, em todo caso, sempre mostrou que sabe ver longe.

Era universal o interesse pelo ferido, assim como o era o desejo de vingá-lo, punindo com rigor seu assassino.

Correu o processo deste de par com o tratamento empírico de Raimundo, que esteve, durante oito dias, entre a vida e a morte, porém que, graças à sua forte organização e aos incessantes cuidados de que foi cercado, entrou em franca convalescença.

Que doces expansões e que êxtases divinos arrebataram a alma dos dois amantes, desde que passou a nuvem borrascosa, que lhes toldara os horizontes da vida!

Descrever as alegrias de dois corações que se julgaram separados por um túmulo — que, em vez disso, se encontraram na felicidade, é coisa superior ao talento humano — entra na esfera das faculdades angélicas.

Também aquelas alegrias do lar difundiram-se por toda a vila e seus contornos, apenas enfraquecidas do grau de intensidade, que no centro era a de loucura.

Reuniu-se o júri — e marcou-se o dia para o julgamento do único processo — do processo de Benedito.

Naquele dia, Ângela, sentada ao lado de seu noivo, notou-lhe extraordinária preocupação, tal que lhe respondia umas coisas por outras.

— Está sentindo incômodo? — perguntou-lhe, tomando-lhe as mãos nas suas.

— Nenhum — respondeu placidamente —, mas estou pensando na sorte que terá aquele infeliz moço, que mal sabe o mal que a si mesmo fez, pondo os pés no primeiro degrau do crime. Ah! se soubéssemos quanto é rápida a descida, quando, inconsideradamente, pisamos o plano inclinado!

— Não penses nisto.

— Pelo contrário, minha cara Ângela, pensemos muito; porque o Cristo, que é o símbolo de todas as virtudes, nos disse: "Amai os vossos inimigos — e fazei o bem aos que vos odeiam;"[124] o que bem poucos pensam e menos se esforçam por fazer.

"Amar os que nos amam não é virtude — é pura prática animal.

"A virtude consiste em vencermos os maus instintos de nossa natureza, que nos pede olho por olho — dente por dente.[125]

"E ninguém pode ser virtuoso, isto é, ninguém pode conquistar a felicidade, pelo aperfeiçoamento de seu espírito,

---

[124] No Novo Testamento, trecho de LUCAS, 6:27.

[125] No Novo Testamento, trecho de MATEUS, 5:38. No Velho Testamento, consta também de ÊXODO, 21:24, LEVÍTICO, 24:20 e DEUTERONÔMIO, 19:21.

sem que se tenha vencido, ao ponto de seguir à risca aquele sublime mandamento."

— É mesmo assim, meu caro — e eu, que faço o bem por gosto, só agora é que sinto que maior deve ser a satisfação de nossa alma, quando fizermo-lo ao inimigo; digamos: a contragosto ou por gosto, contra a vontade.

— Bem-aventurada a alma que tão facilmente compreende e assimila a santa lei de sacrificar os arrastamentos da carne aos divinos preceitos, que são o farol do espírito! — exclamou o moço, com delirante alegria. E acrescentou:

— Vamos salvar Benedito?

— Como? se todos aqui lhe são infensos, por causa do crime que praticou — e que mais lhe pesa, por ser um escândalo a esta boa sociedade!

— Nada obsta a prática do bem. A opinião mudará — e, se não mudar, lutaremos — e vencê-la-emos.

— Tu podes tudo, Raimundo — e teus desejos são a minha lei. Vamos lutar.

— Sim; mas preciso dizer-te, Ângela, que terei necessidade de deixar-te, se for imprescindível levar a questão à Relação[126] e ao Poder Moderador.[127]

— Oh! isto é mais difícil; entretanto, como é para fazermos um grande bem, ser-nos-á a separação mais meritória.

O moço beijou-a na fronte, exclamando com entusiasmo:

— Eu não mereço a felicidade de possuir o amor deste anjo!

Ângela, por única resposta, tomou-lhe a mão e levou-a ao coração.

---

[126] Antiga denominação dos tribunais de justiça de segunda instância.

[127] Em regimes representativos, era o quarto poder do Estado, permitindo ao soberano intervir em assuntos dos outros poderes para estabelecer o equilíbrio político. No Brasil, foi abolido com a instauração da República.

Todo o dia, levaram os dois em planos, por verem se podiam alcançar, ali mesmo, a absolvição de Benedito, por evitarem a separação.

Ângela escreveu bilhetes, assinados por ela e por seu noivo, a muitos jurados, seus parentes e compadres, pedindo pelo desgraçado; tudo, porém, foi inútil, que os próprios a quem pediram, por serem mais íntimos da moça, julgaram-se os mais obrigados a vingá-la.

À tarde, entrou o vigário, anunciando que Benedito fora condenado a dez anos de galés.

— Pobre rapaz! — disse o bom velho —, não encontrou uma alma caridosa que lhe aceitasse a defesa para dizer, ao menos, uma palavra em seu favor!

Raimundo esteve pensativo enquanto durou a conversa, na qual não tomou parte, o que lhe atribuíram a lembrança do mal que lhe pretendeu fazer o condenado.

Logo, porém, que passaram a outro assunto, o moço chamou o vigário para o vão de uma janela, na qual ficaram isolados — e aí fê-lo ciente de sua resolução.

O santo ministro do altar arregalou desmedidamente os olhos, ouvindo a linguagem do que escapara de ser vítima da ferocidade daquele que queria proteger!

E, tendo refletido por muito tempo, disse a meia-voz:

— É isso mesmo — *diligite inimicos restros*.[128]

— Que é preciso fazer — continuou, mudando a voz —, visto que me quer tomar por seu cúmplice nesta boa obra?

— É preciso que o senhor procure Benedito e que o faça arrepender-se do mal que praticou. Isso é fácil, porque ele não é perverso — e nem tem um coração endurecido, sendo antes um desgraçado cego, arrastado pela paixão.

---

[128] Expressão latina que significa "amai os vossos inimigos".

O padre escutava, maravilhado, o que dizia o moço, não só porque revelava sentimentos muito pouco comuns na pobre Humanidade, como porque sua apreciação dos motivos que levaram Benedito ao crime era da maior justeza.

— Obtido o primeiro triunfo, o arrependimento do crime — continuou Raimundo —, fica a seu cargo, como bom pastor, fazê-lo resgatar o mal que tentou por boas obras, que o lavem aos olhos de Deus.

— Isto é reto — interrompeu o santo vigário —, mas como fazer boas obras quem tem de passar em degradante prisão quase o resto de sua vida?

— É exatamente esse embaraço que eu procuro remover. O senhor há de obter dele que assine a apelação de sentença que o condenou — o que também julgo fácil, porque deve querer evitar a pena odiosa. O mais corre por minha conta.

— Como! Quer salvar-lhe a alma — e deixar-lhe impune o crime?

— Pois não sabe que a alma não se salva só pelo arrependimento — que é preciso perseverança neste — e que, portanto, ele não pode dar a prova se for cumprir a sentença? Demais, não há crime impune quando o criminoso se arrepende. O arrependimento traz consigo o remorso — e este castiga e lava a alma.

— É verdade isto; mas, então, para o que serve a justiça humana?

— Para ser instrumento da divina, contra os que perseveram no mal.

X

— Tudo corre à medida de seus desejos — dizia o vigário a Raimundo, quatro dias depois da condenação de Benedito. — O rapaz está sinceramente arrependido, confessou-se e, contra minha expectativa, não se acovarda com a pena, tanto que me foi preciso empregar súplicas para obter dele a promessa de assinar a apelação.

"De que me serve ficar livre, padre vigário, se não me livro da vergonha de ter feito tão feia coisa e de coisa pior, que tenho cá dentro e que me tira o sono e que me rói a alma? É melhor cumprir a pena para ver se apago, no trabalho e na abjeção, este sentimento íntimo que me consome. Assim, ao menos, terei a consolação de dizer: se cometi um crime horrível, sofri-lhe o rigoroso castigo. Entretanto que, não sofrendo castigo, o crime aí fica esmagando-me a alma de um modo que se sente, mas não se pode explicar."

— Eis, meu amigo, como se exprimiu o seu protegido.

— Melhor. Isso prova que o medo da pena não é o que lhe abala a sensibilidade.

— Não, de certo, e a prova é que, antes de eu lhe falar em apelação, tinha-me ele dado esta carta para lha entregar em mão. Julgo que é para lhe pedir perdão.

Raimundo tomou a carta, que dizia:

> Fui um perverso! Tentei contra a vida de um homem que nunca me fez mal! A paixão me enlouqueceu! Se o senhor tem tão bom coração, como todos o dizem, perdoe-me e peça a Deus que me perdoe. Asseguro-lhe que tenho horror de mim e que, se não tivesse privado da liberdade, dar--lhe-ia provas do meu arrependimento, dedicando-me ao senhor como um cão a seu dono. Agora, tudo o que posso fazer é desejar-lhe o maior bem e a maior felicidade em sua união com Ângela, a quem também peço perdão. Não me desprezem: tenham antes comiseração de um louco.

Raimundo ficou mergulhado num oceano de cogitações, depois de ter lido aquela carta, que valia por um brado de desespero de alma refratária ao mal.

"Que vai a sociedade punir neste homem que já abjurou o mal que fez? O crime que praticou num momento? Mas este já desapareceu ou só existe para ser seu maior castigo.

"A sociedade, julgando castigar um culpado, não castiga senão um justificado. O culpado desapareceu, deixando ao justificado o opróbrio e a dor.

"Oh! como são falíveis os juízos humanos — e quão precárias suas mais sábias leis! Nos códigos humanos devia haver uma disposição, imperfeita imagem, embora, da que existe no código divino. A pena só alcança o criminoso, enquanto o crime existir em sua alma.

"O castigo, depois do arrependimento, é um martírio bárbaro e improfícuo. A suspensão do castigo, à hora do arrependimento, é o orvalho que lava a alma do pó do crime e que lhe dá vigor para perseverar no repúdio do mal.

"Este rapaz", pensava ele, "descendo das alturas a que se elevara, recuou logo ao primeiro passo. Oh! bem feliz foi de não prosseguir pelo caminho que leva à perdição!".

Estava todo preocupado com estes e mil outros pensamentos análogos, quando lhe apareceu Ângela.

Apresentou-lhe a carta, dizendo:

— Lê e reconhece que não se deve julgar os outros por certos atos, às vezes irrefletidos ou espontâneos. Esta alma, que os homens julgam má — que condenaram por indigna da sociedade, é essencialmente boa, e tão boa que, por si mesma, recua diante do mal que praticou em estado de sobre-excitação, que é a loucura momentânea.

"Não são muitos, minha querida, os que têm força para dominar-se, para educar-se no sofrimento das contrariedades, para não tomar resolução, em casos graves, sem madura reflexão, e sim quando se conhecem calmos e senhores de si".

Voltando-se para o vigário, que lhe admirava os sábios conceitos, entregou-lhe as razões de apelação, que ele mesmo fizera, por ser estudo do direito sua principal distração e por ter obtido e analisado pacientemente, nos dois últimos dias, os autos do processo.

No dia seguinte, anunciou a seus amigos que era obrigado a partir para a capital e, talvez, daí para a Corte, a fim de pôr em ordem seus negócios e preparar seu enxoval e o de Ângela.

O caso, porém, era que ele queria acompanhar o processo de Benedito na Relação e, se preciso fosse, até o Poder Moderador.

O sentimento que causou esta inesperada resolução foi partilhado por todos, não se precisando falar de Ângela e do vigário, que conheciam o real motivo da viagem.

A partida estava marcada para domingo à tarde; mas diz o rifão: "o homem põe e Deus dispõe".

No dia designado, ao terminar a missa, a que foram todos os membros da família Pinheiro, de que Raimundo já fazia parte — e, na ocasião em que este, levando sua noiva pelo braço, descia os degraus do adro, apareceu, com surpresa geral, um oficial, acompanhado de respeitável força, que tinha chegado durante a missa, e, dirigindo-se ao moço, deu-lhe voz de preso, sem atenção para com a senhora que lhe vinha pelo braço.

— Preso, eu?! E pelo quê? — perguntou Raimundo.

O comandante tirou do bolso a ordem que trazia e, diante de todos, que em massa se agruparam em torno do moço, leu-a em voz alta.

Dizia ela:

> Ordeno ao Alferes do Corpo Policial, Conrado José de Freitas, que persiga e traga, vivo ou morto, um sujeito que se intitula Raimundo, que é um dos membros da quadrilha

de Pedro Peixoto, que faz correrias nos Cariris. O tal Raimundo inculca-se, no Riacho do Sangue, onde se acha, um figurão da Corte.

Estava assinado pelo chefe de polícia.
Raimundo foi fulminado por aquela ocorrência!
Não o abalava a acusação, pois bem sabia que era falsa, abalava-o, porém, até o íntimo da alma, o desprezo em que ia cair no conceito de todos que o consideravam, e principalmente no de Ângela, que lhe era tudo na vida e que deveria desprezá-lo como vil bandido.

— Os sinais são, com efeito, os meus, senhor, mas protesto energicamente contra a violência que se me faz e, principalmente, contra a infâmia que se me atribui.

Estas palavras do moço quase não puderam ser ouvidas, em razão da algazarra que se levantou no seio da multidão, indignada por ter sido iludida por um bandido.

— Proteste quanto quiser — respondeu-lhe o comandante —, que eu hei de cumprir a ordem. Se não for por vontade, vai arrastado, e, se resistir, levo-lhe a cabeça.

Raimundo reconheceu que tudo era inútil, no sentido de evitar a violência, e, pois, procurou justificar-se para o povo.

Se, porém, o alferes o repeliu grosseiramente, muito mais o fez aquela gente que, pouco antes, aclamava-o herói.

O mais que conseguiu foi deitar olhos arrasados de lágrimas para sua noiva, estupefata e desfigurada, e dizer-lhe, com voz que parecia estertor de agonizante:

— Ângela, não há na Terra quem ouse abusar de tua pureza, e, se houvesse um miserável que a tanto se atrevesse, o Céu fulminá-lo-ia.

— Pois aí está — bradaram todos os que lhe ouviam o brado de desespero —, pois aí está o raio caindo do Céu!

— Ângela — continuou o moço, sem atender aos apodos da multidão —, minha alma está pura de tão vil acusação.

— É o que dizem todos os bandidos —, vociferou a multidão, a cuja frente estava o senhor Marcelino.

— Ângela, dize-me que não acreditas na injúria que me cospem, para que eu possa ter forças de sofrer tão dura prova.

A moça, cobrando súbita energia, atirou-se aos braços de seu amado, bradando, com indescritível expressão de confiança:

— Eu não dava minha mão e meu coração a quem não fosse digno de mim!

Raimundo bebeu vida naquelas palavras, e o sangue concentrado espalhou-se-lhe pelo corpo.

A calma, que lhe era habitual, tomou todo o império sobre sua alma.

Sua fisionomia reassumiu aquele donaire que o distinguia do geral dos homens. Lançou a vista para a multidão, com ar de comiseração, cumprimentou respeitosamente o coronel e a senhora e, apertando contra o peito a moça, sua noiva, disse-lhe:

— Obrigado, minha santa e adorada Ângela. Agora tenho a precisa coragem para afrontar mais esta tempestade.

Dito isto, voltou-se para o comandante.

— Podemos partir, que não é aqui que hei de provar quem sou. Aqui só voltarei para fazer corar aos que são fáceis em condenar por aparências. Podemos partir, que eu não sou dos que precisam que os arrastem ou que lhes cortem a cabeça.

O esforço que Ângela fizera e o abalo moral de tão inesperada quão esmagadora cena esgotaram as forças à delicada moça, que caiu desfalecida nos braços do desolado pai.

Enquanto, pois, este a conduzia desmaiada, os soldados conduziram Raimundo, em libambo, no meio das chufas da multidão.

O escândalo é o néctar do povo, quer atrasado, quer adiantado!

O homem é o mais feroz inimigo que tem o homem!

Se alguém sobe em posição ou em saber, ou por virtudes ou por fortuna, pode contar que a sombra que faz ocultará mil detratores, por ciúmes uns — os que lhe são iguais — por inveja outros — os que lhe são inferiores.

Especialmente na raça latina, e ao contrário da anglo-saxônia, todos procuram rebaixar os que se elevam para os nivelarem a si, em vez de procurarem elevar-se para se nivelarem com eles, nas alturas a que subiram.

Só as almas verdadeiramente nobres, os Espíritos superiores, é que exultam com o engrandecimento dos outros.

Quantos, porém, há na Terra dotados daqueles elevados sentimentos?

O povo da Vila do Frade, que vira surgir um homem muito superior a sua obscuridade, acolheu-o bem, porque a superioridade se impõe; desde, porém, que lhe descobriu ou julgou descobrir-lhe o calcanhar de aquiles, deu expansão a seu desabafo.

— Bandido com ares de homem de bem! Insinuar-se no seio de uma população honesta, quem só presta para as galés! Chegar a pretender a mão da nossa Ângela, ele que não merece uma preta de fazenda! E arrotar generosidades com o dinheiro roubado!

Tais e quejandos eram os discursos dos homens e das mulheres da vila, que se regozijavam de ver que não lhes valia uma unha do pé o sujeito que julgaram seu superior, a quem queimaram seu incenso.

Ângela e o vigário eram os únicos que faziam justiça a Raimundo, certos de que era ele vítima de lamentável equívoco.

O próprio coronel vacilava entre as provas a favor e contra a presunção de ser o moço o que dizia a ordem de prisão.

"Ele chegou aqui, esteve aqui dois meses e nunca disse ao que veio! Mas também, se fosse um bandido, tendo obtido a mão de minha filha, teria apressado o casamento, em vez de adiá-lo, como pretendia. É coisa de pôr a gente louca!", pensava consigo mesmo.

A pobre Ângela, mergulhada em sua dor, aguardava, com inquebrantável confiança, o desenlace daquele terrível drama.

A única pessoa com quem desabafava suas penas era o vigário, que nem por momento duvidou do nobre caráter do moço.

— É mais uma provação a que Deus o submete — dizia ele a moça — e oremos por que tenha ele a força de suportá-la como lhe é mister.

No fim de quinze dias, o correio da capital trouxe ao velho sacerdote uma carta, que ele leu com profunda emoção e que passou a Ângela, com quem estava a conversar.

— Quem esquece a própria desgraça — disse com lágrimas — para lembrar-se das alheias não pode ser um miserável — é um espírito que se nutre dos eflúvios do Céu. Lê, minha Ângela, esta carta de Raimundo e orgulha-te de teres dado teu coração a quem possui a natureza dos santos.

A carta dizia:

> Ao senhor, que recebeu, face de Deus, a confissão de minhas culpas e ficou, por isso, conhecedor das boas e ruins qualidades de minha alma, posso dirigir-me sem receio de repúdio.
> Não sou réu do que me atribuem; mas sei que muito mais preciso sofrer, na Terra, para satisfação da justiça do Céu;

e, pois, curvo-me, resignado e gostoso, ao peso da cruz que me lançam sobre os ombros.

Só me torna ela pesada, insuportável mesmo, o receio de que minha adorada Ângela me julgue como os demais.

Isto mesmo, porém, será mais um espinho da coroa que preciso trazer, se quiser lavar minha alma e seguir o caminho que ensinou a Grande Vítima do Gólgota.

Se não fora esse pungente aguilhão, a humilhação, a que me atiram, seria para mim um verdadeiro gozo, porque sei que ela me é dada como remédio amargo, que salva da morte.

Que me importa o juízo do mundo se não é ele que me julga?

Ângela, Ângela — eis o meu único tormento, nas horas angustiadas, porém serenas.

Minha desgraça não deve arrastar a de outros; portanto, peço-lhe que remeta a apelação do Benedito ao doutor T., que incumbi da causa. *Raimundo.*

— Sim — exclamou a moça, acabando de ler a carta —, quem alimenta sentimentos desta ordem não pode ser um vil: é, sem contestação, uma alma de eleito. A caridade é flor do Céu, que não pode medrar senão em terreno mondado pelo amor do próximo e pelo de Deus, o altíssimo mandamento que compreende toda a lei e os profetas, como o disse Jesus.[129] E agasalha em seu coração aquela sublime virtude quem, no meio de duas dores, procura aliviar as dores do próximo. Sim;

---

[129] Referência à passagem bíblica do Novo Testamento em que Jesus revela aos fariseus os dois maiores mandamentos: "Amarás o Senhor, teu Deus, de todo o teu coração, de toda a tua alma e de todo o teu entendimento. Este é o grande e primeiro mandamento. O segundo, semelhante a este, é: Amarás o teu próximo como a ti mesmo. Destes dois mandamentos dependem toda a lei e os profetas." (MATEUS, 22:37 a 40.) Consta também de MARCOS, 12:30 e 31 e LUCAS 10:27.

Raimundo é um mártir — é, como disse o senhor, uma natureza de santo, em sofrimento para maior glorificação.

— Tu o dizes, minha filha, e eu o sinto.

XI

Ao passo que Raimundo ia caindo no esquecimento dos habitantes da Vila do Frade, salvo quanto a Ângela, que não cessava de chorar e de orar por ele, e quanto ao vigário, que o encomendava em suas preces diárias, na capital seu nome andava de boca em boca — era assunto forçado de toda conversa.

Os jornais daquela cidade, à laia dos da Corte sempre dispostos a exploração de escândalos, publicaram histórias horrorosas de perversidades do bandido, felizmente encarcerado.

A indignação pública, por tal modo acesa, tinha chegado ao paroxismo!

Todos desejavam ver a fera de forma humana; ninguém, no entanto, tinha a coragem de ir à cadeia, onde se achava ele recluso, como em jaula, com sentinelas à vista.

Raimundo, que tinha intuição da furiosa tempestade formada sobre sua cabeça, experimentava em seu íntimo o que sente o doente que sofre as dores da operação que deve curá-lo.

Era a satisfação, que dá a consciência da culpa ao que passa pelas provas da justiça reparadora, tanto maior quanto mais ferozmente brame e espuma, enraivecida, a vil calúnia, que é às vezes o instrumento da reparação.

O moço refletia profundamente sobre esse sentimento, que lhe parecera sobrenatural ou, pelo menos, desnatural, e concluiu por estes conceitos:

"A injustiça dos homens só revolta quem tem culpa na alma; ao que a tem limpa de culpa inspira alegrias celestiais. Sofrer maior pena que a merecida, irrita. Sofrer sem culpa, por falsos pretextos, exalta. O homem, neste caso, sente-se arrebatado às alturas de um novo Gólgota e como que sonha com um paraíso de delícias, no qual se expande, em êxtases, a inocência calcada na Terra. Ouvir as turbas clamarem: *crucifige — crucifige*[130] e, volvendo os olhos da alma para o íntimo, não descobrir aí ponto escuso é um gozo, que só pode avaliar devidamente quem o tenha experimentado. Feliz — três vezes feliz a vítima das injustiças dos homens."

Dois dias depois de sua chegada à capital, Raimundo foi levado, com escolta dobrada, à presença da autoridade que devia interrogá-lo.

A multidão era imensa, dentro e fora da casa da Câmara, onde tinha de comparecer.

Até as mulheres se acotovelavam nas imediações do tribunal.

Pode-se dizer que só ficou em casa quem teve impedimento invencível.

Além de que todo o povo é ávido de novidades, acresce que esta era das que mais atiçam a curiosidade: um homem que rouba mulheres, que destripa velhos, que tem prazer em fazer mal, além do que faz roubando e saqueando casas e povoados!

---

[130] Forma verbal latina que significa "crucifica". Referência à passagem bíblica do Novo Testamento em que a multidão pede pela crucificação de Jesus: "Mas Pilatos lhes perguntou: Que farei, então, deste a quem chamais o rei dos judeus? Eles, porém, clamavam: Crucifica-o! Mas Pilatos lhes disse: Que mal fez ele? E eles gritavam cada vez mais: Crucifica-o!". (MARCOS, 15:12 a 14.) Consta também de LUCAS, 23:21 e JOÃO, 19:6 e 15.

Estava, pois, toda a gente da cidade amontoada em torno do pretório, por ver o famoso facínora.

Tinha-se a ideia de ser ele coisa ruim, muito fora do tipo humano: um homem de corpo agigantado, de cara com olhos de tigre, nariz de cão, boca de jacaré, de cabelos hirsutos, como os do porco.

Tinha-se a ideia de que era um homem-bicho, homem-fera.

— E por que não? — dizia um gaiato, que o pintava às massas com aqueles caracteres — e por que não pode ser assim? A Natureza nos dá a amostra do homem-bicho na sereia, e pode-se dizer que no macaco. Mulheres-baleias temo-las aos milheiros; olhem para aquela...

— Passa fora! — bradou a massa de gordura que o pândego apontara. — Baleia será a mãe!

— Não se zangue, minha senhora; eu estou fazendo uma preleção sobre zoologia.

— Vá fazer *predações* sobre diabo, que eu não sirvo para palito.[131]

— Está bom, está bom; eu retiro a expressão.

— Não faltava mais nada — resmungou a mulherona, dando costas ao auditório, que ria a bandeiras despregadas[132] —, não faltava mais nada: ver um salta-martim,[133]

---

[131] *Palito*, em sentido figurado, significa "pessoa que é objeto de divertimento dos outros".

[132] *Rir a bandeiras despregadas* é expressão que significa "rir abertamente".

[133] O mesmo que "vaga-lume", sendo o termo usado aqui, devido à luminosidade que esse inseto produz, como alusão à pessoa que quer chamar a atenção.

com cara de caboré,[134] meter-se a rabequista.[135] Eu só queria que estivesse aqui o meu Pereira para mostrar a este fuinha como se faz pastel[136] no lombo do próximo.

A fúria da gordaça provocava ainda mais a hilaridade, que atraía a massa em peso para o ponto, curiosa de saber o que era aquilo.

Em pouco tempo, era tal o aperto que a pobre mulher não podia respirar.

— Abram espaço, abram espaço — bradava o sargento comandante de escolta, que nem a ponta de espada podia abrir caminho pelo meio daquela massa compacta.

Gritando, porém, "abram espaço ao criminoso", descobriu ele o segredo de fazer a praça vazia.

Aquela massa compacta, tão compacta que, se chovesse, a terra não receberia uma gota d'água, ouvindo a voz que anunciava a aproximação do homem-fera, comprimiu-se de repente, e tanto que deu espaço à escolta, e o daria a um batalhão, tal era o medo de ficar ao alcance das garras do tal homem.

Este, calmo, firme e com ar senhoril, que é apanágio das grandes almas, penetrou na sala, ladeado por quatro praças, de refle em punho.

Foi completo o desencantamento!

Em vez do monstro que imaginavam, aparecia um moço belo, airoso, imponente!

— Querem ver que trocaram o criminoso? — disse o pândego que o descrevera tão horrorosamente.

Ninguém, porém, lhe prestou mais atenção, porque todos estavam atraídos para o moço que parecia impossível ser um bandido.

---

[134] Usado aqui com o sentido de "caipira", "matuto".

[135] *Metido a rabequista* é expressão usada para se referir a "pessoa saliente que se mete a importante".

[136] *Fazer pastel* é expressão que significa "criar aborrecimento".

O próprio juiz foi dominado por súbita emoção, que não pôde conter.

— Nunca vi — disse para o promotor — uma fisionomia tão franca e tão nobre servir de pórtico a um coração tão perverso!

— Vandervelde[137] — respondeu o promotor — diz que um perverso bonito é uma besta com pele de zebra.

— Mas diz o rifão — redarguiu o juiz — que a cara é o espelho da alma, e, a ser assim, ninguém pode ter uma alma mais bem formada do que este homem.

O movimento de simpática surpresa passou rápido, como surgira rápido naqueles espíritos prevenidos.

No fim de pouco tempo, o termômetro da execração pública contra o moço tinha voltado ao grau que marcava antes de seu aparecimento.

Não havia na multidão um coração que não o repelisse com horror.

— Como se chama? — perguntou o juiz, no meio do silêncio geral.

— Chamo-me Raimundo.

— Raimundo de quê?

— Simplesmente Raimundo.

— Advirto-lhe — disse o juiz enfadado —, que fala a uma autoridade, de quem não é lícito zombar e é preciso que se convença mais de que aqui obedece e não tem poder de mandar, como entre os seus parceiros.

— Não zombo da autoridade — respondeu o moço com respeitosa dignidade —, nem ignoro que lhe devo aqui obediência; mas nem por isso hei de criar sobrenome, que não tenho.

---

[137] Emile Vandervelde (1866-1938), doutor em Direito e em Ciências Sociais, foi um dos presidentes do Partido Operário Belga.

— Não tem família? Que nome tem sua família?

— Não tenho família, senhor, ou antes, minha família é a Humanidade.

— Já vejo que, sob esse ar de humildade, quer ocultar o escárnio à autoridade e, ao mesmo tempo talvez, um nome respeitável, que tem arrastado pela lama.

— Perdão, senhor. Não fiz praça de humildade nem tenho motivo de fazê-lo. A humildade é virtude da alma, que revela sua superioridade; nunca, porém, sufocará a justa dignidade do homem. Eu tenho muita dignidade para rebaixar-me até escarnecer da autoridade, que desejo ver sempre cercada do maior prestígio, para o bem da sociedade, de que eu faço parte, tão interessado como Vossa Senhoria.

O juiz sentiu-se impressionado com o modo por que falou o moço, e, voltando-se para o promotor, disse-lhe:

— Tem assomos de orgulho!

— Isto é recurso de artista consumado — respondeu o promotor.

— Donde é natural? — volveu ao interrogatório.

— Sou do Rio de Janeiro — disse com voz malsegura, porque o constrangia ser obrigado a faltar à verdade, embora por dever de honra.

— Sabe que nasceu no Rio de Janeiro, e não sabe a que família pertence?

— Um enjeitado, senhor, pode bem saber onde nasceu e ignorar quem lhe deu o ser.

— É então enjeitado?

— Dos homens e da fortuna — disse em tom repassado de tanta tristeza que os menos sensíveis se enterneceram por um instante.

— Quem o criou?

Raimundo tinha muito a peito[138] encobrir sua origem; e, pois, sentiu-se embaraçado com aquela pergunta.

— Criaram-me — respondeu engendrando uma história — dois pobres velhos, que já são com Deus — e que me apanharam, abandonado, em um adro de igreja.

O juiz mostrou-se satisfeito, e Raimundo muito mais, por vê-lo abandonar aquele escabroso terreno.

— Que idade tem?

— Devo ter cerca de trinta anos.

— Conte-me sua vida até o dia da prisão, no que se tem ocupado e onde tem estado.

— Estive com os velhos, que me criaram, até os dezoito anos, em que fui assentar praça no Exército, por não poderem eles me dar meios de seguir uma carreira civil. Levei o tempo estudando na Escola Militar, até que, rompendo a guerra do Paraguai, pedi para seguir, em busca da glória ou da morte, que me repeliram igualmente. Entrei em todos os combates e conquistei, por atos de bravura, os postos de alferes, de tenente e de capitão.

No ataque de Curupaiti, escalei com alguns companheiros a terrível fortaleza; mas, tendo o exército assaltante obedecido à ordem de retirar, que lhe deu o general em chefe, fui obrigado a bater-me pela vida, contra todas as forças que López acumulara ali, até que ferido no braço direito, cuja artéria foi cortada, caí sem sentidos, banhado em meu sangue.

— Espere, espere — falou o juiz. — Se é verdade o que diz, deve ter suas patentes e sua fé de ofício.

— Tenho-as, sem dúvida; mas tenho-as na Corte, onde é minha residência e guardo tudo que é meu.

---

[138] *Ter a peito* é expressão que significa "interessar-se em".

— Quem foi o primeiro general com quem serviu?

— Eu disse que pedi para ir à guerra contra o Paraguai, porque considero a campanha contra a República Oriental a primeira fase da grande luta. E, pois, direi a Vossa Senhoria que marchei no exército comandado por Mena Barreto, mais tarde, e já bem tarde, barão de S. Gabriel.

— Está direito, mas em que batalha se feriu nessa campanha?

— A de Paissandu, na qual Leandro Gomes, entrincheirado na matriz, resistiu até cair morto no campo da honra, que bem soube honrar.

— Para onde seguiu daí?

— Daí, e depois do convênio de 20 de fevereiro entre Paranhos e Villalba, concertado, fui fazer parte do exército que, sob as ordens de Osório, fez a ousada passagem do Passo da Pátria.

— E quem substituiu Osório no comando?

— Polidoro, visconde de S. Teresa, que ainda era comandante, quando se deu o desastre de Curupaiti.

— Foi Polidoro que atacou aquela fortaleza?

— Não. Polidoro comandava o primeiro corpo, e quem atacou foi o segundo, ao mando de Porto Alegre.

— Está correto — disse o juiz com melhor modo —, mas continue, que mais tarde verificaremos se é verdade o que diz respeito a sua pessoa.

— Ia eu ser degolado, com os meus bravos companheiros, todos praças do 28º de Voluntários.

— Do batalhão cearense?

— Desse mesmo, que foi reforçar o segundo corpo, e com o qual fui também eu.

— Então os voluntários cearenses o conhecem?

— Certamente.

— Bem; continuemos.

— Dizia eu que ia ser degolado, quando um homem extraordinário pelo saber, pelas virtudes e pela fabulosa fortuna, um filantropo americano, o doutor Capper, que com seu filho procurava empregar em obras de caridade parte daquela fortuna, resgatou-me e, por intermédio de um salvo-conduto, pôde retirar-me da fortaleza com os meus companheiros. Capper entregou estes à esquadra brasileira, mas levou-me para Montevidéu, em estado desesperador.

— Então é desertor?

— Um oficial, que chega a capitão, conquistando todos os postos por atos de bravura, não deserta, senhor. Eu tenho uma licença registrada, por tempo indeterminado.

— Também está no Rio de Janeiro?

— Sim, senhor. Não me tendo restabelecido, em Montevidéu, do que os médicos chamaram anemia cerebral, os Capper conduziram-me para o Rio, onde desesperaram de minha cura. Sem perda de tempo me transportaram para a Europa e ali consegui meu completo restabelecimento. De volta, tive necessidade de ir à Serra do Martins para batizar o filho de um amigo, que fiz na Corte, e que fora fixar ali sua residência. Fui do Martins ao Riacho do Sangue, no empenho de confessar-me com o santo vigário Francisco Pinheiro, como me aconselhara o do Martins, nobre alma com quem travei relações estreitas, nos poucos dias que com ela convivi. Também concorreu para fazer aquele passeio acharem-se meus benfeitores nos Estados Unidos, onde foram demorar-se um ano e, por isso, achar-me eu sem o que fazer.

— E confessou-se com o vigário do Riacho do Sangue?

— Não o pude fazer porque, ali chegado, tive necessidade de correr aos Cariris.

A estas palavras, rebentou temerosa tempestade no auditório, que permanecera mudo e quiçá impressionado.

— Eis aí, temos a confissão!

O moço lançou olhar sereno e cheio de nobreza para toda aquela gente amotinada — e, voltando-se para o juiz, continuou:

— Eu tenho um irmão colaço, chamado Pedro Peixoto, a quem me liguei por estreita amizade. Soube, no Riacho do Sangue, que esse infeliz, de quem não tinha notícia desde que marchei para a guerra, dirigia, nos Cariris, uma quadrilha. E como creio em Deus, na imortalidade da alma e nas penas e recompensas, que provocam nossas obras da vida corpórea, dispus-me a arrancar meu pobre irmão à justiça dos homens e à justiça de Deus. Chegado que fui aos Cariris, procurei meios de encontrar-me com Pedro. Encurto razões, dizendo que, depois de uma luta, em que já desanimava, foi Deus servido que eu lograsse tocar o coração do meu desgraçado irmão, convencendo-o a deixar aquele torpe viver. Roubei-o a seus companheiros e levei-o, pelos sertões do Piauí, à cidade de S. Luís do Maranhão, onde o embarquei para o Pará e daí para os Estados Unidos, enviando-o aos meus bons amigos Capper para que lhe regenerassem a alma.

"Eu parti dali para o Rio a prover-me de recursos, por ter esgotado os que tinha trazido, e voltei ao Riacho do Sangue a cumprir o voto de confessar-me com o vigário Pinheiro".

— Que recursos são os seus no Rio, visto que é militar e está com licença registrada?

— O velho Capper, que me ama como ao filho, repartiu comigo sua fortuna quase fabulosa, dando-me, ao despedir-se de mim, uma boa soma, que daria muito bem para eu viver como um príncipe, se tais fossem meus gostos.

— É ganha pelos roubos! — bradou a multidão, sempre e em toda parte inexorável.

— De quanto foi a doação que lhe fez o doutor?

— De dez mil contos.

— De dez mil contos! Onde o documento?

— No Banco do Brasil, que é meu procurador, na Corte.

— Pode provar isso?
— O doutor Capper será minha testemunha.
— E pode provar o mais que referiu?
— Nem tudo, mas destruirei todo o articulado contra mim, no sentido de ser eu membro de uma quadrilha.

XII

Não se falava na cidade senão no interrogatório de Raimundo, apreciando uns vantajosamente sua história, opinando a maior parte pela falsidade do que expusera.

Já era muito para o moço ter conquistado algumas afeições no meio da gente que o recebera a ponta de espada.

— Aquela cara — dizia o doutor T., aquele a quem ele confiara a apelação do Benedito — não é a do homem que tem a consciência do crime. Ele não se altera ao peso da esmagadora acusação; antes reage com dignidade respeitosa, que tem laivos de orgulho. Eu que lhe ouvi a palavra em favor do que tentou contra sua existência, dizendo-me: "sou rico, doutor, muito rico, e não poupo gastos com esta causa; somente quero que se salve o infeliz moço", eu dou testemunho de que ali, sob a bela aparência de um cavalheiro distinto, não se oculta uma alma tacanha e perversa de bandido. No meio do maior perigo, porque maior não pode ser o que o ameaça, o moço nem de leve empalidece e, como o *homem forte de Horácio*, parece indiferente à furiosa tempestade que o envolve.[139]

---

[139] Referência a versos das *Odes* do poeta latino Horácio, com a seguinte tradução: "Ao varão justo e firme em seus propósitos não abala em sua decisão sólida nem a paixão dos cidadãos a exigir coisas injustas, nem as insistentes ameaças de tirano, nem o Austro, dono turbulento do inquieto Adriático, nem a poderosa mão de Júpiter fulminante. Se o mundo despedaçado se desmoronasse, suas ruínas feri-lo-iam sem assustá-lo".

— Histórias estudadas — respondia-lhe o escrivão. — O senhor sabe que os tratantes empregam engenho e arte, que não conhece o homem de bem, por encobrir seus maus sentimentos com obras que os façam proclamar generosos e compassivos. A arte de enganar está muito apurada, doutor.

— Sei disso; mas eu estou acostumado a lidar com criminosos — e presumo de ter bom olho.

No meio de tão desencontradas apreciações, corria atropeladamente o processo, tendo sido o réu pronunciado pelos homicídios e roubos praticados pela quadrilha, de que o diziam chefe.

Sobretudo era famosa, pela deficiência de razões e pela virulência da linguagem, a promoção, que servira de base ao despacho de pronúncia.

Quando a autoridade, em vez de manter-se na região serena da justiça, e no santuário de sua consciência, desce à praça pública, a inspirar-se na opinião das massas, tão fáceis de inflamar-se, o anjo que a guia em sua alta missão vela a face consternado.

Foi o que aconteceu naquele processo.

Nada provava que fosse o moço membro, quanto mais chefe de quadrilha; havia apenas o testemunho de pessoas que o viram no sertão, onde fazia ela as suas correrias. E, como era ali desconhecido e não se sabia o que fora ali fazer, concluiu-se que era um dos tais!

Nada provava que fosse o autor deste ou daquele determinado crime; mas, visto que era julgado chefe de quadrilha, *ipso facto*,[140] respondia por todos os crimes dela.

Em direito e justiça, nem sombra de fundamento; mas o povo em fúria pedia um desagravo — e o juiz não trepidou entre o povo e a justiça.

---

[140] Expressão latina que significa "pelo próprio fato", "por isso mesmo".

Nem outro foi o procedimento de Pilatos, condenando o que, em sua consciência, era inocente.[141]

Ah! se esses homens soubessem quanto é esmagadora no tribunal indefectível a acusação que levantavam suas vítimas!

Se soubessem, se pudessem, pelo menos, imaginar, certamente não seriam tão fáceis em lavrar sentenças sem maior esforço da razão e da consciência.

Estava a expirar o prazo da lei para o réu apresentar sua defesa e testemunhas, e Raimundo estava a nadar no ar; porque a acusação não articulara fatos positivos. Sua única defesa era provar, item por item, a verdade do que referira no interrogatório.

Como, porém, fazê-lo, se as provas estavam umas na Corte, outras nos Estados Unidos, outras na Serra do Martins — e ele estava numa masmorra?

Seu espírito revoltava-se, por momentos, contra essa injusta pressão, que o esmagava — e, na explosão de suas queixas, chegava a dizer:

"Não pode ser justa a expiação quando se sofre por culpa que não se cometeu".

Refletindo, porém, sobre a singular coincidência de ser acusado por faltas que não tinha praticado, mas de que já fora culpado, baixava a cabeça, monologando:

— Tudo o que sofremos tem sua razão de ser na justiça indefectível.

"Eu cometi o crime e não fui castigado por ele.

---

[141] Referência à passagem bíblica do Novo Testamento em que Pilatos entrega Jesus para a crucificação: "Então, Pilatos, querendo contentar a multidão, soltou-lhes Barrabás; e, após mandar açoitar a Jesus, entregou-o para ser crucificado". (MARCOS, 15:15.) Consta também de LUCAS, 23:25 e JOÃO, 19:16.

"Agora, esse crime brada por seu castigo — e eis que mo imputam caluniosamente, para que se cumpra a lei de eterna justiça."

E, com essas considerações, aguardava, resignado, o que Deus fosse servido determinar a seu respeito.

Nestas felizes disposições se achava, quando ouviu, de sua prisão, o tiro de Mucuripe, que era sinal de achar-se à vista o vapor do Sul.

Sem saber por quê, sentiu na alma um singular movimento, que fez vibrar a corda, já quase amortecida, da esperança.

E, voltando ao seu primeiro pensamento, disse a si mesmo: "Não; Deus jamais permitirá que se sofra a pena de uma culpa de que se é inocente.

"Isso poderá dar-se com os *Messias* e com os contumazes; mas eu não sou nem uma nem outra coisa.

"O arrependimento e o remorso já me têm punido de minhas passadas culpas."

Deram seis horas da tarde.

A cadeia fechou-se, como era do regulamento, para não receber mais visita alguma — e o moço sentiu, ao ranger dos grossos ferrolhos, esvair-se aquele bruxulear de esperança, que o alentara, embora sem razão plausível.

"Que insânia, esperar alguma coisa da chegada do vapor! Que me pode ele trazer, se todos os que me amam ignoram que estou em perigo — e, além disso, estão tão longe? Há quem me ama e sabe dos meus tormentos; mas este, por muito que se abrase em desejos de me estender a mão, nada pode valer-me. Beberei, pois, até as fezes, o cálice amarguroso,[142] com resignação e coragem. Que são estes

---

[142] *Esgotar (ou beber) o cálice da amargura até as fezes* é expressão que significa "sofrer o infortúnio na maior escala". No Velho Testamento, encontra-se: "Porque na mão do Senhor há um cálice cujo vinho espuma, cheio de mistura; dele dá a beber; sorvem-no, até as escórias, todos os ímpios da Terra". (Salmos, 75:8.)

sofrimentos para a enormidade das minhas faltas, principalmente comparados com os do Justo?"

Tranquilo — pode-se dizer, contente, estendeu-se na dura tábua, que lhe era a cama de dormir — e aí procurou esquecer as misérias da vida.

Como o sono é grato aos que têm dor na alma!

Se, nos casos ordinários, ele é meio reparador dos enfraquecimentos do corpo, naqueles casos especiais transforma-se em bálsamo consolador do espírito.

Enquanto se dorme, não se sofre — e quem sabe se não se goza?

A alma, desprendida da matéria, voa ao Espaço — e, enquanto o corpo descansa, ela se compraz com a doce convivência dos Espíritos amigos, que a animam e lhe inspiram salutares resoluções para o desempenho de sua missão.

Acordamos — e esquecemos, nós, não ela, os episódios dessa viagem aérea — ou guardamos dos principais mais ou menos fraca reminiscência.

E a Humanidade, que não crê na comunicação dos Espíritos, chama a isto sonho.

Sonho é, para ela, devaneio da alma ou trabalho espontâneo do cérebro.

Entretanto, ele exprime fatos, que o nosso eu não podia adivinhar, por se darem a distância.

E como explicar esse fenômeno senão pelo desprendimento da alma, que vai aonde se opera o que sonhamos — ou pela comunicação com os espíritos livres, que transmitem ao nosso a ciência do que se passa ao longe?

Raimundo, pois, dormia — e, dormindo, esquecia seus pesares — e via seu velho amigo Capper, envolto em luz, dizer-lhe:

— Por que tremes? Aqui estou; tem fé.

Deram dez horas e, no meio do silêncio sepulcral que reinava na cadeia, como se fora num deserto, aqui apenas quebrado pelo som dos passos e pelos brados de alerta da sentinela, o moço, meio despertado, ouviu, ou antes, adivinhou rumor de vozes, acompanhado do som produzido por saltos de botinas nas lájeas da grande área para onde dava seu cubículo.

Despertou de todo aquele rumor, que lhe causou surpresa, por ser vedado depois das seis horas.

Um minuto depois ouviu distintamente uma voz que dizia:

— É aqui.

Soergueu-se da tarimba, trêmulo e ofegante — e sentiu, como no sonho, pulsar o coração, como a aspirar brisa fagueira.

Imediatamente a chave rolou na fechadura de sua porta, fechada por fora — e um guarda, segurando uma lanterna, bradou:

— Número 22, levante-se, que lhe querem falar.

Um vulto estranho assomou e uma voz bem conhecida articulou estas palavras:

— O teu anjo da guarda manda-me em teu socorro, filho de minha alma.

— Meu pai! Louvado seja Jesus!

E o velho doutor Capper e o moço prisioneiro, abraçados e em soluços, fruíram, por entre as fráguas de seus corações, as alegrias dos que se amam e se encontram depois de longa ausência.

— Ainda cheguei a tempo — disse o velho, arrancando-se dos braços do querido amigo e filho do coração. — Deus permite que os bons sofram para que sirvam de exemplo; mas não os deixa perecer — e maior glória lhes reserva. As boas almas são como o incenso; precisam ser queimadas para darem o precioso aroma. No dia da tua prisão, no

Riacho do Sangue, o meu médium anunciou-me a presença de um Espírito que desejava falar-me. À resposta de estar pronto a ouvi-lo, disse:

"'Sou o guia do Raimundo, que tanto e tão merecidamente amais.

"'Esse moço, cuja firmeza nas provas excede a energia vulgar, tem vencido a fraqueza humana de um modo a cercar-se de alto merecimento.

"'Sua missão expiatória, se não está completa, é consideravelmente adiantada.

"'Sua reparação não exige mais que perseverança na marcha que leva.

"'Entretanto, um lamentável acidente o ameaça de morte ou, pelo menos, de desviá-lo do reto caminho que segue.

"'Correi em seu auxílio.

"'Ele está às vésperas de ser condenado, como chefe da quadrilha a que arrancou o irmão.

"'Não percais um momento'".

E continuou Capper:

— Calcula, meu filho, o abalo que me produziu tão inesperada comunicação. Eu tinha sempre notícias tuas e exultava de saber que ias rompendo pelas maiores dificuldades, como navio alteroso pelo meio de um mar em fúria. Dei graças a Deus pelo triunfo assinalado que tiveste na Serra do Martins — aplaudi tua resolução de ires em busca de teu irmão, para regenerá-lo — chorei de prazer quando soube, pela carta que ele me entregou, do brilhante resultado que alcançaste nessa expedição — soube, enfim, com grande satisfação que tinhas ligado tua alma, pelo amor, a uma menina virtuosa, que prometia ser o anjo do resto de tua existência. Só esperava notícia de teu casamento, que tinha por certo ser o decreto divino de tua remissão, e eis que sou surpreendido pela dolorosa comunicação. Voei, meu filho, ao Rio de Janeiro, donde mandei Alberto ao Martins e ao Riacho do Sangue, em busca das provas de que preciso; e eu, animado e contente, vim abraçar-te, para animar-te, para dizer-te: por que tremes? Eu aqui estou. Tem fé.

— Bom, pai — soluçou Raimundo —, o maior prazer que sinto não é o de livrar-me do perigo — é o de abraçá-lo — é o de poder, talvez, abraçar ainda minha Ângela, esse anjo, como dissestes, e, acima de tudo, saber o que de mim pensa o alto Espírito, meu guia e protetor!

Largas às efusões de suas almas dariam os dois se o cabo da guarda não viesse advertir ao doutor de não poder prolongar mais sua visita.

— Voltarei breve, meu filho, logo que seja dia e terei comigo Alberto, que chegará infalivelmente amanhã cedo. Sabes o que vale, em meus lábios, a palavra infalivelmente.

— Sei: vale por um decreto.

— O mais breve possível serás transportado para o Estado-Maior do batalhão de linha, que está nesta cidade, pois que és oficial do Exército.

Os dois separaram-se, e Raimundo deu graças ao Senhor pela salvação que lhe mandava; pois que tinha o doutor Capper na conta de um homem a quem nada era impossível.

Agora se deleitava ele em reatar o quebrado fio de seu amor — e em pensar na alegria de Ângela, vendo-o limpo da infame acusação.

Pelas onze horas da manhã, o major do 15 de infanteria[143] penetrava na correção e, depois de saudar ao prisioneiro, comunicou-lhe que sua prisão mudara para o Estado-Maior do seu batalhão, pelo que viera buscá-lo.

---

[143] O mesmo que "infantaria".

Raimundo correspondeu amavelmente ao cumprimento e, fitando o major, pareceu-lhe conhecido.
— O senhor não foi um dos que escalaram Curupaiti?
— Fui; mas por que me pergunta?
— Porque o estou reconhecendo. Não era sargento da companhia que ficou reduzida nos doze que foram salvos da degola pelo doutor Capper?
— Exatamente; mas... eu também o reconheço. Espere... será possível?! Não; ele morreu. O meu bravo capitão ficou sepultado no montão dos cadáveres que fez.
— Quem era seu capitão? se permite que um preso, acusado de crimes degradantes, ouse perguntar-lho.
— Era o capitão Raimundo, valente como um leão, cuja vida custou mais de *cem* vidas aos paraguaios.
— E se eu lhe disser, major, que o capitão Raimundo não morreu, foi um dos salvos por Capper?
— Que prazer! — exclamou o major. — Sim, agora o reconheço. Meu glorioso capitão!...
— Major, se faz favor — bradou uma voz, que foi seguida do aparecimento do velho doutor. — Major por ato de inexcedível bravura! Vim para acompanhar-te a tua nova morada, meu filho, no qual espero que não te demorarás muito. A opinião do povo muda como o vento — e, se ontem todos te diziam: "à forca o bandido", hoje não há mais, nesta bela cidade, quem não te diga: "ao Capitólio o bravo escalador de Curupaiti".
— Tudo isto é obra sua, meu caro pai; mas aqui está um que terá gosto em poder agradecer-lhe a vida, que lhe deve, naquela tremenda jornada. É um daqueles feridos a quem o senhor corajosamente arrancou das garras do coronel comandante de Curupaiti.
Os dois homens trocaram os mais cordiais cumprimentos; depois do que se aprontaram para sair da casa da correção, acompanhando o glorioso prisioneiro.

Já os jornais do dia tinham anunciado a mutação da cena do criminoso em herói — como, por ordem do presidente da província, o bravo major Raimundo passava para o quartel do batalhão, enquanto seu processo, coisa de nonada,[144] não fosse ultimado.

Por esta razão, os três amigos atravessaram a cidade, em direção ao quartel, por entre a multidão, que lhes abria respeitosamente espaço, só faltando dar vivas ao que injuriara por simples presunção.

XIII

Naquele dia, e logo depois da transferência de Raimundo, chegou à capital, como anunciara o velho Capper, o moço Alberto.

Seu encontro com o caro amigo foi alegre e festivo.

Os três, aos quais se associou o major Costa, companheiro de Raimundo no assalto às trincheiras de Curupaiti, o qual saiu proclamando por todo o quartel o aparecimento do seu capitão, o mais valente espada do exército, estavam, todos os dias, reunidos na sala livre, onde residia Raimundo.

As torturas deste se trocaram em alegrias de lhe inundarem os seios da alma, não só por se ver rodeado de seus amigos, junto dos quais se julgava invulnerável, como porque podia provar a Ângela que não era indigno de seu amor.

No *Cearense* e no *Pedro II*, os mais importantes jornais da província, que cometeram a leviandade de expor à sanha popular o moço acusado sem provas, lia-se, no dia seguinte à chegada de Alberto, um editorial escrito pelas duas redações, combinadas.

---

[144] *De nonada* é expressão que significa "insignificante", "de pouca valia".

JUÍZOS HUMANOS

O público desta capital foi profundamente convencido de que um moço, estranho à província e que se achava no Riacho do Sangue, de casamento tratado com a virtuosa filha do distinto coronel Pinheiro, era um malfeitor, um bandido e chefe da quadrilha que devasta os sertões dos Cariris, ao qual a polícia capturara, antes que maculasse o nome honrado da nobilíssima família.

Arrastado aos tribunais, não lhe valeram no ânimo de toda a sociedade nem seu ar superior, nem a história tão verossímil quanto singela de sua vida, dita com a segurança que só a verdade pode inspirar.

Morte ao perverso! — morte ao bandido! — foi a voz unânime do povo.

E, como o mal moral é contagioso, juízes e imprensa deixaram-se arrastar pelas vozerias das massas.

O moço estava fatalmente votado à mais infamante das condenações, por ladrão e assassino, se os decretos da Providência não tivessem vindo corrigir os decretos humanos.

Acaba de chegar a esta cidade o ilustre americano doutor Edmundo Capper, precedendo apenas 24 horas a seu filho, doutor Alberto Capper, ambos amigos devotados da vítima, os quais fizeram providencialmente a luz nessa questão, em que estavam prestes a manchar-se nossos foros de povo civilizado e cristão.

Aqueles dois cavalheiros, de quem o nosso ministro em Washington disse ao governo brasileiro: 'são os mais ricos capitalistas da América e os mais distintos filantropos do mundo', sabendo que seu amigo, a quem o velho perfilhara, estava em perigo de vida e de honra, voaram em seu auxílio e apresentaram-nos as provas, que hão de ser levadas a juízo, de que o suposto bandido é nada menos que o bravo dos bravos que atacaram Curupaiti, cujas muralhas escalaram — um milionário, cuja fortuna só aplica a obras de beneficência, finalmente um benemérito da pátria e da Humanidade.

De que o é da pátria, tais provas deram os dois ao governo imperial, que este por decreto de oito do mês passado renovou-lhe a licença registrada, promoveu-o a major por atos de inexcedível bravura, no ataque à terrível fortaleza, e galardoou-o, pelos relevantes serviços de campanha, com o título de visconde Raimundo.

De que o é da Humanidade, serão apresentadas em juízo provas que seus amigos não nos permitiram publicar.

Eis o homem que ia ser condenado por ladrão e assassino!

Mísera justiça humana!

Toda a cidade alvoroçou-se com a leitura desse artigo, embora já soubesse alguma coisa, que aluía por seus fundamentos a raiva que inconsideravelmente votara ao nobre moço.

*
* *

O coronel Pinheiro sentia-se envergonhado de ter, por momentos, posto em dúvida a nobreza de caráter do ilustre moço que distinguira sua filha, pedindo-a em casamento.

Esse, ao menos, não procurava encobrir sua falta, ao contrário dos habitantes da cidade, que diziam à uma: "que horror! *suporem* ladrão um moço rico, benfazejo, nobre e valoroso!".

Se se ouvisse a cada um de per si, concluir-se-ia que nunca houvera nas trinta mil almas da cidade uma sequer que tivesse dado crédito às aleivosias levantadas contra Raimundo!

Ângela lia, para o vigário, o editorial do *Cearense*, tão comovida que intercalava de soluços palavra por palavra do artigo.

Quando chegou ao ponto em que o jornal comunicava ter seu amado sido agraciado com o título de visconde, a moça ficou estatelada, de deixar cair-lhe das mãos a folha.

— Graças! — exclamou. — A reparação está na razão da ofensa. Apaga o opróbrio!

— É sempre assim — disse o vigário, exultando de prazer. — As nuvens que ofuscam o brilho das grandes almas são erradias. O vento soprado pela Providência, cedo ou tarde, mas sempre a tempo, varre-as para longe, deixando mais limpo e transparente o firmamento.

— Meu pobre Raimundo — soluçava a bela moça —, quanto deves ter sofrido! Mas tu sabes rir das misérias do mundo!

— É verdade, minha filha, aquela alma tem o privilégio de rir pela boca das feridas que recebe! Entretanto, o homem de bem, caluniado, embora não se abata, porque só se abate quem se sente culpado, sente necessariamente pesar — e sente necessariamente inefável alegria, quando se vê justificado!

*
* *

— Senhor visconde! Senhor visconde! — gritava como um louco o major Costa, entrando pela sala onde Raimundo ainda estava dormindo.

— Senhor visconde, acorde! Acorde e venha ver que nesta terra ainda vale o merecimento! Ora, graças a Deus que já vi uma coisa boa feita pelo nosso governo!

— Que é isso, major? Você está louco?

— Felizmente não estou, salvo se se pode enlouquecer de alegria. Leia — leia — e veja que ainda não está tudo perdido em nossa terra.

Raimundo, atônito e sem nada compreender do que dizia o major, tomou o jornal e começou a ler o artigo apontado; antes, porém, que chegasse ao meio, foi a sua sala invadida pela oficialidade do batalhão, que à porfia queria felicitar o camarada, já de todos amigo.

Sem tomar-se de orgulho, sentimento que só medra em espírito de baixa esfera moral, mas profundamente sensibilizado por aquela manifestação de estima, o moço agradeceu, dizendo:

— Mais me abalam estas provas da vossa generosa estima do que a mercê, que tão imerecida quanto inesperadamente recebo e que melhor assentaria em outros, que amam essas vanglórias.

— Ora, não diga isso. Moço, rico, nobre, agora é que é gozar a vida.

Raimundo lembrou-se de sua amada, e esse pensamento fê-lo aceitar com prazer a honrosa distinção.

"Depois de tão grande mancha", pensou, "é preciso esta grande reabilitação para que seu nome não sofra, ligando-se ao meu".

Entraram os Capper, muito alegres, a cumprimentarem o novo fidalgo.

— Bem sabem que eu serei sempre o obscuro filho do povo, e que a verdadeira fidalguia temo-la por nossos sentimentos, que não por decretos.

— Bem sabemos — disse o velho —, mas confessa que a coisa veio a propósito para varrer a poeira que sopravam sobre teu nome.

— Sabes? — interrompeu Alberto. — Hoje deve ter lugar a inquirição de testemunhas, e é preciso que estejas presente à audiência.

— Estou pronto.

— São nove horas, e a audiência é às onze. Toca a almoçar, e ali tens teu uniforme, com todas as tuas condecorações, que te trouxemos da Corte.

— Nada esquecem!

Às onze horas, entrava Raimundo pela sala das audiências, guardando a serenidade da primeira vez.

A diferença única da cena atual para a passada consistia em que o povo, que outrora se afastava com medo para deixá-lo passar, agora o fazia por consideração e pelo respeito que impõe o merecimento, ladeado pelas grandezas da terra.

O povo, já o disseram, foi e será sempre — é e será em toda a parte — uma grande criança, tão suscetível de se irritar sem maior razão como de se comover com dobrada razão; donde ser-lhe fácil trucidar a nobreza e entronizar a vileza.

Seu coração é naturalmente nobre e generoso, e, pois, não cora nem vacila em fazer o *penitet*[145] e em emendar sua falta.

O da capital cearense não se fartava, pois, de dar ao que fora sua vítima eloquentes manifestações de sua estima e admiração.

Raimundo, com a farda de oficial do Exército, ornada com as medalhas das ordens da Rosa, do Cristo e do Cruzeiro, e com as medalhas do mérito e bravura militar e da campanha do Uruguai, infundia geral respeito — atraía todas as atenções.

O juiz ergueu-se quando ele entrou e fez-lhe sinal de sentar-se.

---

[145] Forma verbal latina que significa "arrepende-te". Substantivada, carrega o sentido de "penitência".

Reinava um silêncio profundo na sala.

As peripécias extraordinárias daquele processo faziam imaginar coisas fantásticas, a cuja espera sopitava-se a respiração.

As primeiras testemunhas foram os dois Capper, cuja presença já era um motivo de geral excitação.

Ali estavam, sob a forma humana, o saber, a virtude e a riqueza, as três forças que dominam os homens, as coisas e a própria Natureza.

Quando entrou o velho, de aspecto venerando, o juiz ergueu-se e os espectadores puseram-se de pé.

Era o sinal de acatamento que arranca imperiosamente a superioridade.

Tanto ele como o moço, que não foi acolhido com menos provas de simpatia, depuseram, sem discrepar uma linha, o que referira o réu em seu interrogatório.

Terminado o seu depoimento, o juiz mandou o oficial de justiça anunciar, em altas vozes, a testemunha Joaquim Pombo.

Um raio não podia aturdir mais profundamente a Raimundo.

Pálido e em pé, quase a se atirar para o amigo, no que foi embaraçado por Capper, já a seu lado, o moço sentou-se e derramou lágrimas de gratidão.

Joaquim Pombo, em febril exaltação, referiu tudo o que o acusado por ele fizera e tudo que fizera no Martins, onde sua lembrança ficara gravada no coração do povo, que adora seu nome.

Aquela exposição arrancou "bravos" tão calorosos que o juiz reclamou "ordem".

Lágrimas — duas lágrimas que lhe vinham do coração — banharam as faces de Raimundo, tão forte diante da desgraça e agora, diante da ventura e daquela sincera dedicação, tão fraco — fraco como uma mulher.

— Pode retirar-se — disse o juiz à testemunha, que foi dali atirar-se nos braços do amigo, desafogando com ele o opresso peito das agras aflições que lhe causara o perigo em que o soubera.

O processo já estava desmoralizado e, por isso, o juiz não fez reparo no fato da testemunha abraçar o réu em tribunal.

— Testemunha, reverendo vigário de Riacho do Sangue e brada o oficial.

E, incontinente, apareceu o venerando sacerdote, cuja fisionomia transudava a bondade de seu coração e a santidade de sua alma.

Houve um sussurro geral, que exprimia veneração pelo velho vigário, cuja fama já o tinha indicado, duas vezes, para bispo, honra que o santo homem recusara, preferindo acabar na obscuridade, em que sempre procurou viver, sem de todo o conseguir, porque o brilhante lapidado é no escuro que mais brilha.

O velho pároco disse tudo o que podia dizer, sem quebra do sigilo da confissão que lhe fizera Raimundo.

Seu depoimento foi tão justificativo das qualidades morais do moço que, se ainda pudesse haver sombra de dúvida sobre sua inculpabilidade, toda ela se dissiparia.

Raimundo já não tinha mais fibra que pudesse ser abalada.

Num momento viu erguer-se da sombra, a cercá-lo com seus braços protetores, os amigos que fizera na vida! Ao isolamento substituíra o aparecimento dos que amava!

Estava como em suspensão, nesse estado da alma em que a consciência da vida parece dormitar!

Ansioso, olhava para o velho amigo, com olhares que lhe perguntavam: "Que é de Ângela?".

O bom velho bem o compreendia — e pelos olhos lhe respondia, com prazenteiro sorriso: "Espera um pouco".

Acabada a obrigação, pediu permissão ao juiz e lá foi abraçar o caro amigo, que, apertando-o contra o peito, com o sentimento nascido da alma, perguntava-lhe ao ouvido: "Ângela?"

— Ângela — respondeu o velho, muito comovido —, em breve a verás.

Raimundo, atribuindo aquelas palavras à convicção que nutria o vigário de que em breve poderia ele ver sua amada, por se ter livrado do processo, dirigiu novamente a palavra ao bom amigo para agradecer-lhe mais essa prova de sua amizade, quando ouviu o oficial bradar: "Coronel Martins Pinheiro e sua filha, a Excelentíssima senhora D. Ângela Pinheiro".

Fora de si e esquecido de sua posição ali, ainda chegou a dar um passo para onde devia entrar a divina moça, que julgara perdida para sempre.

A tempo, porém, conteve-se; mas ficou extático.

O coronel Pinheiro, trazendo pela mão a filha, toda coberta de pesado luto, o que, a par de sua palidez, mais fazia realçar a peregrina beleza com que o Céu a ornara, entrou na sala.

O primeiro olhar da moça foi para aquele que era senhor de seu coração, e tal emoção sentiu por vê-lo, que caiu, desmaiada, nos braços do pai.

Raimundo não pôde conter-se, e de um salto estava ao pé do ídolo de sua alma.

O doutor Capper chegou imediatamente e sem maior trabalho, que o caso não era grave, fez a moça voltar a si.

— Como é bela! Como vai ser feliz! — foram as vozes que ressoaram por todo o salão.

Restabelecida a calma, o juiz ouviu do coronel a informação que o vigário não pudera revelar, isto é, que Raimundo fora o instituidor do asilo dos ingênuos, o que se descobrira por uma nota de sua carteira, que caiu quando o prenderam.

Ângela, perturbada com aquele triste espetáculo, disse simplesmente:

— Se o mal é incompatível com o bem, não pode ser um bandido quem dedica uma fortuna a obras de caridade — e apresentou a nota, de que seu pai falara, que era uma lembrança das despesas que fizera o moço acusado, desde que saíra da Corte.

Lia-se aí, entre outras, estas verbas:

Com o estabelecimento de um asilo de caridade, no Martins — 100:000$000.[146]

Com a viagem de Pedro e para seu estabelecimento — 100:000$000.

Com o asilo dos ingênuos, em Riacho do Sangue — 100:000$000.

XIV

O júri estava convocado para o dia seguinte àquele em que tiveram lugar os sucessos acima narrados.

Os Capper conseguiram que o processo de Raimundo fosse encerrado no mesmo e dado para a primeira das sessões do júri.

Como para se despedir dessa causa célebre, que tanto o preocupara, o povo da capital concorreu em massa à sessão.

---

[146] Representação numérica de cem contos de réis.

Numa tribuna reservada às pessoas de distinção, viam-se os dois filantropos americanos, que já eram objeto do respeito e da admiração de toda a sociedade cearense, o coronel Pinheiro, com sua filha, sempre coberta de pesado luto, o vigário de Riacho do Sangue, em cuja fisionomia estavam se refletindo as puras alegrias de sua alma, Joaquim Pombo, em cujos olhos podiam se ler os sinceros empenhos do seu coração agradecido e, por detrás destes, a fazer as honras da casa, o presidente da província, que quis ser pronto em honrar aquele a quem fora pronto em flagelar.

A atenção da multidão estava presa àquele grupo, que encerrava o que há de mais raro e estimado entre os homens: riqueza, ciência, virtude e beleza.

E todas essas forças, pensavam os espectadores, surgiram como por encanto, a salvarem da ignomínia e, porventura, da morte o que possuía todas elas e mais o heroísmo.

Estavam nestas íntimas reflexões, quando o juiz declarou aberta a sessão e mandou que introduzissem o réu.

Raimundo, sempre calmo e despretensioso, penetrou no salão, acompanhado do seu advogado, e foi tomar lugar onde lho designaram, não sem relancear olhares chamejantes a sua noiva e a seus amigos.

O presidente do tribunal fez ler os autos, depois do que se deu uma cena que produziu grande emoção.

Do meio da multidão ergueu-se um homem que mais parecia um cadáver, e rompendo a massa compacta, chegou ao juiz, a quem falou.

— Antes de se julgar o coração mais generoso que possui o mundo, eu peço licença a Vossa Senhoria para dar público testemunho de sua grandeza da alma, contando ao tribunal uma breve história.

"Eu, senhores, tomado de súbita loucura, tentei contra a vida deste homem, apunhalando-o em público.

"Toda a população do Frade, onde se deu o atentado, votou-me, justamente, a execração, levada ao ponto de não achar eu uma voz que se prestasse a me defender, quando fui levado ao júri, que me condenou a dez anos de galés.

"Pois bem, senhor juiz; enquanto a gente, em cujo meio nasci e criei-me, votava-me às fúrias infernais, um coração estranho a mim, a quem era apenas conhecido por ter tentado dar-lhe a morte, se condoeu de minha desgraça — tomou a si minha causa — despendeu grande soma por obter meu perdão e restituir-me à vida e à liberdade.

"Esse coração sublime, essa alma superior a todas as da Terra, é o réu ali sentado — é o major, o visconde Raimundo, o herói e mártir.

"Sei que meu depoimento de nada lhe serve, porque títulos superiores o recomendam à benignidade do tribunal e, principalmente, à sua justiça; mas dou assim expansão ao meu sentimento de gratidão."

Benedito, pois que outro não era o interlocutor, elevou-se a uma altura a que ninguém que o conhecesse teria julgado possível.

É que os sentimentos generosos, que abalam profundamente nossa alma, arrancam-lhe expressões condignas.

Não é o homem qual fala — é a alma. E a alma, por mais atrasada que seja, sempre vê muito mais claro e mais alto do que o *eu*, o conjunto humano do espírito e da matéria.

Um campônio ignorante, arrebatado por nobre sentimento, fala como Cícero[147] ou Demóstenes,[148] ao passo que um orador famoso, falando de assunto que o não comove, não diz nada que dê prazer aos ouvintes.

---

[147] Marco Túlio Cícero (106-43 a.C.), filósofo, orador, escritor, advogado e político romano.

[148] Demóstenes de Atenas (384-322 a.C.), orador e político grego.

É por isso que se diz dos grandes talentos: estava num dos seus momentos felizes.

Os seus momentos felizes são aqueles em que falam de coisas que lhes abalam os afetos da alma.

Benedito teve, pois, relativamente o seu momento feliz, porque falou por sua alma, acesa no fogo do entusiasmo sentido.

Um prolongado sussurro levantou-se do seio da multidão àquela singela, mas apaixonada exposição, que descobria, a um tempo, duas almas excepcionalmente bem formadas: a da vítima e a do algoz, nesse drama que acabava de ser-lhe referido.

O auditório apossou-se do sentimento de admiração que enchia o coração do moço, em virtude do meio fluídico, que une todos os espíritos e que transmite de uns a outros as impressões veementes.

Terminada sua oração, retirou-se do recinto o sobrinho do coronel Pinheiro, levando satisfeita a consciência, por ter cumprido seu dever.

O juiz, então, deu a palavra ao promotor, que, em breve alocução, aproveitou o exemplo que se lhe oferecia para demonstrar como pode assentar em falsos fundamentos a justiça dos homens — e quanto é lamentável que se deixe ela arrastar pelas impressões do público, quer se manifeste nas praças, quer pela imprensa.

Concluiu o brilhante discurso confessando-se réu do que acabava de condenar e pedindo para qualificar de monstruoso todo aquele processo.

— A justiça — disse a perorar — é uma emanação da divindade, que tanto preenche sua elevada missão castigando o criminoso, como defendendo a inocência e laureando a virtude.

"A virtude não pode ter mais digno sacerdote do que este espírito descido das alturas para encarnar entre nós — do que o réu presente.

"Cingi-lhe a fronte, senhores jurados, com a coroa dos sacerdotes do bem, que a de herói da pátria já lha deu o governo imperial."

O advogado da defesa declarou não poder fazê-la de modo mais brilhante do que a fizera o órgão da justiça pública.

Por fim, o juiz, recebendo as respostas do conselho aos quesitos que formulara, lavrou a sentença, absolvendo de pena e culpa o réu Raimundo, hoje major e visconde Raimundo e mandando riscar seu nome do rol dos culpados.

Uma explosão de aplausos prorrompeu de toda a multidão, freneticamente exaltada.

Na sala imediata esperavam Raimundo seus bons amigos, inclusive Benedito e o presidente da província.

Este se antecipou nos cumprimentos ao bravo soldado, glória do exército brasileiro, e retirou-se.

Aqueles desafogaram seus peitos em silenciosos abraços, que supriam vantajosamente a mais eloquente manifestação oral dos sentimentos que lhes ferviam na alma.

Ângela, pálida como a cera, comovida até as lágrimas, chegou-se para o moço, que a olhava fascinado pela sobrenatural beleza que resplendia de sua figura angélica, e, com magoado sorriso, disse-lhe, oferecendo-lhe a mão:

— Visconde Raimundo, o coração que mais dedicado lhe é no mundo, felicita-o por seus triunfos e...

— Pelos nossos triunfos — acudiu o moço, levando aos lábios a mão que lhe era oferecida.

— Diz bem: pelos nossos; porque sua felicidade será sempre a minha, tão presa é minha alma à sua. Somente, em vez de se unificarem, como era o nosso mais ardente desejo, quis minha sorte cruel que sejamos, para sempre, separados.

— Separados para sempre?! Foi isso o que disse?! Eu não ouvi bem — balbuciou o moço, vacilando e encostando-se a Alberto, que o sustentou nos braços.

— Coragem, meu Raimundo — prosseguiu a moça, fazendo, ela mesma, o maior esforço por suster-se em pé. — Quem tem vencido em lutas titânicas não pode fraquear diante de uma prova que Deus podia impor-lhe por outra forma, apagando a luz da vida que me emprestou. Perder-me por morte ou por outro qualquer motivo não é o mesmo, desde que tenha a certeza de que, aquém ou além do túmulo, meu amor será sempre inextinguível!

— Oh! piedade, Ângela! Não leves ao desespero uma alma conformada!

— Fiz voto — disse a moça, ocultando o rosto nas mãos, e cortando as palavras com angustiosos soluços —, fiz voto a N. S. das Dores de servi-la por toda a vida, como irmã de caridade, se passasse a tempestade que roncava sobre sua cabeça. Desde esse dia, trago o crepe de viúva. Condenado, separavam-nos a maldade dos homens e a cegueira da justiça humana. Absolvido, separa-nos o dever de cumprir o voto. Morri para o escolhido de minha alma!

E a moça foi, tremendo, cair nos braços do pai.

— Meu Deus! Esta é a única provação a que não me sinto com força de resistir! — exclamou Raimundo, ansiando, como quem sente faltar-lhe o ar. — Minha existência...

Não pôde completar o pensamento, que súbita congestão arrojou por terra o gigantesco cedro, sempre sobranceiro aos tufões da vida.

O doutor Capper, estatelado àquela cena, correu em socorro de seu desditoso amigo.

O povo retirou-se, consternado à notícia do trágico acontecimento, e, lá no íntimo daquelas consciências, agudo espinho não deixava resfolegar.

Todos tinham indiretamente concorrido para a destruição da felicidade de duas boas almas.

Reinava a tristeza na cidade, por causa da desgraça de Raimundo, como fora viva, e até feroz, a animadversão de toda a gente, ainda não havia muitos dias, contra o distinto moço.

O povo é volúvel como a *piuma al vento*.[149]

Na casa que os Capper tomaram para si e para os amigos de Raimundo não era a tristeza que reinava, era quase o desespero.

Ao lado do doente em delírio, presa de violenta febre cerebral, a que era predisposto, passavam, vigilantes dia e noite, aqueles amigos, inclusive Ângela, que não lhe deixava a cabeceira.

Não se pode descrever as torturas daquela alma, que se acusava de ser a causa da morte do único homem que amara, sem, no entanto, poder proceder de outro modo.

Mais a consumia vê-lo, em seu constante delirar, não falar senão em seu nome!

Ora expandia-se em doces alegrias, descrevendo os quadros de felicidade que traçara em sua imaginação, no tempo em que lhe sorria a esperança; ora contraía-se, até ficar medonho — e exclamava, com voz cavernosa, ao tempo que lhe corriam grossas lágrimas pelas faces: "Ingrata, que não compreende a profundeza do meu amor! Cruel! que não tem compaixão de um desgraçado, que vai morrer impenitente ou tem de volver às trevas que já se lhe tinham dissipado!".

---

[149] Expressão italiana constante da ópera *Rigoletto*, do Giuseppe Verdi (1813-1901): *La donna è mobile qual piuma al vento* (A mulher é volúvel como a pluma ao vento).

Ângela nunca imaginara que se pudesse sofrer tão cruelmente.

Aquelas palavras eram ferro em brasa a lhe calcinar alma e coração.

Arrependia-se de ter feito aquele voto; mas que remédio agora?

Já durava oito dias aquele doloroso viver, em que todos não tinham um momento de descanso físico e moral.

O velho Capper estava desanimado, e Alberto não fazia senão chorar.

— Senhor — disse o bom velho, dirigindo uma prece ao Todo-Poderoso —, moderai vossa justiça e usai de misericórdia para com este desgraçado filho.

Um raio de esperança luziu em sua alma, e uma voz melodiosa soou a seus ouvidos, dizendo-lhe: "Tem fé".

Encheu-se de confiança, abriu a caixa de remédios e, de olhos fechados, tomou um vidro.

Deu uma dose ao doente e esperou.

Manifestou-se, então, uma crise horrível.

O moço cobriu-se de suor frio e viscoso — faces e lábios tomaram a cor da morte — e os olhos, empanados, cobriam-se de névoa pavorosa.

— Vai morrer! — exclamaram todos.

— Adeus, vida de minha alma! — exclamou Ângela; e caiu desfalecida.

Houve um alarido, uma confusão, uma desordem de ninguém mais se entender!

XV

— Não entra ninguém — dizia o velho Capper aos amigos do moribundo, que queriam voltar a dizer-lhe o último adeus e cerrar-lhe os olhos.

"Não entra ninguém. Tenham fé e orem, que ele não está morto... nem morrerá desta! Deixemo-lo só com Deus e com o seu anjo da guarda, que melhores médicos, nem mais valiosos amigos, poderão assisti-lo."

A voz do venerando ancião tinha tal autoridade que todos ali se sentiram aliviados da agonia que os acabrunhava.

— É impossível que este nos queira enganar!

O velho, tendo cerrado a porta do quarto para deixar o caro doente exclusivamente confiado à soberana misericórdia, que invocara, lembrou-se de Ângela, que também reclamava cuidados, e a quem já dedicava puro afeto.

— Vai à casa do coronel Pinheiro saber como se acha sua filha — disse a Alberto, com a tranquilidade de espírito do que nada receia.

Alberto encarou-o e bebeu coragem no olhar seguro com que ele respondeu ao seu interrogativo.

— Pobre moça! Quanto sofre e quanto tem feito sofrer! Mas, com o favor de Deus, hei de restituir a felicidade a essas duas almas, tão dignas uma da outra.

O velho tinha mandado o coronel, que já o amava e considerava como todos os que se lhe aproximavam, retirar Ângela para outra casa, para evitar-lhe emoções perigosas. E o desolado pai, aproveitando o delíquio da moça, transportou-a para a que já tinha preparada no Jacarecanga, não muito distante da em que estavam todos.

Alberto chegou ali, precisamente quando a desacordada voltava a si e, no auge do desespero, arrancava os cabelos e bradava por que a levassem para junto do cadáver do seu amado.

Depois tomou outra ordem de ideias e exclamou:

— Quero que seja hoje o nosso casamento, que já tenho pronto o meu enxoval. Oh! como havemos de ser felizes!

E uma longa e esfarfalhada gargalhada ressoou por toda a casa.

— Louca! Louca a minha Ângela! Que desgraça maior me pode vir! Ângela! Minha filha do coração; ouve-me; sou teu pai — teu querido pai que tanto te amou sempre. Ouve-me, Ângela. Abraça-me, filha de minha alma.

— O padre? Pois já chegou o padre? E eu ainda assim, toda de preto! Mas, ah! eu não posso casar, eu fiz voto a N. S. das Dores!

E a moça caiu em um pranto nervoso de fazer chorar corações.

— Morto um, louca a outra! — monologou Alberto, cujo coração estava repleto de agonias. — Eis o tremendo desfecho de um drama mal ensaiado pela justiça dos homens! Mas tua justiça, ó Deus!, não permitirá que a obra da iniquidade acarrete a desgraça dos bons.

"Vamos, coronel, tenha coragem e confiança. Isto passa. É uma superexcitação nervosa, causada pela cena que mais podia impressioná-la, e que terminará em breve, com o favor de Deus."

— Assim o espero, meu amigo, e Deus me livre do contrário, porque, apesar de homem forte e religioso, não sei o que será de mim.

— Não tenha dúvida, coronel; mas, sobretudo, tenha fé. Ah! se os homens soubessem quantas ressurreições têm operado as lágrimas vertidas por coração contrito, que envia ao Céu, nas aras da fé, uma prece ardente!

— Eu bem avalio, doutor; mas um pai que vê a filha, luz de sua alma, reduzida a este estado, não pode ter calma, sente fugir-lhe a razão.

— Pois, meu amigo, são nestes lances extremos que o homem deve mostrar as energias de sua alma. De que serve aparelhar-se para a batalha, e no momento solene esquecer as armas, deixar-se bater covardemente, porque o inimigo apresentou-se forte?

— Ah! doutor. Eu sinto uma fraqueza como se me tivessem tirado todo o sangue.

— Pois recorra à fonte de toda a força — a Deus.

— Bem o sei e melhor o desejo; mas este golpe tão inesperado me esmaga.

— Acorde suas energias, concentre todo o seu espírito numa fé viva.

— Obrigado, doutor, por seus conselhos, que não parecem de um moço. O senhor me está dando uma lição valiosa, porque é firmada no exemplo, porque recebeu, também, um golpe de esmagar. Creio que o nosso infeliz Raimundo já não nos é senão uma dolorosa lembrança, não é verdade?

— Não sei, porque meu pai não permite que se entre no quarto onde o encerrou. Entretanto, ele nos anima, dizendo que não sofreremos o cruel golpe.

— Deus o permita, meu amigo... mas, minha filha? Que devo fazer para tirá-la deste lastimável estado? Há de ser preciso dar-lhe remédios.

— Eu volto a meu pai e ele virá administrá-los.

— Obrigado; não perca tempo.

O moço saiu dali filosofando sobre as coisas desta vida.

Tanta nobreza de alma, tanta bondade de coração, tanta beleza física e moral, tudo, tudo o que constitui a verdadeira riqueza da criatura humana num momento dissipado!

"De que vale não ter desaparecido numa cova se apenas subsiste como ornato: estátua viva, mas sem consciência da vida! Oh! a loucura é coisa horrorosa! É menos horrorosa para quem a sofre, porque não a sente, do que para quem contempla, se ama o louco. Ver o ente querido não conhecer o pai, a mãe, a esposa, o filho; não apreciar-lhes as carícias nem corresponder-lhes, antes, muitas vezes, doestá-los; vê-lo reduzido à condição de puro animal, é sentir dor mais pungente que a da morte. Pobre Ângela! Pobre coronel!

"Pobre... não... feliz Raimundo, que te poupou a Misericórdia Divina a maior de todas as torturas que te podiam vir na Terra: veres o anjo, o teu anjo olhar-te e não te ver, ouvir-te a palavra e não te compreender, ou antes, ver-te e ouvir-te, mas não te reconhecer! Feliz, três vezes feliz; porque nem posso imaginar o que seria de ti se sobrevivesses a este medonho cataclismo, que arrebatou a consciência de tua amada, deixando-te em pé para a eterna maceração de teu coração, o retrato vivo, o corpo animado do que fora, e antes nunca fora!

"Vamos", concluiu o moço, "vamos ao nosso fadário. Do louco, passemos ao defunto — da morte moral, passemos à morte física. Deixando atrás a dor e a desolação, vamos enfrentar com a desolação e com a dor. Avante, que este é o caminho da vida."

E o moço, arrancando do peito longo suspiro, desceu no mundo real e, cheio de energias, dobrou o passo para ir cerrar os olhos ao amigo.

— Água, um gole d'água.

— Ouviram? Ouviram o meu Raimundo pedir água? Seja Deus louvado! — exclamou o velho Capper, rindo e fazendo momices de louco ou de criança. — Foi a crise, e por isso é que o deixei só. A vida lutava com a morte; era preciso que nenhum meio fluido auxiliasse a morte — e eis por que não quis que alguém entrasse no teatro da grande batalha. Venceu a vida! Esperem um pouco.

E, pé ante pé, penetrou no quarto, levando um copo d'água.

Raimundo estava sentado na cama, conquanto extremamente abatido.

De sua face tinham desaparecido os funéreos sinais, que a todos desanimaram — e a Ângela prostraram.

— Pediste água, meu filho? Aqui a trago.

— Obrigado. Que sede!

— Bebe e dorme, que estás muito fraco, e não deves falar.

Não era precisa aquela recomendação, porque o moço, tendo virado o copo d'água, caiu em profundo sono, a princípio muito agitado, porém mais tarde brando e suave como o de uma criança.

— Está salvo! — disse o velho aos amigos, que ansiosamente esperavam sua volta.

— Grande homem! — clamaram todos, com entusiasmo, que lhes irrompia da alma como lava de um vulcão.

— Grande Deus! — respondeu o doutor, apontando para cima, com os olhos arrasados de lágrimas de puro reconhecimento.

Nesse momento entrou Alberto, que mal pôde alegrar-se com a feliz nova, trazendo o coração oprimido pela cena de que fora espectador.

— Que tens, que te mostras pesaroso em vez de saltares de alegria?

Por única resposta, o moço disse, quase soluçando:

— Ângela enlouqueceu!

Todos ficaram consternados, e o vigário deixou cair a cabeça sobre o peito e o corpo sobre a cadeira, quase fulminado pela fatal nova.

O velho adorava a moça como filha, que lhe era pelo coração e pela criação.

— Enlouqueceu! — exclamou o velho doutor. — Mas os loucos se curam... e a loucura é às vezes a porta da felicidade.

Essas palavras despertaram o velho vigário, que perguntava a si mesmo:

"Por que é que este homem tem o poder de imprimir ao que diz a força de uma sentença ou de um decreto divino?!"

— O coronel pede instantemente — continuou Alberto — que o senhor chegue lá.

— Vou já; mas olha: o estado de Raimundo é delicado como um finíssimo cristal que qualquer choque pode quebrar. Faze o que ele pedir; porém nada de conversa. Eu vou e volto num momento.

Dizendo assim, tomou a caixa de remédios e partiu com a celeridade de um moço.

Pelo caminho concentrou-se e pediu o auxílio de seu guia espiritual para o plano que delineava em bem dos dois moços, que já amava por igual — e ouviu a mesma voz de há pouco dizer-lhe, no seu íntimo: "Tem fé".

Tranquilo e seguro do sucesso, penetrou na casa em desolação.

A moça, de joelhos diante da imagem da Senhora das Dores, que sempre trazia consigo, rezava em voz alta, pedindo-lhe que a desligasse do voto que fizera para poder morrer com Raimundo e casarem no Céu.

O coronel, sentado ao pé de uma mesa, com a cabeça entre os braços, cruzados sobre ela, jazia mergulhado num oceano de dores em que seu espírito se abismava.

O doutor estacou na porta, contemplou, por instantes, aquele quadro doloroso e, avançando levemente, chegou-se ao consternado pai, dizendo-lhe:

— Deus é pai de misericórdia.

— Só nele tenho posto minha esperança.

— E é só nele que devemos confiar, porque só Ele tem o poder — e seu poder é amor e justiça. Nada se faz sem razão de ser e, quase sempre, do mal nasce o bem. Tenha confiança, meu amigo, que sua filha há de ficar boa e ser feliz.

— Quanto a ficar boa, ouso esperar; mas de ser feliz não lhe vejo modo.

— Pois vejo eu e tenho certeza de que o será, se o senhor me jurar obediência passiva — cega.

— Juro-o de todo o coração.

O velho dirigiu-se para a moça, sobre cujo ombro pôs a mão.

— D. Ângela, que é isto?

Nem um estremecimento do corpo — nem uma palavra de resposta!

Ângela continuou a conversa com a Senhora das Dores.

O doutor deixou-a falar e, quando ela chegou à frase que era sua prece: *morrer com Raimundo para casarmos no Céu* — sacudiu-lhe o ombro e gritou-lhe ao ouvido:

— Mas Raimundo está salvo.

Como se tivesse sido abalada por choque elétrico, a moça ergueu-se e caiu nos braços do doutor.

Uma expressão inteligente animou-lhe o rosto, ainda há pouco idiotificado.

— Salvo! Quem disse que o meu Raimundo está salvo?

— Eu, o doutor Capper, que lhe jura ter dito a verdade.

— A verdade!... Doutor Capper!... Salvo!... mas é isso mesmo; está salvo. Salvo, já sabia eu que ele estava, porque Deus é justo — e ele foi uma alma pura na vida. Está salvo, sim, dos sofrimentos da Terra, de minhas ingratidões e de minhas crueldades, como disse antes de morrer. Está salvo das provas da outra vida, na qual já goza a felicidade que Deus não me quer dar.

E, caindo novamente de joelhos, continuou, diante da imagem, a sua constante oração.

Capper não gostou do desfecho do lance que tentara; mas, certo de que as perturbações mentais produzidas por causas morais desaparecem tão depressa se leva o espírito à convicção de que o que as produziu não subsiste mais, prosseguiu sem desanimar.

"Se for preciso", pensou, "farei levá-la à presença de Raimundo, logo que este possa receber — e esse encontro será remédio infalível. Não há de ser, porém, preciso este extremo recurso, que esta perturbação ainda não tem raízes — não passa de um desarranjo funcional."

Pensando assim, o sábio voltou à carga.

— Para que quer morrer?

A moça respondeu incisivamente:

— Para poder unir-me ao meu bem-amado no Céu, pois que na Terra não pude.

— Mas seu bem-amado não está no Céu — está vivo na Terra — está salvo da morte. Aquilo foi uma crise, que terminou pela vitória da vida.

— Vivo o meu Raimundo! Deixem-me dar graças a N. S. das Dores... mas do que serve, se ele vivo vai ser desgraçado?!

O velho exultou por ver que aquele cérebro já raciocinava.

Não tem dúvida, a nuvem dissipa-se.

— Está enganada. Ele quer que a senhora cumpra o seu voto. Está satisfeito. Somente não deseja vê-la senão quando já for irmã de caridade.

— O senhor é incapaz de me enganar.

— Dou-lhe a minha palavra de honra.

— Oh! isto me livra, ao mesmo tempo, de uma nuvem que me envolvia o cérebro e de uma opressão que me paralisava o coração — este triste coração! Olhe, doutor, o meu voto pesa-me mais por ele do que por mim, porque a minha única ambição na vida é vê-lo feliz, embora eu seja desgraçada.

— Nobre coração! Deus os há de fazer felizes — exclamou o velho, abraçando o coronel, que estava animado por ver a filha conversando razoavelmente, prova de que passava sua perturbação.

— Sem dúvida — disse ela, respondendo ao doutor —, sem dúvida havemos de ser felizes, eu o espero; mas lá, quando o Senhor nos chamar a seu seio. Mas, doutor, como é que o senhor conseguiu ressuscitá-lo?

— Pergunte a Deus, que foi o seu médico.

A moça sorriu, porque viu naquelas palavras um rasgo de modéstia.

— Ele está realmente resignado com sua sorte? Não lhe causa desespero o meu voto?

— Resignado é a palavra, porque certamente ele nunca arrancará do peito esse amor que a senhora lhe inspirou. Mas deixemos isto, que pertence à ordem dos fatos consumados, e prepare-se para irmos ao Rio de Janeiro para cumprir seu voto.

A moça estremeceu toda à ideia de deixar Raimundo, e o coronel exclamou:

— Como irmos já para o Rio se não me aparelhei para isso?!

— Tudo está pronto. Escreva a sua mulher e participe-lhe que parte nestes oito dias.

O coronel abraçava e beijava loucamente a filha, e esta, comovida, dizia-lhe, como lhe adivinhando o pensamento: "Quem deve paga".

*
* *

Longa foi a convalescença de Raimundo, de modo que não estava em estado de partir para os Estados Unidos antes da partida de Ângela.

— É preciso receberes com ânimo esta última prova, meu filho. Mira-te em mim. Eu perdi, no fim da vida, a que nunca deixei de amar estremecidamente.

— Estou resignado, meu pai, mas dói-me ter descoberto o paraíso só para perdê-lo.

— Tens razão. Tua dor é muito justa e não pode ofender ao Senhor; mas quem sabe se Ele ainda não te entregará a chave desse paraíso?

— Bem sabeis que isso é impossível.

— Impossível a Deus?! Tem fé.

Ficou assentado que Raimundo seguiria, logo que pudesse, para os Estados Unidos, com Alberto, enquanto o velho seguiria, com o coronel e Ângela, para o Rio de Janeiro.

— Vou com Ângela — disse o doutor —, para te representar na cerimônia de sua profissão.

O moço baixou a cabeça e chorou.

Em poucos dias, todos tinham tomado seu rumo — e outros tantos, ninguém mais se lembrava de Raimundo no Ceará.

XVI

Em uma linda casa de campo, pouco distante do colosso, que se vai erguendo com o nome de Nova Iorque, casa que fora designada pelo doutor Capper ao filho, a quem confiou a direção de Raimundo, automatizado pela moléstia e pela dor moral, instalaram-se os dois moços, logo que chegaram a seu destino.

Era uma residência risonha, dotada de todas as comodidades, preparada com esmero e luxo.

Entretanto Raimundo nem de leve se apercebia disso, sendo-lhe tudo indiferente.

Parques, jardins, hortas, tudo ele percorria, pelo braço de Alberto, em passeios que faziam de manhã e à tarde;

mas percorria sem ver e sem sentir, tão presa tinha a alma à imagem de Ângela, espécie de sonho delicioso que se desfez em horrível pesadelo.

Às vezes queria odiar a moça, que lhe envenenara as fontes das alegrias da vida; mas aquela cândida imagem despertava-lhe tanta ternura que lhe tolhia até as queixas — e o sentimento fugaz desmanchava-se em torrentes de lágrimas, perfumadas de uma saudade que lhe era espinho e néctar ao mesmo tempo.

Demais, a causa por que ela lhe fugira, como um ser vaporoso, não era a prova de seu amor?

Votara-se a morrer para o mundo, para a felicidade que lhe sorria de todos os lados, só por sua causa — só para salvá-lo da ignomínia!

E quem sabe se não foi esse cruciante sacrifício, feito pela alma pura da moça, o que moveu a misericórdia do Senhor — e determinou o movimento reacionário que dera em resultado a salvação e a glorificação de seu nome, condenado à infâmia?

Os Capper muito fizeram aos olhos dos homens; mas o maior esforço humano não chega para remover a mais insignificante pedra, quando não está nos planos da Providência permiti-lo.

O homem presume às vezes de ter feito muita coisa, quando não passou de simples instrumento!

E os maiores vultos humanos, que assombram o mundo com suas façanhas, vão-vão — sobem-sobem, enquanto assim é preciso.

Desde, porém, que têm preenchido sua missão providencial, descem como o balão que esgotou o gás — e vão desaparecer da cena, uns nos debochos epicúricos — outros ao ferro homicida — e alguns no desterro desprezível de um ponto, que conquistaram com a ponta de seu gládio. É

Alexandre Magno[150] — é César, *imperator* — é Napoleão,[151] a águia do século.

O mundo vê esse turbilhão de sucessos — e, sem inquirir das causas reais, atribui tudo o que vê a mérito pessoal. O filósofo, porém, o que não admite efeito sem causa — e prende todos os sistemas de causas à causa primeira, de que tudo tirou sua origem e a que tudo deve sua permanência, o filósofo explica todos aqueles sucessos pela ação de uma força soberana, que dirige, no todo e em suas mínimas partes, a máquina infinita do Universo.

Podem, pois, atribuir aos Capper a salvação de Raimundo os que são adoradores do deus acaso.

Os que reconhecem a ordem universal — e não podem compreender suas maravilhas, sem a noção da suprema Força inteligente, esses consideram os Capper, como eles mesmos se consideram, simples instrumentos daquela Força.

E, pois, embora não intervenha ela no livre exercício da liberdade humana, pode, sem levantar conflito, reger à vontade a marcha dos sucessos para um determinado fim.

Nestas condições, e devido à ligação que há entre a criatura e o Criador — entre o homem e Deus —, a prece é de grande valor para mover a suprema vontade.

Ângela, portanto, fazendo o sacrifício de sua felicidade, por um voto que vale uma prece, pode bem ter sido o principal motor da salvação do seu amado.

Em todo o caso, esse voto que fez era, como pensava Raimundo, a mais eloquente prova de seu profundo amor.

---

[150] Também conhecido por Alexandre, o Grande (356-323 a.C.). Foi rei da Macedônia e o estrategista mais famoso da Antiguidade.

[151] Napoleão Bonaparte (1769-1821), imperador da França de 1804 a 1814, quando adotou o nome de Napoleão I. Conquistou e governou grande parte da Europa central e ocidental.

Nesse círculo de cogitações, e só nele, giravam os pensamentos de Raimundo, que, quanto mais corria o tempo, mais vivas sentia a dor e a saudade.

Partindo do Ceará, num vapor da linha do Norte, tomou no Pará o paquete americano, que o transportou aos Estados Unidos.

Durante a viagem não passou mal de saúde, porém seu espírito, medindo a profundidade de seus pesares pela infinita extensão do oceano, abatia-se até a pusilanimidade.

— Que é isso, Raimundo? Queres perder tanto caminho andado?

Assim interpelava-o Alberto, vendo-o tão concentrado e taciturno.

— Só Deus sabe, meu caro irmão, a dureza desta prova. Oh! é superior às minhas forças!

— Tanto melhor para tua glória; mas olha que Deus não exige de ninguém mais do que é possível.

— É verdade; mas que queres? O golpe foi direto ao coração e fez mortal ferimento.

— Cicatrizará, meu caro irmão, que Deus tem bálsamo para todas as feridas; assim procures tu fazer da tua parte.

— Bem o quisera, mas...

— Tem fé.

— Fé tenho eu; porém, fé em que Deus me abreviará os dias de vida para me passarem estas torturas.

Em sua nova residência não havia, entre os dois amigos, outro assunto de conversa, porque Raimundo respondia a tudo o mais pelo silêncio e pela indiferença.

Debalde Alberto levava-o a passear, a pé ou de carro, pelos mais pitorescos sítios da grande cidade.

A concentração e o mutismo não se quebravam nem diante do mais extraordinário espetáculo.

Uma tarde, enquanto passeavam pelo jardim, um correio trouxe a Alberto um telegrama que ele leu ao amigo.

Era do velho doutor, passado do Rio, e dizia: "Estou de viagem para abraçá-los".

— Tudo está consumado! — gemeu Raimundo, apertando a cabeça e baixando-a para a terra, que regou de lágrimas.

Alberto nada disse, respeitando aquela dor que repercutia em seu coração.

*
* *

Em uma bela manhã de verão, quando o sol começava a dourar os cabeços dos montes, lançou ferro no ancoradouro de Nova Iorque o paquete da linha do Brasil, trazendo a bordo o nosso velho amigo doutor Capper, que, rindo e chorando, por se ver a poucos minutos dos seus amados filhos, acelerou o desembarque e, depois de dar curtas ordens, partiu, cheio de ansiedade, para a casa que mandara Alberto tomar e que ficava próxima da cidade.

O velho era agitado por encontrados sentimentos. Ardia em desejos de ver e abraçar os filhos, mas tinha receio de achar Raimundo em mau estado, tais eram as condições precárias em que fora obrigado a deixá-lo.

A travessia da cidade para a casa pareceu-lhe durar um século, e, quanto mais se aproximava, mais se lhe assanhavam os temores.

Chegando ao portão, parecia-lhe que o coração ia saltar-lhe pela boca.

Não teve, porém, felizmente, muito tempo de incertezas, pois que viu, sentado debaixo de uma frondosa árvore, o querido moço a meditar.

— Está vivo! É quanto me basta.

Entrou rápido e dirigiu-se para o lugar onde se achava o moço, tão embebido que não o sentiu senão quando ele pôs-lhe a mão no ombro.

— Céus! Meu pai! Só?

— E com quem querias tu que eu viesse? — respondeu-lhe o velho, abraçando-o ternamente.

— É verdade. Meu espírito está transtornado. Cheguei a nutrir a esperança de que o Senhor operasse um milagre em meu favor. Tinha tanta fé em Deus! Tanta confiança no senhor!

— Então, vais perder a fé em Deus e a confiança em mim porque não correram as coisas à medida dos teus desejos? Deixa essas ideias, filho, e obedece, de boa vontade, aos decretos do Senhor. É esta tua última prova, e, por mais cruel que seja, não te quero ver naufragar no porto.

— É a última, sem dúvida, meu caro pai, porque sinto este organismo se desmanchar. Não naufraguei, certamente, porque a seu lado ninguém pode cair em desespero.

— A dor é o fruto da árvore da vida, plantada nesta terra abençoada para purificar nossa alma.

— Abraço-me, pois, com ela, como a companheira dos meus dias. Será a esposa de minha alma, em lugar da que me foi roubada. Lembranças queridas do anjo que sorriu para mim — sonhos de ventura, que sua visão me suscitou — ave-do-paraíso, que pousou, por um momento, em meu ombro, volvei ao nada — fugi de minha alma.

— Nem tanto nem tão pouco, meu filho. Esta é a resignação do desespero, que queima até carbonizar a alma. Isto é mal disfarçada revolta. Eu quero que tenhas a resignação que dá a verdadeira fé e que, lavando a alma das manchas de suas faltas, inunda-lhe os seios de suaves consolações e faz sair da massa impura o fino ouro da essência humana.

Quero-te forte e decidido, como o general que afronta mais do que a morte, que afronta a maior desgraça da vida.

— Serei como me quer, meu caro pai; mas deixe-me chorar o meu amor perdido — deixe-me regar com lágrimas a viuvez de minha alma.

— Chora, filho meu; mas espera do tempo e confia em mim, que ainda hás de ter dias de alegria; deixemos, porém, estas considerações, que é dos fracos pensar em seus sofrimentos. Manda preparar tua casa para me hospedares e mais uns seis amigos, que fiz a bordo e que convidei para estarem conosco, enquanto não seguem a seu destino. Onde está Alberto?

— Alberto foi muito cedo para a cidade, e não pode tardar, porque tem sempre muita pressa em me vir fazer companhia.

— Pois, então, mãos à obra, e vê que os nossos hóspedes são pessoas de fino trato. Sobretudo quero ver-te um dono de casa alegre, amável, atraente.

Raimundo riu tristemente para seu pai e correu para casa, pensando nos meios que empregava o bom amigo para arrancar-lhe da alma os dolorosos sentimentos.

Deu duas ordens, dispôs tudo para receber dignamente os hóspedes de seu pai e, fosse ilusão ou realidade, sentiu melhor disposição, ocupando o espírito nos misteres da vida ordinária.

É mesmo esta a valente medicina para o moral.

Levou o moço naquele lidar e em agradáveis conversas com o velho, que o ajudava nos preparos, até as quatro horas da tarde.

Estava todo entretido, apresentando já outra fisionomia, quando pararam à porta dois carros, certamente os dos hóspedes.

Alberto saltou de um, gritando a rir:

— Raimundo, Raimundo, vem receber teus hóspedes. Admirado por tanta alegria, que não era do gênio de seu irmão, o moço dirigiu-se para o portão, sendo acompanhado pelo velho, e não tinha ainda chegado ao fim da alameda quando foi tomado da mais viva surpresa, vendo saltar do primeiro carro Joaquim Pombo, sua mulher e o vigário de Riacho do Sangue, que, ébrios de prazer, atiraram-se--lhe ao pescoço.

— Obrigado, meus bons amigos, por terdes tomado tamanho incômodo, vindo de tão longe acompanhar em seu luto vosso desditoso amigo; mil vezes obrigado.

— Aqui não há desditosos, e sim venturosos, a quem Deus galardoou desde a Terra — exclamou o velho e, tomando pela mão o moço extasiado, que não compreendia o que via e ouvia, levou-o ao segundo carro, donde saíram o coronel Pinheiro, sua mulher e Ângela.

— Que vejo! Um milagre ou estarei louco?

E, atraindo a si a moça, beijou-a com ardor, perguntando-lhe docemente:

— Ângela, tiveste pena de mim?

A moça, mais bela com as pérolas de suas lágrimas desfiadas pelas faces, não podia articular palavra.

— Filho — disse o vigário, chorando —, tua resignação salvou-te. Aí tens um milagre, que é prova de que tuas boas obras tocaram a misericórdia do Senhor. De hoje em diante desapareceu o culpado, e não resta senão o espírito purificado, a quem Deus prodigaliza suas divinas graças.

— Vivam os noivos! — bradou Alberto — e vamos ao jantar que Raimundo nos oferece.

Raimundo, passando o braço pela cintura de Ângela, rompeu a marcha para casa, dizendo por entre lágrimas:

— Como é bom ser feliz!

XVII

O leitor, se tiver prestado atenção e dedicado algum interesse a este franco tentame de romance, de fraca e mal cultivada inteligência, deve sentir curiosidade de saber como se operou tão grande mudança nas disposições de Ângela, que Raimundo considerava irremissivelmente perdida para ele.

Apressemo-nos a satisfazê-lo, referindo o que sucedeu desde que a moça partiu do Ceará até sua aparição nos Estados Unidos.

Saltando na Corte, o doutor Capper levou-a, em companhia de seu pai, para o já conhecido hotel da Aurora, na Tijuca, que o velho não se fartava de elogiar como o mais aprazível sítio do Rio de Janeiro — o mais aprazível e o mais salubre.

Ângela estava resignada; porém sua alma era triste até a morte.

O doutor não perdeu tempo. Mal tinha instalado no melhor cômodo do hotel o coronel e sua filha, marchou para a cidade, a falar com o bispo — com o internúncio — e com a geral das irmãs de caridade no Brasil.

Gastou nesse trabalho o dia todo — e, à tarde, quando foi de volta, trazia no semblante claros sinais de satisfação, como nos seus alegres dias.

O coronel veio-lhe ao encontro — e os dois conversaram largamente, enquanto a moça fazia sua *toilette*,[152] após a qual veio a eles.

---

[152] Palavra francesa aportuguesada como "toalete", que significa "ato de se aprontar para aparecer em público".

— Minha boa Ângela — disse o doutor —, fui hoje à cidade, só para tratar de seus negócios — e soube que tem a senhora de passar por duas provas antes de ser admitida: uma inquirição ou interrogatório, feito pelo bispo, em presença do internúncio e da geral das irmãs de caridade, e uma confissão geral e pública, ou, pelo menos, em presença daquelas três autoridades da Igreja. Está resolvida a sujeitar-se ao que lhe exigem?

— Estou resolvida a tudo — respondeu com decisão que iludiria aos mais hábeis na ciência do coração humano, que iludiu o coronel Pinheiro, cujo desfalecimento foi visível, mas que não iludiu ao velho doutor, para quem era dever sagrado perscrutar as mais recônditas disposições daquela alma.

— Está resolvida a tudo?

— Sim, doutor, porque não se recua da palavra espontaneamente empenhada à Virgem Mãe.

— Está então decidida a deixar na tristeza, que o consumirá, este caro pai que a criou em seu colo — que concentrou na senhora toda a sua vida — que não resistirá à separação?

Ângela abraçou o pai, banhada em lágrimas, e, por entre soluços, respondeu:

— Foi este querido pai que me ensinou a considerar as coisas divinas superiores às humanas. O senhor não pode avaliar que de morte me vai pela alma; mas que fazer?

— Bem — continuou o doutor. — Visto que está decidida, comunico-lhe que, na próxima sexta-feira, esperam-nos aqueles senhores, de quem falei, no seminário de S. José, onde terá lugar a cerimônia preparatória, de que também lhe falei.

A moça estremeceu, como se ouvisse uma sentença de morte — e, inconsideravelmente, exclamou:

— Tão cedo!

O velho e o coronel passaram a conversar sobre outros assuntos, mas Ângela não os ouvia, concentrados todos os seus pensamentos neste único ponto: teria, no momento solene, a precisa força para consumar o tremendo sacrifício?

A ideia de separar-se para sempre do querido pai que adorava, de sepultar para sempre, no fundo do coração, o amor veemente de seu caro noivo, essa ideia, que lhe rasgava os seios da alma, apresentava-se tanto mais dolorosa, quanto mais se aproximava o momento de transformar-se em realidade!

Foi devido a isto que estremeceu quando soube que estava marcado o *dies irae*[153] e que só lhe restavam horas de liberdade.

Mas o voto? O sagrado voto feito à Virgem?

Olhando para seus lindos cabelos, que lhe caíam em louras madeixas pelos ombros, chorou.

— Estes cabelos — disse para o pai — que mamãe achava tão bonitos, e que lhe era um gosto pentear, o senhor há de levar-lhos como relíquias de sua desventurada filha. Diga-lhe que se lembre, por eles, da que nunca a esquecerá, na vida e na morte.

O doutor notou mais aquela manifestação de fraqueza da moça, e riu por dentro.

— Perdão — disse com acento de exprobração. — Não vá dispondo de seus tesouros, porque não sabe ainda o que resultará das provas por que vai passar. Pelo que me disse o senhor bispo, a questão não é líquida; a senhora está colocada entre dois casos de consciência, que hão de ser pesados e julgados pelo poder da Igreja, que é a representante de Deus na Terra.

---

[153] Expressão latina que significa "dia da ira". Palavras iniciais, em evocação ao dia do Juízo Final, de um hino atribuído ao monge Tomás de Celano, da Ordem dos Frades Menores, em meados do século XIII.

— Quais são esses casos? — perguntou a moça, com ansiedade, que não escapou ao doutor.

— São: primeiro, se o seu voto é ou não indiscreto, em razão do mal que pode causar a algum irmão, o que é contrário ao Mandamento, que encerra toda a lei. Deus não quer sacrifícios inúteis, ainda mais se produzirem mal em vez de bem. Segundo, se pode, segundo os Estatutos da Ordem de Vicente de Paulo, ser nela recebida uma mulher que não tenha limpo o coração de amor mundano. Qualquer pessoa pode, a um tempo, amar na Terra e servir a Deus; mas aquela que se destina a uma Ordem religiosa deve levar o coração vazio de todo amor mundano para poder enchê-lo, exclusivamente, do amor do Senhor. Se os poderes da Igreja decidirem que a senhora pode professar, julgando válido seu voto, disporá de seus cabelos; se não, para quê?

A moça olhou fixamente para o doutor, a ver se aquilo era dele ou se de fato era verdade haver possibilidade de ser desligada do seu voto, sem gravame de sua consciência. E, vendo que o velho, cuja respeitabilidade lhe inspirava a maior veneração, não se furtava ao menor exame, perguntou-lhe com voz trêmula:

— E há, na Terra, quem tem o poder de desligar-nos dos votos feitos a Deus?

— Há, sim; há a Igreja, que recebeu de Jesus o poder de ligar e desligar, em nome do Senhor.

Rápido luzir de esperança relampejou nos olhos da bela filha do coronel Pinheiro, que baixou a cabeça e embebeu-se em profundo cismar.

"Que meu voto prejudica e causa dano mortal, é fora de dúvida. Que será de meu pai, que será de minha mãe — e que será do meu Raimundo se eu o cumprir? De mim nada direi, porque eu sou o autor do meu próprio mal e devo sofrer-lhe as consequências. Mas eles? que culpa têm de que eu os despoje do que lhes é um bem na Terra? Oh! como não vi logo que era impossível Deus querer o mal de tantos, em troca de uma vítima que se lhe sacrificava? O bispo tem razão! De não ter eu o coração vazio de amor mundano, Deus mesmo me é testemunha. E, se para professar, é preciso tê-lo vazio de tal amor, certamente nunca poderei fazê-lo. Oh! melhor é não pensar nisto! Para que alimentar esperanças que se desfaçam e tornem mais dolorosa a realidade?"

Nessas cogitações, levou a moça toda a noite e todo o tempo que precedeu à prova.

No dia aprazado apresentaram-se os três no seminário, onde já se achavam as autoridades eclesiásticas, prevenidas de todas as circunstâncias do caso.

O cenário estava preparado para o desejado efeito.

O bispo dirigiu a palavra à moça, dizendo-lhe:

— Sei que pretende, por voto feito em hora aziaga, professar como irmã de caridade. É louvável, minha filha, a firmeza no cumprimento do que prometeu ao Senhor; mas é preciso que saiba que mais merece, aos olhos divinos, a mulher do mundo, exposta a seduções e tentações, que sabe cumprir seus deveres de esposa e de mãe, do que a recolhida, que não afronta aqueles perigos. Deus não prefere as filhas do claustro — e nem marca a ninguém o modo de cumprir sua missão na vida. Seu voto, pois, não lhe dá nenhum prazer. O que lhe dá sumo prazer, como Pai carinhoso, é ver seus filhos cumprirem sua santa Lei, em qualquer posição da vida. Entretanto, um voto que se lhe faça tem caráter sagrado, pelo respeito sem limites que lhe devemos. Já vê, pois, minha filha, que seu voto não é obrigatório, porque o Senhor precise dele, senão porque será desrespeito não cumpri-lo. Desde, porém, que de sua parte não há relutância, antes há decidida resolução, nada ofende ao Senhor, se, por motivos estranhos a sua vontade, ele não se realizar. Esses motivos podem ser os próprios mandamentos do Senhor — pode ser a sua própria Lei. Neste caso, o cumprimento do seu voto pode ser um crime de lesa-majestade. E, pois, se ele não causa dano a alguém, é dever sagrado satisfazê-lo; se, porém, causar dano a um só que seja de nossos irmãos, ofende o sagrado preceito da caridade — e satisfazê-lo é ferir a Lei. Para que possamos nós, que aqui estamos reunidos em nome da Igreja, julgar o seu caso que, se é de consciência para a senhora, não o é menos para nós, e, talvez mais para nós do que para a senhora, cumpre que se disponha a fazer uma confissão pública e a satisfazer aos quesitos que lhe propusermos. Está disposta a isto?

— Estou disposta a tudo — respondeu a moça.

— Pois eu vou interrogá-la — e a senhora responda, como se o fizesse a Deus, de quem sou indigno ministro.

O doutor Capper convidou o coronel a saírem para a sala imediata, à espera do que já sabiam.

— O senhor foi o anjo do Senhor que nos apareceu — exclamou o coronel, quando se achou a sós com o velho, depois de ter ouvido o modo jeitoso como o bispo encaminhara a questão para a desejada solução.

— Anjo, não, coronel; porque esses fazem o bem por amor do bem — e eu o que fiz foi por interesse.

— Interesse da caridade, que é sumo bem, doutor.

— Pode ser; mas o meu foi muito humano: foi salvar o filho e a que já me é filha também.

*
* *

No fim de meia hora, foram interrompidos, por chamá-los o bispo, a dizer-lhes:

— Aqui tem sua filha, cuja alma pura estava prestes a manchar-se, supondo cumprir um dever sagrado. Nós que recebemos do Altíssimo o poder de ligar e desligar, sobre a Terra, em seu santo nome, dispensamo-la de um voto contrário à caridade, para que, livre como antes, possa dispor de seu coração e melhor servir a Deus, pelo amor do próximo e pelo cumprimento dos árduos deveres de mãe de família.

Ângela atirou-se aos braços do pai, exclamando no auge da emoção:

— Não há mãe tão amante como a Santa Igreja Romana! Meu caro pai, agora só a morte me arrancará dos seus braços.

O coronel apertava-a contra o peito e não sabia como dar graças a Deus por lha haver restituído.

O pobre homem ostentava energia fictícia. Lá pelo coração iam-lhe sofrimentos tais, que não podia pensar na perda da filha sem lhe atravessar o cérebro uma sinistra tentação.

Aquela solução, tão sábia quanto humanitária, foi salvação de três almas: do coronel, de Raimundo e da própria moça, que não resistiria à morte de seu amor.

O velho doutor ergueu os olhos ao céu, por agradecer tamanha graça, em seu nome e no de Raimundo.

Foi um dia de festa aquele, que parecia ser de morte para seus corações.

— Como exultará Raimundo quando souber que sou livre como no dia em que lhe dei minha mão! — dizia Ângela já recolhida ao hotel.

— Há de sabê-lo de sua boca — respondeu o doutor — porque agora não temos mais nada que fazer aqui e devemos ter pressa de partir para onde ele definha.

— Como assim? — acudiu o coronel. — Não posso ir para tão longe, deixando tudo o que é meu abandonado e minha mulher em ânsias mortais. Preciso ir dispô-la para tão longa ausência — e, depois, ter-me-á às suas ordens; conquanto me pareça melhor mandar vir Raimundo.

— Sua mulher disporá sobre tudo o que é seu, se já não o fez, disse o velho rindo-se — e far-nos-á companhia, que Ângela não há de casar sem a presença dela. É preciso que o casamento seja abençoado por todos os que têm direito de abençoar os noivos: por mim, pelo senhor e por sua mulher.

— Mas como isto, se minha mulher está tão longe — e o senhor quer que partamos já?

— Ora, ora; já vejo que o senhor não sabe o que é um velho teimoso quando embirra em fazer a felicidade das pessoas a quem ama. Chegue aqui.

E, tomando pela mão o coronel e Ângela, abriu a porta de uma sala e fê-los entrar.

— Coronel, abrace sua mulher. Ângela, beije a mão de sua mãe.

Foi indescritível a surpresa dos dois, encontrando ali a senhora do coronel, o velho vigário e Joaquim Pombo com sua mulher.

Depois que os conhecidos deram expansão às suas alegrias, Capper apresentou Sinhá a Ângela, dizendo:

— Amem-se, como merecem — e Raimundo muito o estimará.

Serenado o tumulto, que não foi pequeno, o bom homem explicou como, prevalecendo-se da palavra do coronel: de obedecer-lhe cegamente, mandara, lá mesmo do Ceará e antes de embarcar, ao vigário que fosse tomar a prima e trazê-la para a Corte — e a Joaquim Pombo que fosse buscar a mulher, na Serra do Martins.

O motivo que deu foi o de virem assistir à profissão de Ângela; mas o fim real foi acompanhá-la a serem testemunhas de seu casamento; pois sabia que a profissão não podia ter lugar.

As alegrias daquele momento compensaram os dias de amarguras!

Enquanto faziam os preparativos para a longa viagem, riam e folgavam, como se não tivessem tanto chorado.

Ângela e Sinhá, já muito ligadas por amizade, arranjavam, pressurosas, todos os aprestos.

— Como há de ser feliz — dizia Sinhá —, ligando o seu destino ao do homem que consubstancia todas as virtudes! Olhe: foi aqui que ele, sem me conhecer, salvou-me das tramas de um miserável, e foi ainda aqui que elevou Quinquim à posição que hoje tem. Quem há, no mundo, que pratique tais obras?

Ângela ouvia Sinhá contar as brilhantes façanhas de seu adorado, com a emoção que se sente quando se vê exaltar o ente que se ama.

Já a moça tinha acabado a narração, e ela, em êxtases de prazer, não tinha coragem de romper a corrente de delícias em que nadava.

Abraçando sua nova amiga, que não podia relembrar aqueles acontecimentos sem se exaltar, disse-lhe ao ouvido, com receio de que a ouvissem as paredes:

— Mas eu amo-o como ele merece, com ardor, com entusiasmo, com veneração, com adoração! Vou aparecer-lhe como uma ressuscitada! Meu Deus! como é doce pensar que vou salvar aquela alma de uma dor sem limites, de uma vida de consumição! Todas as dores que lhe causei vão se afogar no oceano de alegrias que lhe vou dar!

— Minhas tagarelas, o bonde que nos deve conduzir à cidade, à hora de apanharmos o paquete, vai largar daqui a dez minutos! — gritou de fora o velho Capper, que se abrasava em desejos de apressar a ventura do caro filho.

Aquela voz ecoou alegremente aos ouvidos das duas moças, que não tinham outros desejos.

No decurso da viagem, tudo era assunto para elas discorrerem sobre Raimundo, tudo era motivo para as alegrias de Ângela.

XVIII

A vista da grande cidade, que indiferente guardava em seu seio a luz de seus olhos, fez a bela Ângela estremecer — e entristecer.

Quando estava prestes de tocar os umbrais do templo da felicidade, surgiu-lhe um pensamento horrífico — pavoroso.

"Quem sabe o que terá acontecido a Raimundo, sacudido pelo vendaval da maior desgraça que poderia feri-lo?"

Agitada por tão cruel incerteza, saltou de bordo, com seus pais e amigos, procurando combater os receios que, debalde, qualificava de infantis.

Seguiram todos para o hotel, onde Capper os alojou provisoriamente, só enquanto ia correndo ver os caros filhos, sem poder conter nem contar as pulsações tumultuosas do coração, porque o velho nutria os mesmos receios que assaltaram o espírito de Ângela.

E, quando lhes apareceu Alberto, que espreitava a chegada do vapor, a moça sentiu fugir-lhe a luz dos olhos e a terra tremer-lhe debaixo dos pés, parecendo-lhe que o rapaz trazia-lhe horrível nova.

Felizmente seu trajo e sua fisionomia disseram-lhe, antes que falasse, que o ídolo de suas ardentes adorações nada sofria que inspirasse cuidados.

Foi um peso esmagador que lhe tiraram de sobre sua alma, quase entorpecida pelo imaginário receio.

Correu, ofegante, para o moço e, sem cumprimentá-lo, foi-lhe *ex abrupto*[154] perguntando, com a alma nos lábios:

— Raimundo?

Esta palavra, que nada significava, valia, entretanto, pela explosão de um vulcão de sentimentos comprimidos em seu peito.

O moço compreendeu-lhe a significação e sem detença respondeu-lhe:

— Não inspira cuidados e, com sua presença, será em breve o mesmo que era.

Ângela respirou largo e caiu num pranto nervoso, que era a reação da profunda contensão que suportara.

Alberto contou por miúdo o modo de viver do seu amigo, desde que partira do Ceará, e concluiu dizendo:

— Eu estou convencido de que o desfecho seria o mais funesto. Raimundo acabaria louco.

Ângela tremeu ainda, ouvindo aquelas palavras, pensando que seria ela a causa de tamanha desgraça.

Depois deste incidente, os amigos reunidos no hotel foram se preparar para acompanhar Alberto à casa onde residia Raimundo, como fora combinado com o velho doutor.

O modo como se encontraram com o desolado moço já o sabe o leitor.

Durante o jantar reinou o maior contentamento — e o velho Capper, depois de fazer um brinde à felicidade dos noivos, concluiu anunciando que todos os papéis estavam prontos — que o padre ali estava — que as testemunhas trouxera-as ele do Brasil e que, portanto, o casamento

---

[154] Expressão latina que significa "intempestivamente", "de pronto".

devia ser celebrado no dia seguinte, na capela de sua amada cabana, para onde deviam seguir naquele mesmo dia.

— Lá — disse ele a Raimundo —, reservo-te uma surpresa, que te será de grande satisfação.

— Como tudo que vem do senhor, meu caro pai.

Às oito horas da noite, o velho doutor convidou seus hóspedes, que chamava sua família, a acompanhá-lo à cabana em que fora criado e que estava ainda conservada tal qual fora na sua infância.

Somente, ele construíra ao lado um lindo palacete, onde era a capela — um primor de arte.

— Aqui está, meus amigos, a casa onde passei os mais felizes dias de minha vida. Tu, Raimundo, já a conhecias, pela descrição que dela te fiz. Só faltam, para animar o quadro de minha infância, os meus cabelos louros e os dois velhos que me serviram de pais, que dormem, há muito, o sono eterno. Agora, vamos descansar, que amanhã é o dia da grande festa.

— E a surpresa? — perguntou Raimundo.

— Faz parte do programa da festa.

*
* *

Ao romper do dia, Raimundo e Ângela já estavam de pé, a correrem, a moça pela mão do moço, o belo sítio, que lhes era caro, por ser o ninho onde emplumara a águia, que remontara, em seu voo altivo, às regiões das nuvens.

Entretanto, força é confessá-lo, nem um nem outro se erguera tão cedo pelo desejo de apreciar o amado sítio.

Era-lhes isto de grande valia, porém maior atrativo lhes era o desejo de se comunicarem os sentimentos que lhes enchiam o coração a transbordar.

Havia já tanto tempo que aqueles corações não se falavam, que fácil é compreender quanto ardiam por dar expansão ao que estava neles entesourado.

Não eram coisas triviais, das que entretêm namorados pechisbeques, o que os entretinha.

Suas almas não eram das que descem à materialidade do amor, que só encaravam pelo seu lado espiritual.

Falaram, primeiro, de seus pesares, suscitados pela denúncia contra seu caráter.

— Que dor, minha Ângela, ver-me acusado, em tua presença, de tão ignóbeis crimes! A simples ideia de que uma leve suspeita passasse por teu espírito me foi uma cruel morte.

— Não confiaste em mim, Raimundo?

— Eu te era conhecido de poucos dias — e por maior que fosse a certeza, que tinha, de que me amavas com todas as forças da alma, acudia-me o pensamento de que, não conhecendo meus precedentes, e diante de uma acusação tão positiva, pudesses vacilar, como era muito natural.

— Era, com efeito; mas devias ter consciência de que teu caráter se revela inteiro e imponente em todas as tuas menores ações. Eu o reconheci, olhando-te de relance, quando visitaste, pela primeira vez, o Frade.

— E não me reconheceste, da segunda vez?

— Sim, meu coração reconheceu-te, porque bateu como da primeira vez. E, quando aquele homem te falou, nas Pedras, como velho conhecido, fez-se a luz em meu espírito. Queres saber? Eu amei o desconhecido, como se ama uma sombra — e, quando te vi, a conversar com Marcelino, senti que não podia haver felicidade, para mim, que não viesse de ti.

— E teu primeiro amor?

— Oh! foi uma luta insana — uma terrível batalha, que se deu em minha alma! Eu amava, ao mesmo tempo e com a mesma veemência, os dois! Somente, sentia que os dois amores não se repeliam; faziam-me o efeito de duas forças que convergem para o mesmo ponto.

Depois de terem tirado de cada uma das passadas aflições motivos para idílios, começaram a falar da existência venturosa que, dentro de poucas horas, ia-se-lhes inaugurar.

Que encantadores quadros desenhava-lhes a imaginação incendida pelo amor!

Era uma habitação pequena como ninho de jaçanãs — mimosa como uma gota de orvalho, pendente da pétala de uma flor, oculta no meio de um bosque de frondosas árvores, cujos troncos se unem por uma teia de lindas trepadeiras, saltitando-lhes nos ramos, em nuvens, como borboletas, miríades de passarinhos, a encherem o espaço com as harmonias de seu canto, e um rumorejante ribeiro, descaindo, de salto em salto, como um cabrito montês, derramando suas águas num lindo prado, onde um jardim povoado das mais preciosas flores exala, como uma taça de essências, deliciosos aromas.

Ali, como o primeiro par humano, ocultariam do mundo os mimos de seu amor.

E, quando desse puro sentimento desabrochassem as gemas, que delírio de prazer! Que êxtases de felicidade!

É um sorriso novo que vem brincar nos lábios, já cansados de sorrir!

É o amor, que toma nova forma, tendo gasto todas as formas!

É a vida cansada de viver, que se transforma noutra vida, para viver!

Com que enlevo da alma, puro e santo, se hão de rever na inocente criança, que é a unificação misteriosa — a fusão alegórica dos risos, dos amores, da vida de seus progenitores!

Ali, naquele berço, no qual sonha com os anjos o anjo de seus afetos, encontram-se a cada momento seus olhares, seus pensamentos, seus cuidados — todos os sentimentos místicos de suas almas!

E uma corrente de fluidos encantadores ligará, dia e noite, o leito dos pais ao berço do filho e trará em perene união aqueles três corações!

Falavam os dois noivos naqueles sonhos, fruindo as poéticas delícias do Paraíso, quando veio adverti-los de que, na Terra, o Paraíso só pode existir em sonho, um reles mortal, o criado da casa, que os avisou de que era hora do almoço.

É sempre assim.

Podemos, quanto quisermos, remontar pela imaginação às nuvens do céu — aos espaços infinitos; mas teremos sempre os pés presos à terra.

E, muita vez, enquanto nos deleitamos com deslumbrantes miragens, fere-nos o coração a seta ervada das misérias terrenas.

Felizmente o devaneio dos dois moços não foi interrompido por golpe doloroso.

Eles, porém, sentiram triste desilusão, sendo forçados a descer das nuvens ao pó, para exercerem a mais prosaica função da vida.

Se não fossem as atenções devidas a seus hóspedes, mandariam ao demo o criado, o almoço — tudo o que os privasse do celestial gozo.

Há, porém, alguma coisa mais poderosa que a vontade: o dever.

E os moços foram cumprir o seu, como quem deixa o doce encanto da música de Bellini[155] ou os arrebatadores

---

[155] Vincenzo Bellini (1801-1835), compositor siciliano considerado um dos mais célebres operistas do século XIX.

acordes da de Verdi, para ir assistir à representação de uma das nossas revistas sensaboronas e imorais.

— Estão aproveitando os últimos momentos da liberdade, meus pombinhos! Pois bebam com volúpia esses deliciosos filtros, que nunca mais terão depois que nosso vigário pronunciar o tremendo: *et ego quoque*.[156]

À saudação do velho Ângela respondeu, ainda sentindo a ação do pensamento de há pouco:

— Perde-se a liberdade, mas ganha-se a felicidade.

— Já vê — acrescentou Raimundo —, que não pode haver troca mais vantajosa.

— E ainda mais vantajosa para nós, as mulheres, interveio Sinhá, que nem mesmo trocamos, visto que o casamento é nossa carta de liberdade.

— Tem razão, tem razão — disse o velho. — Vocês ajustam tudo ao seu bom paladar. É mesmo assim, quando se tem a alma repleta de alegrias. Agora, senhor visconde, é chegada a vez de fazer-lhe a agradável surpresa que lhe prometi. Queiram passar à sala de visitas.

Raimundo, tão depressa pôs os pés na sala designada, deparou com uma senhora, cujos cabelos, brancos como a neve, não tiraram de sua fisionomia os encantos da resplendente beleza.

— Minha mãe, apresento-lhe este querido filho, o visconde Raimundo, que a senhora já conhece de nome e para quem lhe peço estima igual a que dedica ao nosso Alberto. Raimundo, esta é a minha bela desconhecida — a fada que velou por mim, que me salvou, nos tormentosos lances de minha vida.

A bela senhora ergueu-se com graça e, oferecendo a mão a Raimundo, disse-lhe, com expressão da maior ternura:

---

[156] Expressão latina que significa "e eu também".

— Já o estimo, visconde, tanto quanto merece sua grande alma.

O moço curvou-se respeitoso e, beijando a mão que lhe era oferecida, respondeu:

— Se não fosse de há muito seu, meu coração sê-lo-ia agora, à sua vista, que me dá a realidade do retrato seu, fielmente tirado por minha imaginação.

— Pois, visto que somos velhos conhecidos, dê-me a satisfação de permitir que o chame meu filho, como filho do meu Edmundo.

— Toda minha vida empenharei esforços para merecer tão grato título, que é para mim o meu maior brasão.

— Apresente-me, então, sua noiva, a próxima viscondessa, que tenho pressa de abraçar esse anjo de beleza e de bondade, de quem Edmundo me tem falado com o entusiasmo de um enamorado.

— Ainda tenho a liberdade de poder assegurar-lhe que meu pai não coloriu o seu retrato.

Ângela avançou, pelo braço de Raimundo e, com a expansão de verdadeiro contentamento, trocou com a bela senhora não o beijo frio da cerimônia oficial, mas o que exprime sentidos afetos da alma.

— É privilégio de sua família — disse, sentando-se ao lado da distinta senhora, que nadava em júbilo, vendo-se cercada pelos amigos de seu filho —, é privilégio dos seus arrastarem, ao primeiro encontro, o maior respeito dos que se lhes aproximam, associado à maior estima, que toma o caráter desses sentimentos, que vencem a ação do tempo.

— Ah! minha bela menina, você é lisonjeira! Pois vou eu dizer, sem lisonja, a seu noivo o que sinto a seu respeito. Meu filho, sua noiva há de ser a pérola desta casa — o anjo da nossa sociedade doméstica.

— Empenhar-me-ei por merecer seus benévolos elogios — e, com seus exemplos, espero que não me seja difícil consegui-lo — disse a moça, beijando-a novamente.

Raimundo conversava a uma janela, após aquela cena, com o velho Capper, que lhe explicava como pudera, antes de cerrar os olhos à vida, ter a suprema ventura de apertar em seus braços sua mãe.

— Considero este fato, meu filho, como deves considerar o de conseguires a felicidade de te unir a Ângela, como uma manifestação providencial de que minhas faltas me foram perdoadas, como, pela mesma razão, foram as tuas. Deus, em sua misericórdia, não quer que sofra o filho que, obedecendo a seus mandamentos, se lavou de suas maldades. E, quando isto se dá, manda ao que venceu nas duras provas, aceitando-as com humildade e resignação, a pomba que lhe traz o ramo de oliveira.[157] O ramo de oliveira, para mim, foi encontrar e abraçar aquela que me trouxe em seu seio e que sempre me amou. O ramo simbólico de que as águas do dilúvio moral já passaram — já se precipitaram nos abismos do tempo, é teres vencido todas as contrariedades e conseguido ligar a ti a que é o cofre de tuas felicidades.

— Compreendo — respondeu Raimundo — e aceito estes seus pensamentos como puras verdades que serão ditadas pelo Evangelho do Futuro.

Alberto veio anunciar que tudo estava pronto para a celebração do casamento e que o vigário ia revestir-se.

Em poucos minutos, partiu o préstito para a capela, ricamente adornada.

---

[157] Referência à passagem bíblica do Velho Testamento em que Noé, após o dilúvio, solta uma pomba para ver se as águas já haviam secado: "À tarde, ela voltou a ele; trazia no bico uma folha nova de oliveira; assim entendeu Noé que as águas tinham minguado de sobre a terra". (Gênesis, 8:11.)

Reinou o mais solene recolhimento, enquanto o sacerdote celebrava.

Todas aquelas almas, dedicadas ao ditoso par, elevaram seus pensamentos ao Supremo Dispensador das graças, pedindo-lhe, de coração, que abençoasse aquela união.

E, no momento em que o santo vigário lançava as bênçãos, soou no pequeno templo uma voz, que Capper e Alberto reconheceram ser de Alice, dizendo:

— Bem-aventurados os que lavam, com humildes lágrimas, as máculas de seu passado.

EPÍLOGO

Foi no ano de 1892.

Em uma das salas do consistório da igreja matriz de Riacho do Sangue, estavam sentados em torno de uma grande mesa, cercados de numerosos espectadores, o vigário da freguesia, reverendo Joaquim Pombo, e, à direita e à esquerda, os membros do conselho diretor do asilo de ingênuos, instituído pelo visconde Raimundo.

No meio do sepulcral silêncio, o já muito estimado pastor daquele privilegiado pequeno rebanho ergueu a voz em lágrimas e falou:

— Hoje completam 21 anos e se emancipam 27 cidadãos, remidos da escravidão pela lei de 28 de setembro de 1871 e educados para a liberdade, para a vida social, pelos mais puros espíritos que têm respirado a aura da vida terrena e que já gozam, na vida dos espaços, o galardão de suas virtudes.

"Não foi Deus servido que essas nobilíssimas criaturas tivessem o inefável gozo de assistir à festa da primeira colheita da seara bendita que plantaram com sua fé e regaram com seu amor, nos nossos desertos.

"Nem por isso, entretanto, o asilo dos ingênuos deixará de lembrar sempre os nomes gloriosos: do visconde

Raimundo, a encarnação das grandezas humanas, de Ângela, o anjo da caridade, e do meu antecessor, alma de profeta, baixada à Terra para iluminar o caminho da salvação.

"Nem por isso cada um dos enjeitados da sorte, que tiver recebido no asilo as riquezas da alma, deixará de votar a esses bem-aventurados sincero culto de amor e gratidão.

"E nós que os conhecemos e nos honramos de sua estima, façamos, neste dia, que seria o de sua maior alegria, fervorosas preces ao Pai de Amor, como prova de que a Terra guarda indelével a memória de suas virtudes."

Toda a multidão ajoelhou e, pode-se dizer, toda ela orou vertendo lágrimas.

Dentre a massa destacou-se, então, um vulto de homem, coberto de pesado luto, e dirigiu-se ao vigário, a quem disse:

— Um mês antes de partirem para visitar a Palestina, mal sabendo que caminhavam para a morte, para a vida do Espaço, para Deus, os seres angélicos que foram na Terra os Capper e os viscondes Raimundo e Ângela fizeram seu testamento, em que não esqueceram esta pia instituição.

"Eu, que fui distinguido com a confiança daqueles preclaros varões, venho aqui, hoje, reverendo vigário, cumprir o que eles dispuseram para este dia e para os que se lhe seguirem para o futuro.

"Aqui lhe ofereço a cópia autêntica do testamento, na parte que se refere ao asilo dos ingênuos, que tão caro foi sempre ao divino casal e ao santo padre, que abençoou sua união.

"Digne-se Vossa Reverendíssima mandar ler, em honra daqueles nomes imortais, sua última disposição e derradeira vontade."

Joaquim Pombo recebeu, trêmulo de emoção, o papel que lhe trazia à memória os dias felizes de sua vida e aqueles a quem deveu toda a ventura que libou na Terra.

Epílogo

Foi com os olhos rasos de lágrimas que leu a disposição testamentária, pela qual o visconde Raimundo e sua mulher dotavam cada ingênuo que se emancipasse, isto é, que chegasse à idade de 21 anos, com cinco contos os homens e com dez contos as mulheres, além das terras, da casa e dos meios para se estabelecerem, que têm de receber do asilo, segundo o regulamento deste.

O testamento acabava por estas palavras, que arrancaram uma exclamação de surpresa ao reverendo vigário:

"Nosso querido e muito digno irmão Pedro Peixoto cumprirá, como nosso testamenteiro, esta nossa última vontade".

— O senhor!... o senhor... é Pedro Peixoto?!

— Eu sou — e dou testemunho aos que me conheceram — de que pode sair o bem do mal, como do fumo sai a luz.

— Então... então o visconde Raimundo era filho do... major Peixoto?!

— Prova muito mais brilhante de que o homem é susceptível de lavar-se das máculas de seus erros e iniquidades.

— Meu Deus! Como é sublime a vossa obra! Tirais o espírito do nada para a perfeição, para a felicidade, a que *todos* são destinados. Dais a *todos* os mesmos meios de se elevarem ao alto destino, reparando, num dia, as faltas da véspera. Dotais a *todos* com a liberdade ilimitada, de aproveitarem ou não aqueles meios, de fazerem a infinita ascensão lenta ou rapidamente.

"Para farol, que a *todos* esclareça a rota, mandastes ensinar-lhes a lei da salvação, deixando a cada um a responsabilidade, pelo mérito e pelo demérito, de segui-la ou não.

"Aos que, abraçados com ela, usam de sua liberdade para o bem, galardoais, dais o prêmio de animação para prosseguir no bom caminho.

"Aos que lhe dão as costas, usando de sua liberdade para o mal, castigais, não para matar, mas para corrigir, para fazê-los dignos das promessas de nosso Senhor Jesus Cristo.

"A estes, pois, não condenais *in aeternum*;[158] mas deixais aberta sempre, sempre aberta, a porta da regeneração, que é representada pela parábola do "filho pródigo" do Evangelho.[159]

"O arrependido do mal que fez e que lhe tolhe a marcha pelas vias do progresso ao destino humano, vem à nova existência corpórea, em que lhe são dados ensejos de reparar por boas obras as obras más que tiver feito.

"E, uma vez resgatadas as faltas por tal modo, o pobre espírito falido obtém a reabilitação, e marcha, embora atrasado, para o destino posto a *todos* e que *todos* hão de alcançar, por maior ou menor número de provas.

"E, assim, *nem um* se perde, conquanto nem todos façam a mesma marcha e cheguem ao mesmo tempo, devido ao bom ou mau uso que cada um faz do seu livre-arbítrio e ao endurecimento mais ou menos persistente dos que se desviarem da rota.

"Meu Deus! Quem não reconhece nestas sublimes concepções a obra da vossa justiça enlaçada com o vosso amor?

"Sim, Pai de justiça e de amor, isto que ainda é, em nosso tempo, verdade velada, fraqueza da concepção humana, será os fundamentos do Evangelho do Futuro."

Neste ponto, ressoou no ar um concerto de vozes que diziam: "Glória a Deus nas alturas infinitas e paz na Terra aos homens de boa vontade!".

---

[158] Expressão latina que significa "para sempre", "eternamente".

[159] Parábola contada por Jesus a publicanos e pecadores, constante do Novo Testamento, em Lucas, 15:11 a 32.

Epílogo

Toda multidão ficou atônita, principalmente por exclamarem várias pessoas:

— Ali estão eles; estas vozes são de Raimundo, de Ângela e do nosso velho vigário, que formam um grupo cercado de luz, mais clara que a da Lua, que a do Sol.

Joaquim Pombo e os membros do conselho adiaram para o domingo próximo a solenidade, que foi feita em meio ao maior regozijo público.

Mais 27 almas, educadas nos princípios da honra e do dever, vieram robustecer a moral pública e particular da sociedade de Riacho do Sangue, e novos contingentes virão todos os anos enriquecê-la, graças a Raimundo, a Ângela, a seu pai e ao vigário.

FIM

APONTAMENTOS BIOBIBLIOGRÁFICOS

Adolfo Bezerra de Menezes

A Federação Espírita Brasileira entrega ao público novas edições dos romances — antes publicados em folhetins no *Reformador* — e dos estudos religiosos, científicos e filosóficos da autoria de Adolfo Bezerra de Menezes, quando ainda encarnado.

A *Coleção Bezerra de Menezes* prestará homenagem a esse importante vulto do Espiritismo brasileiro, que representou para os espíritas o verdadeiro paradigma de trabalho, caridade e tolerância.

A seguir alguns dados biobibliográficos daquele que, pela projeção de seu trabalho, foi cognominado *o Kardec brasileiro, o médico dos pobres*, entre outros.

Adolfo Bezerra de Menezes Cavalcanti nasceu em 29 de agosto de 1831 na fazenda Santa Bárbara, no lugar chamado Riacho das Pedras, município cearense de Riacho do Sangue, hoje Jaguaretama, estado do Ceará.

Descendia Bezerra de Menezes de antiga família, das primeiras que vieram ao território cearense. Seu avô paterno, o coronel Antônio Bezerra de Souza e Menezes, tomou parte da Confederação do Equador e foi condenado à morte, pena comutada em degredo perpétuo para o interior do Maranhão, e que não foi cumprida porque o coronel faleceu a caminho do desterro, sendo seu corpo sepultado em Riacho do Sangue. Seus pais, Antônio Bezerra de Menezes, capitão das antigas milícias e tenente-coronel da Guarda Nacional, desencarnou em Maranguape, em 29 de setembro de 1851, de febre amarela; a mãe, Fabiana Cavalcanti de Alburquerque, nascida em 29 de setembro de 1791, desencarnou em Fortaleza, aos 90 anos, perfeitamente lúcida, em 5 de agosto de 1882.

Desde estudante, o itinerário de Bezerra de Menezes foi muito significativo. Em 1838, no interior do Ceará, conheceu as primeiras letras, em escola da Vila do Frade, estando à altura do saber de seu mestre em 10 meses.

Já na Serra dos Martins, no Rio Grande do Norte, para onde se transferiu em 1842 com a família, por motivo de perseguições políticas, aprendeu latim em dois anos, a ponto de substituir o professor.

Em 1846, já em Fortaleza (CE), sob as vistas do irmão mais velho, Manoel Soares da Silva Bezerra, conceituado intelectual e líder católico, efetuou os estudos preparatórios, destacando-se entre os primeiros alunos do tradicional Liceu do Ceará.

Bezerra queria tornar-se médico, mas o pai, que enfrentava dificuldades financeiras, não podia custear-lhe os estudos. Em 1851, aos 19 anos, tomou ele a iniciativa de ir para o Rio de Janeiro, a então capital do Império, a fim de cursar Medicina, levando consigo a importância de 400 mil-réis, que os parentes lhe deram para ajudar na viagem.

No Rio de Janeiro, ingressou, em 1852, como praticante interno no Hospital da Santa Casa de Misericórdia.

Para poder estudar, dava aula de Filosofia e Matemática. Doutorou-se em 1856 pela Faculdade de Medicina do Rio de Janeiro.

Em março de 1857, solicitou sua admissão no Corpo de Saúde do Exército, sentando praça em 20 de fevereiro de 1858, como cirurgião-tenente.

Ainda em 1857, candidatou-se ao quadro dos membros titulares da Academia Imperial de Medicina com a memória "Algumas considerações sobre o cancro, encarado pelo lado do seu tratamento", sendo empossado em sessão de 1º de junho. Nesse mesmo ano, passou a colaborar na *Revista da Sociedade Físico-Química*.

Em 6 de novembro de 1858, casou-se com Maria Cândida de Lacerda, que desencarnou no início de 1863, deixando-lhe um casal de filhos.

Em 1859, passou a atuar como redator dos *Anais Brasilienses de Medicina*, da Academia Imperial de Medicina, atividade que exerceu até 1861.

Em 21 de janeiro de 1865, casou-se, em segundas núpcias, com Cândida Augusta de Lacerda Machado, irmã materna de sua primeira esposa, com quem teve sete filhos.

Já em franca atividade médica, Bezerra de Menezes demonstrava o grande coração que iria semear — até o fim do século, sobretudo entre os menos favorecidos de fortuna — o carinho, a dedicação e o alto valor profissional.

Foi justamente o respeito e o reconhecimento de numerosos amigos que o levaram à política, que ele, em mensagem ao deputado Freitas Nobre, seu conterrâneo e admirador, definiu como "a ciência de criar o bem de todos".

Elegeu-se vereador para Câmara Municipal do Rio de Janeiro em 1860, pelo Partido Liberal.

Quando tentaram impugnar sua candidatura, sob a alegação de ser médico militar, demitiu-se do Corpo de Saúde do Exército. Na Câmara Municipal, desenvolveu grande trabalho em favor do Município Neutro[160] e na defesa dos humildes e necessitados.

Foi reeleito com simpatia geral para o período de 1864--1868. Não se candidatou ao exercício de 1869 a 1872.

Em 1867, foi eleito deputado geral (correspondente hoje a deputado federal) pelo Rio de Janeiro. Dissolvida a Câmara dos Deputados em 1868, com a subida dos conservadores ao poder, Bezerra de Menezes dirigiu suas atividades para outras realizações que beneficiassem a cidade.

Em 1873, após quatro anos afastados da política, retomou suas atividades, novamente como vereador.

Em 1878, com a volta dos liberais ao poder, foi novamente eleito à Câmara dos Deputados, representando o Rio de Janeiro, cargo que exerceu até 1885.

Neste período, criou a Companhia de Estrada de Ferro Macaé a Campos, que lhe proporcionou pequena fortuna, mas que, por sua vez, foi também o sorvedouro de seus bens, deixando-o completamente arruinado.

Em 1885, atingiu o fim de suas atividades políticas. Bezerra de Menezes atuou 30 anos na vida parlamentar. Outra missão o aguardava, mais nobre ainda, aquela da qual o incumbira Ismael, não para coroá-lo de glórias, que perecem, mas para trazer sua mensagem à imortalidade.

O Espiritismo, qual novo maná celeste, já vinha atraindo multidões de crentes, a todos saciando na sua missão

---

[160] Após a transferência da Corte portuguesa para a cidade do Rio de Janeiro, a autonomia político-administrativa que a província tanto reivindicava, conforme as demais, ficou prejudicada. No entanto, em 1834, a cidade seria transformada em Município Neutro, continuando como capital do Império, enquanto a província ganhava a requerida autonomia e passava a ter como capital a Vila Real da Praia Grande, que no ano seguinte viria a se chamar Niterói.

de consolador. Logo que apareceu a primeira tradução brasileira de *O Livro dos Espíritos*, em 1875, foi oferecido a Bezerra de Menezes um exemplar pelo próprio tradutor, Joaquim Carlos Travassos, que se ocultou sob o pseudônimo de Fortúnio.

Foram palavras do próprio Bezerra de Menezes, ao proceder à leitura de monumental obra: "Lia, mas não encontrava nada que fosse novo para meu espírito, entretanto tudo aquilo era novo para mim [...]. Eu já tinha lido ou ouvido tudo o que se achava em *O Livro dos Espíritos* [...]. Preocupei-me seriamente com este fato maravilhoso e a mim mesmo dizia: parece que eu era espírita inconsciente, ou mesmo, como se diz vulgarmente, de nascença".

Contribuíram também, para torná-lo um adepto consciente, as extraordinárias curas que ele conseguiu, em 1882, do famoso médium receitista João Gonçalves do Nascimento.

Mais que um adepto, Bezerra de Menezes foi um defensor e um divulgador da Doutrina Espírita. Em 1883, recrudescia, de súbito, um movimento contrário ao Espiritismo, no mesmo ano em que Augusto Elias da Silva lançava o *Reformador* — periódico mais antigo do Brasil em circulação e órgão oficial da Federação Espírita Brasileira. Elias, não raro, consultava Bezerra de Menezes sobre as melhores diretrizes a serem seguidas em defesa dos ideais espíritas. O venerável médico aconselhava-o, então, a contrapor ao ódio o amor e a agir com discrição, paciência e harmonia.

Bezerra não ficou, porém, no conselho teórico. Com as iniciais A. M., principiou a colaborar com o *Reformador*, emitindo comentários judiciosos sobre o Catolicismo.

Fundada a Federação Espírita Brasileira, em 1884, Bezerra de Menezes não quis inscrever-se entre os fundadores, embora fosse amigo de todos os diretores e, sobremaneira, admirado por eles.

Embora sua participação tivesse sido marcante até então, somente em 16 de agosto de 1886, aos 55 anos, Bezerra de Menezes — perante grande público, cerca de duas mil pessoas, no salão de Conferência da Guarda Velha — justificou em longa alocução a sua opção definitiva de abraçar os princípios da consoladora Doutrina.

Daí por diante, Bezerra de Menezes foi o catalisador de todo o movimento espírita na Pátria do Cruzeiro, exatamente como preconizara Ismael. Com sua cultura privilegiada, aliada ao descortino de homem público e ao inexcedível amor ao próximo, conduziu o barco de nossa Doutrina por sobre as águas atribuladas pelo iluminismo fátuo, pelo cientificismo presunçoso, que pretendia deslustrar o grande significado da Codificação Kardequiana.

Presidente da FEB em 1889, foi reconduzido ao espinhoso cargo em 1895, quando mais se agigantava a maré da discórdia e das radicalizações no meio espírita, e nele permaneceu até 1900, quando desencarnou.

O Dr. Bezerra de Menezes foi ainda membro da Sociedade de Geografia de Lisboa, da Sociedade Auxiliadora da Indústria Nacional, da Sociedade Físico-Química, do Conselho do Liceu de Artes, sócio e benfeitor da Sociedade Propagadora das Belas-Artes e presidente da Sociedade Beneficente Cearense.

Escreveu em jornais como *O Paiz* e *Sentinela da Liberdade* e para os *Anais Brasilienses de Medicina*, além de colaborar na *Reforma*, na *Revista da Sociedade Físico-Química* e, sobretudo, no *Reformador*, valendo-se algumas vezes dos pseudônimos de Max e Frei Gil.

O dicionarista J. F. Velho Sobrinho alinha extensa bibliografia de Bezerra de Menezes, relacionando para mais de quarenta obras escritas e publicadas. São teses, romances, biografias, artigos, estudos, relatórios etc.

Bezerra de Menezes desencarnou em 11 de abril de 1900, às 11h30, tendo ao lado a dedicada companheira de tantos anos, Cândida Augusta.

Morreu pobre, embora seu consultório estivesse cheio de uma clientela que nenhum médico queria; eram pessoas pobres, sem dinheiro para pagar consultas. Foi preciso constituir-se uma comissão para angariar donativos visando à manutenção da família; comissão essa presidida por Quintino Bocaiúva.

Por ocasião de sua morte, assim se pronunciou Léon Denis, um dos maiores discípulos de Kardec: "Quando tais homens deixam de existir, enluta-se não somente o Brasil, mas os espíritas de todo o mundo".

BIBLIOGRAFIA

Ordem cronológica crescente

OBRAS MÉDICAS[161]

MENEZES, Bezerra de. *Diagnóstico do cancro*: tese inaugural. Rio de Janeiro: Typ. de M. Barreto, 1856.

_____. Tratamento do cancro. *Annaes Brasilienses de Medicina*: Jornal da Academia Imperial de Medicina do Rio de Janeiro, p. 181 e 198 [entre 1857 e 1858].

_____. *Das operações reclamadas pelo estreitamento da uretra*: tese para o concurso a uma cadeira de oppositor da Secção Cirurgica da Faculdade de Medicina. Rio de Janeiro: Typ. Nacional, 1858. 63 p.

_____. Curare. *Annaes Brasilienses de Medicina*: Jornal da Academia Imperial de Medicina do Rio de Janeiro, p. 182 [entre 1859 e 1860].

_____. Parecer sobre a memória do Dr. Portela relativamente a contato e infecção. *Annaes Brasilienses de Medicina*: Jornal da Academia Imperial de Medicina do Rio de Janeiro, p. 238 [entre 1859 e 1860].

---

[161] Em 1857 passou a colaborar na *Revista da Sociedade Físico-Química*. E, de 1859 até meados de 1861, foi o redator do periódico: *Annaes Brasilienses de Medicina*: Jornal da Academia Imperial de Medicina do Rio de Janeiro.

_____. Tétano. *Annaes Brasilienses de Medicina*: Jornal da Academia Imperial de Medicina do Rio de Janeiro, p. 121 e 139 [entre 1859 e 1860].

_____. Accessos de hysteria dependendo d'um estado gastrico. *Annaes Brasilienses de Medicina*: Jornal da Academia Imperial de Medicina do Rio de Janeiro, p. 75 [entre 1860 e 1861].

_____. Erysipelas periodicas. *Annaes Brasilienses de Medicina*: Jornal da Academia Imperial de Medicina do Rio de Janeiro, p. 136 e 218 [entre 1860 e 1861].

_____. Grippe. *Annaes Brasilienses de Medicina*: Jornal da Academia Imperial de Medicina do Rio de Janeiro, p. 621 [entre 1860 e 1861].

_____. Lactucario e thridaceo. *Annaes Brasilienses de Medicina*: Jornal da Academia Imperial de Medicina do Rio de Janeiro, p. 34 [entre 1860 e 1861].

_____. Puncção da bexiga. *Annaes Brasilienses de Medicina*: Jornal da Academia Imperial de Medicina do Rio de Janeiro, p. 14 [entre 1860 e 1861].

OBRAS POLÍTICAS[162]

BEZERRA, Menezes de. *Câmara Municipal*: parecer que em sessão de 11 de março, leu o vereador Dr. Bezerra em resposta à portaria do Ministério do Império de 26 de fevereiro último. Rio de Janeiro: Typ. do Correio Mercantil [1863?], 222 p.

_____. *A escravidão no Brasil e as medidas que convem tomar para extinguil-a sem damno para a Nação*. Rio de Janeiro: Typ. Progresso, 1869. 80 p.

---

[162] O volume 33 da série "Perfis Parlamentares", publicada pela Câmara dos Deputados em 1986, apresenta a vida e a obra do parlamentar Bezerra de Menezes: MENEZES, Bezerra de. *Discursos parlamentares*. Seleção e introdução do Deputado Freitas Nobre. Brasília: Câmara dos Deputados, Coordenação de Publicações, 1986. 414 p. ("Perfis parlamentares", v. 33). Entre 1869 e 1870, sob o pseudônimo de Frei Gil, publicou artigos nos periódicos: *Sentinela da Liberdade* e *Reforma*, defendendo ideais liberais.

_____. *Relatorio apresentado a Illma. Camara Municipal da Corte*. Rio de Janeiro: Typ. Progresso, 1869.

_____. *Breves considerações sobre as sêccas do Norte*. Rio de Janeiro: Typ. Guimarães & Irmãos, 1877. 44 p.[163]

_____. *A Camara Municipal da Corte a seus municipes*: explicação dos factos arguidos pelo Governo a proposito das contas de 1877 e 1878. Rio de Janeiro: Typ. do Cruzeiro, 1880. 28 p.

_____. [*Carta do Dr. Bezerra de Menezes aos dignos eleitores do 3º distrito da Corte*]. Rio de Janeiro: s.n., 1881. 3 p.

_____. *Relatório apresentado a Illma. Camara Municipal da Côrte*. Rio de Janeiro: Typ. do Cruzeiro, 1881.

_____. *Discurso pronunciado na sessão de 20 de abril de 1882*. Rio de Janeiro: Typ. Nacional, 1882. 54 p.

_____ et al. *Informações apresentadas pela Commissão Parlamentar de Inquerito ao Corpo Legislativo na terceira sessão da decima oitava legislatura*. Rio de Janeiro: Typ. Nacional, 1883. 512 p.

_____et al. *Relatório apresentado ao Corpo Legislativo pela Commissão Parlamentar de Inquérito [que instaurou inquérito sobre as condições do comércio, indústria fabril, serviço e tarifa das Alfândegas do Brasil]*. Rio de Janeiro: Typ. Nacional, 1885. 216 p.

OBRAS ASSUNTOS DIVERSOS

MENEZES, Bezerra de. *O Marquêz de Valença*: esboço biográfico. Rio de Janeiro: Typ. e Const. de J. Villeneuve & Comp., 1856. 46 p.[164]

---

[163] Outra edição: MENEZES, Bezerra. *Breves considerações sobre as secas do Norte*. 2. ed. Natal: Fundação Guimarães Duque, 1986. p. 127-149. (Coleção "Mossoroense", v. 242.)

[164] Outra edição: MENEZES, Bezerra de. Marquez de Valença. In: SISSON, Sebastião Augusto. *Galeria dos Brazileiros Illustres* (Os Contenporaneos). Rio de Janeiro: Typ. Imp. e Const. de J. Villeneuve e Comp., 1859. v. 1, p. 15.

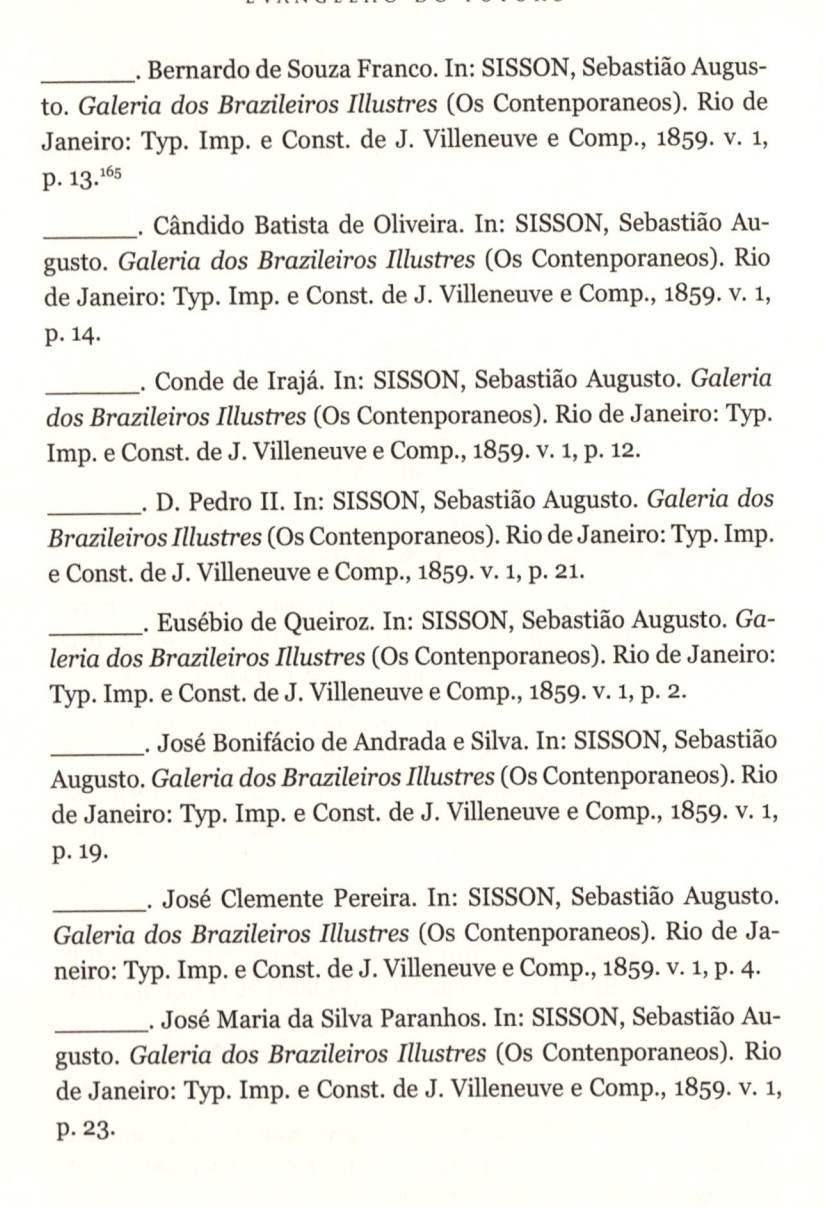

_____. Bernardo de Souza Franco. In: SISSON, Sebastião Augusto. *Galeria dos Brazileiros Illustres* (Os Contenporaneos). Rio de Janeiro: Typ. Imp. e Const. de J. Villeneuve e Comp., 1859. v. 1, p. 13.[165]

_____. Cândido Batista de Oliveira. In: SISSON, Sebastião Augusto. *Galeria dos Brazileiros Illustres* (Os Contenporaneos). Rio de Janeiro: Typ. Imp. e Const. de J. Villeneuve e Comp., 1859. v. 1, p. 14.

_____. Conde de Irajá. In: SISSON, Sebastião Augusto. *Galeria dos Brazileiros Illustres* (Os Contenporaneos). Rio de Janeiro: Typ. Imp. e Const. de J. Villeneuve e Comp., 1859. v. 1, p. 12.

_____. D. Pedro II. In: SISSON, Sebastião Augusto. *Galeria dos Brazileiros Illustres* (Os Contenporaneos). Rio de Janeiro: Typ. Imp. e Const. de J. Villeneuve e Comp., 1859. v. 1, p. 21.

_____. Eusébio de Queiroz. In: SISSON, Sebastião Augusto. *Galeria dos Brazileiros Illustres* (Os Contenporaneos). Rio de Janeiro: Typ. Imp. e Const. de J. Villeneuve e Comp., 1859. v. 1, p. 2.

_____. José Bonifácio de Andrada e Silva. In: SISSON, Sebastião Augusto. *Galeria dos Brazileiros Illustres* (Os Contenporaneos). Rio de Janeiro: Typ. Imp. e Const. de J. Villeneuve e Comp., 1859. v. 1, p. 19.

_____. José Clemente Pereira. In: SISSON, Sebastião Augusto. *Galeria dos Brazileiros Illustres* (Os Contenporaneos). Rio de Janeiro: Typ. Imp. e Const. de J. Villeneuve e Comp., 1859. v. 1, p. 4.

_____. José Maria da Silva Paranhos. In: SISSON, Sebastião Augusto. *Galeria dos Brazileiros Illustres* (Os Contenporaneos). Rio de Janeiro: Typ. Imp. e Const. de J. Villeneuve e Comp., 1859. v. 1, p. 23.

---

[165] Outras edições: SISSON, Sebastião Augusto. *Galeria dos Brasileiros Ilustres*: os contemporâneos. São Paulo: Martins, 1948. 2 v. SISSON, Sebastião Augusto. *Galeria dos Brasileiros Ilustres*. Brasília: Senado Federal, 1999. 2 v. (Coleção "Brasil 500 anos").

BIBLIOGRAFIA

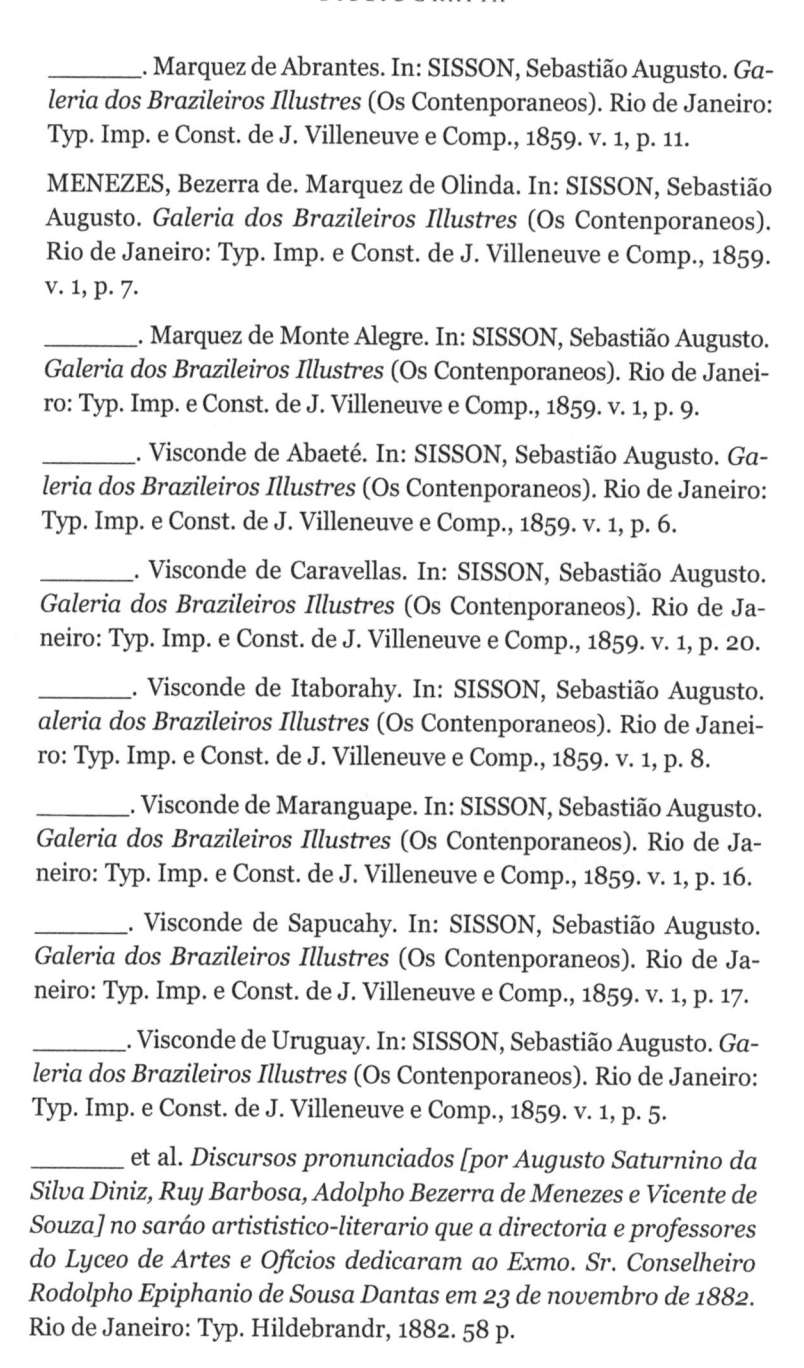

_____. Marquez de Abrantes. In: SISSON, Sebastião Augusto. *Galeria dos Brazileiros Illustres* (Os Contenporaneos). Rio de Janeiro: Typ. Imp. e Const. de J. Villeneuve e Comp., 1859. v. 1, p. 11.

MENEZES, Bezerra de. Marquez de Olinda. In: SISSON, Sebastião Augusto. *Galeria dos Brazileiros Illustres* (Os Contenporaneos). Rio de Janeiro: Typ. Imp. e Const. de J. Villeneuve e Comp., 1859. v. 1, p. 7.

_____. Marquez de Monte Alegre. In: SISSON, Sebastião Augusto. *Galeria dos Brazileiros Illustres* (Os Contenporaneos). Rio de Janeiro: Typ. Imp. e Const. de J. Villeneuve e Comp., 1859. v. 1, p. 9.

_____. Visconde de Abaeté. In: SISSON, Sebastião Augusto. *Galeria dos Brazileiros Illustres* (Os Contenporaneos). Rio de Janeiro: Typ. Imp. e Const. de J. Villeneuve e Comp., 1859. v. 1, p. 6.

_____. Visconde de Caravellas. In: SISSON, Sebastião Augusto. *Galeria dos Brazileiros Illustres* (Os Contenporaneos). Rio de Janeiro: Typ. Imp. e Const. de J. Villeneuve e Comp., 1859. v. 1, p. 20.

_____. Visconde de Itaborahy. In: SISSON, Sebastião Augusto. *aleria dos Brazileiros Illustres* (Os Contenporaneos). Rio de Janeiro: Typ. Imp. e Const. de J. Villeneuve e Comp., 1859. v. 1, p. 8.

_____. Visconde de Maranguape. In: SISSON, Sebastião Augusto. *Galeria dos Brazileiros Illustres* (Os Contenporaneos). Rio de Janeiro: Typ. Imp. e Const. de J. Villeneuve e Comp., 1859. v. 1, p. 16.

_____. Visconde de Sapucahy. In: SISSON, Sebastião Augusto. *Galeria dos Brazileiros Illustres* (Os Contenporaneos). Rio de Janeiro: Typ. Imp. e Const. de J. Villeneuve e Comp., 1859. v. 1, p. 17.

_____. Visconde de Uruguay. In: SISSON, Sebastião Augusto. *Galeria dos Brazileiros Illustres* (Os Contenporaneos). Rio de Janeiro: Typ. Imp. e Const. de J. Villeneuve e Comp., 1859. v. 1, p. 5.

_____ et al. *Discursos pronunciados [por Augusto Saturnino da Silva Diniz, Ruy Barbosa, Adolpho Bezerra de Menezes e Vicente de Souza] no saráo artististico-literario que a directoria e professores do Lyceo de Artes e Oficios dedicaram ao Exmo. Sr. Conselheiro Rodolpho Epiphanio de Sousa Dantas em 23 de novembro de 1882*. Rio de Janeiro: Typ. Hildebrandr, 1882. 58 p.

OBRAS ESPÍRITAS[166]

MENEZES, Bezerra de. *A casa assombrada*: romance espírita. Edição sob os auspícios da Federação Espírita Brasileira – FEB. Pelotas: Ed. Echenique Irmãos, 1902. 362 p. Publicado originalmente no *Reformador*, entre 1888 e 1891.[167]

_____. *Os carneiros de Panurgio:* romance philosophico-politico. Rio de Janeiro: Typ. Liv. de Serafim José Alves, 1890. 240 p.[168]

_____. Lázaro, o leproso. *Reformador*, [entre 1892 e 1896].

_____. *União Spirita do Brasil. Spiritismo. Estudos philosophicos.* Rio de Janeiro: Typ. Moreira, Maximiano, Chagas & Comp., 1894. 318 p. Coletânea de 69 artigos publicados *O Paiz*.[169]

_____. *A história de um sonho.* São Paulo: Madras, 2003. 168 p. Publicado originalmente no *Reformador*, entre 1896 e 1897.

_____. *Casamento e mortalha. Reformador* [entre 1898 e 1901]. Obra inacabada.

_____. A pérola negra. *Reformador* [entre 1901 e 1905].

---

[166] A partir de 1887, usando o pseudônimo Max, Bezerra de Menezes passou a publicar artigos divulgando a Doutrina Espírita nos periódicos: *O Paiz* (entre 1887 a 1894), *Jornal do Brasil* (em 1895), *Gazeta de Notícias* (entre 1895 a 1897) e *Reformador*, órgão da Federação Espírita Brasileira.

[167] Outras edições: MENEZES, Bezerra de. *A casa assombrada*: romance espírita. 2. ed. Rio de Janeiro: Federação Espírita Brasileira – FEB, 1948. 334 p. MENEZES, Bezerra de. *A casa assombrada*: romance espírita. 2. ed. São Paulo: Ed. Camille Flammarion, 2001. 247 p.

[168] Outra edição: MENEZES, Bezerra. *Os carneiros de Panúrgio*: romance filosófico-político. 2. ed. São Paulo: Federação Espírita do Estado de São Paulo, 1983. 184 p.

[169] Outras edições, estas contendo 316 artigos: MENEZES, Bezerra de. *Espiritismo*: estudos philosophicos. 2. ed. Rio de Janeiro: Federação Espírita Brasileira, 1907. 3 v. MENEZES, Bezerra de. *Espiritismo*: estudos filosóficos. 2. ed. São Paulo: Edicel, 1977. 2 v. Edição incompleta. MENEZES, Bezerra de. *Espiritismo*: estudos filosóficos. 4. ed. São Paulo: Fraternidade Assistencial Esperança – FAE, 2001. 3 v.

_____. Evangelho do futuro. *Reformador* [entre 1905 e 1910].

_____. *Uma carta de Bezerra de Menezes*. 2. ed. Rio de Janeiro: Federação Espírita Brasileira, [1953?]. 97 p. Publicado originalmente no *Reformador*, entre 1920 e 1921 com o título: Valioso autógrafo.[170]

_____. *A loucura sob novo prisma*: estudo psychic physiologico. Rio de Janeiro: Typ. Bohemia, 1920. 170 p.[171]

TRADUÇÃO DE BEZERRA DE MENEZES

Amigó y Pellicer, José. *Roma e o Evangelho*: estudos filosóficos-religiosos e teórico-práticos. Tradução de Bezerra de Menezes; capa de Cecconi. 7. ed. Rio de Janeiro: Federação Espírita Brasileira – FEB, 1982. 346 p. Estudos feitos pelo círculo Cristiano Espiritista de Cérida. Primeira edição de 1899.

---

[170] Em 1921 foi publicada pela Federação Espírita Brasileira sob o título: A Doutrina Espírita como Filosofia Teogônica. Em 1977, foi publicada pela editora Edicel sob o título: A Doutrina Espírita. Outras edições: MENEZES, Bezerra de. *Uma carta de Bezerra de Menezes*. 3. ed. Rio de Janeiro: Federação Espírita Brasileira – FEB, 1963. 97 p. MENEZES, Bezerra de. *Uma carta de Bezerra de Menezes*. 4. ed. Rio de Janeiro: Federação Espírita Brasileira – FEB, 1984. 100 p. MENEZES, Bezerra de. *Uma carta de Bezerra de Menezes*. 7. ed. Rio de Janeiro: Federação Espírita Brasileira – FEB, 2006. 97 p.

[171] Outras edições: MENEZES, Bezerra de. *A loucura sob novo prisma*: estudo psíquico filosófico. 2. ed. Rio de Janeiro: Federação Espírita Brasileira – FEB, 1946. 186 p. MENEZES, Bezerra de. *A loucura sob novo prisma*: estudo psíquico filosófico. 2. ed. São Paulo: Federação Espírita do Estado de São Paulo, 1982. 165 p. MENEZES, Bezerra de. *A loucura sob novo prisma*: estudo psíquico filosófico. 3. ed. Rio de Janeiro: Federação Espírita Brasileira – FEB, 1963. 184 p. MENEZES, Bezerra de. *A loucura sob novo prisma*: estudo psíquico filosófico. 4. ed. Rio de Janeiro: Federação Espírita Brasileira – FEB, 1983. 184 p. MENEZES, Bezerra de. *A loucura sob novo prisma*: estudo psíquico filosófico. 9. ed. Rio de Janeiro: Federação Espírita Brasileira – FEB, 1996. 184 p. MENEZES, Bezerra de. *A loucura sob novo prisma*: estudo psíquico filosófico. 12. ed. Rio de Janeiro: Federação Espírita Brasileira – FEB, 2005. 184 p.

KARDEC, Allan. *Obras póstumas*. Tradução da 1. ed. francesa de 1890 por Bezerra de Menezes. Rio de Janeiro: Typ. Moreira Maximiano & Comp., 1892. 338 p.[172]

ROMANCES ESPÍRITAS INÉDITOS E AINDA NÃO LOCALIZADOS

Os mortos que vivem

Segredos da natura

O banido

---

[172] Esta obra foi publicada sob o pseudônimo Max, quando Bezerra de Menezes era vice-presidente da Federação Espírita Brasileira. O primeiro fascículo foi publicado em janeiro de 1891, sob o patrocínio da União de Propaganda Espírita do Brasil. A primeira edição em livro é a de 1892. Outra edição: MENEZES, Bezerra de. *Obras póstumas*. Tradução de Bezerra de Menezes. 2. ed. em idioma português, revisada e em nova composição. Rio de Janeiro: Liv. Psychica, 1900. A Federação Espírita Brasileira – FEB publicou esta tradução até 1925, quando adotou a tradução de Guillon Ribeiro.

EVANGELHO DO FUTURO					
EDIÇÃO	IMPRESSÃO	ANO	TIRAGEM	FORMATO
1	1	2009	3.000	14x21
1	2	2010	3.000	14x21
1	3	2011	5.000	14x21
1	POD*	2021	POD	14x21
1	IPT**	2022	250	14x21
1	IPT	2024	60	14x21
1	IPT	2024	60	14x21
1	IPT	2025	100	14x21

*Impressão sob demanda
**Impressão pequenas tiragens

FEB editora
Livro espírita para um novo mundo
www.febeditora.com.br
@febeditoraoficial
@febeditora

Conselho Editorial:
Carlos Roberto Campetti
Cirne Ferreira de Araújo
Evandro Noleto Bezerra
Geraldo Campetti Sobrinho – Coord. Editorial
Jorge Godinho Barreto Nery – Presidente
Maria de Lourdes Pereira de Oliveira
Miriam Lúcia Herrera Masotti Dusi

Produção Editorial:
Elizabete de Jesus Moreira

Revisão:
Elizabete de Jesus Moreira
Geraldo Campetti Sobrinho

Capa e Projeto gráfico:
Fátima Agra

Normalização Técnica:
Biblioteca de Obras Raras e Documentos Patrimoniais do Livro

Esta edição foi impressa no sistema de Impressão pequenas tiragens, em formato fechado de 140x210 mm e com mancha de 100x170 mm. Os papéis utilizados foram o Off white 80 g/m² para o miolo e o Cartão 250 g/m² para a capa. O texto principal foi composto em fonte Georgia 11/15,5 e os títulos em Trajan Pro 14/15,3. Impresso no Brasil. *Presita en Brazilo.*